Grünefeld · Personalberichterstattung mit Informationssystemen

Hans-Günther Grünefeld

Personalberichterstattung mit Informationssystemen

Möglichkeiten, Methoden, Beispiele

GABLER

CIP-Kurztitelaufnahme der Deutschen Bibliothek

Grünefeld, Hans-Günther:
Personalberichterstattung: Möglichkeiten –
Methoden – Beispiele / Hans-Günther Grünefeld.
Wiesbaden : Gabler, 1987.

© Springer Fachmedien Wiesbaden 1987
Ursprünglich erschienen bei Betriebswirtschaftlicher Verlag Dr. Th. Gabler
GmbH, Wiesbaden 1987
Softcover reprint of the hardcover 1st edition 1987
Umschlaggestaltung: Schrimpf und Partner, Wiesbaden
Satz: Fotosatz A. E. Fitz, Heusenstamm

ISBN 978-3-322-87050-6   ISBN 978-3-322-87049-0 (eBook)
DOI 10.1007/978-3-322-87049-0

Inhaltsverzeichnis

Vorwort

Die vorliegende Ausarbeitung wendet sich sowohl an Praktiker im Personal- als auch im Rechnungswesen. Sie behandelt ein schwieriges Grenzgebiet zwischen diesen beiden Unternehmensfunktionen.

Der Begriff „Personalberichterstattung" ist vieldeutig. Inhalt und Grenzen dieser Aufgabe werden in jedem Unternehmen anders interpretiert. Die Spanne reicht von einer einfachen Personalstatistik bis zu einem wichtigen Informations- und Lenkungsinstrument der Unternehmensleitung. Dieser letztgenannte Aspekt gewinnt zunehmend an Bedeutung. Dies liegt sowohl daran, daß die Öffentlichkeit, die Betriebsräte und die Mitarbeiter das Personalgeschehen besonders aufmerksam verfolgen und auf Veränderungen manchmal empfindlich reagieren, als auch daran, daß der Personalaufwand überproportional ansteigt und das Ergebnis belastet.

Aus beiden Gründen ist es erforderlich, daß sich die Unternehmen mit Hilfe der Personalberichterstattung ein Instrument schaffen, das die komplexen Verhältnisse des Personalbereiches transparent macht und rechtzeitig auf zu erwartende Entwicklungen hinweist und Lösungsmöglichkeiten aufzeigt.

In dem vorliegenden Buch werden die Grundlagen und Methoden der Personalberichterstattung beschrieben. Eine Themenübersicht zeigt das zu erfassende Spektrum.

Die Ausarbeitung weist den Weg, wie man zu den erforderlichen Daten für die Personalberichterstattung gelangen kann: Im Mittelpunkt steht die Beschreibung, eines Personalinformationssystems. Anhand zahlreicher Tabellenbeispiele werden dann die aus dem Personalinformationssystem zu gewinnenden Informationen zusammengestellt. Zahlreiche Beispiele über die Datenaufbereitung und Auswertung legen dar, wie man die gewonnenen Informationen nutzen kann. So erhält der Praktiker ein Hilfsmittel, das es ihm ermöglicht, den gewiesenen Weg nachzuvollziehen.

Neuried, im Mai 1987   *Hans-Günther Grünefeld*

7

1. Einleitung

Das Thema „Personalberichterstattung" wird häufig mit der „Personalstatistik" verwechselt oder gleichgesetzt. Die Personalstatistik ist jedoch nur ein Teil der Personalberichterstattung.

Die Personalberichterstattung ist weit mehr als die Ansammlung von Personalstatistiken. Sie erfordert daher eine systematische Vorgehensweise, um der zunehmenden Bedeutung der Darstellung und Auswertung von Personaldaten gerecht zu werden.

Wie bereits aus der Bezeichnung „**Personal**berichterstattung" hervorgeht, ist hiermit die Berichterstattung über Mitarbeiter, das heißt das **eigene** Personal, gemeint (die dazu gehörende Definition des Begriffs „Mitarbeiter" geht aus Abschnitt „Einheitliche Begriffsprägung und -definition" hervor). Ob und inwieweit die Personalberichterstattung noch eine Ergänzung erfährt, um Informationen über andere Sozial- und Bildungsaufwendungen des Unternehmens zu geben (zum Beispiel Spenden und Beiträge an fremde Sozialeinrichtungen, an Bildungsinstitutionen oder Aus- und Weiterbildung von Firmenfremden), bedarf einer Absprache mit der Unternehmensleitung. Unmittelbarer Bestandteil der Personalberichterstattung können derartige Themen jedoch nicht sein.

Die Art und Weise, wie man die Personalberichterstattung gestaltet und welche Themen man einbezieht, hängt ab von

— den damit verbundenen Zielen
— dem Aufwand, den man diesem Gebiet widmen kann
— den Möglichkeiten der Datenerfassung.

Die in diesem Buch beschriebenen Möglichkeiten und Methoden der Personalberichterstattung wurden in der Praxis erprobt und angewandt. Es gibt jedoch kaum ein Gebiet der Personalwirtschaft, das derart viele Gestaltungsmöglichkeiten, Erfassungs-, Analyse- und Auswertungsmethoden zuläßt wie die Personalberichterstattung. Es kann demzufolge auch kein allgemein gültiges Schema oder Rezept hierfür geben. Vieles hängt von der Fachkenntnis, die auch auf diesem Gebiet notwendig ist, den Ideen und dem Gestaltungsvermögen ab, mit dem man an dieses Thema herangeht. Die dargestellten Methoden erheben daher auch keinen Anspruch auf Allgemeingültigkeit, sondern sind nur **eine** der vielen Vorgehensmöglichkeiten. Trotzdem können aus der Darstellung einer breiten Palette von Methoden und Vorgehensweisen bei der Datenaufbereitung und -auswertung auch unternehmensspezifische Erfordernisse abgeleitet und berücksichtigt werden.

2. Grundlagen der Personalberichterstattung

2.1 Zielsetzung

Bevor auf die mit der Personalberichterstattung verbundene Zielsetzung näher eingegangen werden kann, ist zunächst auf die Ausgangssituation hinzuweisen: Es gibt kaum ein Gebiet innerhalb der Unternehmensführung, das so stark durch Gesetze, Tarifverträge, Betriebsvereinbarungen und Firmenrichtlinien bestimmt und eingeengt wird wie der Personalbereich. Hinzu kommt, daß der Personalbereich in den letzten Jahren — mit steigender Tendenz — eine besondere Aufmerksamkeit und Sensibilisierung erfahren hat, da Öffentlichkeit, Betriebsrat und Mitarbeiter allen Geschehnissen auf diesem Sektor zunehmend Beachtung schenken. Dabei ist auch zu bedenken, daß insbesondere vor dem Hintergrund geringen wirtschaftlichen Wachstums und dem damit verbundenen verengten Verteilungsspielraum zwischen den Sozialpartnern sich der Personalaufwand als ein besonders schwer zu beeinflussender Parameter erweist.

Bedingt durch die Vielfalt der Bestimmungen, setzen sich Personaldaten aus einer kaum noch zu überblickenden Fülle von Einzeldaten zusammen, die wiederum von ständig wechselnden Einflußfaktoren in unterschiedlicher Art und Weise verändert werden. Die Interdependenzen, die sich hieraus ergeben, sind in den meisten Fällen nur noch schwer durchschaubar.

Aus dieser schwierigen Situation ergeben sich hohe Anforderungen an die Herstellung von Transparenz, an die Darstellung von Zusammenhängen und Wechselwirkungen

— sowohl für die **Lenkung** des Unternehmens
— als auch für die **Darstellung** des Unternehmens gegenüber der Öffentlichkeit, dem Betriebsrat und den Mitarbeitern.

Diese beiden Funktionen sind gleichermaßen wichtig. Das bedeutet, daß sich die Personalberichterstattung einerseits als Lenkungsinstrument der Unternehmensleitung versteht und andererseits sich auf das zunehmende Interesse der Öffentlichkeit an der Funktion „Personal" einstellen muß. Beide Arten von Anforderungen benötigen ein fein gegliedertes Instrument, das schnelle und genaue Informationen liefert und sich flexibel an neue Gegebenheiten anpassen läßt.

Diese Notwendigkeit zur schnellen Reaktion und Anpassung ergibt sich aus der Änderungshäufigkeit — fast könnte man sagen „Änderungsfreudigkeit" —, mit der alle Institutionen (Gesetzgeber, Arbeitsgerichtsbarkeit, Tarifpartner, Unternehmen) unentwegt bestehende Gesetze, Vereinbarungen und Regeln abändern oder neu interpretieren. Die Auswirkungen und Tendenzen, die sich hieraus ergeben, müssen bereits im Entstehungsprozeß erkannt und für alle Beteiligten deutlich gemacht werden. Nur so kann man noch vorhandene Spielräume erkennen und Einfluß auf die Ausprägung derartiger Vorhaben nehmen. Dies darf nicht erst dann geschehen, wenn

10

die Auswirkungen bereits eingetreten sind, sondern muß bei Beginn der ersten Überlegungen und Diskussionen über geplante Maßnahmen oder Regeländerungen einsetzen, um der Unternehmensleitung gegebenenfalls auch den Organen der Betriebsverfassung, den Mitarbeitern und der Öffentlichkeit die Folgen deutlich darzulegen.

Aus der zunächst grob umrissenen Zielsetzung, daß die Personalberichterstattung — mit gleichen Schwerpunkten — ein **Lenkungs-** und **Information**sinstrument sein soll, ergeben sich bei näherer Bestimmung folgende Ziele:

— Die Personalberichterstattung ist ein **Lenkungsmittel** für die **Unternehmensleitung** zur Erfüllung ihrer personal-, sozial- und bildungspolitischen Aufgaben.
Um diese Aufgaben bewältigen zu können, müssen Steuerungsinstrumente für die Unternehmensplanung, die Führung der Mitarbeiter und für die Überwachung der Wirtschaftlichkeit entwickelt werden beziehungsweise zur Verfügung stehen. Daraus ergeben sich unterschiedliche Zielrichtungen für die Datenbereitstellung und -auswertung.

● Für die **Unternehmensplanung** sind alle Daten und Informationen, die für die Personalplanung benötigt werden, zu erfassen, aufzubereiten und auszuwerten (zum Beispiel Anzahl der Mitarbeiter nach Organisationsbereichen, Funktionen und Tätigkeit sowie Fluktuationsdaten, gegliedert nach Mitarbeitergruppen).
In diesen Zusammenhang gehört ferner die Bereitstellung von Daten für neue oder veränderte sozial- und bildungspolitische Maßnahmen. Sie bilden die Grundlage für Firmenrichtlinien (zum Beispiel Altersversorgung), für die Gestaltung der sozialen Einrichtungen und die Aus- und Weiterbildung der Mitarbeiter.

● Zur **Führung der Mitarbeiter** werden alle Daten, die über die Personalentwicklung Aufschluß geben, benötigt (zum Beispiel Einkommensdaten, regionale Entwicklung, Weiterbildungsmaßnahmen).

● Zur **Überwachung der Wirtschaftlichkeit** müssen die Auswirkungen aller neuen oder veränderten Maßnahmen (Gesetze, Tarife, Verordnungen, Firmenrichtlinien) bereits im Entstehungsprozeß transparent gemacht werden. Hierzu gehört unter Umständen auch, daß man die Auswirkung von Unterlassungen deutlich schildert. Das bedeutet, daß der Personal-, Sozial- und Bildungsaufwand in seiner Zusammensetzung (Einzelkomponenten) und in seiner Veränderung (Einflußfaktoren) erfaßt und dargestellt werden muß.
Wegen der großen Bedeutung, die der Personalaufwand für das Kostengefüge und den Ertrag der meisten Unternehmen hat, genügt hier nicht eine relativ grobe Übersicht, sondern es ist vielmehr eine tiefgehende und sehr detaillierte Datenbereitstellung erforderlich. In diesen Zusammenhang gehören alle Datenauswertungen, die für die Bilanzierung (zum Beispiel Rückstellungsbildung) erforderlich sind. Wegen der Vielfalt der Gesetze und Tarife sowie deren Auslegungen (Arbeitsgerichte) kann die sich hieraus ergebende Datenfülle nur durch eine systematische Durchdringung und Aufbereitung des Personalaufwandes durchschaubar gemacht werden.
Dazu gehört auch eine auf dieses Ziel hin abgestimmte Definition der Auswertungsbegriffe. Ziel dieser Herstellung von Datentransparenz ist nicht nur die

Betrachtung von Vergangenheitswerten, sondern die Berechnung von Auswirkungen geplanter Maßnahmen und die Bereitstellung von Entscheidungshilfen, zum Beispiel durch die Entwicklung von Alternativen.

Nur so können vorhandene Beeinflussungsmöglichkeiten und Handlungsspielräume erkannt und genutzt werden. Gleichzeitig sind die sich hieraus ergebenden Informationen gegenüber dem Gesetzgeber, den Tarifpartnern und der Öffentlichkeit zur Darlegung des eigenen Standpunktes intensiv zu nutzen und durch untermauerte Informationen Folgen aus diesen Vorhaben deutlich zu machen.

— Neben der Lenkungsfunktion ist die Personalberichterstattung zugleich ein wesentliches Instrument für die **Information.** Es muß damit gerechnet werden, daß diese Funktion in der Zukunft einen noch breiteren Raum beansprucht als bisher. In der Bereitstellung der Daten gibt es zwischen beiden Funktionen keinen wesentlichen Unterschied; erst in der Datenzusammenstellung unterscheiden sich beide Funktionen beträchtlich.

Während für die Lenkung des Unternehmens Handlungsspielräume und Alternativen aufgezeigt werden müssen, ist die Datenbereitstellung für Informationszwecke speziell auf den jeweiligen Empfängerkreis ausgerichtet und dient der rechtzeitigen Unterrichtung über betriebliche Belange sowie über Auswirkungen neuer oder veränderter Maßnahmen und Regelungen. In diesem Sinne ist die Personalberichterstattung ausgerichtet auf die Information

- der **Organe der Betriebsverfassung.** Hierher gehören zum Beispiel die Personal- und Sozialberichterstattung für den Wirtschaftsausschuß, Daten zur Vorbereitung von Betriebsversammlungen sowie für Wahlen aufgrund des Betriebsverfassungs- und Mitbestimmungsgesetzes, Daten zur Überwachung und Einhaltung von Tarifverträgen (zum Beispiel Höhe der tariflich vereinbarten Leistungszulagen).

- der **Mitarbeiter.** Interessante Daten über das Personalgeschehen (zum Beispiel Auswirkungen von Tarifabschlüssen, neue Firmenmaßnahmen) können nicht nur den Organen der Betriebsverfassung und der Öffentlichkeit mitgeteilt werden, sondern müssen in geeigneter Form (zum Beispiel Werkszeitschrift, Sozialbericht, Mitarbeiterbriefe) auch den Mitarbeitern zugänglich gemacht werden.

- der **Öffentlichkeit** (Aktionäre, Presse, Gemeinde). Hierbei handelt es sich um Informationen über das Betriebsgeschehen, zum Beispiel über beabsichtigte Maßnahmen auf dem Personalsektor (Ausbildung, Einstellungen, Entlassungen, Kurzarbeit).

— Unabhängig von den Informationsmöglichkeiten und -pflichten dient die Personalberichterstattung auch zur Erfüllung der gesetzlichen Auflagen (Berichte an die Statistischen Landesämter, Schwerbehindertenmeldung usw.) und den von den Verbänden (zum Beispiel Arbeitgeberverband) erbetenen Meldungen.

Zwangsläufig ergibt sich aus diesen vielfältigen Anforderungen die Notwendigkeit, Daten bereitzustellen, die sowohl im Zeitvergleich, im Organisationsvergleich als auch im Vergleich mit anderen Unternehmen zu richtigen beziehungsweise aussagekräftigen Ergebnissen führen.

Dies kann mitunter ein besonders schwieriges Thema werden, da hierbei erhebliche Abgrenzungs-, Definitions-, Gliederungs- und Datenbeschaffungsprobleme auftreten können. Das hängt damit zusammen, daß häufig abweichende Inhalte, Begriffe (oft noch wenig präzisiert) und Gliederungen vorgegeben werden, die von den betriebsinternen Daten abweichen. Es ist daher ein wesentliches Ziel der Personalberichterstattung, die Datenerfassung so flexibel zu gestalten, daß auch diese Anforderungen noch erfüllt werden können.

2.2 Anforderungen an die Personalberichterstattung

Aus der Zielsetzung der Personalberichterstattung entwickeln sich die Anforderungen an ein derartiges System. Vielfach krankt die Personalberichterstattung daran, daß sie aus mehr oder weniger zufälligen, den augenblicklichen Erfordernissen folgenden, häufig zusammenhanglosen Einzelstatistiken und Berichten entsteht. Daraus ergeben sich dann Lücken in der Berichterstattung sowie Schwierigkeiten, logische Abhängigkeiten zu wahren und Widersprüche zu vermeiden. Insbesondere bei neu auftretenden Fragen oder Themen gibt es dann Probleme bei der Datenbeschaffung oder Verzögerungen bei der Datenauswertung.

Um diese Mängel zu vermeiden, ist es daher von vornherein notwendig, daß die Personalberichterstattung als ein abgerundetes und in sich geschlossenes System entwickelt wird, aus dem die einzelnen Informationen widerspruchsfrei und vollständig gewonnen werden können. Ein derartiges System der Personalberichterstattung wird in der Regel nur langsam wachsen, das heißt, es gelingt nur selten, von Anfang an ein vollständiges, die logischen Zusammenhänge wahrendes System zu erstellen. Das liegt daran, daß man zu Beginn einer derartigen Aufgabe meistens nicht von vornherein den gesamten Inhalt, die erforderlichen Teilsysteme und deren Wechselwirkungen erkennen und umfassend bestimmen kann.

Wesentlich ist jedoch der Wille, ein **geschlossenes** System zu erreichen. Einen ersten Überblick über den Systemzusammenhang zeigt Abbildung 1.

Ein einheitliches und in sich geschlossenes System der Personalberichterstattung kann nur gelingen,

— wenn die Unternehmensleitung die Zielsetzung billigt
— wenn die Unternehmensleitung sich vorher einen Überblick über den Entwicklungsaufwand, den Pflegeaufwand und den jährlich laufenden Aufwand verschafft und diesem zustimmt
— wenn man zunächst eine Gesamtvorstellung über Inhalt und Zusammenwirken der verschiedenen Systembestandteile entwickelt
— wenn man das System in Teilsysteme gliedert, die nach und nach zum Gesamtsystem zusammenwachsen können
— wenn man unabhängig von der, den wechselnden Erfordernissen folgenden inhaltlichen Gestaltung einige **Grundsätze** beachtet, die für alle Formen der Personalberichterstattung zutreffen.

Danach muß die Personalberichterstattung
- sich organisch in andere Teile des Berichtswesens des Unternehmens einordnen, ohne Lücken zu hinterlassen, und mit möglichst geringen Überschneidungen
- so beweglich gestaltet werden, daß gerade die im Personalbereich anzutreffenden häufigen Änderungen aus gesetzlichen oder tariflichen Gründen beziehungsweise wegen neuer Firmenrichtlinien oder -maßnahmen leicht integriert werden können.

SYSTEM DER PERSONALBERICHTERSTATTUNG

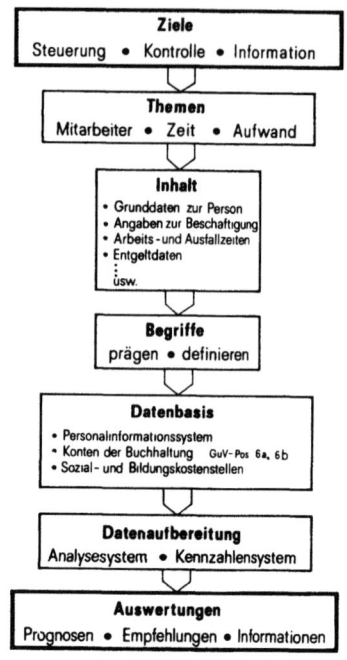

Abbildung 1:
System der Personalberichterstattung

Die Systemgestaltung ist eine unerläßliche Voraussetzung, um den komplexen Sachverhalt, über den im Rahmen der Personalberichterstattung zu berichten ist, zu beherrschen. Dazu entwickelt sich der Systemablauf wie folgt:

— Aus den Zielen entwickeln sich die Themen, über die zu berichten ist.
  Dabei ist darauf zu achten, daß nicht nur die derzeit erkennbaren Anforderungen erfüllt werden, sondern daß auch Themen, die in der Zukunft wichtig werden können, entsprechend berücksichtigt werden (zum Beispiel Entwicklung des Arbeitsmarktes und alle sich daraus für das Unternehmen ergebenden Folgen, wie Nachwuchsplanung, Personalentwicklung usw.).
— Die zu behandelnden Themen bestimmen den Inhalt.
— Anhand der inhaltlichen Vorstellungen sind die dazu benötigten Begriffe zu prägen und zu definieren.

14

— Aus dem Inhalt und aus den Begriffen sind die Datenquellen zu bestimmen sowie die Daten zu erfassen.
— Die so erfaßten Daten sind zu gliedern, zu analysieren und, um die Daten besser vergleichen zu können, in ein Kennzahlensystem zu übertragen.
— Wegen der Fülle der zu erwartenden Anforderungen und Wünsche ist es notwendig, diese kritisch auf den damit ausgelösten Arbeitsumfang und die Datenlogik zu prüfen.
— Aufgrund dieser vorbereitenden Maßnahmen sind die gewonnenen Daten in Form von Prognosen und Empfehlungen auszuwerten. Die gesamte Vorgehensweise ist auf dieses Auswerteziel hin auszurichten.

Diese Anforderungen bedingen ein planmäßiges Vorgehen bei der Systemerstellung. Bei der Umsetzung der Vorstellungen in die Wirklichkeit wird man auf die Schwierigkeit stoßen, daß man nicht von vornherein alle Abhängigkeiten der Daten untereinander, alle logischen Zusammenhänge und Begriffsdefinitionen vollständig überblickt hat. Das führt zu Änderungen bereits bestehender Teile.

Ganz läßt sich dieses Problem wegen der komplexen Zusammenhänge meist nicht vermeiden. Je mehr man jedoch in die Planungsphase des Systems investiert hat, um so geringer sind die meist aufwendigen nachfolgenden Änderungen.

Bei der Konzipierung eines derartigen Systems muß jedoch - in allen Phasen der Vorbereitung und Durchführung - immer wieder nach dem erstrebten **Nutzeffekt** gefragt werden. Um hierfür einen Maßstab der Nützlichkeit zu entwickeln, kann man unterscheiden nach

— Informationen zur **Steuerung** des Unternehmens, die neue Handlungsspielräume zeigen oder Maßnahmen, zum Beispiel zur Kostensenkung, auslösen sollen
— Informationen, die zur **Kontrolle** des Unternehmens dienen, zum Beispiel Kostenkontrolle, Einhaltung von Gesetzen, tariflichen Vereinbarungen oder Firmenrichtlinien
— Informationen zur **Unterrichtung** der Unternehmensleitung, des Betriebsrats, der Mitarbeiter oder der Öffentlichkeit
— Informationen, die zu einem *„Aha-Effekt"* führen.

Aus dieser Einteilung ergibt sich auch der Informationswert und — abgeleitet davon — der Arbeitsaufwand, den man in die Informationsgewinnung investieren kann. Diese abgestufte Nützlichkeit der Personalberichterstattung ist bei der gesamten Systemgestaltung, der Datengewinnung und der Auswertung stets zu beachten.

Da die Grenzen der Einteilung fließend sind, ist die Personalberichterstattung von Zeit zu Zeit daraufhin zu überprüfen, in welche der genannten Wertkategorien die gebotenen Informationen fallen. Daraus ergibt sich, daß Teile der Personalberichterstattung immer wieder in Frage gestellt werden müssen. Nur so kann man der Gefahr entgehen, daß sich dieses Instrumentarium ständig ausweitet und ein Eigenleben entwickelt. In diesem Zusammenhang muß aber auch darauf hingewiesen werden, daß

— der ständig steigende Personalaufwand und der sich daraus ergebende Einfluß auf das Ergebnis

— die immer dichter und komplizierter werdenden Gesetze und Verordnungen
— die sich ausweitenden tariflichen Regelungen

ganz zwangsläufig dazu führen, daß die Personalberichterstattung diesen Tendenzen folgen muß und zunehmend an Umfang und Bedeutung gewinnt.

Die Personalberichterstattung muß auf den jeweiligen Empfängerkreis zugeschnitten sein. Aus den unterschiedlichen Aufgaben und Interessen dieser Empfängerkreise erwachsen unterschiedliche Anforderungen - insbesondere unterschiedliche Selektionen - der gebotenen Informationen. Damit wächst die Gefahr, daß man ungewollt widersprüchliche Informationen abgibt und damit Zweifel an der Güte beziehungsweise Richtigkeit der Personalberichterstattung weckt.

Auch hieraus erwächst der Zwang zu einem geschlossenen System, in dem die Daten genau aufeinander abgestimmt werden.

An einer aussagefähigen Personalberichterstattung haben neben dem Personalbereich auch andere Unternehmensbereiche wesentliches Interesse. Dies sind insbesondere die Unternehmensleitung, der Controller und das Rechnungswesen.

Es ist daher notwendig, die Wünsche und Anforderungen dieser Stellen zu erfassen und in die eigenen Vorstellungen über die Gestaltung der Personalberichte einzubinden. Dabei ist es im Regelfall zweckmäßig, die Beteiligten bereits an der Zielfindung mitarbeiten zu lassen. Damit vermeidet man spätere Abstimmschwierigkeiten, Zuständigkeitsprobleme und Doppelarbeiten. Die Personalberichterstattung muß sich daher als integrierter Bestandteil der Unternehmensberichterstattung verstehen.

Unterscheidet man einmal den Anforderungstypus der verschiedenen Empfängerkreise, dann kann man im allgemeinen feststellen, daß

— der Controllerbereich, das Rechnungswesen und öffentliche Stellen standardisierte, wiederkehrende, zu festen Terminen benötigte Personalberichte brauchen
— die Unternehmensleitung, die Organe der Betriebsverfassung und der Personalbereich sich auf ständig wechselnde - häufig nicht vorhersehbare - Schwerpunkte des Personalgeschehens einstellen müssen, und daß es demzufolge nur einen verhältnismäßig kleinen Kern von wiederkehrenden Standardberichten gibt (das ist ein wesentlicher Unterschied zu anderen Bereichen der Berichterstattung, zum Beispiel des Rechnungswesens). Demgegenüber nehmen die Ad-hoc-Auswertungen mit wechselndem Inhalt einen weiten Raum ein.

Auf beide Berichts- und Auswertungsformen muß sich die Personalberichterstattung einstellen. Erschwerend kommt hinzu, daß ausgerechnet die unvorhersehbaren Ad-hoc-Auswertungen

— auf einen sehr differenzierten Inhalt abgestellt sind
— besonders schnell vorliegen sollen.

Aus diesen sehr unterschiedlichen Anforderungen ergeben sich folgende Konsequenzen:

— die im Personalberichtswesen verwendeten Begriffe müssen eindeutig definiert, den verschiedenen Empfängern der Berichte bekannt und mit anderen Berichtsbestandteilen des Unternehmens abgestimmt sein

— die Datenquellen müssen die Personaldaten auf breiter Basis in weitgefächerter Form, also ihrem Ursprung gemäß und nicht zwischenverdichtet, zur Verfügung stellen. Neben den eigentlichen Datenquellen des Personalbereichs gehören dazu auch weitere Daten des Rechnungswesens in Form von Buchungsbelegen, Konten und Kostenstellen
— die Gliederung und Aufbereitung der Daten muß nach einer vorher festgelegten Methode vorgenommen werden
— die Daten sind nach Empfängerkreisen mit unterschiedlicher Tiefengliederung und Datenzusammenstellung zu splitten
— die Datenredundanz muß auf das unvermeidbare Maß beschränkt werden. Diese sich wiederholende Darstellung von Daten mit gleichem oder ähnlichem Inhalt in verschiedenen Gliederungen und Zusammenstellungen ist die Folge aus den sich überschneidenden Themenbereichen, bei denen sich zwangsläufig ein Teilbestand der Daten wiederholt.

Zwangsläufig ergibt sich daraus auch, daß für die Personalberichterstattung nur eine Stelle im Unternehmen verantwortlich sein kann. In manchen Unternehmen ist die Verantwortung für die Personalberichterstattung noch zwischen Personal- und Rechnungswesen geteilt. In diesen Fällen berichtet das Personalwesen meist über „Köpfe", Zeiten und Einkommen und das Rechnungswesen über den Personalaufwand. Hieraus können Fehler und Mißverständnisse entstehen - man denke nur an den engen Zusammenhang zwischen Zeiten, Einkommen und Personalaufwand. Es ist daher vorteilhafter, die Personalberichterstattung ungeteilt **einem** Verantwortungsbereich anzugliedern. Hierzu bietet sich der Personalbereich an, da nur dort die vielfältigen Beziehungen zwischen gesetzlichen und tariflichen Regelungen einerseits und den davon berührten Personaldatenbeständen andererseits erkannt werden können. Hinzu kommt, daß durch die häufigen Änderungen oder Ergänzungen von Gesetzen und Tarifen - und damit zusammenhängend auch der Firmenregelungen - nur im Personalbereich die Auswirkungen auf die Datenerfassung und -verarbeitung überblickt werden können.

Voraussetzung hierfür ist, daß die Mitarbeiter, die mit dieser Aufgabe betraut werden, die erforderlichen Fachkenntnisse besitzen. Dazu gehören Erfahrungen und Kenntnisse aus dem Personalbereich und eine betriebswirtschaftlich orientierte Vorbildung. Insbesondere sind für die Analyse des Personalaufwandes Kenntnisse aus dem Rechnungswesen zweckdienlich. Selbstverständlich gehört dann auch noch eine enge Abstimmung mit dem Rechnungswesen als unerläßliche Voraussetzung für die Einbindung der Personalberichterstattung in die Unternehmensberichterstattung dazu.

Sofern man die Personalberichterstattung und damit zwangsläufig auch das Personalinformationssystem und die Erfassung und Auswertung des Personalaufwandes voll dem Personalwesen unterstellt, darf man die dort wirkenden politischen Einflüsse und Rücksichtnahmen, die sich aus der Mitbestimmung und Betriebsverfassung ergeben, nicht ganz außer acht lassen. Es ist auch damit zu rechnen, daß derartige Einflüsse im Laufe der Zeit noch stärker werden.

17

Das Rechnungswesen und der Controllerbereich müssen daher die **Ergebnisse** der Personalberichterstattung kritisch verfolgen und dafür sorgen, daß die Auswertung nicht mit politisch bedingten Tendenzen behaftet ist.

Diese unerläßliche Überwachungsfunktion kann nur gelingen, wenn sich das Rechnungswesen in das Zustandekommen der Ergebnisse Einblick verschafft und die **Methoden** der Datenaufbereitung kontrolliert.

2.3 Themen und Inhalt

Die Vielfalt der wechselnden Anforderungen läßt es nicht zu, für die Personalberichterstattung einen abgeschlossenen Themenkatalog und eine sich darauf beziehende Inhaltsangabe aufzustellen. Darüber hinaus ergeben sich jeweils aus der Art, Größe und Struktur eines Unternehmens spezielle Anforderungen, die den allgemeinen Rahmen erweitern, einengen oder abändern können. Unter diesen Voraussetzungen und unter Außerachtlassung von Randthemen kann daher nur ein allgemeiner und grober Themenkreis abgesteckt werden.

Bevor jedoch die Themenkreise beschrieben und voneinander abgegrenzt werden, ist es erforderlich, zu zeigen, wie man zu einem derartigen Themenkatalog gelangt: Im Normalfall findet man in jedem Unternehmen bereits Personalstatistiken oder Personalberichte in unterschiedlicher Ausprägung vor. Man muß also nicht von Grund auf neu beginnen, sondern nur

— die logischen Abhängigkeiten der Berichtsbestandteile prüfen
— feststellen, ob alle Anforderungen erfüllt werden
— eine neue Gliederung finden
— und Möglichkeiten der Datenerfassung und Anforderungen aufeinander abstimmen.

Dazu ist es zweckmäßig, unter Führung der Fachabteilung, die sich mit der Personalberichterstattung befaßt, die Wünsche und Anforderungen der verschiedenen Empfängerkreise im Unternehmen

— zu erfassen
— aufeinander abzustimmen, um Widersprüche zu vermeiden und die Datenredundanz in Grenzen zu halten
— und in ein logisches Ordnungssystem einzubinden.

Begleitend in diesem Ablauf ist kritisch zu prüfen,

— ob die Daten den angestrebten Aussagezweck erfüllen
— ob der mit der Datenerfassung und -verarbeitung verbundene Aufwand - bezogen auf die jeweiligen Themen - dem Informationswert entspricht.

Ausgehend von den gesetzten Zielen sollte man zunächst versuchen, die zu behandelnden Themen in einen geschlossenen Themenkreis einzuordnen. Um zu vermeiden, daß derartige Systeme zu starr und unbeweglich werden, empfiehlt es sich, die Themen in Bausteinform so aufzubereiten, daß sie sich wieder in verschiedener Art und Weise verbinden lassen. Wichtig ist dabei, daß man sich nicht etwa nur an dem bereits Vorhandenen orientieren, sondern daß man neue Themen aufgreift und alle Möglichkeiten der Informationsgewinnung nutzt. Dazu gehört, daß man aktuelle Themen rechtzeitig erkennt. Als zum Beispiel ab Mitte der 70er Jahre klar wurde, daß für etwa 10 Jahre ein großer „Schülerberg" auf die Wirtschaft zukommen würde, mußte die Folge für die Personalberichterstattung eine wesentlich intensivere Behandlung des Themas „Auszubildende" sein. In viel stärkerem Umfang als vorher waren Bestandsdaten „Einstellungen", „Ausbildung über Bedarf" und „Zahl der nach Beendigung der Ausbildung übernommenen" gefragt. Diese Daten waren mit den Personalplanungszahlen und den Daten über Ausbildungskosten (siehe Argumentation zur beabsichtigten Ausbildungsplatzförderungsabgabe) zu verbinden. Hier durfte man nicht darauf warten, daß die Unternehmensleitung entsprechende Fragen stellt, sondern hier mußte die Personalberichterstattung von sich aus aktiv werden und auf die voraussehbare Problematik hinweisen.

Ähnliche Themen sind aufzugreifen, sobald neue Forderungen des Gesetzgebers, der Tarifpartner, des Betriebsrats oder neue Maßnahmen der Firmenleitung im Gespräch sind.

Die gesamte Personalberichterstattung kann man in folgende große Themengruppen untergliedern:

Themen	Inhalt	Verwendungszweck
1. Mitarbeiter		
1.1 Bestandsübersichten		
1.1.1 Vertragsverhältnisse	Mitarbeitergruppe: Arbeiter, Angestellter, Auszubildender, Werkstudent, Aushilfe, Teilzeitbeschäftigte	) Steuerung der Mitarbeiterzahl)
	Beschäftigungsverhältnis: Aktive Mitarbeiter, Vorruhestand, ruhende Dienstverhältnisse, Pensionäre	) Personalplanung))))
1.1.2 Mitarbeiterstruktur	Geschlecht, Nationalität, geographische Gliederung, Lebens- und Dienstalter, Lohn-/Tarifgruppe/Rang	) Überwachung der) Entwicklung der) Struktur
1.1.3 Vorbildung	Schulabschluß, Lehre, Fachrichtung	))
1.1.4 Tätigkeit	Tätigkeit, Tätigkeitsgebiet	)

1.2 Einkommen

1.2.1 Tarifgruppenbesetzung und AT-Rangstruktur	Tarifgruppen Dienstaltersgruppen AT-Gruppen	Überwachung von Strukturänderungen, Auswirkung von Tarifvertragsänderungen
1.2.2 Überverdienste	Akkordüberverdienste, Leistungs- und Sonderzulagen	Überwachung der Akkordvorgaben, Lohndriftberechnungen
1.2.3 Entwicklung der Durchschnittseinkommen	Gliederung nach Vorbildung, Geschlecht, Dienstalter	Steuerung der Einkommenspolitik
1.2.4 Entwicklung des realen Brutto- und Nettoeinkommens	Bruttoeinkommen (Begriff prägen!), Sozialversicherungsbeiträge, Steuern	Information Auswirkung von Tarifen und Gesetzen auf die verschiedenen Mitarbeitergruppen

1.3 Fluktuation

1.3.1 Art und Höhe der externen Fluktuation	Abgangsart, Dienstalter, Tätigkeit))	Beeinflussung der Fluktuation
1.3.2 Art und Höhe der internen Fluktuation	Wechsel der Personengruppe))	Personalplanung
1.3.3 Abgangsgründe	Abgangsgründe)	

1.4 Sonstige wichtige Personaldaten

1.4.1 Betriebsunfälle	Anzahl, Art (Betriebs- oder Wegeunfall), Art der Verletzung, Ursache	Grundlage für die Arbeitssicherheit
1.4.2 Weiterbildung	Art der Bildungsmaßnahme, Anzahl der Teilnehmer, Kosten der Weiterbildung (insbesondere Ausfallzeiten)	Planung der Bildungsmaßnahmen
1.4.3 Verbesserungsvorschläge	Anzahl eingereichter und prämiierter Vorschläge, Anzahl Teilnehmer, Prämien, Ergebnis	Förderung des Verbesserungsvorschlagswesens

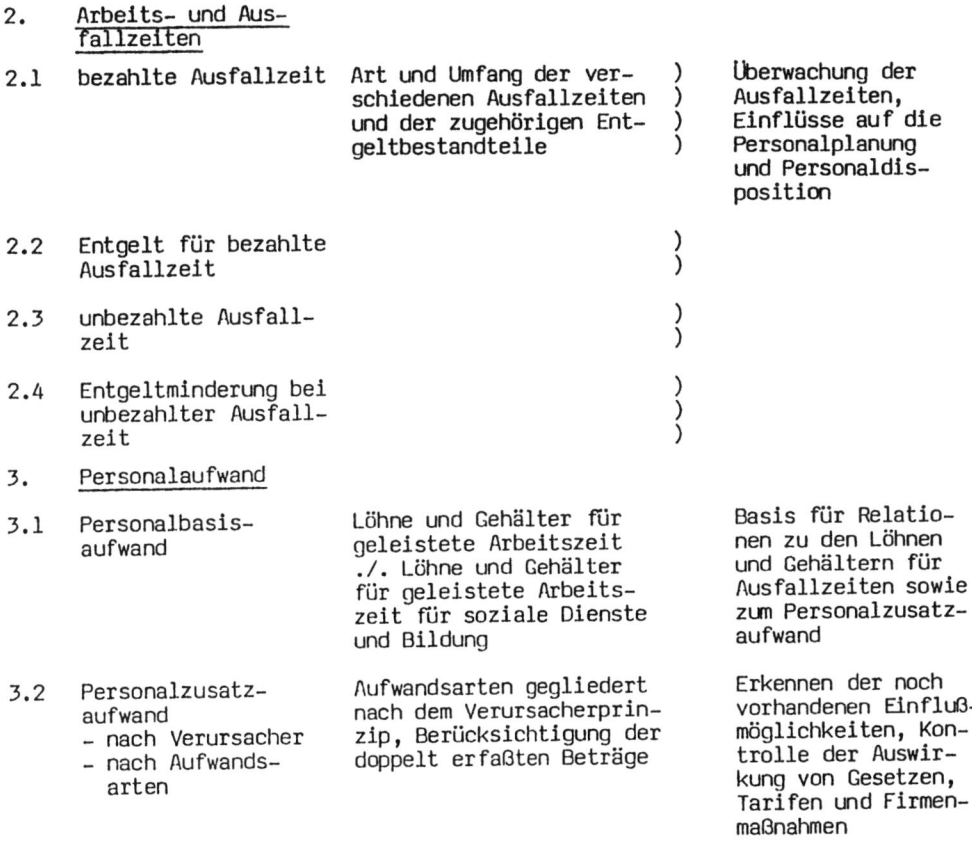

2.	Arbeits- und Aus- fallzeiten		
2.1	bezahlte Ausfallzeit	Art und Umfang der ver- schiedenen Ausfallzeiten und der zugehörigen Ent- geltbestandteile))))	Überwachung der Ausfallzeiten, Einflüsse auf die Personalplanung und Personaldis- position
2.2	Entgelt für bezahlte Ausfallzeit	))	
2.3	unbezahlte Ausfall- zeit	))	
2.4	Entgeltminderung bei unbezahlter Ausfall- zeit	)))	
3.	Personalaufwand		
3.1	Personalbasis- aufwand	Löhne und Gehälter für geleistete Arbeitszeit ./. Löhne und Gehälter für geleistete Arbeits- zeit für soziale Dienste und Bildung	Basis für Relatio- nen zu den Löhnen und Gehältern für Ausfallzeiten sowie zum Personalzusatz- aufwand
3.2	Personalzusatz- aufwand - nach Verursacher - nach Aufwands- arten	Aufwandsarten gegliedert nach dem Verursacherprin- zip, Berücksichtigung der doppelt erfaßten Beträge	Erkennen der noch vorhandenen Einfluß- möglichkeiten, Kon- trolle der Auswir- kung von Gesetzen, Tarifen und Firmen- maßnahmen

Diese grob strukturierte Übersicht zeigt bereits, daß für die Aufbereitung dieser Themen sehr unterschiedliche Datenquellen erschlossen werden müssen.

Da viele dieser Themenkreise auch untereinander kombiniert werden (zum Beispiel Vorbildung und Rangstruktur), muß auf eine sorgfältige und aufeinander abgestimmte Datenaufbereitung besonderer Wert gelegt werden. Ein großer Teil (aber nicht alle!) der für diese Themen benötigten Daten geht aus dem Personalinformationssystem und den daraus entwickelten Tabellenverzeichnissen (siehe Anlage 2) hervor.

Zu den einzelnen Themenkreisen sind noch folgende Hinweise zu geben: Der Themenkreis „Mitarbeiter" muß einen umfassenden Überblick über Mitarbeiterstrukturen, Vertrags- und Beschäftigungsverhältnisse bieten.

Dieser Themenkreis ist Ausgangspunkt und in vielen Fällen Bezugsbasis für die sich darauf beziehenden Themenkreise „Einkommen", „Personalaufwand" und „Zeiten". Die Aufbereitung der Mitarbeiterdaten in ihren verschiedensten Ausprägungen muß mit besonderer Sorgfalt vorgenommen werden, da die hieraus gewonnenen Ergebnisse die unentbehrliche Basis für weitergehende Untersuchungen und Auswertungen sind. So ist zum Beispiel die Anzahl der Mitarbeiter - gegliedert nach Vertragsverhältnissen oder Strukturen - die Grundlage (Divisor) für die Erstellung eines Personalkennzahlensystems.

Die aus diesem Themenkreis von der Personalberichterstattung bereitzustellenden Informationen bilden außerdem die Grundlage für die langfristig angelegte Personalplanung und Personalentwicklung sowie für viele weitere notwendige Informationen.

Der Themenkreis „**Einkommen**" ist eine Vorstufe zum Themenkreis „Personalaufwand". Das bedeutet, daß beide Themenkreise genau aufeinander abgestimmt sein müssen. Die Zielrichtung beider Themenkreise ist jedoch unterschiedlich. Während die Gliederung des Brutto- und Nettoeinkommens für den Personalbereich eine wichtige Unterlage für die Gestaltung und Überwachung der Einkommenspolitik und der Personalentwicklung innerhalb der Unternehmensteile (Organisationseinheiten) ist, wendet sich der Themenkreis „Personalaufwand" an das Rechnungswesen.

Der Themenkreis „**Personalaufwand**" ist für die meisten Unternehmen von besonderer Bedeutung, weil dieser Kostenblock gegenüber anderen Kostenarten überproportional ansteigt. Um diesen Kostenblock durchschauen, beurteilen und beeinflussen zu können, ist eine entsprechende Aufteilung und Strukturierung erforderlich. Normalerweise wird unter „Personalaufwand" der im Handelsgesetzbuch § 275 gemäß dem Gesamtkostenverfahren in den Positionen 6a und 6b definierte „Personalaufwand laut Gewinn- und Verlustrechnung (GuV)" verstanden (beim Umsatzkostenverfahren ist eine gleichartige Gliederung im Anhang zum Jahresabschluß aufzustellen). Dieser gliedert sich in die Kontengruppen

— Löhne und Gehälter (GuV-Position 6a)
— Soziale Abgaben (GuV-Position 6b)
— Altersversorgung und Unterstützung (GuV-Position 6b)

Diese Art der Aufteilung ist für die Betrachtung der einzelnen Kostenarten gut geeignet. Für eine Überwachung des Personalaufwandes, für die Information gegenüber der Firmenleitung, Betriebsvertretung und Öffentlichkeit benötigt man jedoch häufig nicht eine **kostenarten**-orientierte Gliederung, sondern eine **funktionale** Aufteilung, aus der die einzelnen Maßnahmen besser erkannt werden können. Hinzu kommt, daß der Personalaufwand laut GuV einige Sachaufwendungen, die unmittelbar den Mitarbeitern zugute kommen (zum Beispiel Abschreibung und Zinsen für Belegschaftseinrichtungen wie Kasino, Betriebsärztlicher Dienst, Erholungsheime), nicht beinhaltet. Dieser Sachaufwand muß jedoch ebenfalls in die Betrachtung mit einbezogen werden. Die Einbeziehung des Sachaufwandes und die funktionsorientierte Darstellung führen dazu, daß man - zwangsläufig - eine Mischung aus Kostenarten- und Kostenstellenrechnung erhält. Zusammengefaßt ergibt sich hieraus der „Personal-, Sozial- und Bildungsaufwand" (auch als „Personalgesamtaufwand" bezeichnet), der sich unterteilt in

— Personalbasisaufwand und
— Personalzusatzaufwand.

Der Themenkreis „Personalaufwand" ist die Brücke zwischen Personal- und Rechnungswesen. Der damit ausgelöste und notwendige Abstimmprozeß zwischen den Daten des Personalinformationssystems und den Konten der Buchhaltung soll hiermit bewerkstelligt werden. Dazu sei aber darauf hingewiesen, daß in diesen wichtigen Themenkreis nicht nur Daten aus der Personalabrechnung (Personalinformationssystem) eingehen, sondern auch andere Datenquellen (zum Beispiel Rückstellungsbildung und Teile der Kostenstellenrechnung) hierzu ihren Beitrag an der Datenbereitstellung liefern müssen.

Der Themenkreis „**Arbeits- und Ausfallzeiten**" muß einen Überblick geben über die Entwicklung der Arbeits- und Ausfallzeit in all ihren Ausprägungen. Typisch für diesen Themenkreis ist, daß die hieraus zu entnehmenden Informationen an Aussagekraft gewinnen, wenn sie in ihrer Entwicklung - möglichst als Langzeitvergleich - dargestellt werden. Zu beachten ist, daß der Themenkreis „Zeiten" im Begriffsinhalt und in seiner Gliederung mit den Themenkreisen „Mitarbeiter" und „Personalaufwand" korreliert werden muß. Besonders aufschlußreich ist die Kombination der Ausfallzeiten mit den verschiedenen Mitarbeitergruppen und die Bildung von Relationen hieraus.

Dieser Themenbereich ist ein wichtiges Kontrollinstrument der Unternehmensleitung und liefert gleichzeitig wesentliche Daten für die langfristige Personalplanung und den kurzfristigen Personaleinsatz.

Der Themenkreis „**Fluktuation**" ist in engem Zusammenhang mit dem Themenkreis „Mitarbeiter" zu sehen und ist ein wichtiger Ausgangspunkt für die Berechnung der Fluktuationskosten und die Beeinflussung der Fluktuationshöhe.

Im Themenkreis „**Sonstige wichtige Personaldaten**" werden Themen aufgeführt, die im Regelfall nicht (oder nur mit Bruchteilen) direkt aus der Personalabrechnung gewonnen werden können. Hierzu sind daher gesonderte Statistiken zu führen. Selbstverständlich ist der Inhalt dieses Themenkreises besonders abhängig von den spezifischen Unternehmenserfordernissen.

Aus diesen Themenkreisen erwächst eine Fülle von Kombinationsmöglichkeiten der verschiedenen Themen untereinander, zum Beispiel Fluktuationsarten kombiniert mit dem Dienstalter, Einkommen nach Dienstalter, Teilzeit und Krankenstand. Innerhalb der einzelnen Themen ist noch zu unterscheiden - je nach dem angestrebten Zweck der Berichterstattung - nach Auswertungen zu einem bestimmten Berichtszeitpunkt (Standzahlen), nach Durchschnittswerten oder nach Auflaufwerten. Je nach Datenart und Aussagezweck überwiegt die eine oder andere Darstellungsform, zum Beispiel

— die Anzahl der Mitarbeiter nach organisatorischer Zugehörigkeit ist eine typische Standzahl
— dem Personalaufwand können diese Daten aber nur mit Durchschnittszahlen gegenübergestellt werden
— die Fluktuation ist fast nur als Auflaufwert aussagefähig.

Viele Themen gewinnen darüber hinaus an Aussagekraft, wenn man die Daten in der Entwicklung zeigt, also zwei oder mehrere Jahre gegenüberstellt.

2.4 Quellen

Aus den Themen der Personalberichterstattung ergibt sich der Inhalt der dafür benötigten Personaldaten. Dieser Inhalt orientiert sich an

— den Erfordernissen der verschiedenen Empfängerkreise des Unternehmens
— den Anforderungen externer Stellen (zum Beispiel Statistische Landesämter, Arbeitsämter, Verbände und Institutionen)
— der Initiative der Fachabteilung, die sich mit der Personalberichterstattung befaßt. Aus den dort vorhandenen Fachkenntnissen können Anregungen, Vorschläge und Hinweise auf die Gestaltung und Auswertung der Personalberichterstattung gewonnen werden.

Aus dem Inhalt lassen sich dann die erforderlichen Datenquellen ableiten. Jede Personalberichterstattung ist in erster Linie auf die innerbetrieblichen Verhältnisse ausgerichtet. In verschiedenen Fällen ist es jedoch notwendig, die eigenen Daten um externe Daten zu ergänzen oder sie ihnen gegenüberzustellen.

Viele externe Statistiken, zum Beispiel über die Arbeitsmarktsituation, die Entwicklung des Schülerberges und die Nachfrage nach Ausbildungsplätzen, über die Absolventenzahlen der Universitäten (nach Fachrichtungen, Studienanfängern, Abbruchquote usw.), können wertvolle Ergänzungen der eigenen Daten bieten, insbesondere bei allen Planungsüberlegungen.

Der weit überwiegende Teil der Daten muß jedoch aus den Datenquellen des eigenen Unternehmens erschlossen werden. Im Regelfall handelt es sich dabei um folgende Datenquellen:

Personalinformationssystem

Der weit überwiegende Anteil an den benötigten Daten stammt aus dem Personalinformationssystem (siehe Abschnitt „Aufbau und Gestaltung eines Personalinformationssystem"). Dieses beruht auf den Daten der Personalabrechnung und -verwaltung.

Rückstellungen

Zahlreiche Positionen der Personalaufwandsrechnung enthalten Rückstellungen (siehe Abschnitt „Bildung von Rückstellungen").

In vielen Fällen liefert die Personalberichterstattung hierfür die Grundlagen. Die Personalberichterstattung benötigt in jedem Fall - also auch dann, wenn die Rückstellungen in der Buchhaltung berechnet werden - für alle Konten der GuV-Positionen 6a und 6b (Löhne/Gehälter, Soziale Abgaben, Altersversorgung und Unterstützung) die Rückstellungsveränderung, weil diese Beträge eine wichtige Abstimmgrundlage sind.

Konten der Buchhaltung

Der Inhalt der einzelnen Konten der GuV-Positionen 6a und 6b muß mit den Merkmalen (siehe Anlage 1) des Personalinformationssystems genau abgestimmt sein. Sofern dieser Abstimmprozeß lückenlos ist, müssen die Konten der Buchhaltung, soweit sie Löhne und Gehälter betreffen (GuV-Position 6a - mit Ausnahme der Rückstellungsveränderung - genau mit den Ergebnissen (aufgelaufenen Werten) des Personalinformationssystems übereinstimmen. Für die GuV-Position 6b gilt dies mit Einschränkungen.

Unabhängig von den Konten der GuV-Positionen 6a und 6b gibt es jedoch weitere Konten der Buchhaltung, die in den Personal-, Sozial- und Bildungsaufwand eingehen. Häufig handelt es sich dabei um Bestandteile der GuV-Position 26 (sonstige Aufwendungen). Dabei kann es sich zum Beispiel um Sachaufwand für Jubiläen, Kosten der Ausgabe von Wertpapieren für Mitarbeiter und viele ähnliche Aufwendungen handeln, die Bestandteil des Personalzusatzaufwandes sind.

Kostenstellenrechnung

Für die Feststellung des Personal-, Sozial- und Bildungsaufwandes benötigt man für die Berechnung des Personalzusatzaufwandes die Kosten der Sozial- und Bildungskostenstellen.

Berechnungen

Verschiedene Bestandteile des Personalzusatzaufwandes müssen gesondert berechnet werden zum Beispiel Gehaltsanteile für Feiertage (Angestellte) oder Zinsausfälle bei zinslosen oder zinsgünstigen Personaldarlehen. Hierfür müssen die Grunddaten (zum Beispiel Anzahl der Wochenfeiertage, Darlehensbestände für Mitarbeiter) ermittelt und der Personalaufwand nach entsprechenden Formeln[1] berechnet werden.

Manuelle Erhebungen

Auch wenn der weit überwiegende Anteil der benötigten Personaldaten auf den bisher beschriebenen Wegen erfaßt werden kann, bleibt ein Rest von manuellen Erhebungen erhalten.
Hierbei handelt es sich zum Beispiel

— um die Ermittlung der Ausfallzeiten für die Weiterbildung der Angestellten
— um die Anzahl der eingereichten Verbesserungsvorschläge und deren Ergebnis
— um die Daten über Betriebsunfälle.

Eine Übersicht über die Datenquellen und den Datenfluß der Personalberichterstattung zeigt Abbildung 2.

---

1) siehe Personalzusatzaufwand - System zur Inhaltsbestimmung und Gliederung -, Rudolf Haufe Verlag, Freiburg i.Br. 1980

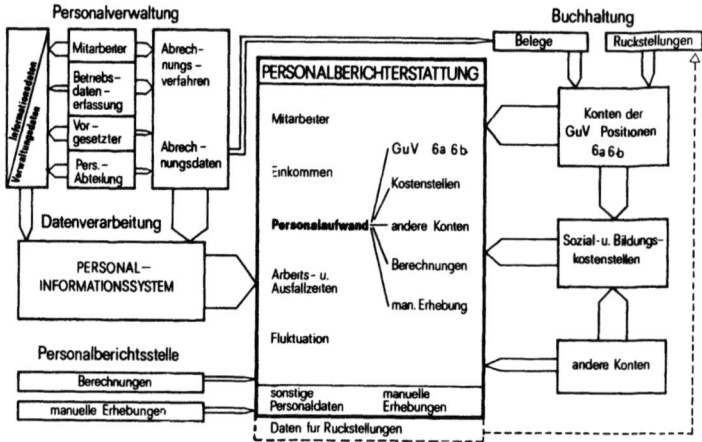

Abbildung 2:
Datenquellen und Datenfluß der Personalberichterstattung

Aus dieser Übersicht ist zu entnehmen, daß nur wenige Daten, die für die Personalberichterstattung benötigt werden, unmittelbar in der Personalberichtsstelle entstehen. Es ist daher - bezogen auf den jeweiligen Dateninhalt - die Frage zu stellen,

— woher (aus welcher Dienststelle) können die Daten bezogen werden?
— mit welchen Erhebungsformen und -methoden werden die Daten ermittelt?
— welcher Art ist die Datengrundlage?
— nach welchen Regeln (zum Beispiel Festlegung laut Gesetz oder Tarif, eigene Begriffsdefinitionen, Regeln der Verbände oder anderer Institutionen) werden die Daten bestimmt?
— zu welchem Termin kann man die Daten erhalten?

Manchmal können die gleichen Daten von mehreren Dienststellen „bezogen" werden (zum Beispiel Personalabrechnung oder Buchhaltung). Dann ist zu prüfen, von welcher dieser Dienststellen die Daten termingerecht, sicher, in passender Begriffsausprägung und erforderlicher Tiefengliederung am besten bereitgestellt werden können. Mit dieser Dienststelle ist dann die erforderliche Vereinbarung über die Gliederung und den Zeitpunkt der Datenlieferung rechtzeitig zu treffen.

Um sicherzustellen, daß man die Daten so erhält, wie man sie benötigt, müssen - auf der Grundlage der von der Personalberichtsstelle geprägten Begriffe- die Erhebungsformen und -methoden festgestellt werden. In vielen Fällen muß hierauf Einfluß genommen werden, da nur dadurch die festgesetzten Begriffsbestimmungen sicher eingehalten werden können.

Aus der Übersicht wird bereits deutlich, daß die wichtigste Datenquelle das Personalinformationssystem ist. Auf dessen Gestaltung ist besonderer Einfluß zu nehmen. Dazu gehört

26

— die Mitbestimmung des Inhaltes
— die Art der Datenselektion aus der Personalabrechnung und -verwaltung
— die Art der Datenaufbereitung (zum Beispiel Bildung von Summen, Auflaufwerten, Historiendaten)
— die Bestimmung des Daten-Outputs.

Da das Personalinformationssystem nicht die ursprüngliche Datenquelle ist, muß man den Datenfluß noch ein weiteres Stück zurückverfolgen. Dazu ist daran zu erinnern, daß das Personalinformationssystem gespeist wird aus

— der **Personalabrechnung.** Hierbei handelt es sich um Personaldaten, die für die Abrechnung benötigt werden. Aus der Fülle der bei der Abrechnung anfallenden Daten wird jedoch nur ein kleiner Teil für das Personalinformationssystem benötigt.
In der Personalabrechnung sind zum Beispiel viele Daten über Vorschüsse, Darlehen, Pfändungen enthalten, die für ein Personalinformationssystem nicht benötigt werden. Unabhängig davon sind in der Personalabrechnung die Einzeldaten häufig in sehr starker Detaillierung enthalten (zum Beispiel alle Sonderzahlungen einzeln, einzelne Prämien für Verbesserungsvorschläge, jedes Honorar einzeln). Um das Personalinformationssystem damit nicht unnötig zu belasten, sind daher sowohl Selektionen als auch Zusammenfassungen notwendig. Das hat zur Folge, daß zwischen Personalabrechnung und Personalinformationssystem ein Datenüberleitungsprogramm eingeschaltet werden muß. Auch aus Gründen des Datenschutzes ist ein derartiges Vorgehen zweckmäßig.
— der **Personalverwaltung.** Neben den für die Abrechnung erforderlichen Daten werden zahlreiche weitere Daten aus gesetzlichen (zum Beispiel Schwerbehinderte), tariflichen (zum Beispiel analytische Leistungsbewertung laut Tarif) oder firmeninternen Gründen (zum Beispiel Altersversorgung) benötigt. Ein Teil dieser Daten (zum Beispiel die für die Meldung aufgrund der Datenerfassungs- und Datenübertragungsverordnung benötigten Angaben zur Tätigkeit) kann man - über das Personalinformationssystem - gut für die Personalberichterstattung verwenden.
— **Informationsdaten.** Hierbei handelt es sich um Daten, die weder für die Abrechnung noch für die Verwaltung benötigt werden, sondern nur Informationszwecken dienen (zum Beispiel Tätigkeitsgebiet). Diese Datenart sollte man so sparsam wie möglich verwenden.
Reine Informationsdaten erfordern im Regelfall einen zusätzlichen Erhebungsaufwand und werden erfahrungsgemäß schlecht gepflegt.

Über die weitere Rückverfolgung der Daten im Personalinformationssystem wird auf den Abschnitt „Aufbau und Gestaltung eines Personalinformationssystems" verwiesen.
Neben den im Personalinformationssystem aus dem Abrechnungsverfahren erzeugten Abrechnungsdaten (Abrechnungsergebnisse, Auflaufwerte und Historiendaten) werden aber noch weitere Daten autonom gebildet. Es handelt sich dabei um Daten, die aus Zusammenfassung, Kombination, Ableitungen oder Rechenoperationen

entstehen. Dazu gehören zum Beispiel Personenkreise (siehe Anlage 1), Lebens- und Dienstalter, Fluktuationsmerkmale.

Die **Bildung von Rückstellungen** ist für die Personalberichterstattung zugleich Ergebnis und Datenquelle. Die GuV-Position „Löhne und Gehälter" wird normalerweise aus der Personalabrechnung und aus den Belegen über Bildung und Auflösung von Rückstellungen gespeist. Diese Belege sind daher eine wichtige - und für die Abstimmung der Ergebnisse der Personalberichterstattung auch unerläßliche - Quelle. Weitere Einzelheiten hierzu sind dem Abschnitt „Bildung von Rückstellungen" zu entnehmen.

Da einerseits die Daten des Personalinformationssystems mit den Daten der Buchhaltung abgestimmt sein müssen, andererseits jedoch auch die Buchhaltungsdaten, soweit sie den Personalaufwand betreffen, unmittelbar die Personalberichterstattung berühren, ergibt sich daraus die zwingende Notwendigkeit,

— den Kontenplan des Personalaufwandes genau zwischen Rechnungs- und Personalwesen abzustimmen beziehungsweise dem Personalwesen auf die Gestaltung einen entsprechenden Einfluß einzuräumen
— die Methoden der Kostenerfassung und -auswertung zwischen beiden Bereichen zu koordinieren.

Das ist leichter gesagt als getan. Deshalb empfiehlt sich folgende Vorgehensweise:

— Zunächst ist zu prüfen, ob die Begriffe, die die Personalberichterstattung mit den Daten verbindet, sich mit den Begriffen, die die Buchhaltung verwendet und die dem Konteninhalt zugrunde liegen, decken.
— Anschließend daran ist der Datenfluß zwischen Personalabrechnung und Buchhaltung genau zu durchleuchten. Hierbei wird man auf folgende Situation stoßen:
  Die Daten der Personalabrechnung sind zwangsläufig in sehr viele Bezugsarten (zum Beispiel Gehalt, Sonderzahlungen, Provisionen) untergliedert und fließen
  ● in zusammengefaßter Form in die Konten der Buchhaltung
  ● und gleichzeitig in sehr weit gefächerter Gliederung in das Personalinformationssystem.
  Um sicherzustellen, daß der Dateninhalt im Personalinformationssystem und in der Buchhaltung zu den gleichen Aussagen führt (trotz der Zusammenfassung in den Konten), ist genau festzustellen, welche Bezugsarten der Personalabrechnung in welche Konten eingehen.
— Die im vorhergehenden Abschnitt geforderte Abstimmung des Datenflusses wird jedoch dadurch erschwert, daß die Konten der Buchhaltung nicht nur aus der Personalabrechnung gespeist werden, sondern noch weitere Belege aus anderen Quellen (zum Beispiel Rückstellungsbildung) enthalten. Derartige Belege, die nicht über die dv-maschinelle Personalabrechnung laufen, könnten zum Beispiel sein: Vorstandsbezüge, Honorare an eigene Mitarbeiter, Umbuchungsbelege. Sollten derartige Vorgänge beziehungsweise Belege vorkommen, müssen sie ebenfalls für die Personalberichterstattung erschlossen werden, weil der Personalaufwand nicht als Teilbetrag (entsprechend der Personalabrechnung), sondern nur als Gesamtbe-

trag (entsprechend dem Konto der Buchhaltung) in die Personalberichterstattung eingehen kann. Dazu ist es also notwendig, auch diese Teile des Datenflusses genau zu erfassen. In der Praxis ist das nur möglich, wenn die Personalberichterstattung diese Belege zur Kenntnis erhält. Um diesen Abstimmprozeß zu erleichtern, ist es zweckmäßig, eine Checkliste für diese - meist wiederkehrenden - Geschäftsvorfälle aufzustellen. Dann weiß man am Jahresende, worauf zu achten ist und muß nur dafür sorgen, daß der kleine Rest einmalig vorkommender Belege noch abgestimmt wird.

Dieser Abstimmprozeß erfordert entsprechende betriebswirtschaftliche Kenntnisse der Mitarbeiter der Personalberichtsstelle und das Verständnis für Erfordernisse des Rechnungswesens.

— Der Personalaufwand laut GuV geht aus den entsprechenden Kontengruppen (GuV-Positionen 6a, 6b) hervor.

Darüber hinaus gibt es aber auch noch Aufwendungen, insbesondere für den Sozial- und Bildungsbereich, die in anderen Positionen der Gewinn- und Verlustrechnung enthalten sind, zum Beispiel

- Ausbuchung von Darlehen aus sozialen Gründen (GuV-Position 8)
- Aufwendungen für die verbilligte Ausgabe (zum Beispiel Kursdifferenz) von Wertpapieren an Mitarbeiter (GuV-Position 8)
- Aufwendungen für Werkbusse (GuV-Position 8)
- Honorare an Fremde für Bildungsveranstaltungen (GuV-Position 8)
- Reisekosten für Teilnahme an Weiterbildungsveranstaltungen (GuV-Position 8).

Ferner ist abzugrenzen, welche Belege als Personalaufwand zu erfassen sind und welche nicht. Derartige Abgrenzungsprobleme treten zum Beispiel bei vom Unternehmen übernommener Lohn- und Kirchensteuer auf. Lohn- und Kirchensteuer, die zum Personalaufwand gehören (zum Beispiel bei Nachzahlungen), sind auch als solcher zu buchen; andere Arten der Lohn- und Kirchensteuer, die zum Beispiel zu Umzugskosten oder Auslösungen zuzuordnen sind, dürfen nicht dem Personalaufwand zugerechnet werden. Das bedeutet, es muß für Lohn- und Kirchensteuer verschiedene Konten geben (typisches Beispiel einer notwendigen Einflußnahme).

Ein derartiger Abstimmprozeß zwischen Personal- und Rechnungswesen mag ungewohnt sein. Eine Einsichtnahme, Steuerung und Kontrolle von Belegen, die den Personalaufwand betreffen, und eine Mitgestaltung des Kontenplanes (für den Personalaufwand) durch die Personalberichtsstelle ist daher häufig noch nicht üblich, nichtsdestoweniger aber notwendig. Manchmal ist bei den Verantwortlichen für das Rechnungswesen die Einsicht in diese Notwendigkeit noch nicht vorhanden. Dann sei darauf hingewiesen, daß in vielen Fällen erfolgreiche Verhandlungen - sei es mit dem Betriebsrat, sei es bei Tarifverhandlungen - entscheidend auch von der Tiefengliederung und damit genauer Kenntnis der einzelnen Personalaufwandskomponenten abhängen. Hier können entsprechend gute, glaubwürdige und richtig aufbereitete Informationen Geld wert sein.

Auch für die **Auswertung** der Ergebnisse des so - gemeinsam - erfaßten Aufwandes ist ein gleichartiger Abstimmprozeß notwendig. Das Rechnungswesen muß wissen, was die Personalberichtsstelle mit den so erfaßten Daten macht. Dabei ist jedoch zu bedenken, daß das Rechnungswesen meist aus einem ganz anderen Blickwinkel diese Aufgabenstellung betrachtet. Das Rechnungswesen legt in erster Linie Wert auf die richtige und termingerechte Darstellung des Personalaufwandes. Dabei steht die Erfassung nach Kostenarten im Vordergrund.

Die Tiefengliederung dieser Kostenarten ist dabei meist nicht so differenziert und tief gegliedert, wie dies für die Zwecke des Personalwesens eigentlich erforderlich wäre. Das Personalwesen muß jedoch - seiner Funktionsverantwortung entsprechend - Wert auf eine möglichst tiefgegliederte Kostenerfassung legen und außerdem eine maßnahmen- und funktionsorientierte Aufwandsdarstellung (Personalbasisaufwand - Personalzusatzaufwand) fordern. Nur dann ist das Personalwesen in der Lage, alle Einwirkungen des Gesetzgebers, der Tarifpartner und die eigenen unternehmensbezogenen Überlegungen (Firmenrichtlinien) auf die kostenmäßigen Auswirkungen hin zu überprüfen.

Die für die Ermittlung des Personal-, Sozial- und Bildungsaufwandes benötigten Daten können nicht allein aus den Konten der Buchhaltung gewonnen werden, sondern sind um die Aufwendungen, die aus den **Sozial- und Bildungskostenstellen** ersichtlich sind, zu ergänzen. Auf die Ausprägung dieser Kostenstellen muß die Personalberichtsstelle ebenfalls Einfluß nehmen, da die Kostenzuordnung des Personalzusatzaufwandes nach dem Verursacherprinzip wichtig ist und von der richtigen Kostenstellenabgrenzung abhängt.

Aus dem Sozialaufwand kommen hierfür zum Beispiel folgende Kostenstellen in Betracht:

— Arbeitssicherheit
— Betriebsarzt/Gesundheitsdienst
— Betriebsrat
— Erholungsheime
— Werkskantine
— Betriebskrankenkasse (soweit ungedeckter Aufwand)
— Werkbibliotheken (keine Fachbüchereien).

Im Bildungsaufwand kommen häufig folgende Kostenstellen vor:

— Ausbildungswerkstätten
— Weiterbildungszentren
— Schulen (zum Beispiel DV-Schulen).

Wenn man Kostenarten (Konten der Buchhaltung) und Kostenstellen im Personalzusatzaufwand zusammenfaßt, kommt es zwangsläufig zu Kostenüberhöhungen, die wieder bereinigt werden müssen. Die Personalberichtsstelle muß daher eine Methode entwickeln, wie sie diese doppelt erfaßten Beträge behandelt[2].

Der weitaus größte Teil der für die Personalberichterstattung benötigten Daten geht aus den vorstehend beschriebenen Quellen hervor. In einigen Fällen müssen je-

2)   siehe Grünefeld, Steuerung und Kontrolle des Personalaufwandes, Gabler Verlag, Wiesbaden 1983,
      S. 73

doch Daten **manuell erhoben** werden. Hierbei handelt es sich meistens um wichtige Daten für die Personalberichterstattung, die auf anderem Wege nicht ermittelbar sind.

Da manuelle Erhebungen meist mit relativ hohem Aufwand verbunden sind, sollte immer erst geprüft werden, ob man durch entsprechende Gestaltung des Kontenplanes oder der Kostenstellenrechnung, eventuell auch durch gute Berechnungsmethoden einen anderen Weg findet, um an die erforderlichen Daten zu gelangen. Erhebungen sind im Regelfall notwendig für

— die Erfassung der Teilnehmerzahlen und -zeiten für die Weiterbildung sowie für nebenamtliche Referenten- oder Lehrtätigkeit in der Weiterbildung (gegebenenfalls auch in der Ausbildung). Hierbei ist darauf zu achten, daß diese Daten von den entsendenden Stellen kontinuierlich erhoben und nach einem von der Personalberichterstattung vorgegebenen Schema aufgezeichnet werden. Rückwirkende „Rekonstruktionen" dieser Daten sind meist zu lückenhaft und nicht beweiskräftig.

— Erhebungen über Teilnahme, Umfang und Kosten des Bezuges von Wertpapieren (zum Beispiel Aktien des eigenen Unternehmens) durch die Mitarbeiter. Eine derartige Erhebung kann bei entsprechender Gestaltung des Kontenplanes (Kosten der Ausgabe von Wertpapieren) und mit Hilfe eines Personalinformationssystems (Erfassung der Teilnehmer) auch vermieden werden.

— Erhebungen über das Verbesserungsvorschlagswesen. Hier lassen sich meist die ohnehin von dieser Stelle geführten Aufzeichnungen über Anzahl der eingereichten und prämiierten Verbesserungsvorschläge, Höhe der erzielbaren Einsparungen, Teilnehmerzahlen usw. leicht feststellen.

— Erhebungen über Daten aus der Arbeit des Sicherheitsbeauftragten, zum Beispiel Anzahl der Betriebs- und Wegeunfälle, Relationen zur Anzahl der Mitarbeiter beziehungsweise den geleisteten Stunden, Art der Unfälle. Jedoch ist darauf zu achten, daß man diejenigen Daten, die man über das Personalinformationssystem ermitteln kann (zum Beispiel Ausfallzeiten), nicht nochmals aufzeichnet und abfragt.

— Erhebungen über Daten aus sozialen Leistungen, zum Beispiel Anzahl der beschafften Wohnungen, Anzahl von zur Verfügung gestellten Urlaubsplätzen, Anzahl der Essenteilnehmer.

Viele Personaldaten können und müssen berechnet werden. Hierfür müssen von der Personalberichtsstelle einheitliche Berechnungsmethoden entwickelt werden. Dabei ist jedoch zu unterscheiden

— zwischen Berechnungen, die dazu führen sollen, die Datenbasis zu schaffen (zum Beispiel Zinsvergünstigungen)
— und Berechnungen, die für die Auswertung der Daten erforderlich werden (zum Beispiel Personalkostenverteuerung, Berechnung von Kennzahlen).

Da es an dieser Stelle nur um die Datenbasis geht, wird im folgenden auf den zuerst genannten Aspekt eingegangen.

Häufig tritt die Berechnung von Personaldaten auch an die Stelle der unmittelbaren Datenerfassung, zum Beispiel Kosten der Gehaltsfortzahlung an Feiertagen. Diese Art der Berechnung von Personaldaten ist immer dann vorzuziehen, wenn damit bei einem ausreichend gesicherten Ergebnis der - meist höhere - Aufwand der Datenerfassung vermieden werden kann.

Die Berechnung der Personaldaten kann in manchen Fällen mit verschiedenen Methoden vorgenommen werden, deren Ergebnisse auch nicht immer ganz gleich sein müssen. So kann man zum Beispiel die Kosten der Urlaubsverlängerung entweder über die Einstellung von zusätzlichem Personal oder über die Erhöhung der Überstunden berechnen. Beide Berechnungsmethoden sind richtig (in der Wirklichkeit tritt meist eine Mischung aus beiden Effekten ein), führen aber zu etwas voneinander abweichenden Ergebnissen[3].

Für die Personalberichterstattung ist es jedoch notwendig, sich an einheitlichen Berechnungsmethoden zu orientieren. Das stellt nicht nur vergleichbare Ergebnisse sicher, sondern bietet auch Gewähr, daß die Berechnungsmethoden richtig sind. Wegen der Breite und Vielfalt der Personalberichterstattung, und weil die Belange jedes Unternehmens unterschiedlich sind, ist es nicht möglich, alle denkbaren Berechnungsfälle zu beschreiben, sondern es können nur einige Beispiele angeführt werden:

— Berechnung von Personaldaten statt unmittelbarer Datenerfassung
  ● Berechnung der Kosten von Ausfallzeiten für Feiertage, Urlaub, Krankheit usw. bei Gehaltsempfängern
  ● Berechnung des produktiven Anteils der Auszubildenden an den Brutto-Ausbildungskosten (Berechnung des Zeitanteils und dessen Erhebungsmethode)
— Berechnung der Kosten von Jubiläen aufgrund der Anzahl der Jubilare und der durchschnittlichen Kosten einer Jubilarfeier
— Berechnung der Aufwendungen für das Betriebsverfassungsgesetz, soweit diese nicht bereits über Kostenstelle „Betriebsrat" erfaßt werden.
  Dies können zum Beispiel Aufwendungen für Betriebs-, Abteilungs- und Jugendversammlungen sein oder die Aufwendungen für freigestellte Betriebsratsmitglieder (siehe auch Abschnitt „Kosten des Betriebsverfassungs-/Mitbestimmungsgesetzes")
— Berechnung des Zinsausfalles für zinslose oder zinsgünstige Personaldarlehen,
— Berechnung des Zinsausfalles für zinslose oder zinsgünstige Darlehen an fremde Bauherren zur Beschaffung von begünstigtem Wohnraum für Mitarbeiter,
— Berechnung des Personalaufwandes bei Arbeitern aus der Veränderung der Arbeitstage je Jahr (wichtig für die Volumenänderung).

Sofern man mit den bisher geschilderten Erhebungsmethoden nicht zu einem Ergebnis kommt, zum Beispiel, weil der Erhebungsaufwand zu hoch ist, soll man sich vor Schätzungen nicht scheuen. Jedoch sollten auch Schätzungen methodisch vorgenommen werden. Je nach Art der Schätzung sollte man nach einer durchdachten Methode (zum Beispiel Befragung von verschiedenen Stellen; Unterteilung der zu

[3] Die hier erwähnten Methoden zur Berechnung der Kosten der Urlaubsverlängerung wurden eingehend in Heft 5/80 der Zeitschrift PERSONAL - Mensch und Arbeit im Betrieb - beschrieben

schätzenden Angaben nach Teilergebnissen, bei Teilnahme der Angestellten an Betriebsversammlungen nach Tarifangestellten, übertariflichen Angestellten und leitenden Angestellten) vorgehen. Derartige Schätzungen kommen zum Beispiel in Betracht für

— Ausfallzeiten von Angestellten bei Betriebs-, Abteilungs- und Jugendversammlungen
— Anteil der produktiven Zeiten von Auszubildenden. Hierbei ist es häufig zweckmäßig, für einen Teilbereich (zum Beispiel eine Ausbildungswerkstatt) oder für einen Zeitabschnitt (zum Beispiel einen Monat) eine Erhebung durchzuführen und von diesem Ergebnis ausgehend dann eine Hochrechnung oder Schätzung zu machen.
In diesem Fall ist dabei zu beachten, daß der Anteil der produktiven Zeiten bei den einzelnen Ausbildungsjahrgängen sehr verschieden sein kann.

Die vorstehend aufgeführten Datenquellen und Erhebungsmethoden zeigen, daß die Personalberichtsstelle über ein großes Spektrum verfügt, aus der sie die benötigten Daten schöpfen kann. Um die Datenvielfalt und die zahlreichen Datenquellen noch überblicken zu können, empfiehlt es sich, eine Checkliste anzulegen, aus der hervorgeht, welche Daten von welcher Stelle zu welchem Termin erfragt werden können. In der Checkliste sollten auch die Regeln über die Datenerfassungsmethoden mit aufgenommen werden, zum Beispiel

— Festlegung der Zählgrenze (Abrechnungsstand oder Monatsultimo)
— Festlegung der Zeiteinheit (Stunde, Tag, Woche, Monat)
— Festlegung, nach welcher Methode Durchschnittswerte ermittelt werden sollen.

Um die Checkliste nicht unübersichtlich zu machen, sind die Daten in Gruppen zusammenzufassen, zum Beispiel Daten aus dem Personalinformationssystem, alle Rückstellungen, Sozial-/Bildungskostenstellen, Statistiken (Arbeitsausfälle, Verbesserungsvorschläge). Diese Übersicht dient auch dazu, von Zeit zu Zeit zu prüfen, ob aufwendige manuelle Erhebungen nicht durch Fortschritte bei der Auswirkung der DV-Durchdringung ersetzt werden können beziehungsweise Einfluß auf neue Gebiete der Datenverarbeitung nehmen, um als „Abfallprodukt" wichtige Daten zu gewinnen.
Abschließend sei zur Datenerfassung noch einmal betont, daß nur Daten erfaßt werden, die auch tatsächlich für das Personalberichtssystem benötigt werden.
Es ist selbstverständlich, daß der Datenlieferant unterrichtet wird, wie seine Daten weiterverarbeitet werden und daß er das Ergebnis zur Kenntnis erhält.
Nur so wird ihm die Möglichkeit geboten, im „System mitzudenken". Sofern die Daten nicht dv-maschinell im Rahmen eines Personalinformationssystems erhoben werden, sollte die Datenlieferung durch eine übersichtliche und klare Vordruckgestaltung unterstützt werden. Viele Fehler können damit vermieden werden.
Aufgrund der zahlreichen Gesetze, der Tarifvereinbarungen und der internen Firmenregelungen muß damit gerechnet werden, daß sich sowohl die Datenerfassungs- als auch die Auswertungsmodalitäten häufig ändern können. Außerdem muß ständig geprüft werden, ob sich der Informationsbedarf gewandelt hat und sich damit das Personalberichtswesen entsprechend mit ändern muß. Dabei kommt es darauf an,

daß das Personalberichtswesen vorausschauend reagiert. Insbesondere die Datenerfassung und die damit betrauten Stellen müssen hierüber so schnell wie möglich informiert werden. Nachträgliche Änderungen in den Informationsmodalitäten können sehr aufwendig werden oder die Ergebnisse beeinträchtigen.

Da Gesetzesänderungen, neue Tarifverträge oder neue Firmenregelungen meist vor
ihrem Inkrafttreten bekannt sind, muß sich auch das Personalberichtswesen rechtzeitig hierauf einstellen und seine Datenerfassungsregeln anpassen.

2.5 Einheitliche Begriffsprägung und -definition

Eine unerläßliche Voraussetzung für ein funktionsfähiges Personalberichtswesen ist
eine abgestimmte Prägung und Definition sowie einheitliche Anwendung von Begriffen, die den Daten des Personalwesens zugrunde liegen. Dies ist aus folgenden Gründen besonders wichtig:

— Die Personalberichterstattung enthält eine besonders große Fülle von Daten, die
  klar voneinander unterschieden und gegeneinander abgegrenzt werden müssen.
  Im Gegensatz zu den seit Jahrzehnten geprägten und einheitlich angewandten Begriffen des Rechnungswesens sind die Daten des Personalwesens sehr viel weniger
  vorgeprägt und werden vor allem nicht einheitlich angewandt und interpretiert.
  Dies liegt sicherlich daran, daß die Bedeutung des Personalgeschehens und seine
  Artikulierung in der Öffentlichkeit erst in den letzten Jahren immer stärker her-
  vorgetreten ist. Die Ursachen hierfür sind mannigfaltiger Art: Überproportiona-
  ler Anstieg des Personalaufwandes gegenüber anderen Aufwandsblöcken; Arbeitsmarktsituation; Betriebsverfassungsgesetz; Mitbestimmung; immer weitergehende und einschneidendere gesetzliche und tarifliche Regelungen. Dadurch ausgelöst, stieg das Bedürfnis nach größerer Transparenz und eingehender Information. Aus diesem Anlaß haben sich verschiedene Institutionen (zum Beispiel Deutsche Gesellschaft für Personalführung e.V., Düsseldorf, Zentralverband der
  Elektrotechnischen Industrie e.V., Frankfurt/Main) auf Teilgebieten des Personalbereichs (zum Beispiel Personalzusatzaufwand) bemüht, Begriffe zu prägen und
  gegeneinander abzugrenzen.
— Ein weiterer Grund, sich um eindeutige Begriffe zu bemühen, liegt darin, daß an
  der Datenerfassung sehr viele Stellen im Unternehmen beteiligt sind. Es ist daher
  für eine gesicherte Datenerfassung unerläßlich, daß alle Beteiligten genau wissen,
  was gemeint ist. Darüber hinaus richtet sich die Personalberichterstattung an viele
  Empfänger, die für das Verständnis der häufig komplizierten Sachlage darauf angewiesen sind, daß die verwandten Begriffe klar und eindeutig sind. Es ist daher
  zweckmäßig, daß für den gleichen Sachverhalt immer der gleiche Begriff beziehungsweise Ausdruck angewandt wird, damit sich alle Beteiligten - Datenlieferant
  und Berichtsempfänger - an die geprägten Begriffe gewöhnen und auch lernen,
  diese in einheitlicher Art und Weise zu interpretieren.

Wenn man in einem Unternehmen die benötigten Begriffe definieren und zusammenstellen will, ist es zweckmäßig, wie folgt vorzugehen:

— Man sammelt die bereits verwendeten Begriffe, stimmt sie untereinander ab, indem man Unklarheiten und Überschneidungen beseitigt, und stellt ferner fest, ob die bei der Datenerfassung und der späteren Auswertung (Berichterstattung) verwendeten Begriffe zueinander passen.
— Man stimmt die so bereinigten Begriffe mit bereits vorhandenen Begriffsprägungen und -definitionen der Statistischen Landesämter, der Verbände und Institutionen auf Übereinstimmung ab. Eigene Begriffe sind nur - soweit erforderlich - neu zu prägen.

In vielen Fällen kann es zweckmäßig sein, einen **Begriffskatalog** zu erstellen, der von allen Beteiligten (Personalabteilung, Organisationsabteilung, Datenverarbeitung, Rechnungswesen) einheitlich angewandt wird.

In diesem Zusammenhang ist auch darauf hinzuweisen, daß sich Begriffe, Definitionen und Konteninhalt den Änderungen, die sich aus Gesetzen, Tarifverträgen und Firmenrichtlinien ergeben, ständig anpassen müssen. Weitere Anpassungen in Form von neuen Untergliederungen oder andersartigen Zusammenfassungen können sich aus dem wechselnden Informationsbedürfnis oder neuen Schwerpunkten der Kostenüberwachung ergeben. Es gibt daher nur wenige Gebiete innerhalb der Unternehmensberichterstattung, die einem derart häufigen Wechsel der Anforderungen ausgesetzt sind wie die Personalberichterstattung. Hierauf muß man sich bei der Systemgestaltung - insbesondere bei der Datenerfassung und Kontenplangestaltung - rechtzeitig einstellen. Da derartige Änderungen häufig einen zeitlichen Vorlauf benötigen (zum Beispiel Änderung der Datenerfassung, Programmänderungen, Kontenplankorrekturen) und häufig erst mit Beginn eines neuen Geschäftsjahres in Kraft treten können, ist ein ständiges und rechtzeitiges Überdenken der Situation, verbunden mit einer kritischen Prüfung der Änderungsnotwendigkeit, erforderlich.

Diese Hinweise machen bereits deutlich, daß sich die Begriffsprägung und -anwendung keineswegs eng auf die Personalberichterstattung beschränken kann, sondern genauso das Rechnungswesen und die Datenverarbeitung berührt. Aus diesem Grunde ist auch eine Abstimmung dieser Begriffsprägungen mit allen Beteiligten im Unternehmen unerläßlich. Die Initiative und Federführung liegt hierbei jedoch im Personalbereich, da nur dort die ständigen Einflüsse aus der Gesetzgebung und den Tarifverträgen überblickt werden können.

Besonders deutlich geht der erforderliche Klärungs- und Abstimmprozeß aus den Themenkreisen ,,Mitarbeiter'', ,,Zeiten'' und ,,Personalaufwand'' hervor.

Die Verbindung der vorstehend beschriebenen drei Themenkreise innerhalb der Personalberichterstattung setzt voraus, daß der Inhalt der einzelnen Themen einander entsprechen muß, mindestens jedoch nicht in Widerspruch zueinander stehen darf. Das bedingt, daß die verwendeten Begriffe und Definitionen aufeinander abgestimmt sein müssen. Diese Forderung scheint selbstverständlich zu sein, ist aber in der Personalberichterstattung häufig schwerer zu verwirklichen, als es zunächst den Anschein hat.

Da im Aktienrecht der Begriff des Personalaufwandes laut GuV eindeutig geregelt ist (Personalaufwand kann sich nur auf eigene Mitarbeiter beziehen), können sich die Begriffsinhalte „Zeiten" und „Mitarbeiter" ebenfalls nur auf eigene Mitarbeiter beziehen. Dies hat zur Folge, daß freie Mitarbeiter, Leiharbeitnehmer, Fachoberschüler (zum Teil auch Fachhochschüler) sowie Doktoranden und Informanden ohne Arbeits- beziehungsweise Ausbildungsvertrag nicht im Rahmen der genannten Themenkreise erfaßt werden können. Sofern hierüber Informationen erforderlich sind, liegen diese außerhalb der Personalberichterstattung (es handelt sich nicht um „Personal"!).

Dieser unerläßliche Abgleichprozeß hat in seiner Umkehrung auch zur Folge, daß bestimmte Aufwandsbestandteile, die sich durchaus auch aus der „Personalabrechnung" ergeben, nicht als Personalaufwand ausgewiesen werden dürfen (zum Beispiel wenn ein Fachoberschüler oder ein Doktorand ohne Arbeitsvertrag ein Entgelt erhält).

Ein derartiger Abstimmprozeß ist nur erfolgreich, wenn auch Inhalt und Gliederung der einzelnen Konten des Kontenplans, soweit er die Positionen der Gewinn und Verlustrechnung „Löhne und Gehälter" (GuV-Position 6a), „Soziale Abgaben" (GuV-Position 6b) sowie „Altersversorgung" (GuV-Position 6b) betrifft, zwischen dem Personalbereich und dem Rechnungswesen detailliert auf die Begriffsprägungen und -definitionen abgeglichen werden. Dazu gehört auch die Abstimmung aller Veränderungen aus Gesetzen, Tarifen und Firmenregelungen, die hierauf einen Einfluß haben. Da sich derartige Veränderungen meist in Firmenrichtlinien, Organisationsvorschriften oder ähnlichen internen Richtlinien des Personalbereichs niederschlagen, hat es sich in der Praxis bewährt, eventuelle Kostenauswirkungen und daraus folgende Kontierungsregeln vom Rechnungswesen prüfen zu lassen und das Ergebnis in diese Anweisungen unmittelbar mit aufzunehmen. Zum Beispiel kann eine Richtlinie des Personalbereiches bewirken, daß Personalaufwand - in welcher Form auch immer - anfällt; dann ist es zweckmäßig, gleich in dieser Anweisung auch das Konto anzugeben, unter dem der ausgelöste Aufwand zu erfassen ist.

Wegen der besonderen Bedeutung der Begriffe „Mitarbeiter", „Zeiten" und „Personalaufwand" wird im folgenden auf diese Begriffsgruppen näher eingegangen.

Weiter Bergriffsdefinitionen sind im Merkmalkatalog (Anlage 1) enthalten.

Inhalt des Begriffes „Mitarbeiter"

Als Mitarbeiter dürfen nur diejenigen Personen ausgewiesen werden, für die (lt. § 275 Handelsgesetzbuch) in den Positionen der Gewinn- und Verlustrechnung (GuV), - Löhne und Gehälter, Soziale Abgaben, Altersversorgung und Unterstützung - ein entsprechender Aufwand ausgewiesen wird. Umgekehrt dürfen in den genannten GuV-Positionen nur Aufwendungen für eigene Mitarbeiter ausgewiesen werden. Zu den Mitarbeitern zählen alle Personengruppen.

— mit einem Arbeits- oder Ausbildungsvertrag = aktive Mitarbeiter
— Mitarbeiter im ruhenden Dienstverhältnis
— Mitarbeiter im Vorruhestand
— Pensionäre und Hinterbliebene

Aus diesen Erfordernissen ergeben sich folgende nähere Begriffsabgrenzungen: Zu den Mitarbeitern zählen alle Personen

— mit einem **unbefristeten** Arbeitsvertrag
  ● gewerbliche Arbeitnehmer
  ● Angestellte
  hierunter können auch Stipendiaten fallen, sofern sie noch einen Arbeitsvertrag haben
— mit einem **befristeten** Arbeitsvertrag
  ● Vorstände
  ● Aushilfskräfte
  ● Werkstudenten
— mit einem **Ausbildungsvertrag**
  ● Auszubildende
  ● Praktikanten
  ● Volontäre

Zu den Mitarbeitern im ruhenden Dienstverhältnis zählen Mitarbeiter im Wehr-/ Ersatzdienst und Mitarbeiter im Mutterschaftsurlaub, gegebenenfalls auch Mitarbeiter im Entwicklungsdienst.

Mitarbeiter im Vorruhestand sollen als eine besondere Gruppe ausgewiesen werden. Aufwendungen hierfür sind unter der GuV-Position 6b (Altersversorgung und Unterstützung) auszuweisen. Außerdem ist zu beachten, daß hierfür noch ein Fluktuationsvorgang aussteht (Überwechseln vom Vorruhestand in den Ruhestand).

Ehemalige Mitarbeiter und deren Hinterbliebene, für die Altersversorgungsaufwendungen anfallen, sind als gesonderter Personenkreis - Pensionäre - auszuweisen.

Zur sicheren Abgrenzung gegenüber den vorstehend aufgeführten Personenkreisen sei darauf hingewiesen, daß folgende Personengruppen nicht als Mitarbeiter ausgewiesen werden dürfen:

— Aufsichtsräte (mit Ausnahme der gewählten Belegschaftsvertreter, soweit sie unter den vorstehend genannten Mitarbeiterbegriff fallen)
— freie Mitarbeiter
— freie Handelsvertreter
— freie Provisionsvertreter
— Stipendiaten ohne Arbeitsvertrag
— Fachoberschüler
— Fachhochschüler, soweit sie keinen Ausbildungsvertrag (zum Beispiel Praktikantenvertrag) haben
— Umschüler, soweit sie vom Arbeitsamt bezahlt werden
— Leiharbeitnehmer.

Aufwendungen, die für diesen Personenkreis anfallen, dürfen demzufolge auch nicht unter den GuV-Positionen 6a, 6b (Löhne/Gehälter, Soziale Abgaben, Altersversorgung und Unterstützung) ausgewiesen werden. Derartige Aufwendungen sind im Regelfall als ,,Sonstige Aufwendungen'' unter der GuV-Position 8 auszuweisen.

Inhalt der Begriffsgruppe „Zeiten"

Der Bezug der Begriffsgruppe „Zeiten" auf den Begriff „Mitarbeiter" ist im allgemeinen problemlos. Zeiten für andere Personengruppen gibt es nur in Ausnahmefällen, und dann sind diese Zeiten ohne weiteres von denen der Mitarbeiter zu separieren.

Etwas schwieriger ist der richtige Bezug der verschiedenen Zeitbegriffe zu den Begriffen des Personalaufwandes. Hierzu müssen zwei Anforderungen gestellt werden:

— Die **geleisteten** Zeiten müssen mit den **Löhnen und Gehältern für geleistete Arbeitszeit** korrelierbar sein. Die Löhne und Gehälter für geleistete Arbeitszeit haben einen engen Zusammenhang mit dem Personalbasisaufwand, sind aber nicht mit diesem identisch.
— Die **bezahlten Ausfallzeiten** müssen auf den **Personalzusatzaufwand** bezogen werden. Die Gliederung der bezahlten Ausfallzeiten (zum Beispiel Krankheit, Feiertage, Urlaub) muß der diesbezüglichen Unterteilung des Personalzusatzaufwandes entsprechen.
— Die **unbezahlten Ausfallzeiten** müssen als **Entgeltminderungen** im Personalbasisaufwand wirken.

Hierzu im einzelnen folgende Hinweise:
Zu den **geleisteten Zeiten** zählen neben der „normalen" geleisteten Arbeitszeit, den Mehrarbeitszeiten und den bezahlten Reisezeiten vor allem auch

— bezahlte Pausen. Hier handelt es sich um einen Grenzfall zwischen Personalbasis- und -zusatzaufwand; da aber der Zusammenhang zwischen den bereits in den Akkordvorgaben enthaltenen Erholungszeiten und den bezahlten Pausen eng ist, empfiehlt es sich, diese den geleisteten Zeiten zuzurechnen
— angebotene, aber nicht in Anspruch genommene Arbeitsleistung, zum Beispiel Wartezeiten, Bereitschaftszeiten, Zeiten der Freistellung von der Arbeit während der Kündigungszeit. Da der Personalzusatzaufwand als Aufwandsbestandteil definiert wird, der dem Mitarbeiter über das Entgelt für geleistete Arbeit hinaus direkt oder indirekt zufließt beziehungsweise den Mitarbeitern als Gesamtheit zugute kommt[4], muß man folgerichtig auch die vom Arbeitnehmer angebotene, vom Arbeitgeber aber nicht angenommene Arbeitsleistung dem Leistungsbezug, also dem Personalbasisaufwand zurechnen.

Bei den **Ausfallzeiten** ist es erforderlich, vorkommende Überschneidungen richtig voneinander abzugrenzen (zum Beispiel Krankheit an Feiertagen) und bei der Gliederung darauf zu achten, daß die im Personalzusatzaufwand erforderliche Gliederung nach dem Verursacherprinzip auch bei den Ausfallzeiten in gleicher Entsprechung vorgenommen wird.

---

4) siehe Personalzusatzaufwand - System zur Inhaltsbestimmung und Gliederung -, Rudolf Haufe Verlag, Freiburg i.Br. 1980, S. 14

Inhalt des Begriffes „Personalaufwand"

Zunächst ist darauf hinzuweisen, daß der Begriff „Personalaufwand" nicht identisch ist mit „Personalkosten". In der Personalberichterstattung wird zwar häufig der Begriff „Personalkosten" verwandt, gemeint ist aber in den meisten Fällen der Personalaufwand. Die Überleitung von den Personalkosten zum Personalaufwand ergibt sich aus folgender Formel:

Personalkosten
+/- Rückstellungsveränderungen

= Personalaufwand

Die Personalberichterstattung sollte sich im Regelfall besser auf den Personalaufwand (statt auf die Personalkosten) beziehen, weil nur hierfür der unmittelbare Bezug zur Gewinn- und Verlustrechnung gewährleistet werden kann.

Da sich der Personalaufwand aus mehreren großen Begriffskomponenten zusammensetzt, sei zunächst der Gesamtzusammenhang dargestellt.

Personalbasisaufwand (das sind die Löhne und Gehälter für geleistete Arbeitszeit, soweit sie nicht für „Soziale Dienste" und „Aus- und Weiterbildung" der Mitarbeiter anfallen)
+ Löhne und Gehälter, soweit sie nicht dem Personalbasisaufwand zuzurechnen sind
+ Soziale Abgaben
+ Altersversorgung und Unterstützung

= Personalaufwand laut GuV
+ Sachaufwand für Mitarbeiter
hierzu gehören: Teile der Sonstigen Aufwendungen
(GuV-Position 8, zum Beispiel
Aktienbezug
Kostenstellen der Sozialen Einrichtungen
Kostenstellen der Aus- und Weiterbildung

= Personal-, Sozial- und Bildungsaufwand

Man kann den Personal-, Sozial- und Bildungsaufwand auch als die Summe aus **Personalbasisaufwand** und **Personalzusatzaufwand** definieren.

Der **Personalbasisaufwand** ist das Entgelt für geleistete Arbeitszeit abzüglich des darin enthaltenen Entgelts für geleistete Arbeitszeit in den Kostenstellen für Soziale Einrichtungen und der Aus- und Weiterbildung, soweit er ungedeckt ist[5].

Das Entgelt für geleistete Arbeitszeit in den Sozialen Einrichtungen und in der Aus- und Weiterbildung ist Bestandteil des Personalzusatzaufwandes. Der Personalbasisaufwand ist demzufolge kleiner als das Entgelt für geleistete Arbeitszeit insgesamt. In der Personalberichterstattung wird häufig der Fehler gemacht, den Perso-

---

5) Die Löhne und Gehälter für geleistete Arbeitszeit in den Dienststellen der Sozialen Einrichtungen und der Bildung sind anteilig in „ungedeckte" (für den eigenen Betrieb erbrachte) und „gedeckte" (Einnahmen beziehungsweise für fremde und Tochtergesellschaften erbrachte) Leistungen aufzuteilen.

nalzusatzaufwand auf das Entgelt für geleistete Arbeit zu beziehen. Dies ist aus den vorstehend erwähnten Gründen falsch.

Der Personalbasisaufwand ergibt sich, indem man aus den Löhnen und Gehältern (GuV-Position 6a) diejenigen Aufwandsarten herausnimmt, die in den Personalzusatzaufwand eingehen.

Der Personalbasisaufwand wird daher wie folgt abgeleitet:

Löhne und Gehälter laut GuV-Position 6a
/. Löhne und Gehälter für bezahlte Ausfallzeiten
/. Löhne und Gehälter ohne Stundenleistung beziehungsweise Leistungsbezug
/. Ausbildungsvergütungen (ohne den darin enthaltenen produktiven Anteil)

= Löhne und Gehälter für geleistete Arbeitszeit[6]
/. Löhne und Gehälter für geleistete Arbeitszeit in Sozialen Einrichtungen
/. Löhne und Gehälter für geleistete Arbeitszeit in der Aus- und Weiterbildung

= Personalbasisaufwand

Wegen ihres unmittelbaren Leistungsbezuges gelten die im folgenden beispielhaft aufgeführten Entgeltbestandteile als Löhne und Gehälter für geleistete Arbeitszeit und damit als Bestandteil des Personalbasisaufwandes:

— Entgelt für geleistete Arbeit (ohne Soziale Einrichtungen und Aus- und Weiterbildung)
  ● Zeitlohn
  ● Leistungslohn
  ● Gehalt
  ● Ausbildungsvergütungen für produktive Leistungen
— Erfolgs- und ergebnisabhängige Zahlungen
  ● leistungsabhängige Jahreszahlungen (zum Beispiel Tantiemen)
  ● Provisionen (an eigene Mitarbeiter)
— Entgelt für zusätzliche Leistungen
  ● Erfindervergütungen
  ● Prämien für Verbesserungsvorschläge
  ● Leistungsprämien
  ● Unterrichts- und Vortragshonorare an Mitarbeiter, soweit diese nicht zum Bildungsaufwand zählen
— Zulagen
  ● Leistungszulagen
  ● Sonderzulagen
  ● Funktionszulagen
  ● Erschwernis- und Belästigungszulagen
  ● Anlern- und Einarbeitungszulagen für produktiv eingesetzte Lohnempfänger

---

6) Diese Zwischensumme ist ebenfalls eine wichtige Bezugsgröße, da sie einerseits mit der geleisteten Arbeitszeit korreliert wird, andererseits mit den Löhnen und Gehältern für Ausfallzeiten in Beziehung zu setzen ist.

— Zuschläge
  ● Mehrarbeitszuschläge
  ● Sonn- und Feiertagszuschläge
  ● Schicht- und Nachtarbeitszuschläge
— Entgelt für angebotene, aber nicht in Anspruch genommene Arbeitsleistung
  ● Löhne und Gehälter für Freistellungen von der Arbeit (zum Beispiel Freistellungen während der Kündigungszeit)
  ● Aufwendungen für betriebliche Wartezeiten
  ● Aufwendungen für Bereitschaftszeiten
  ● Ausgleichszahlungen für Wettbewerbsverbote

Der Personalzusatzaufwand ist der Aufwand für Mitarbeiter (und Pensionäre), der über den Personalbasisaufwand hinausgeht. Dabei handelt es sich um

— Vergütungen, die den Mitarbeitern direkt zufließen (zum Beispiel vermögenswirksame Leistungen)
— Leistungen, die die Mitarbeiter indirekt erhalten (zum Beispiel Soziale Abgaben)
— Kosten von Einrichtungen, die den Mitarbeitern in ihrer Gesamtheit zugute kommen oder zur Verfügung stehen (zum Beispiel Werkswohnungen, Erholungsheime).

Der Personalzusatzaufwand setzt sich aus folgenden Aufwandsblöcken zusammen:

Löhne und Gehälter für bezahlte Ausfallzeiten
+ Löhne und Gehälter ohne Stunden- beziehungsweise Leistungsbezug
+ Ausbildungsvergütungen (ohne produktiven Anteil), Unterhaltsbeihilfen
+ Löhne und Gehälter für geleistete Arbeitszeit in Sozialen Einrichtungen und in der Aus- und Weiterbildung
+ Soziale Abgaben
+ Altersversorgung und Unterstützung
+ Sachaufwand aus den „Sonstigen Aufwendungen" (zum Beispiel Aktienbezug)
+ Sachaufwand aus den Kostenstellen für Soziale Einrichtungen und Aus- und Weiterbildung
= Personalzusatzaufwand

3. Aufbau und Gestaltung eines Personalinformationssystems

3.1 Definition des Begriffes „Personalinformationssystem"

Inhalt und Gestaltung eines Personalinformationssystems ergeben sich aus den Aufgaben des Personalwesens und darüber hinaus aus den Anforderungen der Unternehmensleitung, die aus der Steuerung und Kontrolle des Unternehmens erwachsen. Der Begriff „Personalinformationssystem" muß sich daher aus dieser Aufgabenstellung ableiten. Wie dieser Begriff jedoch konkret und im Detail auszulegen ist, darüber gibt es sehr unterschiedliche Auffassungen. In der Fachliteratur wird der Begriff „Personalinformationssystem" meist sehr weitgefaßt ausgelegt. Ein Beispiel hierfür ist die Definition von Domsch:

„Unter einem Personalinformationssystem wird verstanden, ein
- System der geordneten Erfassung, Speicherung, Transformation und Ausgabe
- von für die Personalarbeit relevanten Informationen über das Personal und die Tätigkeitsbereiche/Arbeitsplätze
- mit Hilfe organisatorischer und methodischer Mittel und im Hinblick auf die EDV-technische Realisierung
- unter Berücksichtigung sozialer und wirtschaftlicher Ziele sowie
- unter Berücksichtigung des Bundesdatenschutzgesetzes, des Betriebsverfassungsgesetzes sowie anderer relevanter Gesetze, Verordnungen und Vereinbarungen
- zur Versorgung der betrieblichen und überbetrieblichen Nutzer des Systems mit denjenigen Informationen,
- die sie zur Wahrnehmung ihrer Führungs- und Verwaltungsaufgaben benötigen"[7].

In der betrieblichen Praxis findet man aber kaum je eine so exzessive Anwendung eines Personalinformationssystems. Demgegenüber sind Personalinformationssysteme im allgemeinen Bestandteil eines betrieblichen dv-gestützten Personaldatensystems, das Informationen und Entscheidungshilfen anbietet. Der Begriff „Personalinformationssystem" ist nur eine relativ neue Bezeichnung für eine Art der Informationsgewinnung, die es in der einen oder anderen Form bereits seit langem gibt. Im allgemeinen Sprachgebrauch wird dieser Begriff jedoch noch mit sehr unterschiedlichen Inhaltsausprägungen versehen. Dies liegt sicherlich auch am Standpunkt des Betrachters: Auf den unteren Ebenen eines Betriebes benötigt man Informationen zu Einzelpersonen, auf den oberen Ebenen (Leitung des Unternehmens, Leitung des Personal- und Rechnungswesens) braucht man Daten über Strukturen und Entwicklungen.

---

7) Domsch, Michael, Personalinformationssystem - Instrumente der Personalführung und Personalverwaltung -, SCS-Schriftenreihe, Band 6, Hamburg 1981, 5. Auflage, S. 9 und 11

Hinzu kommt, daß dieser Begriff in jüngster Zeit auch noch viele Emotionen auslöst. Manche verbinden - oder wecken - damit die Vorstellung, daß in einem Personalinformationssystem

— alle nur irgendwie erreichbaren Daten eines Mitarbeiters erfaßt und gespeichert würden
— Anforderungsprofile von Arbeitsplätzen mit Persönlichkeits- oder Fähigkeitsprofilen von Mitarbeitern abgeglichen würden
— Entscheidungen über Arbeitsplatzbesetzungen, über Versetzungen oder Entlassungen getroffen würden.

Diese Besorgnisse sind verständlich, wenn man die Ausführungen einiger Theoretiker über die Möglichkeiten von Managementinformationssystemen (MIS) liest.

Mit der betrieblichen Wirklichkeit haben derartige Vorstellungen nichts zu tun. Abgesehen davon, daß die Arbeitnehmervertreter mit Hilfe des Betriebsverfassungsgesetzes beziehungsweise die Datenschützer aufgrund des Datenschutzgesetzes es nicht so weit kommen lassen werden, sind auch die Unternehmensleitungen weit von derartigen Vorstellungen und Versuchen entfernt. Nicht nur das Interesse an der Wahrung des Betriebsfriedens, sondern in gleichem Ausmaß auch wirtschaftliche Überlegungen würden derartigen Absichten oder Versuchen entgegenstehen. Wenn man die oben angedeuteten Ziele mit einem Personalinformationssystem verwirklichen wollte, so würde dadurch die Datenerhebung, der Speicherbedarf, die Auswertesystematik und der Pflegebedarf eines derartigen Instrumentariums ins Unermeßliche steigen. Der damit verbundene Aufwand würde einen etwaigen (sehr zweifelhaften) Nutzen bei weitem übersteigen. Bleiben wir also bei der Wirklichkeit.

Wenn wir uns daher einer praxisorientierten Betrachtungsweise zuwenden, dann ist es am besten, statt der theoretischen Definition des Begriffs ,,Personalinformationssystem" eine den tatsächlichen Verhältnissen entsprechende Aufgabenbeschreibung zu geben. In diesem Sinne sind - **umfassend** betrachtet - in ein Personalinformationssystem folgende Aufgaben einbezogen:

— **Personalabrechnung.** Diese umfaßt die Abrechnung der Löhne und Gehälter im weitesten Sinne des Wortes (also einschließlich Abrechnung von Krankheit, Urlaub und anderen Ausfallzeiten, von Prämien, Honoraren, Jubiläumsgeldern sowie anderen Vergütungen). Hinzu kommt die damit verbundene Kostenerfassung und Buchung auf die vorbestimmten Konten der Buchhaltung sowie die Abführung von Lohn- und Kirchensteuern.
— **Personalverwaltung.** Hierunter werden diejenigen Aufgaben verstanden, die über die Abrechnung hinausgehen und sich aus Gesetzen, Verordnungen, Tarifen und Firmenrichtlinien zwingend ergeben. Aus der Fülle dieser Aufgaben seien nur als Beispiele genannt:
  ● die Schwerbehindertenmeldung an die Arbeitsämter
  ● die Datenerfassungs- und Datenübertragungsverordnung (Devo/Düvo)
  ● der Nachweis der tariflich vereinbarten Höhe der Leistungszulagen
In diesem Zusammenhang dürfen die mit der Erfüllung der Firmenrichtlinien und den sozialen Einrichtungen verbundenen Verwaltungsaufgaben nicht vergessen

werden (zum Beispiel Altersversorgung, Jubiläen, Gesundheits- und Erholungseinrichtungen).

— **Betreuung der Mitarbeiter.** Auch hierfür kann das Personalinformationssystem unterstützend eingesetzt werden. Man denke zum Beispiel nur an die mit Einstellungen, Versetzungen, Austritten, Mutterschaft und die mit ruhenden Dienstverhältnissen verbundenen Aufgaben (Erstellung von Unterlagen, Terminüberwachung usw.).

— **Personalinformation** als Bestandteil der Personalberichterstattung und Auswertung, zum Beispiel Kennzahlen im Personalbereich über Fluktuation und Kostenentwicklung.

Im *engeren Sinne* - und dem Thema dieser Ausführungen entsprechend - wird im folgenden nur auf den zuletzt genannten *Kernbereich,* das Personalinformationssystem als Bestandteil der Personalberichterstattung, eingegangen.

3.2 Brauchen wir Personalinformationssysteme?

Bevor man sich mit dem Aufbau und der Gestaltung von Personalinformationssystemen befaßt, sollte man zunächst einmal darüber nachdenken, ob man ein derartiges Instrument überhaupt benötigt. Unternehmensleitung, Rechnungswesen und Personalbereich werden aus ihrer Kenntnis über die Anforderungen an die Unternehmenssteuerung eine derartige Frage kaum stellen oder sofort bejahen.

Man muß jedoch daran denken, daß andere über einen derartigen Kenntnisstand oder über derartige Erfahrungen nicht verfügen. Gegenüber der kritischen Öffentlichkeit, dem besorgten Betriebsrat und den unter Umständen verunsicherten Mitarbeitern sollte man sich daher die Gründe, die zur Installation eines Personalinformationssystems führen oder geführt haben, nochmals in Erinnerung rufen.

Zur Beurteilung, ob Personalinformationssysteme wirklich benötigt werden, sollte man sich zunächst einmal fragen, auf welche Ursachen der starke Trend zum Einsatz von Personalinformationssystemen zurückzuführen ist. Es wäre sicherlich ein Irrtum, anzunehmen, daß lediglich die Weiterentwicklung der Computer-Technik dazu verführt, Personalinformationssysteme zu installieren oder zu erweitern. Die Ursachen liegen tiefer und sind mannigfaltiger Art:

— In wirtschaftlich schwierigen Zeiten werden die Anforderungen an eine erfolgreiche Steuerung der Unternehmen wesentlich größer und komplexer. Eine Unternehmenssteuerung ist aber nur möglich, wenn man die erforderlichen Informationen tiefgehend aufbereitet und schnell zur Verfügung hat. Der Personalbereich ist mit Gesetzen, Verordnungen, Arbeitsgerichtsurteilen und Tarifen so „zugepflastert", daß die Bewegungsmöglichkeiten der Unternehmen auf diesem Sektor wesentlich stärker eingeengt sind als in anderen Unternehmensbereichen. Die restliche Bewegungsmöglichkeit kann man nur noch erkennen, sofern die Personaldaten in tiefer und anpassungsfähiger Form hierfür aufbereitet werden.

— Der Personalaufwand und insbesondere der Personalzusatzaufwand zeigt seit Jahren einen starken Trend - gegenüber anderen im Unternehmen wirksamen Kostenfaktoren - zu überproportionalem Wachstum. Dieser Trend ist ungebrochen. Um die Auswirkung dieser durch Gesetze und Tarife ausgelösten Kostenentwicklung überhaupt noch durchschauen zu können, benötigt man eine Gliederung der Personalstrukturen und -kosten, aus der alle erforderlichen Einzelheiten hervorgehen. Wesentlich ist dabei, daß in vielen Fällen die Kostenauswirkungen zu verschiedenen - in die Zukunft projizierten - Zeitpunkten eintreten werden.

— Der Personalbereich ist im Bewußtsein der Mitarbeiter, des Betriebsrats und der Öffentlichkeit ein besonders sensibler Bereich geworden. In viel größerem Umfang, als dies in früheren Zeiten üblich war, werden Daten und Informationen angefordert. An einem Beispiel (Bereitstellung von Ausbildungsplätzen) wird dies besonders deutlich: Die Unternehmen sind aufgefordert, so vielen jungen Menschen wie nur möglich einen Ausbildungsplatz anzubieten.

Um hierzu die vollen Möglichkeiten des Unternehmens erkennen und ausschöpfen zu können, sind mindestens folgende Informationen erforderlich:

○ Struktur des Facharbeiterstammes:
Wieviele Facharbeiter in welcher Altersstruktur und in welchen Berufen hat das Unternehmen?
Wieviele Facharbeiter sind - in welchen Berufen und Jahrgängen - im ruhenden Dienstverhältnis (zum Beispiel Wehrdienst)?
Wie hoch ist
○ die Fluktuation der aktiven Facharbeiter?
○ die Rückkehrquote aus dem ruhenden Dienstverhältnis?
Wieviele Facharbeiter wechseln in welchem Lebensalter aus welchen Berufen innerhalb des Unternehmens durchschnittlich jährlich in Angestelltenberufe?

○ Ausbildungssituation:
Wieviele Auszubildende gibt es in welchen Lehrjahren und in welchen Berufen?
Wie hoch ist die durchschnittliche Abgangsquote der Auslernenden
○ in weiterführende Berufe, mangels Eignung oder aus anderen Gründen, (zum Beispiel Arbeitsmangel)?
Wie hoch ist die Verbleibquote
○ unmittelbar nach der Ausbildung, nach 3 Jahren?

Das Beispiel zeigt, wie detailliert die Abfragen des Personalinformationssystems sein müssen. Das gilt für fast alle Bereiche des Personalwesens.

In früheren Jahren waren derartig detaillierte Untersuchungen für diesen Zweck nicht erforderlich. Bereits aus diesen notwendigen Angaben kann man erkennen, welche tiefgehenden Abfragen aus einem Personalinformationssystem entnommen werden müssen, um die maximalen Möglichkeiten der Ausbildungsplatzbereitstellung zu erkennen. An diese Untersuchungen schließen sich dann möglicherweise weitere Fragen über die Ausbildung über Bedarf, die späteren Übernahmemöglichkeiten (zum Beispiel auch bei vorübergehendem Teilzeiteinsatz) an. Das Personalinformationssystem kann dann auch die Frage beantworten, wie lange - in der Vergangenheit - ein derartiger vorübergehender Teilzeiteinsatz gedauert hat; ein sehr interessanter Aspekt für die Auszubildenden, die übernommen werden.

Dies sei nur eines von unzähligen möglichen Auswertungsbeispielen. In dem in den Wirtschaftsausschußsitzungen (Unternehmensleitung und Betriebsrat) jährlich vorzulegenden Sozialbericht werden viele derartige Themen angeschnitten. Die Basis für diese Daten ist immer das Personalinformationssystem.

Wohl kaum ein anderer Sektor unseres Wirtschaftslebens ist so von Gesetzen, Verordnungen, Tarifen, Firmenrichtlinien (häufig beruhend auf Betriebsvereinbarungen für soziale Einrichtungen und Maßnahmen) beeinflußt wie der Personalbereich. Man denke nur an das Betriebsverfassungsgesetz, das Mitbestimmungsgesetz, Vorruhestandsgesetz, komplizierte Tarife (zum Beispiel flexible Arbeitszeit; 38,5-Stunden-Woche) und Gesetzesauslegungen durch die Arbeitsgerichte. Die Arbeitgeber sind zum Beispiel nur aufgrund gesetzlicher Auflagen verpflichtet,

— bis zu 214 Einzelangaben zu einer Person aufgrund von 126 Gesetzen und Verordnungen zu führen, woraus sich der gesetzlich definierte Personalstammsatz je Arbeitnehmer ergibt; hinzukommen noch die Erfordernisse aus tarifvertraglichen, einzelvertraglichen und betrieblichen Abmachungen und Regeln, die weitere Einzelangaben zur Person erfordern.
Nachgewiesen sind die gesetzlich vorgeschriebenen Einzelangaben in „Vorrangige Rechtsvorschriften bei Personalinformations- und Abrechnungssystemen"[8]
— bis zu 239 unterschiedliche gesetzlich auferlegte Datenübermittlungen an 75 öffentliche Stellen direkt oder über den Betroffenen auszuführen, die in 323 Rechtsnormen verankert sind.[9]

Um die Auswirkungen dieser Flut von Gesetzen, Verträgen und Auflagen überhaupt noch feststellen zu können, brauchen wir Personalinformationssysteme, die in wahlweiser freier Verknüpfung die erforderlichen Daten verarbeiten.

Aus den vorstehenden Ausführungen wird deutlich, daß Personalinformationssysteme eine Reaktion der Unternehmen auf die immer schwieriger werdenden „Umweltbedingungen" sind. Man könnte fast sagen: sie entstanden der Not gehorchend und nicht, um weitere Spielarten der Datenverarbeitung zu erfinden.

3.3 Anforderungen an ein Personalinformationssystem

Die Ziele, die mit der Installation eines Personalinformationssystems verbunden sind, und die Anforderungen, die aus diesen Zielen erwachsen, finden ihren Ursprung

— in der Aufgabenstellung des Personalbereiches
— in der für die Steuerung und Kontrolle des Unternehmens notwendigen Lenkungsfunktion.

8) Hentschel/Gliss/Wronka, Vorrangige Rechtsvorschriften bei Personalinformations- und Abrechnungssystemen, Datakontext-Verlag, Köln 1983
9) Nachgewiesen in Hentschel/Goldenbohm/Laicher, Auskunfts-, Bescheinigungs- und Meldevorschriften im Personalwesen, GDD-Handsammlung 83, Datakontext-Verlag, Köln 1983

Für beide Funktionsbereiche benötigt man eine Fülle von Informationen über die Daten des Personalbereiches. Die Zielsetzung des Personalinformationssystems ist eingebettet und weitgehend identisch mit der Zielsetzung der Personalberichterstattung. Im wesentlichen sind dies folgende Ziele:

— Lenkungsmittel der Unternehmensleitung
— Datenbasis für Vergleiche innerhalb des Unternehmens und mit anderen Unternehmen
— Orientierungsmittel für die Diskussion über wirtschaftliche und sozialpolitische Probleme
— Unterrichtung der Mitarbeiter und des Betriebsrats
— Berichterstattung an öffentliche Stellen und Verbände

Mit einem Personalinformationssystem soll der Informationsbedarf möglichst vieler Interessenten abgedeckt werden. Je nach Funktion und Hierarchie-Ebene sind Themen und Verdichtungsgrad dieser Informationen äußerst unterschiedlich. Typisch ist, daß zusätzlich zu den ursprünglichen Aufgaben der Personalabrechnung und -verwaltung in stark zunehmendem Umfang Informationsanforderungen aller Art treten. Dieser Umfang ist abhängig von der Größe und Struktur des Unternehmens (zum Beispiel personalintensiv, sehr unterschiedliche Mitarbeitergruppen) und den Anforderungen, die von außen an das Unternehmen gestellt werden. Meistens werden Personalinformationssysteme installiert, wenn sich die Personaldatenbestände nicht mehr ohne weiteres überblicken lassen.

Aus diesem Informationsbedürfnis ergeben sich folgende Anforderungen an ein Personalinformationssystem:

— Schnellere und aussagefähigere Personalinformation!
  • für die Unternehmensleitung, um die einzelnen Unternehmensbereiche effizienter steuern und kontrollieren zu können
  • für die Öffentlichkeit, um das wachsende Interesse am Personalgeschehen (zum Beispiel Einstellung zusätzlicher Mitarbeiter, Abbau des Mitarbeiterbestandes, Schaffung zusätzlicher Ausbildungsplätze) zu erfüllen
  • für die Mitarbeiter über neue Maßnahmen im Personalbereich und ihre Auswirkungen
  • für die Arbeitnehmervertretung, zum Beispiel Information des Wirtschaftsausschusses, Information über Auswirkungen neuer Gesetze, Tarife und Firmenregelungen
— Erleichterung der Führungsaufgaben. Sowohl die Ansprüche der Mitarbeiter an ihre Aufgaben als auch die Anforderungen des Unternehmens an die Mitarbeiter steigen (Trend zu höherer Qualifikation)
— Einheitliche und objektivere Behandlung gleicher Mitarbeitergruppen, zum Beispiel durch gerechte und fundierte Einkommensbemessungssysteme
— Rationalisierung der Informationsgewinnung durch Ablösung manueller Personaldatenerfassung und -auswertung. Außerdem kann damit der Wunsch nach sicherer und höherer Datenqualität erfüllt werden
— Verbesserung der Personalkostenüberwachung durch gut gegliederte Personalaufwandskomponenten.

Personalinformationssysteme dienen nicht zur Überwachung des einzelnen Mitarbeiters. Dies wäre ein sehr zweifelhaftes Unterfangen und - selbst bei einem unwirtschaftlich hohen Perfektionsgrad - mit diesem Instrument nur sehr unzulänglich möglich.

Personalinformationssysteme sind grundsätzlich als „offene" Systeme zu gestalten; das heißt, sie müssen abänderbar und erweiterungsfähig sein. Keineswegs sollten sie perfektioniert und auf die vollständige Erfassung aller Personaldaten eingerichtet werden. Sie sind als Instrument und Hilfsmittel des Personalbereichs und der Unternehmensleitung zu führen und demzufolge nur auf diese Zwecke auszurichten. Ein Personalinformationssystem kann auch Teil eines Managementinformationssystems (MIS) sein. Derartige Großsysteme gibt es aber eher in der Theorie als in der Praxis.

3.4 Grenzen eines Personalinformationssystems

Bereits im Abschnitt „Definition des Begriffes Personalinformationssystem" wurde deutlich gemacht, daß ein derartiges Instrument kein allumfassendes Personaldatensystem sein kann. Nur in der Theorie ist ein Personalinformationssystem ein unerschöpflicher Datenschatz, der sich auf alles und jedes anwenden läßt. In Wirklichkeit sind einem Personalinformationssystem relativ enge Grenzen gesetzt, die sich wie folgt umschreiben lassen:

— Da auch in einem Personalinformationssystem die Wirtschaftlichkeit (Aufwand der Datenerfassung, -speicherung und -verarbeitung gegenüber dem Nutzen der Information) gewahrt bleiben muß, kann man nicht beliebig viele Daten speichern und auswerten. Deshalb muß man auf folgendes achten:

  ● Die Datenerfassung sollte möglichst aus anderen Datenbeständen ableitbar sein. Das bedeutet, daß man vorwiegend nur Daten verwendet, die aus abrechnungs- oder verwaltungstechnischen Gründen bereits an anderer Stelle (zum Beispiel Personalstammdatei, Schlüsseldatei, Abrechnungsergebnisse) erfaßt und verarbeitet wurden.

  ● Daten, die über diese Erfassungsmethode hinausgehen - das sind zum Beispiel reine Informationsdaten -, müssen gesondert **manuell erfaßt** und **gepflegt** werden. Das ist teuer und zugleich **fehleranfällig,** weil es bei reinen Informationsdaten keinen automatischen Anlaß zur Pflege gibt.

  ● Die Datenauswertung muß praktikabel sein. Zu umfangreiche Personalinformationssysteme, zu viele Verknüpfungen mit anderen Dateisystemen (zum Beispiel Kasinoabrechnung) erfordern einen hohen Auswerteaufwand. Das bezieht sich sowohl auf die Laufzeiten des DV-Systems als auch auf die Informationsaufnahme, -verarbeitung und -weitergabe (der kommentierten Ergebnisse!).

  Die in der Gewerkschaftspresse befürchtete Verknüpfung der Kasinoabrechnung mit einem Personalinformationssystem (das heißt, der Arbeitgeber könnte feststellen, was ein Arbeitnehmer im Kasino ißt und trinkt, und daraus

Schlüsse ziehen) ist ein makabres und unsinniges Beispiel. Man würde in einer derartigen Informationsflut ertrinken und jede nur denkbare Schlußfolgerung, die man daraus ziehen würde, wäre falsch oder stände auf tönernen Füßen.
Die Folgerung aus diesen Überlegungen kann nur sein: Die Informationen müssen auf wirtschaftlichem Wege beschaffbar sein und zu sinnvollen und für die Unternehmenslenkung nützlichen Ergebnissen führen.
— Ein Personalinformationssystem muß nicht nur die sich aus dem Betriebsverfassungsgesetz ergebenden Rechte des Betriebsrates berücksichtigen und die Datenschutzgesetze einhalten, sondern sollte auch auf die Ängste und Besorgnisse der Mitarbeiter Rücksicht nehmen (siehe auch Abschnitt „Datenschutz und Datensicherheit").
Dazu gehört in erster Linie eine klare und verständliche Darstellung,
● was man mit einem derartigen System beabsichtigt *und* was man *nicht* tun wird
● welche Daten gespeichert werden.

Nach diesen allgemein gehaltenen Ausführungen soll auf ein besonderes und heißumstrittenes Thema näher eingegangen werden, weil an diesem Beispiel die Grenzen eines Personalinformationssystems besonders deutlich werden.
Vielfach wird gefordert, das Personalinformationssystem soll möglichst konkrete Daten für die **Personalplanung** liefern. Hierbei sind nicht allgemeine Strukturdaten gemeint, sondern Daten, die bis zur Stellenbesetzung ausreichen.

— Zunächst sei das **Ziel** beschrieben:
● Optimierung des Personaleinsatzes
Unterstützung durch das Personalinformationssystem durch das Ausdrucken nicht optimaler Stellenbesetzungen und „Vorschläge" zur Verbesserung.
Dazu ist ein Vergleich der Arbeitsplatzanforderungen mit den Eigenschaften, Fähigkeiten und Kenntnissen der Mitarbeiter notwendig.
● Rechtzeitige Ermittlung des Personalbedarfs
Unterstützung durch das Personalinformationssystem durch das Ausdrucken von unbesetzten oder im Kündigungsstadium befindlichen Arbeitsplätzen mit ihren Anforderungen.
● Auswertung der langfristigen Produktionsplanung unter Beachtung der technischen, organisatorischen und betriebswirtschaftlichen Entwicklung.
Unterstützung des Personalinformationssystems durch das Ausdrucken der von der voraussichtlichen Änderung betroffenen Arbeitsplätze und der Daten (zum Beispiel Alter, Eingruppierung, Kenntnisse, Fähigkeiten) der auf diesen Arbeitsplätzen beschäftigten Mitarbeiter.
● Personalförderung und Personalentwicklung
Unterstützung durch das Personalinformationssystem durch das Heraussuchen von Daten der Mitarbeiter mit guter Vorbildung, hohen Leistungen unter Angabe der Fähigkeiten, Kenntnisse und Entwicklungsziel.
— Sofern man derartige Ziele mit einem Personalinformationssystem verfolgt, müssen folgende **Voraussetzungen** gegeben sein:
● Die Personalbedarfsplanung, die sich aus der Umsatzplanung ergibt, muß bis auf die Arbeitsplatzbesetzung aufgelöst werden.

- Es muß nicht nur eine **Mitarbeiterdatei**, sondern auch eine **Arbeitsplatzdatei** geben. Die Daten dieser beiden Dateien müssen genau aufeinander abgestimmt sein.
- Es ist ein Schlüsselsystem aufzustellen, das es erlaubt, das Anforderungsprofil des Arbeitsplatzes mit den Eigenschaften, Fähigkeiten und Kenntnissen der Mitarbeiter abzugleichen. Alle im Unternehmen beteiligten Vorgesetzten und Personalbearbeiter müssen diese Schlüsselsysteme kennen und **in gleicher Weise interpretieren.**

  Dazu sind zu erfassen:

Eigenschaften	das sind individuelle Charakteristika eines Menschen, die sich kaum ändern oder nur schwer beeinflussen lassen
Fähigkeiten	das sind aufgrund der Eigenschaften entwickelte und/oder trainierte Elemente des Könnens
Kenntnisse	beruhen auf geschultem Wissen und vorhandenen Fähigkeiten
Anforderungsprofil	ist die für den Arbeitsplatz wichtige Summe aus den vorhergehend erläuterten Eigenschaften, Fähigkeiten und Kenntnissen

- Die Arbeitsplätze und Mitarbeiter sind in **einheitlicher** Art und Weise auf der Grundlage dieser Schlüssel zu erfassen. Diese Angaben sind ständig auf dem neuesten Stand zu halten!

— Die **Erfüllung** dieser Anforderungen und Voraussetzungen bedingt, daß man folgende Schwierigkeiten bewältigt:

- Die Umsatzplanung ist eine revolvierende Planung, die ständig überholt und ergänzt werden muß. Alle diese Schritte müssen bis auf den Arbeitsplatz zurück transponiert werden.
- Es muß eine Arbeitsplatzdatei mit zahlreichen Angaben aufgestellt werden. Zu beachten ist dabei, daß es sich um eine reine Informationsdatenbank handelt; das heißt, die Pflege ist keine Maßnahme, die zwangsläufig an andere Vorgänge gebunden ist. Jede technische Änderung, jeder Neuerwerb von Maschinen, Betriebseinrichtungen und Werkzeugen, jeder Materialwechsel muß daraufhin untersucht werden, ob sich an den Arbeitsplätzen beziehungsweise am Anforderungsprofil eines Arbeitsplatzes etwas ändert. Abgesehen von dem damit verbundenen Arbeitsaufwand ist die Fehleranfälligkeit hoch.
- Es ist außerordentlich schwierig, einen Schlüsselkatalog aufzustellen, der die vielfältigen Eigenschaften, Fähigkeiten und Kenntnisse eines Menschen zutreffend beschreibt. Ein derartiger Katalog ist schwer aufzustellen, sehr umfangreich und schwer zu handhaben. Dabei könnte man auf den Gedanken kommen, sich die Sache etwas leichter zu machen, das heißt, die Darstellung zu schematisieren oder zu vergröbern. Damit ist jedoch ein schwerwiegender Informationsverlust verbunden, denn gerade die von Vorgesetzten gegebenen verbalen und individuellen Beurteilungen eines Mitarbeiters sind wertvoll und können durch Schlüssel kaum zufriedenstellend ersetzt werden. Ein warnendes Beispiel sollte die von der IG-Metall und vom Arbeitgeberverband Metall in einigen Tarifgebieten vereinbarte analytische Leistungsbeurteilung sein (damit

wird die Leistung eines Mitarbeiters, bezogen auf die Anforderung des Arbeitsplatzes, mehr verfälscht als zutreffend beschrieben).

● Es ist fraglich, ob die Vorgesetzten die nach einem derartigen System aufgebauten Beurteilungen ihrer Mitarbeiter richtig durchführen und vor allem ständig pflegen (zum Beispiel Zuwachs von Kenntnissen von sich aus ergänzen). Die Personalabteilungen haben allein mit dem derzeitigen Beurteilungssystem Schwierigkeiten genug (insbesondere mit dem pünktlichen Eingang).

Wenn man diese Ziele, Voraussetzungen und Möglichkeiten abschließend betrachtet, dann bestehen erhebliche Zweifel, ob eine Erweiterung eines Personalinformationssystems zur Lieferung von konkreten Planungsdaten praktikabel ist beziehungsweise ob der Aufwand dem möglichen Nutzen entspricht. Es ist zu bedenken, daß nur ein sehr tiefgreifendes, sorgfältig gepflegtes System von Personal- und Arbeitsplatzdaten - also ein mit außerordentlichem Aufwand verbundenes System - eventuell nützliche Planungsdaten liefern könnte. Jede „Vereinfachung" oder gröber strukturierte Datenerfassung macht die daraus gewinnbaren Informationen fragwürdig. Unvollständige Informationen stiften in diesen Fällen mehr Schaden als Nutzen!

Bei der Bewertung des Nutzens ist auch noch zu bedenken, daß die aus einem derartigen System zu entnehmenden Hinweise (selbst, wenn sie überzeugen) vielfach kaum durchgesetzt werden können. Es ist eine Illusion zu glauben, daß zum Beispiel die Versetzung eines Mitarbeiters auf einen Arbeitsplatz, der seinen Fähigkeiten optimaler entspricht (laut System!), auch tatsächlich in den meisten Fällen durchgeführt werden kann (wie bekannt, werden sich alle Beteiligten erst einmal sträuben und das Personalinformationssystem in Frage stellen).

Ein derartiges System müßte wohl zwangsläufig auch alle Mitarbeiter umfassen, selbst dann, wenn es für einen Teil der Mitarbeiter (zum Beispiel an- und ungelernte Mitarbeiter) nicht benötigt wird, weil andernfalls die Gerechtigkeit in der Gleichbehandlung aller Mitarbeiter in Zweifel gezogen werden könnte.

Zusammenfassend kann man hieraus erkennen, daß vor der Erweiterung eines Personalinformationssystems zu einem effektvollen Planungsinstrument sehr hohe Hürden liegen. Nicht vergessen sollte man auch bei der Betrachtung des eventuell möglichen Nutzens, welche Ängste und Sorgen man damit unter Umständen bei den Mitarbeitern auslösen kann.

3.5 Datenherkunft und Datenfluß

In den vorhergehenden Abschnitten wurden die Anforderungen, aber auch die Grenzen eines Personalinformationssystems abgesteckt. Daraus wurde deutlich, daß das Personalinformationssystem ein Subsystem der Personalberichterstattung ist. Es liefert einen großen Teil - aber keineswegs alle - der für die Personalberichterstattung wichtigen Informationen. Aus der großen Masse der für die Personalabrechnung und -verwaltung benötigten Daten werden gezielt die für die Personalberichterstattung erforderlichen Daten

— selektiert
— gegebenenfalls zusammengefaßt, das heißt je **Mitarbeiter** werden Datengruppen (zum Beispiel die verschiedenen Formen der Mehrarbeit) verdichtet
— abgeleitet, das heißt, es werden im Personalinformationssystem neue Daten gebildet (zum Beispiel das Lebensalter aus dem Geburtsdatum und dem aktuellen Monat oder ein Versetzungsdatum aus dem Wechsel der Organisationseinheit)

und in einem vorbestimmten Ordnungssystem gespeichert.
Die personalfachlichen Grundlagen des Personalinformationssystems sind

— der **Merkmalskatalog** (siehe Anlage 1), der den Input des Personalinformationssystems enthält. Durch den Inhalt werden die späteren Auswertemöglichkeiten bestimmt. Zu jedem Merkmalskatalog gehört ein Schlüsselverzeichnis, aus dem die Einzelangaben zu den verschiedenen Merkmalen entnommen werden können. Bei kleineren Personalinformationssystemen kann man beide Bestandteile zusammenfassen
— das **Tabellenverzeichnis** (siehe Anlage 2) beziehungsweise die Zeilen-, Spalten- und Blattbausteine. Hieraus gehen Output beziehungsweise die Auswertungsmöglichkeiten hervor.

Bevor man sich mit der Aufstellung eines Merkmalskatalogs befaßt, wäre zu überlegen, ob das ohnehin vorhandene Eingabehandbuch für die Personalstammdaten und die Personalabrechnung nicht denselben Zweck erfüllen kann. Denkbar wäre zum Beispiel, daß man in diesem Eingabehandbuch diejenigen Merkmale kennzeichnet beziehungsweise einfügt, die auch im Personalinformationssystem geführt werden. Dazu ist jedoch zu bedenken, daß ein derartiges Eingabehandbuch sehr umfangreich ist und ein Vielfaches der für das Personalinformationssystem benötigten Daten enthält. Hinzu kommt, daß die Daten in einem Eingabehandbuch nach Eingabekriterien und nicht nach Auswertungsgesichtspunkten gegliedert sind. Aus diesem Grunde ist es zweckmäßig - trotz der weitgehenden Datenredundanz - aus Gründen der Übersichtlichkeit des Personalinformationssystems einen gesonderten Merkmalskatalog anzulegen.

Da man damit rechnen muß, daß sowohl der Merkmalskatalog als auch das Tabellenverzeichnis häufigen Änderungen unterliegen, ist es zweckmäßig, beide Systembestandteile durch ein Dokumentationssystem zu verbinden. Im Regelfall ändert sich zunächst ein Merkmal; das kann dann Auswirkungen auf alle Tabellen haben, in denen dieses Merkmal vorkommt. Um diese Beziehungen und Verbindungen schnell finden zu können, ist es zweckmäßig, in einem Dokumentationssystem die Zuordnung der Merkmale zu den Tabellen beziehungsweise Ausgabebausteinen festzuhalten.

Dabei bietet sich an, das Dokumentationssystem gleichzeitig dafür zu verwenden, auch die Begriffsdefinitionen zu speichern. Einen Überblick über diese Zusammenhänge zeigt Abbildung 3.

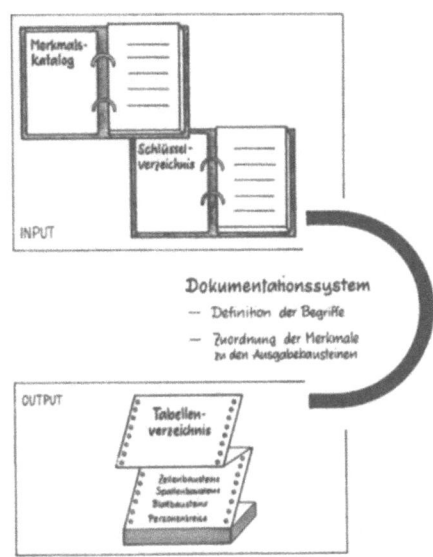

Abbildung 3:
Personalfachliche Grundlagen

Gespeist werden Personalinformationssysteme

— aus Angaben der Mitarbeiter und Vorgesetzten, die in die Personalstammdaten einfließen
— aus Daten der Personalabteilung mit organisatorischem Charakter (zum Beispiel Kostenstelle)
— im wesentlichen aus den Ergebnissen der Personalabrechnung.

Aus dem Umfang der Abrechnung und der DV-Durchdringung der Verwaltungsaufgaben (Einstellungen, Versetzungen, Austritte, Schriftverkehr, Bescheinigungen, Meldungen an Behörden und Institutionen) ergibt sich auch die Menge der benötigten Daten. Auch die Unternehmensstruktur und -organisation spielt hierbei eine wesentliche Rolle. Aus diesem Grund können im folgenden die Personaldaten, die aus den **Datenquellen** hervorgehen, nur beispielsweise aufgeführt werden.

— Aus den Angaben der **Mitarbeiter** werden zum Beispiel folgende Daten benötigt: Anschrift, Familienstand, Vorbildung, Geburtsdatum, Schwerbehinderung
— Aus den Angaben der **Vorgesetzten** stammt zum Beispiel die Gehaltsfestsetzung, Leistungsbewertung (analytische Leistungsbewertung, wie verschiedene Tarifverträge dies erfordern), berufliche Weiterbildung, Art der Tätigkeit
— Die **Betriebsdatenerfassung** kann manuell oder maschinell durchgeführt werden (meistens Mischformen). Dabei handelt es sich zum Beispiel um Stempelkarten, Urlaubs- und Krankmeldungen, Lohnbelege

53

— Aus der **Personalabteilung** stammen die Schlüsseldaten. Dies sind die für die dv-maschinelle Abwicklung des Personalinformationssystems benötigten allgemein gültigen Kriterien, wie zum Beispiel Organisationseinheit, Personalnummer, Mitarbeitergruppe (Arbeiter, Angestellte, Auszubildende)

— Eine weitere wesentliche Datenquelle ist das **Personalabrechnungsverfahren.** Alle Bewegungsdaten des Personalinformationssystems, wie zum Beispiel Lohn- und Gehaltsabrechnung, Ausfallzeiten, Mehrarbeit, Prämien, stammen aus der Personalabrechnung

— Aus den vorstehend genannten Daten entstehen aber auch im Personalinformationssystem weitere - abgeleitete - Daten, zum Beispiel Lebensalter, Dienstalter, Fluktuationsdaten

Die vorstehend genannten Datenarten werden innerhalb des Personalinformationssystems beziehungsweise in der damit verbundenen Datenbank in verschiedenen Dateien organisiert.

— Die Datei über **Stammdaten.** Das sind Daten, die entweder unveränderlich sind oder relativ selten geändert werden müssen, zum Beispiel Eintrittsdaten, Bankverbindungen, Organisationseinheit, Gehalts- oder Lohngruppe

— Die Datei über **Bewegungsdaten,** die nach jeder Abrechnung entsteht und zum Beispiel Daten über Einkommen, Auflaufwerte, Ausfallzeiten enthält

— Die Datei über alle verwendeten **Schlüsseldaten,** die als sogenannte Kriterienbanken für ein Personalinformationssystem unerläßlich sind, zum Beispiel Sortiermerkmale (Kostenstelle), Klartexte (Übersetzung von Schlüsseln), Berufsgenossenschaftsentgeltnummer.

Wie aus diesen Ausführungen zu entnehmen ist, stammen die im Personalinformationssystem gespeicherten Daten zum weit überwiegenden Teil vom Mitarbeiter beziehungsweise ergeben sich aus der Betriebsdatenerfassung oder dem Abrechnungsverfahren.

3.6 Systemgestaltung

Die Gestaltung eines Personalinformationssystems in Groß-, Mittel- und Kleinbetrieben ergibt sich aus den Anforderungen. **Alle Betriebe** müssen die gesetzlichen Auflagen, die Verordnungen der Behörden, die tariflichen oder arbeitsvertraglichen Vereinbarungen erfüllen. Daraus ergibt sich zwangsläufig eine Fülle von Gemeinsamkeiten (zum Beispiel Dateninhalt und -ausprägung). Diese Daten ergeben sich aus der Personalabrechnung und -verwaltung und können demzufolge auch in gleicher Weise - unabhängig von der Betriebsgröße - in einem Personalinformationssystem verarbeitet werden.

Unterschiede aus der Betriebsgröße ergeben sich daher im Regelfall

— aus der Einbeziehung von Daten, die über die gesetzlichen oder vertraglichen Anforderungen hinausgehen (zum Beispiel Vorbildungsdaten)
— aus der Tiefengliederung der Daten (zum Beispiel nach Mitarbeitergruppen, Organisationseinheiten)
— aus den Auswertungserfordernissen.

Je größer und schwerer durchschaubar ein Unternehmen wird, um so höher steigen die Anforderungen an die Auswertungen (zum Beispiel detaillierte - und damit sehr komplizierte - Fluktuationsauswertungen). Diese Auswertungserfordernisse bestimmen daher weitgehend auch den Schwierigkeitsgrad eines Personalinformationssystems. Hier spannt sich der Bogen von der einfachen Statistik bis hin zu differenzierten dialoggesteuerten Abfragemodellen.

Bei sehr großen Unternehmen mit vielen Mitarbeitern kommen dann auch noch Probleme im Laufzeitverhalten (Betriebszeit der DV-Anlagen) des Personalinformationssystems hinzu.

Die Systemgestaltung ist die schwierigste und anspruchvollste Phase. Was man hier an gründlicher Vorüberlegung versäumt, investiert man später an mehrfachem Aufwand für die Beseitigung von Fehlern und Unzulänglichkeiten! Wenn man ein Personalinformationssystem installieren möchte, so stellt sich die Frage, ob man ein am Markt vorhandenes System übernimmt oder ob man ein derartiges System selbst entwickelt. Zu bedenken ist dabei, daß fast immer die am Markt erhältlichen Personalinformationssysteme mit den dazu gehörigen Personalabrechnungssystemen eng (oft untrennbar) verbunden sind. Man steht daher in der Praxis vor der Frage, ob man

— das Gesamtsystem (also Abrechnung, Verwaltung, Information) übernehmen kann
— oder einen hohen Anpassungsaufwand für den Informationsteil des Personalinformationssystems in Kauf nimmt
— oder auf der Basis eines eigenen Abrechnungssystems ein individuell gestaltetes Informationssystem entwickelt.

Hierauf gibt es keine allgemeingültigen Antworten; das muß in jedem Einzelfall sorgfältig abgewogen werden.

Die Gestaltung eines Personalinformationssystems muß unbedingt den unternehmensspezifischen Anforderungen folgen. Es gibt daher eine Vielzahl von Gestaltungsmöglichkeiten. Die Bandbreite reicht von

— einem einfachen Statistikprogramm mit fest verknüpften Datenbeständen
— bis zu einem voll dialoggesteuerten System mit freien Suchfragen und speziell gesteuerten Auswertungen.

Die Weiterentwicklung zu entscheidungsorientierten Personalinformationssystemen mit Trendberechnungen und Optimierungsmodellen ist zwar im Prinzip möglich, setzt aber eine hohe DV-Durchdringung aller Personaldaten und eine sehr komplexe Programmgestaltung voraus. Für die meisten Unternehmen sind dies Ziele, die erst in einigen Jahren realisierbar sind. Der Weg dahin zeichnet sich aber bereits ab.

Man kann bereits mit einfachen **Statistikprogrammen** einen hohen Informationsstand erreichen. Bei dieser Vorgehensweise werden feste Tabellen aufgestellt und programmiert (siehe Anlage 2). Um auch hierbei wieder vom einfachen zum schwierigen System in Etappen vorzugehen, empfehlen sich folgende Entwicklungsschritte:

— Zunächst werden nur die für die Personalabrechnung und -verwaltung benötigten Stammdaten in das Personalinformationssystem einbezogen. Stammdaten sind die Grundlage (nicht die Ergebnisse) der Abrechnung und verändern sich relativ wenig, das heißt der Änderungsdienst ist relativ einfach zu bewältigen. Es fehlen aber noch wesentliche Informationen aus den Abrechnungsergebnissen.
— In einem zweiten Schritt werden dann die sich aus der Abrechnung ergebenden Bewegungsdaten in das Personalinformationssystem einbezogen. Bewegungsdaten enthalten die Ergebnisse der Abrechnung und verändern sich damit ständig (Brutto- und Nettoeinkommen, Steuern, Sozialabgaben, Ausfallzeiten usw.).
Es entstehen also sehr viel mehr Daten und gleichzeitig ein komplexer und aufwendiger Änderungsdienst. Der Vorteil liegt aber gleichzeitig in der Gewinnung von wichtigen Informationen.

Ein **dialoggesteuertes System** erfordert einen sehr hohen Aufwand an fachlicher Vorbereitung und ein perfektes DV-System (komplexe Datenbanksysteme mit ausgefeilter Steuerungstechnik). In einem dialoggesteuerten System ist zu unterscheiden

— nach einfachen Abfragen (zum Beispiel Heraussuchen einzelner Datensätze), Summierungen (zum Beispiel Summe der genommenen Urlaubstage), einfachen Tabellen (zum Beispiel Kopfzahlen nach Organisationseinheiten)
— und komplexen, in Matrixform aufgebauten Tabellen.

Der dialoggesteuerte Aufbau von Tabellen setzt voraus:

— einen variabel formulierten Aufbau der auszuwertenden Personenkreise.
Ein Beispiel hierfür wurde im Merkmalskatalog (Anlage 1) mit der Aufstellung und Kombinationsmöglichkeit von Normal- (siehe Merkmal 1.1) und Zusatzversionen (siehe Merkmal 1.2) gegeben
— eine Auflösung der festverknüpften Tabellen in Zeilen-, Spalten- und Blattbausteine. Hierzu muß man sich vorstellen, daß die konzipierten Tabellen sich nach Zeilen, Spalten und Blättern auflösen lassen, zum Beispiel

Zeilenbausteine:

Merkmal 7.1 (Arbeitszeit, siehe auch Anlage 2, Tabelle 06)
   bis unter 10 Wochenstunden
10 bis unter 11 Wochenstunden
11 bis unter 12 Wochenstunden
  .
  .

bis 20 Wochenstunden (Zwischensumme)
20 bis unter 21 Wochenstunden

.

.

36 bis unter 37 Wochenstunden
37 Wochenstunden (Metalltarif)
über 20 bis 37 Wochenstunden (Zwischensumme)
über 37 bis 38 Wochenstunden
über 38 bis 39 Wochenstunden
über 39 bis 40 Wochenstunden
über 40 Wochenstunden

Gesamtzahl

∅ - Zahl der Wochenstunden

Merkmal 4.9 (Tätigkeit, siehe auch Anlage 2, Tabelle 07)
Drehen
Fräsen

.

.

.

Kalkulieren
Auftragsbearbeitung
usw.

Merkmal 4.15.3 (Einkommensänderungen, siehe auch Anlage 2, Tabelle 29)
Lohn-/Tarifgruppenwechsel

Rangstufenänderung   Merkmal 4.15.3.1
Anzahl
in % der jeweiligen Personengruppe

Veränderung der Leistungszulage   Merkmal 4.15.3.2
(nicht tariflich)
Anzahl
in % der jeweiligen Personengruppe

Veränderung der Sonderzulage   Merkmal 4.15.3.3
Anzahl
in % der jeweiligen Personengruppe

Veränderung der Tantieme/Jahreszahlung   Merkmal 4.15.3.4
Anzahl (positiv)
in % der jeweiligen Personengruppe
Anzahl (negativ)
in % der jeweiligen Personengruppe

Spaltenbausteine:

Aushilfen															
Angestellte			Beschäftigungsdauer *)				Ø-Beschäftigungsdauer	Arbeiter			Beschäftigungsdauer *)				Ø-Beschäftigungsdauer
M	F	zus.	1 - 3	4 - 6	7 - 12	Über 12 Monate		M	F	zus.	1 - 3	4 - 6	7 - 12	Über 12 Monate	
1	2	3	4	5	6	7	8	9	10	11	12	13	14	15	16

*) Abhängig vom Eintrittsdatum (Merkmal 4.1)

Aushilfen
siehe auch Tabelle 08

21 ohne 700 - 760	700	710	720	730	740	750	760	770	780
Angestellte ohne Berufsabschluß	Techn. Berufsabschluß (Ang.)	gewerbl. Berufsabschluß (Ang.)	kaufm. Berufsabschluß (Ang.)	Hoch- u. Fachhochschulabsolventen (gesamt)	Hoch- u. Fachhochschulabsolventen mit techn., naturwissenschaftlicher Fachrichtung	Hoch- u. Fachhochschulabsolventen mit kaufm. Fachrichtung	Hoch- u. Fachhochschulabsolventen mit sonst. Fachrichtung	Facharbeiter	An- u. ungelernte Arbeiter
1	2	3	4	5	6	7	8	9	10

Mitarbeiter nach Vorbildung
siehe auch Tabelle 14

Bezahlte Ausfallzeiten (Merkmal 7.6)								
Krankheit 2)	Mutterschutz 2)	Urlaub 2)	Feiertage 3)	Weiterbildung 2)	Sonst. gesetzl. Ausfallzeiten 2)	Sonst. tarifl. Ausfallzeiten 2)	Sonst. betriebl. Ausfallzeiten 2)	Gesamt
Merkmal 7.6.1	Merkmal 7.6.2	Merkmal 7.6.3	Merkmal 7.6.4	Merkmal 7.6.5	Merkmal 7.6.6	Merkmal 7.6.7	Merkmal 7.6.8	7.6.1 - 7.6.8
1	2	3	4	5	6	7	8	9

1) Alle Ausfallzeiten werden im Durchschnitt je Mitarbeiter ausgewiesen
2) Die Daten werden anhand des An-/Abwesenheitsnachweises erfaßt
3) Die Daten sind per Programm zu errechnen

Bezahlte Ausfallzeiten
siehe auch Tabelle 35

Blattbausteine:
zum Beispiel Tarifgebiete
Organisationseinheiten

Aus dieser Vorgehensweise läßt sich unschwer erkennen, daß bei einzeln (lose) programmierten Zeilen-, Spalten- und Blattbausteinen diese mit einer großen Beweglichkeit im Dialog wahlweise und - den aktuellen Erfordernissen entsprechend - zusammengefügt werden können. Dies schafft einen sehr großen Spielraum für sofort zur Verfügung stehende, neue Auswertungsformen. So können zum Beispiel die im Tabellenverzeichnis (Anlage 2) nicht konzipierten Auswertungen über die Tätigkeit der Aushilfen schnell zusammengestellt werden (Kombination des Zeilenbausteines des Merkmals 4.9 mit dem Spaltenbaustein aus der Tabelle 08).
In einem komfortablen Personalinformationssystem können selbstverständlich **im Dialog** auch neue - bisher nicht vorhandene oder benötigte Zeilen-, Spalten oder Blattbausteine, gegebenenfalls auch andere Personenkreise, neu konzipiert werden.
Eine derartige Vorgehensweise setzt jedoch eine auf diese Zwecke ausgerichtete komplexe Tabellensteuerung (zum Beispiel INFPLAN) voraus. Die Abbildung 4 zeigt noch einmal diesen Wirkungsmechanismus.
Um Mißverständnissen vorzubeugen, sei auch in diesem Zusammenhang darauf hingewiesen, daß auch im Dialog ein Personalinformationssystem nur auf die Daten des letzten Monatsabschlusses zugreift und keineswegs auf tagesaktuelle Daten (wo in Einzelfällen tagesaktuelle Daten benötigt werden, kann man auf die Personalstammdaten zurückgreifen). Die wesentlichen Gründe hierfür seien im folgenden nochmals genannt:

— Alle Daten im Personalinformationssystem stehen miteinander in Beziehung. Aussagen und Auswertungen müssen daher zueinander passen (Köpfe, Zeiten, Aufwand).
— Alle Entgeltdaten und ein Teil der Arbeits- und Ausfallzeiten enthalten automatisch den letzten Abrechnungsstand. Dann ist es zweckmäßig, daß auch die dazu passenden anderen Daten den gleichen Stand haben. Nur unter dieser Voraussetzung stimmen zum Beispiel die Anzahl der Mitarbeiter und der Personalaufwand miteinander überein.
— Viele Daten können erst im Änderungsdienst aktualisiert werden. Zum Abrechnungsstand muß die Personalabteilung ohnehin darauf achten, daß alle Daten dem neuesten Stand entsprechen. Wenn man trotzdem den Monatsultimo als Berichtsstand wählen würde, gäbe es - unnötigerweise - einen zweiten Termin, an dem die Personalabteilung alle Daten noch einmal auf den neuesten Stand bringen müßte. Das ist besonders dann wichtig, wenn in einem Personalinformationssystem Daten mehrerer Personalabteilungen zusammengefaßt werden.
— Zeitvergleiche können nur auf einheitlich definierten Zeitpunkten (zum Beispiel Abrechnungsschluß) aufgebaut werden.
— Vergleiche von Betrieben untereinander müssen ebenfalls auf gleichartigen Zeitpunkten aufbauen (wichtig bei Versetzungen).

Aufgabenstellung : gewünscht wird Auswertung über teilzeitbeschäftigte Mitarbeiter nach Lebensalter und Tarifgebieten

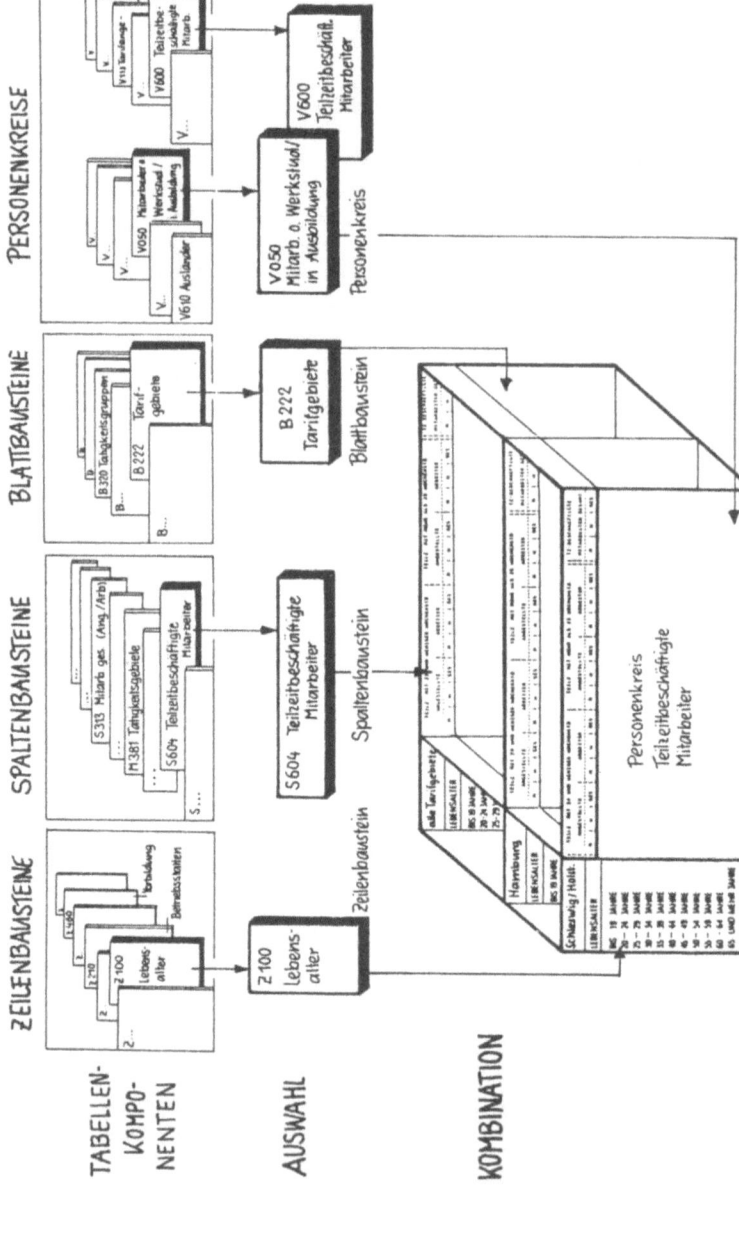

Abbildung 4:
INFPLAN-Steuerung

Unabhängig davon gibt es fast nie eine wirkliche Notwendigkeit, tagesaktuelle Informationen (für **diese** Art von Datenbeständen!) zu fordern.

Von den vorstehend beschriebenen komfortablen dialoggesteuerten Personalinformationssystemen führt der Weg zu den **entscheidungsorientierten Personalinformationssystemen.** Diese bauen auf den dialoggesteuerten Systemen auf und sind angereichert mit ausgefeilten Analysesystemen, parametergesteuerten Optimierungsmodellen und Trendberechnungen.

Die folgende Übersicht zeigt die verschiedenen System-Typen und die Bandbreite der Leistungsfähigkeit von Personalinformationssystemen:

zeitlicher Bezug	Entwicklungsgrad		Informationsverarbeitungsmethoden	Anwendungsbereich
vergangenheitsbezogen	reine Personalinformationssysteme (informative Systeme)	Berichtssysteme	Verdichtungsprogramme	Personalbestandsstatistiken Fluktuationsstatistiken
		Auskunftssysteme	On-line-Abfragesystem direkt über Bildschirm	gezielte Abfrage; z.B. Vergleich bestimmter Mitarbeitergruppen
	entscheidungsorientierte Personalinformationssysteme (dispositive Systeme)	Entscheidungssystem	spezielle Verarbeitungsprogramme, z.B. Optimierungsprogramme on-line oder off-line	Personalplanungsmodelle Lohn- und Gehaltsfindungsmodelle
zukunftsbezogen		Prognosesystem		Trendberechnungen

Die Übersicht deutet den Stand wie auch die mögliche Weiterentwicklung (gestrichelt) von Personalinformationssystemen an.

Zur Gestaltung eines Personalinformationssystems gehört auch die Auswahl eines geeigneten Datenbanksystems und die Überlegung, wie die Datensätze strukturiert sein sollen.

An ein **Datenbanksystem** sollten folgende Anforderungen gestellt werden:

— es sollte anwendungsneutral sein
— es sollte flexible Datenstrukturen, die durch multivariable Datenformate gekennzeichnet sind, verarbeiten
— es sollte eine Invertierung der Daten zum schnelleren Wiederauffinden erlauben

— es sollte einen mehrstufigen Schutz gegen unberechtigten Zugriff aufweisen
— es sollte eine Multifilebehandlung zur gleichzeitigen Bearbeitung mehrerer Datei-
en erlauben
— es sollte mit flexiblen Zielpunktlisten arbeiten
— es sollte Dateikopplungen erlauben.

Insbesondere bei großen Datenbeständen ist der Auswahl der Technik der Datenverarbeitung besondere Aufmerksamkeit zu widmen, da hiermit die Auswertbarkeit,
das heißt der Nutzen der Informationsdatenbank und vor allem die Wirtschaftlichkeit entscheidend beeinflußt werden kann. Hierzu gehört zum Beispiel vorzusehen,
daß das Datenbanksystem auch bei großen Datenmengen gut gehandhabt werden
kann. Deshalb sollten die Einzeldatensätze flexibel strukturiert sein nach

— festen Abschnitten
 (zum Beispiel persönliche Grunddaten, organisatorische und örtliche Zugehörigkeit) innerhalb der festen Abschnitte Unterteilung nach Aspekten (= Merkmale),
 die nur eine Ausprägung haben (zum Beispiel Geburtsdatum, Personalnummer)
— variablen Abschnitten
 (zum Beispiel Angaben zur Vor-/Weiterbildung)
 innerhalb der variablen Abschnitte Unterteilung nach Aspekten (= Merkmale),
 die mehrere Ausprägungen haben (zum Beispiel Berufsabschlüsse und Ausbil-
 dungsbezeichnungen)
— multiplen Abschnitten (wertspezifisch)
 (zum Beispiel Entgelt-Daten, Arbeits- und Abwesenheitszeiten)
 innerhalb der wertspezifischen multiplen Abschnitte können sich diese mehrfach
 für einen Aspekt (= Merkmal) wiederholen (zum Beispiel Bruttoeinkommen,
 aufgelaufen zum Geschäftsjahr bei Wechsel des Personenkreises und/oder der organisatorischen Zugehörigkeit, mit unterschiedlichen Werten (Beträge, Tage,
 Stunden)
— multiplen Abschnitten (ausprägungsspezifisch)
 (zum Beispiel Historienbegriffe)
 innerhalb der ausprägungsspezifischen Abschnitte können sich diese mehrfach
 für einen Aspekt (= Merkmal) wiederholen, mit unterschiedlichen Ausprägungen
 (zum Beispiel Tarifgruppe/Rangstufe bei Ernennungen). Die Anzahl der Wieder-
 holungen muß im Anwendungsfall konkret bestimmt werden.

Zur Systemgestaltung gehört auch die Bestimmung der dv-technischen Auswerte-
methoden. Darunter ist in erster Linie die Abgrenzung zwischen regelmäßig wiederkehrenden Auswertungen (Standardauswertungen) und sporadischen Auswertungen
zu verstehen. Die entsprechende Auswerte-Software muß auf die jeweiligen Erfordernisse abgestellt werden und gegenüber wachsendem Informationsbedarf flexibel sein.
 Bei Informationsdatenbänken mit großen Tiefengliederungen und einer Vielzahl
von Datenarten ist zu überlegen, wie die Ergebnisse dargestellt werden können. Entscheidend hierbei ist auch der Empfängerkreis (Zahl und örtliche Verteilung der Nutzer der Informationsdatenbank). Sofern nicht nur eine zentrale Stelle im Unternehmen die Informationsdatenbank nutzt, sondern viele Stellen gleichzeitig zu informie-

ren sind, ist in einem besonderen Systembaustein zu regeln, mit welchen Medien (Papier, Film, Magnetband, Datenfernübermittlung) die Ergebnisse an die verschiedenen Empfänger herangetragen werden. Dabei ist zu berücksichtigen, daß es nicht nur Empfänger fertiger Auswertungen gibt, sondern auch Personalabteilungen oder Berichtsstellen, die die entsprechenden Einzeldaten ihres Bereiches aus der Informationsdatenbank abrufen und dann an ihren spezifischen Empfängerkreis - ihrem speziellen Informationsbedarf gerecht werdend - weitergeben.

Da sich Datenbestände des Personalinformationssystems zwangsläufig mit anderen Datenbeständen des Unternehmens (zum Beispiel Personalaufwand) überschneiden, müssen die Schnittstellen genau bestimmt werden. Dies ist notwendig, um ein nahtloses Einpassen in die übergeordnete Unternehmensberichterstattung möglich zu machen und um Doppelerfassungen zu verhindern.

3.7 Datenprüfung

Ein besonderes Problem ist die Prüfung, ob die angelieferten oder verarbeiteten Daten richtig sind. Die Ergebnisse eines Personalinformationssystems sind immer nur so gut wie

— die angelieferten Daten (Dateninput)
— die Datenprüfung (zum Beispiel Plausibilitätsprüfung)
— die Verarbeitungsmethoden

richtig sind. Zur generellen Beurteilung der Daten kann folgendes gelten: Die Daten der Personalabrechnung sind fast immer richtig. Fehler werden meist schnell erkannt und bereinigt. Auch die Daten, die für die Personalverwaltung benötigt werden, sind im Regelfall richtig, da sie regelmäßig überwacht und häufig benötigt werden. Voraussetzung ist allerdings eine regelmäßige Kontrolle, das heißt, man muß prüfen, ob sich bei einer Versetzung, Beförderung oder ähnlichem Anlaß die Angaben zur Tätigkeit geändert haben. Weniger gut in der Qualität sind meist die reinen Informationsdaten. Das liegt daran, daß die ursprünglich zutreffenden Angaben nicht regelmäßig überholt und ergänzt werden.

Der Pflegeaufwand ist hier besonders hoch, weil es nur wenig Anlässe für die Datenpflege gibt - ein gravierender Unterschied zu den Verwaltungsdaten und ein Grund, von Informationsdaten so sparsam wie möglich Gebrauch zu machen.
Hinzu kommt noch: Abrechnungs- und Verwaltungsdaten sind objektive Daten; Informationsdaten sind oft subjektiver Art (zum Beispiel Beurteilung der Sprachkenntnisse). Das schränkt ihre Verwendbarkeit weiter ein.

Richtige Datenverarbeitung setzt richtige Dateneingabe voraus. Eine richtige Dateneingabe wird unterstützt durch gut gestaltete Datenerfassungsbelege beziehungsweise zweckmäßig aufgebaute DV-Masken. Grundsätzlich sollten Daten dort geprüft werden, wo sie entstehen. Trotzdem entbindet dies die Datenverarbeitung nicht von

Plausibilitätskontrollen. Die Plausibilitätsprüfungen beginnen zunächst mit einigen **formalen Prüfungen.** Dabei handelt es sich zum Beispiel um

— Prüfung, ob Felder numerisch oder alphabetisch belegt und zugelassen sind
— Prüfung auf Vorhandensein bestimmter Zeichen (Vorzeichen, Buchstabe, Ziffer)
— Prüfung, ob alle Pflichtplätze belegt sind (jeweils bezogen auf einen bestimmten Vorgang, beispielsweise darf bei einem Mitarbeiterabgang das Abgangsdatum nicht fehlen).

Nach diesen (und vielen weiteren) formalen Prüfungen schließen sich dann die **sachlogischen Prüfungen** an. Hierbei handelt es sich zum Beispiel um

— abhängige Felder (zum Beispiel wenn verheiratet, dann muß auch bei Frauen der Geburtsname angegeben sein)
— Prüfung auf Grenzwerte (zum Beispiel das Tarifgehalt kann nicht über 5000,-- DM liegen)
— logische Beziehungen (zum Beispiel müssen logisch voneinander abhängige Datenfelder erwartungsgemäße Inhalte haben, also: wenn die Tarifgruppe „Meister" verschlüsselt ist, muß als Tätigkeit „Meistertätigkeit" verschlüsselt sein)
— Verknüpfung mit Kontrollrechnungen (zum Beispiel Einstelljahr muß um „16" höher sein als das Geburtsdatum - keine Kinderarbeit -).

Derartige Plausibilitätsprüfungen sind selbstverständlich unternehmensspezifisch zu finden und in die Programme zu integrieren. Allgemein kann man jedoch hierfür einige Gemeinsamkeiten beziehungsweise Regeln feststellen.

— Zunächst muß man die gegebenen sachlogischen Abhängigkeiten finden und dabei Wesentliches vom Unwesentlichen unterscheiden. Dies ist ein schwieriger Prozeß, da es eine fast unendliche Zahl von betriebswirtschaftlich zutreffenden Abhängigkeiten gibt. Diese müssen begrenzt werden, und zwar nicht nur, weil die Laufzeit der Plausibilitätsprogramme nicht überhöht sein sollte, sondern vielmehr noch, weil sich die Vielzahl der Abhängigkeiten durch neue gesetzliche, tarifliche oder firmeneigene Regelungen ändert und man dann die Plausibilitätsprüfung entsprechend mit ändern muß.
— Es müssen Überschneidungen bei den zahlreichen Plausibilitätsprüfungen vermieden werden.
— Für Plausibilitätsprüfungen sollten - soviel wie möglich - einheitliche Formen gefunden werden. Das erleichtert die Programmierung.
— Die Plausibilitätsprüfungen sind sinnvoll zu gruppieren.
— Es sollten Fehlercodes vergeben werden, da es bei Verstößen gegen die Plausibilität nicht immer möglich ist, den kompletten Text der mißachteten Regelung auszudrucken. Das trifft insbesondere bei Bildschirmarbeiten zu. Gegebenenfalls muß daher mit einer Codenummer gearbeitet werden, so daß der Bearbeiter in der Lage ist, den ausführlichen Fehlerhinweis zu finden.
— Es müssen Korrekturmaßnahmen zu den einzelnen Fehlern vorgegeben werden. Um Programmabbrüche zu vermeiden, muß geregelt werden, welche Fehler nur

angezeigt und bei welchen Fehlern ein Programmeingriff vorgenommen werden muß.
— Die gefundenen Plausibilitäten müssen auf Richtigkeit und gegebenenfalls Laufzeit getestet werden.

Wie aus dem Vorhergesagten bereits hervorging, ist für die Plausibilitätsprüfungen ein Programm erforderlich. An ein derartiges Programm sind folgende Anforderungen zu stellen:

— Das Programm sollte leicht zu pflegen sein. Das ist insbesondere wegen der häufig vorkommenden Regeländerungen wichtig.
— Die Programmlaufzeiten sollten kurz sein. Das ist besonders wichtig, sofern die Dateneingabe im Dialog vorgenommen wird, da der Anwender in diesem Fall auf die Prüfungsauswertung wartet.
— Das Programm muß überschaubar sein. Dazu ist eine gute Dokumentation erforderlich. Insbesondere die interne und externe Revision benötigt diesen Überblick, da hiervon auch der Prüfungsumfang abhängt.

Das Plausibilitätsprogramm ist in jedem Fall vor seinem Einsatz auf Wirksamkeit zu testen. Das bedeutet, daß Verstöße gegen die richtige Dateneingabe die erwarteten Fehlermeldungen hervorrufen müssen; richtige Daten dürfen demgegenüber nicht abgewiesen werden.
Der Einsatzzeitpunkt eines Plausibilitätsprogrammes muß sorgfältig überlegt werden. Ein Einsatz bereits im Dialogbetrieb ist besonders wirksam, da Fehler schon vor der endgültigen Eingabe erkannt und beseitigt werden können. Dabei ist jedoch zu berücksichtigen, daß umfangreiche Plausibilitätsprogramme eine große Kernspeicherkapazität binden. Wegen der erforderlichen kurzen Responzzeiten können daher nur selten gleichzeitig andere Programme im Timesharingverfahren abgewickelt werden. Werden stattdessen Plausibilitätsprogramme im Batchbetrieb eingesetzt, liegen die Fehlerprogramme erst zu einem späteren Zeitpunkt vor, und es dauert eine Weile, bis die Fehler bereinigt werden können.

3.8 Datenschutz und Datensicherheit

Ein Personalinformationssystem ist ein besonders sensibles Instrument. Bereits bei der Planung sollten daher die Grenzen (siehe auch Abschnitt „Grenzen eines Personalinformationssystems") eines derartigen Systems festgelegt werden. Diese liegen dort, wo Daten von Mitarbeitern erfaßt werden,

— die die persönliche Sphäre berühren und
— deren Objektivierungsgrad Zweifel auslösen kann.

Es ist besonders wichtig, durch

— Festlegung des Umfanges des Dateninputs
— Ausweis des Verwendungszweckes
— Bestimmung der Schnittstellen und Verknüpfungen mit anderen Datensystemen

von vornherein Klarheit und Begrenzung des Systems zu dokumentieren. Dazu gehört u.a. auch eine für den einzelnen Mitarbeiter faßbare Darstellung über den Umfang der gespeicherten Daten. Hierzu ist herauszustellen:

— Der Umfang der für Personalabrechnung und -verwaltung gespeicherten Daten ist eine Folge der Gesetzgebung, der Tarifvereinbarungen und der Abrechnungserfordernisse.
— Ein Personalinformationssystem enthält nur einen Bruchteil (Größenordnung 10 - 20 Prozent) der für die Personalabrechnung und -verwaltung benötigten Daten.
— Der Merkmalskatalog zeigt den Umfang der gespeicherten Daten, die für das Gesamtsystem erforderlich sind; bezogen auf den einzelnen Mitarbeiter ist aber nur ein Teil der Datenfelder relevant (zum Beispiel ein Auszubildender hat andere Datenfelder belegt als ein Sachbearbeiter).

Viele Ängste der Mitarbeiter über dieses neue Instrument kommen jedoch daher,

— daß sich nur wenige Mitarbeiter hierunter etwas Konkretes vorstellen können. Das hängt sicher auch damit zusammen, daß die Unternehmen nicht genau und rechtzeitig genug hierüber informieren,
— daß viele Menschen die Möglichkeiten und Grenzen der Datenverarbeitung nicht richtig einschätzen können,
— daß die nicht gänzlich unberechtigte Sorge besteht, daß man Datenbanken (das Personalinformationssystem ist nur eine davon) heute leicht miteinander verknüpfen kann und erst dadurch Ansätze zum „Gläsernen Menschen" entstehen.

All diesen Befürchtungen kann man nur entgehen

— durch bessere Information der Mitarbeiter,
— durch eine Abwägung der Interessenlage der Mitarbeiter und des Unternehmens.
  ● Der Mitarbeiter hat vorwiegend ein Interesse daran, daß seine Daten vor mißbräuchlicher Erfassung, Veränderung, Verarbeitung und Weitergabe geschützt werden (Datenschutz)
  ● Der Vorgesetzte hat grundsätzlich das gleiche Interesse wie der Mitarbeiter (unabhängig davon, daß auch ein Vorgesetzter Mitarbeiter ist). Darüberhinaus ist für ihn auch die Sicherung der Daten vor Verlust, unzulässiger Veränderung und unberechtigtem Zugriff von Bedeutung (Datensicherung)
— durch deutliche Klarstellung, daß das Personalinformationssystem nicht als Kontrollinstrument, das den einzelnen Mitarbeiter überwachen soll, entwickelt wurde, sondern aus ganz anderen Beweggründen. Die Kontrolle des einzelnen Mitarbeiters ist immer noch Angelegenheit der Vorgesetzten, und wenn diese das in dem

einen oder anderen Fall einmal nicht können, müssen sie geschult oder ausgewechselt werden.

Für die Beurteilung, ob ein Personalinformationssystem Mißbrauch ausschließt, ist der Inhalt maßgebend. Art und Umfang der gespeicherten Daten zeigen sofort die Verwendungsmöglichkeiten. Wenn zum Beispiel keine Fähigkeiten abgespeichert sind, kann man auch keinen Abgleich mit Arbeitsplatzdaten (Anforderungsprofil) vornehmen.

Um sicherzustellen, daß man nicht in die persönliche Sphäre der Mitarbeiter eindringen möchte, empfiehlt es sich, einen sogenannten „Negativkatalog" aufzustellen, der alle Daten enthält, die **nicht** in das Personalinformationssystem aufgenommen werden.

Zu einem derartigen Negativkatalog gehören zum Beispiel folgende Datengruppen:

— Beurteilung: Fachliches Können, geistige Fähigkeiten, Arbeitsstil, Zusammenarbeit, Charakter
— Daten aus der Privatsphäre: Daten über gesundheitliche Verhältnisse, Daten über strafbare Handlungen/Ordnungswidrigkeiten, Daten über religiöse und politische Überzeugungen, Anzahl der Eheschließungen, Kriegsteilnehmer, militärischer Rang, Hobbys usw.
— Daten über frühere Beschäftigungsverhältnisse
— Ergebnisse medizinischer und psychologischer Tests

Ein derartiger Negativkatalog ist also eine von der Unternehmensleitung erlassene und gegebenenfalls mit dem Betriebsrat vereinbarte Festlegung von Daten, die nicht im Personalinformationssystem gespeichert werden dürfen. Häufig wird von anderen Institutionen (zum Beispiel Datenschützer, Gewerkschaften, Betriebsräte) anstelle eines Negativkatalogs gefordert, daß man in Form eines Positivkatalogs die im Personalinformationssystem zugelassenen Daten festlegt - also genau umgekehrt verfährt. Dieser Weg ist jedoch nicht gangbar, weil

— Personaldaten sich häufig durch Gesetze oder Arbeitsgerichtsurteile ändern (ändern, entfallen, hinzukommen)
— neue Tarifregelungen berücksichtigt werden müssen
— geänderte Firmenrichtlinien beziehungsweise neue Betriebsvereinbarungen andere Daten erfordern
— die Auswertungserfordernisse sich ändern.

Wir haben es also mit sehr vielen Datenänderungen, die schnell vollzogen werden müssen, zu tun. Eine daraus entstehende pausenlose Änderung (gegebenenfalls sind neue Betriebsvereinbarungen erforderlich) eines Positivkatalogs ist in der Praxis kaum durchführbar beziehungsweise für eine effiziente Unternehmensführung sehr hinderlich.

Mit der Aufstellung eines Negativkatalogs ist ein erster wichtiger Schritt im Hinblick auf den Datenschutz getan. Wegen der besonderen Sensibilität und Vertraulichkeit der Daten eines Personalinformationssystems können Datenschutzbelange nicht nur bei der Speicherung, sondern vielmehr noch bei der Nutzung und Verwertung der Daten auftreten. Bei der Nutzung der Daten ist daher grundsätzlich zu unterscheiden nach

— Auswertungen mit statistischen Mengen
   zum Beispiel Mitarbeitergruppen (Arbeiter, Tarifangestellte, AT-Angestellte) nach Organisationseinheiten
— Auswertungen mit individuellen Einzeldaten
   zum Beispiel Gehaltslesungsliste

Es ist offensichtlich, daß Auswertungen mit statistischen Mengen im Regelfall keine Belange des Datenschutzes berühren und auch keine Fragen nach einer eventuellen Mitbestimmung des Betriebsrates aufwerfen. Bei der weit überwiegenden Anzahl der Auswertungen handelt es sich auch um statistische Mengen.

Um die Unterschiede in den Auswertungsformen deutlich zu machen, wird hierauf näher eingegangen.

Auswertungen mit statistischen Mengen

Daraus sind keine Rückschlüsse auf einzelne Mitarbeiter möglich. Fragen des Datenschutzes und der Mitbestimmung des Betriebsrates sind daher nicht relevant.

Für Auswertungen mit statistischen Mengen gibt es folgende Alternativen für die Gestaltung des Datenbanksystems, deren Aufwand und Nutzen gegeneinander abgewogen werden müssen:

Entweder wird eine spezielle Auswertedatenbank mit strukturierten Daten erstellt. Strukturiert heißt: In dieser Auswertedatenbank werden die Einzeldaten aus der Personaldatenbank, das heißt die Datensätze aller Mitarbeiter nach vorgegebenen Gliederungen summiert. Eine derartige Filialdatenbank ist nichts anderes als eine sehr fein gegliederte Statistik. Sie eignet sich daher für die Beantwortung feststehender, vorformulierter Fragen. Standardisierte, wiederkehrende Personalberichte können damit sehr effizient erstellt werden.

Oder es wird eine Datenbank installiert, die die Einzeldatensätze der Mitarbeiter enthält. Eine derartige Datenbank ist zwangsläufig größer und damit aufwendiger als eine Datenbank mit summierten Daten. Der wesentliche Vorteil liegt aber darin, daß sich damit die im Personalbereich häufig benötigten, wechselnden Verknüpfungen der Daten herstellen lassen (zum Beispiel einmal wird das Einkommen mit der Tätigkeit, ein anderes Mal mit der Vorbildung, ein weiteres Mal diese Gliederung weiter unterteilt nach dem Geschlecht, verknüpft).

Bei der Abwägung, welche der beiden Alternativen man wählt, ist zu bedenken, daß gerade für den Personalbereich Ad-hoc-Auswertungen anfallen, die ständig wechseln und für die typisch ist:

— die große Vielfalt der Datenarten,
— die wechselnden Kombinationen dieser Datenarten,
— die schnelle Veränderung der Daten infolge neuer Gesetze, Tarife und Firmenrichtlinien.

Erschwerend kommt hinzu, daß ausgerechnet diese unvorhersehbaren Ad-hoc-Auswertungen

— meist einen sehr differenzierten Inhalt haben und
— schnell verfügbar sein sollten.

Zusammenfassend kann man feststellen:

— Die Daten des Personalbereiches sind viel weniger fest gefügt oder stabil als manche anderen Datenbestände (Kostenarten des Rechnungswesens, Materialarten des Lagerbereiches, Produkte der Fertigung oder des Vertriebs).
— Eine Auswertedatenbank mit strukturierten Daten kann den Anforderungen der Unternehmensleitung und des Personalbereiches meist nicht gerecht werden.
— Ein Personalinformationssystem enthält daher die Einzeldaten aller Mitarbeiter. Nur damit lassen sich die erforderlichen, wechselnden Verknüpfungen der Daten herstellen. Die Auswertung erfolgt jedoch weit überwiegend mit statistischen Mengen, die keine Rückschlüsse auf den einzelnen Mitarbeiter zulassen.

Auswertungen mit individuellen Einzeldaten

Auswertungen, die Angaben über einzelne Mitarbeiter enthalten, sind in keiner Personalabteilung zu vermeiden. Bereits die tägliche Arbeit des Personalsachbearbeiters am Terminal macht das deutlich. Bis auf wenige von vornherein bestimmbare Namenslisten (zum Beispiel Schwerbehindertenmeldung, Gehaltsliste) handelt es sich fast immer um Listen oder Angaben über einzelne Mitarbeiter, die nicht von vornherein festgelegt werden und sich aus wechselnden Anforderungen ergeben.
Es handelt sich hierbei um einen besonders sensiblen Datenbereich; der Umgang mit diesen Daten - insbesondere ihre Weitergabe - muß in jedem Einzelfall sehr sorgfältig überlegt und selbstverständlich auch protokolliert werden.
Als Mindestanforderung ist festzulegen, daß

— nicht mehr Daten angegeben werden, als es der jeweilige Zweck unbedingt erfordert,
— Verwendungszweck und Empfänger notiert werden und
— die Vernichtung der Unterlage geregelt wird.

Um Befürchtungen der Mitarbeiter und des Betriebsrates, was mit den Personaldaten geschieht, in Grenzen zu halten, sind folgende Regeln zu beachten:

— Der Mitarbeiter hat das Recht zu erfahren, welche Daten über ihn gespeichert wurden (in den meisten Fällen kennt er sie bereits, weil er sie selbst so angegeben hat beziehungsweise weil sie aus seiner Personalabrechnungsunterlage hervorgehen); er kann einen Ausdruck dieser Daten verlangen.

— Der Mitarbeiter soll wissen, welche Daten auf keinen Fall gespeichert werden (zum Beispiel Negativkatalog), welche Daten nur eingeschränkt verwendet werden, zum Beispiel Religionszugehörigkeit nur für die Abführung der Kirchensteuer (in Deutschland).

— Es soll darüber informiert werden, ob und welche Verknüpfungen mit Datenbeständen außerhalb des Personalinformationssystems vorgenommen werden, zum Beispiel Reiseabrechnung, Abrechnung des Kasinoessens (eingeschränkter Verwendungszweck: nur Abrechnung).

Wenn man vorzugsweise Auswertungen mit statistischen Mengen benötigt, liegt die Überlegung nahe, ob man nicht mit anonymisierten Daten arbeiten kann.
Auch bei einer Anonymisierung benötigt man die Datensätze der einzelnen Mitarbeiter. Damit der Änderungsdienst funktionieren kann, benötigt man auch ein Mittel, um die Datensätze zu identifizieren (zum Beispiel Personal- oder Versicherungs-Nummer). Dieser notwendige Identifizierungsvorgang kann aber rein maschinenintern bleiben. Nach dem Änderungsdienst wird dann die Datenbank, die den Zugriff erlaubt, mit einer maschinenintern vergebenen - nicht mehr identifizierbaren - Schlüsselnummer versehen. Auf diese Art und Weise ist es möglich, auf alle identifizierenden Angaben, wie Name, Personal- und Versicherungs-Nummer, zu verzichten.
Mit einem derartigen Verfahren kann man die latent vorhandenen Widerstände und Besorgnisse gegenüber einem Personalinformationssystem weiter abbauen.
Auf die Nachteile eines derartigen Vorgehens sei aber ebenfalls hingewiesen:

— Die immer in einem Personalinformationssystem enthaltenen Fehler (meist falsch verschlüsselte Eingaben) können nur mit erhöhtem Aufwand beseitigt werden, weil zwar der Fehler selbst schnell erkannt wird, jedoch der „zugehörige" Mitarbeiter recht aufwendig durch Rückfragen bei der Personalabteilung gesucht werden muß.

— Die im vorhergehenden Absatz dargestellten Auswertungen mit individuellen Einzeldaten müssen nicht mehr aus dem Personalinformationssystem, sondern aus den Datenbeständen der Personalabteilung (Stammdaten und Abrechnungsdaten) gewonnen werden. Das ist zwar möglich, aber etwas umständlicher.

Mit den Auswerteformen können bereits wesentliche Belange des Datenschutzes gewahrt werden. Das gesamte Spektrum, das der Datenschutz umfassen sollte, läßt sich am besten mit folgender Fragestellung umschreiben:

Zweck?	Schutz von Informationen gegen unberechtigten Zugriff
Wen gilt es zu schützen?	Personen, private und öffentliche Institutionen
Was gilt es zu schützen?	Persönlichkeitsrechte, Personaldaten (Dateien, Datenelemente und -strukturen)

Wann sind Schutzmaßnahmen zu ergreifen?	Vor, nach und bei der Eingabe
Wovor?	Speicherung falscher Informationen, Veröffentlichung von Individualdaten, Eingriffen Unbefugter
Wie?	— Mindestbestimmungen über technische und organisatorische Vorkehrungen gegen unberechtigten Zugriff — Prüfung durch Datenschutzbeauftragten — Strafandrohung

Diese Anforderungen lassen sich wie folgt erfüllen:

— Bereits bei der Systemplanung ist der Inhalt mit größter Umsicht festzulegen. Das bedeutet Verzicht auf kritische Daten, soweit dies möglich ist (siehe Negativkatalog). Lieber auf eine Information verzichten, als das Vertrauen in das gesamte System zu stören! Generell sollte gelten:
  ● Keine Erstellung von Persönlichkeitsprofilen
  ● Keine Daten, die zur individuellen Überwachung dienen!
  Das bedeutet allerdings auch Verzicht auf **individuelle** Personalplanung und -entwicklung mit Hilfe des Personalinformationssystems.
— Organisatorische Maßnahmen sind zu treffen. Dazu gehört als erstes die schriftliche Festlegung derjenigen Mitarbeiter, die zur Eingabe, Änderung und Auswertung von Daten berechtigt sind. Ferner gehört dazu eine feste (schriftliche) Absprache mit dem Rechenzentrum über den Programmablauf und die Sicherung der Datenbank.
  Gegen die unbeabsichtigte falsche Dateneingabe und -verarbeitung kann man sich - in gewissem Ausmaß, aber niemals vollständig - durch wohldurchdachte Plausibilitätsregeln und Plausibilitätsprogramme (formale und sachlogische Prüfungen, Formulierung sachlogischer Abhängigkeiten) schützen.
— Es muß sichergestellt werden, daß aus dem Personalinformationssystem personenbezogene Daten nicht - oder nur im vereinbarten Umfang - in Arbeitsplatzsysteme (zum Beispiel Personal Computer) übernommen werden.
— Bei modernen Datenverarbeitungsanlagen und -programmen kann man eine hohe Sicherheit durch eine lückenlose Zugriffsregelung und Protokollierung erreichen. Jede zuverlässige Zugriffsregelung hat verschiedene Sicherheitskreise, die vor einem berechtigten Zugriff erst überwunden werden müssen. Grundsätzlich gehört dazu die Prüfung der Anwenderberechtigung und die Einschränkung der Anwender durch Segmentierung. Nachfolgend ein Beispiel einer stufenweisen **Zugriffssicherung:**

Anwender:	**Terminalberechtigung:** Nur bestimmte Terminals werden für das Personalinformationssystem zugelassen. **Ausweisleser:** Die Personalnummer, die im Ausweis des zugriffsberechtigten Mitarbeiters steht, wird in einer Programmtabelle hinterlegt. Durch maschinellen Vergleich des Mitarbeiterausweises mit der Programmtabelle wird dann die Berechtigung festgestellt.

Codewort: Jeder zugriffsberechtigte Mitarbeiter hat ein Codewort, das den Umfang der Zugriffsberechtigung, die der jeweiligen Aufgabe entspricht, regelt.

Diese Einschränkung der Zugriffsberechtigung wird darüber hinaus wie folgt segmentiert:

Segmentierung: **satzbezogen:** Einschränkung auf bestimmte Datensätze (zum Beispiel nur eigener Organisationsbereich oder keine leitenden Angestellten)
aspektbezogen: Einschränkung auf bestimmte Datengruppen (zum Beispiel alle Datenfelder, jedoch ohne Einkommensdatenfelder)
ausprägungsbezogen: Einschränkung auf bestimmte Ausprägungen von Datenfeldern (zum Beispiel alle Datensätze, wenn Ausprägung des Datenfeldes „Rangstufe = Tarifangestellter" ist)
funktionsbezogen: Einschränkung auf bestimmte Funktionen (zum Beispiel nur lesen, nicht schreiben).

Mit einer solchen Zugriffssicherung läßt sich ein hohes Maß an Datenschutz gewährleisten. Die Protokollierung der Zugriffe ist eine zusätzliche Maßnahme. Man unterscheidet zwischen

— Protokollen über anonymisierte Auswertungen (Auswertungen, die keine personenbezogenen Einzeldatensätze zeigen) und
— Protokollen über namentliche Auswertungen

Dazu ein ganz praktischer Hinweis: Am besten trennt man die Protokolle von vornherein nach anonymisierten und namentlichen beziehungsweise nach Auswertungen von Einzeldatensätzen. Das bedeutet, daß die Protokollierung nicht einfach ungeordnet der zeitlichen Reihenfolge entspricht. Dazu bedarf es eines entsprechenden Hinweises an den Programmierer! Da die Vorgesetzten die Protokolle überwachen sollen, können sie die viel wichtigeren namensbezogenen Auswertungen vorziehen und lückenlos prüfen.
Ein Protokoll sollte folgende Angaben enthalten:

— Titel und Nummer der Auswertung
— Empfänger
— Verwendungszweck
— Kennzeichen (zum Beispiel Nummer des Ausweislesers)
— Datum, Uhrzeit
— benutzte beziehungsweise aufgerufene Funktionen
— ausgewertete Datensätze/-felder

3.9 Pflege des Personalinformationssystems

Ein Personalinformationssystem ist nur dann hilfreich, wenn es auf dem neusten Stand ist. Daraus ergeben sich für den Personalbereich ganz besondere Anforderungen:

— In jedem Monat ändern sich im Datensatz jeden Mitarbeiters ein oder mehrere Datenfelder (zum Beispiel aus der Abrechnung)
— Gesetze, Tarife und Firmenregelungen ändern oder ergänzen den Inhalt von Daten, Merkmalen und Begriffen
— Neue Erkenntnisse und Auswertungswünsche ändern oder erweitern das Personalinformationssystem
— Neue Datenverarbeitungsanlagen (Hardware) oder neue Softwaremöglichkeiten ändern die Methoden der Informationsgewinnung und -verarbeitung.

Zusammengefaßt ergeben sich daraus

— Änderungen im Dateninput
— Änderungen im Datenoutput
— Änderungen in den Verarbeitungsmethoden

Die Aussagekraft und Qualität eines Personalinformationssystems hängt ausschlaggebend von seinem Änderungs- und Pflegedienst ab.

Der **Änderungsdienst** wird einmal im Monat (unmittelbar nach der Abrechnung) durchgeführt und hat folgende Funktionen:

— Aktualisierung der Daten durch
  ● Übernahme geänderter Stammdaten (zum Beispiel neue Organisationseinheit, neuer Wohnort, neue Gehaltsgruppe)
  ● Übernahme der Abrechnungsergebnisse
— Bildung von Historienmerkmalen. Festhalten von geänderten Daten in dafür vorbestimmte Datenfelder (zum Beispiel bei Änderung der Gehaltsgruppe)
— Bildung von Auflaufwerten (zum Beispiel Personalaufwand, Ausfallzeiten)
— Ermittlung von Fluktuationsvorgängen. Um sich das aufwendige Verschlüsseln und Eingeben von Fluktuationsvorgängen zu sparen, können die Daten durch Abgleich in den meisten Fällen automatisch gewonnen werden
— Durchführung von datentechnischen Versetzungen (Übertragung der Daten von einer Organisationseinheit auf eine andere)
— Autonome Bildung neuer Daten aus
  ● Ableitungen (zum Beispiel Lebensalter)
  ● Zusammenfassungen (zum Beispiel Summe Mehrarbeitsstunden aller Arten je Mitarbeiter und Monat)
  ● Veränderungswerte (zum Beispiel Anzahl der individuellen Gehaltserhöhungen)

Derartige Änderungen werden aus dem Abgleich der Datenbestände des Vormonats mit dem aktuellen Monat ermittelt. Bei diesem Abgleich der Datenbestände kann man

entweder   einen ganzen Datensatz eines Mitarbeiters austauschen (alt gegen neu). Dies gilt auch dann, wenn sich nur ein oder wenige Datenfelder geändert haben

oder   nur die geänderten Datenfelder abgleichen und austauschen.

Im Regelfall ist die erstere Methode weniger aufwendig in der Datenverarbeitung.

Im **Pflegedienst** werden Änderungen der Merkmale (Merkmale ändern sich im Inhalt oder Begriff, neue Merkmale kommen hinzu, alte Merkmale entfallen) erfaßt, die systembedingt sind und durch den Gesetzgeber, die Tarifpartner oder das Unternehmen selbst ausgelöst werden. In diesem Fall ist besonders auf eine Aktualisierung der Personaldaten des Personalbereiches (Abrechnungsgrundlage), der Datenbank, der Begriffsdefinitionen des Merkmalskatalogs und der Auswertungen zum **gleichen Zeitpunkt** zu achten. Das setzt voraus, daß die personalfachlichen Grundlagen genau aufeinander abgestimmt geändert werden.

Eine weitere, im Pflegedienst (beziehungsweise auch im engen Zusammenspiel mit dem Änderungsdienst) zu berücksichtigende Schwierigkeit sind Änderungen in der Zuordnung von Organisationseinheiten (Umorganisation). Das bedeutet, daß die Datenbestände ganzer Organisationseinheiten aus dem einen Bereich ausgegliedert und einem anderen Bereich zugeschlagen werden müssen. Dies darf nicht zu Verwechslungen mit Versetzungen der Mitarbeiter führen. Obwohl sich damit meist zwangsläufig die Bezeichnung und Nummer der betroffenen Organisationseinheit ändert, darf ein derartiger Vorgang vom Datenverarbeitungssystem beim automatischen Abgleich nicht als Versetzung ausgewiesen werden. Datentechnisch - und natürlich auch im Merkmalskatalog - löst man dies, indem man zwei verschiedene Ursachen der Organisationseinheitsänderung definiert.

3.10 Nutzung des Personalinformationssystems

Das Personalinformationssystem wird in erster Linie von der Personalberichterstattung genutzt. Darüber hinaus erhalten aber zahlreiche weitere Adressaten Informationen aus dem Personalinformationssystem, zum Beispiel das Rechnungswesen und der Controller. Dazu ist zu überlegen, auf welchem Wege diesen anderen Nutzern die Informationen zugänglich gemacht werden. Hierfür bieten sich folgende Alternativen an:

— Alle Nutzer erhalten einen unmittelbaren Zugriff auf die Datenbank des Personalinformationssystems. Wegen der Vertraulichkeit der Personaldaten dürfte sich ein derartiger Zugriff aber nur auf statistische Mengen und **nicht** auf individuelle Einzeldaten der Mitarbeiter erstrecken (siehe auch Abschnitt „Datenschutz und

Datensicherheit"). Dazu müßte das Zugriffssystem entsprechend gestaltet werden. Weiterhin ist bei dieser Vorgehensweise zu bedenken, daß die Interpretation der Daten dann jedem Empfänger selbst überlassen wäre. Bei den komplexen Verhältnissen auf dem Personalsektor setzt dies große Fachkenntnisse voraus, die in den Dienststellen außerhalb der Personalberichterstattung nicht immer vorhanden sind. Fehlinterpretationen beziehungsweise widersprüchliche Aussagen zwischen den einzelnen Abteilungen sind dann kaum zu vermeiden.

— Nur die Personalberichtsstelle nutzt die Datenbank des Personalinformationssystems und versorgt alle anderen Interessenten mit den benötigten Informationen. Damit sind fachkundige und übereinstimmende Aussagen gewährleistet.

Diese Vorgehensweise setzt jedoch gleichzeitig voraus, daß

- Informationen als **Bringschuld** verstanden werden, das heißt, die Personalberichtsstelle muß die Erfordernisse der anderen Abteilungen genau kennen und Informationen von sich aus anbieten und liefern.
- Informationen schnell und zügig ohne Zeitverlust weitergegeben werden.

Die Nutzung eines Personalinformationssystems setzt auch die „Kunst des Fragens" voraus. Diese erwächst aus den Fachkenntnissen der Personalberichterstattung, der genauen Kenntnis der Zusammenhänge im Personalinformationssystem und einer kreativen Ausschöpfung aller Möglichkeiten der Informationsgewinnung und -verarbeitung. Dazu muß man sich bewußt machen, daß alle dv-technischen Auskunftsysteme die Gefahr des Erstarrens in sich bergen. Wir befinden uns aber auf dem Personalsektor in einer sehr dynamischen Entwicklungsphase.

Die aktive Weiterentwicklung sowohl des DV-Systems als auch die Nutzung neuer Auswertungsmöglichkeiten sind daher ständig gefordert.

Die Nutzung des Personalinformationssystems ist ein kontinuierlicher Vorgang.

Da die Datenbank einmal monatlich - nach dem Abrechnungsschluß - auf den neuesten Stand gebracht wird, folgt dann eine besonders intensive Phase der Nutzung. Sie beginnt mit einigen Plausibilitätskontrollen, zum Beispiel der Feststellung, ob alle Datensätze vorhanden sind, ob Auflauf- und Historienwerte im Änderungsdienst richtig gebildet und ob die Fluktuationsdaten im Änderungsdienst richtig verarbeitet wurden usw.

Im Anschluß an diese Kontrollen, deren Intensität und Umfang vom Aufbau sowie der Organisation der Datenbank abhängen, werden dann die standardmäßigen, das heißt die wiederkehrenden Tabellen und Berichte angefertigt und an die Empfänger verteilt. Bei größeren Unternehmen mit vielen Empfängern ist dafür eine besondere Organisation erforderlich, zum Beispiel ein Programm, das je nach den individuellen Anforderungen die einzelnen Tabellen automatisch in unterschiedlicher Tiefengliederung - je nach Wunsch des Empfängers - vervielfältigt und verteilt.

Nach diesem routinemäßigen Ablauf werden dann Sonderauswertungen angefertigt. Hierbei handelt es sich um neue, meist nur einmalig vorkommende Auswertungen, bei denen spezielle Erfordernisse berücksichtigt werden müssen. Die Sonderauswertungen müssen

— bei einfachen Personalinformationssystemen mit meist festen Tabellenprogrammen neu programmiert werden

— bei komfortablen Personalinformationssystemen,
  • sofern sie keine besonderen Komplikationen beinhalten, im Dialog erstellt werden
  • bei schwierigeren Auswertungen mit entsprechenden - teilweise im Dialog neu zu formulierenden, (jedoch im Batchbetrieb zu produzierenden) - Zeilen-, Spalten- und Blattbausteinen erstellt werden.

Wie intensiv ein Personalinformationssystem genutzt werden kann, hängt von folgenden Punkten ab:

— von der Zahl der Merkmale, die gespeichert wurden
— den dv-technischen Möglichkeiten, insbesondere dem Steuerungssystem, mit dem Tabellen erzeugt werden
— der fachlichen Kompetenz und Initiative, mit der die Datenverknüpfung betrieben wird.

Selbst mit relativ wenigen Merkmalen (siehe Anlage 1) lassen sich bereits zahlreiche Tabellen erstellen. Aus Anlage 2 ist ein Beispiel über die vielfältigen Nutzungsmöglichkeiten des Personalinformationssystems zu entnehmen. Darüber hinaus sind auch andere Kombinationen aus den aufgelisteten Merkmalen möglich.
Der hier in den Anlagen 1 und 2 dargestellte Inhalt und die Auswertungsmöglichkeiten können als ein auf den Normalfall zugeschnittener Standard gelten.
Unternehmensspezifische Erfordernisse lassen sich jedoch ohne Schwierigkeit in das System durch Hinzufügen, Weglassen oder Ändern von Merkmalen und Tabellen einbinden.
Da ein Personalinformationssystem nicht nur aktuelle Daten bietet, sondern für bestimmte Datengruppen auch Historienwerte und außerdem auch die Daten früherer Zeiträume interessant sind, wird im folgenden auf die Anforderungen und Probleme der Bildung von Historiendaten und der Archivierung näher eingegangen.
Dabei wird unter **Historiendaten** die **Speicherung** von Vergangenheitswerten in der aktuellen Datenbank und unter **Archivierung** die **Aufbewahrung** von Datenbeständen eines bestimmten Stichtags für die spätere Wiedergewinnung beziehungsweise Nutzung verstanden.
Historiendaten können aus mannigfaltigen Gründen interessant sein. Es können daher im folgenden nur einige Beispiele hierfür angeführt werden:

— Bezogen auf den einzelnen Mitarbeiter sind diejenigen Daten wichtig, die etwas über die Personalentwicklung und den Personaleinsatz aussagen, also zum Beispiel
  • in welchen Zeiträumen die Gehaltsgruppen durchlaufen wurden
  • welche Dienststellungen der Mitarbeiter innegehabt und
  • welche Tätigkeiten er ausgeübt hat.
— Bezogen auf bestimmte Mitarbeitergruppen sind für die Personalführung und -planung diejenigen Daten interessant, die in einem Vergleich zwischen verschiedenen Mitarbeitergruppen über deren Entwicklung etwas aussagen, zum Beispiel:
  • Entwicklung der Hochschulingenieure gegenüber den Diplom-Kaufleuten

- wieviel Stationen (Organisationseinheiten oder Tätigkeitsgebiete) durchlaufen bestimmte Mitarbeitergruppen, bis sie für Führungsaufgaben eingesetzt werden? (War das so gewollt oder müssen Maßnahmen ergriffen werden? - zum Beispiel Job-rotation -)
- wie verhält sich die Einkommensentwicklung vergleichbarer Gruppen? (wichtig für die Einkommenspolitik)

Bei der Entwicklung des Personalinformationssystems müssen daher die Merkmale bestimmt werden, für die Historien zu bilden sind. Ein Historienfeld enthält grundsätzlich die Daten des alten - inzwischen geänderten - Merkmals und das Änderungsdatum (Monat/Jahr). Außerdem muß von vornherein festgelegt werden,

— wieviel Historienfelder pro Merkmal aufgebaut werden können. Das kann für die einzelnen Merkmale unterschiedlich ausgeprägt sein
— was zu geschehen hat, wenn diese Anzahl der Felder erschöpft ist (zum Beispiel Löschen des ältesten Feldes).

In diesem Zusammenhang sei auf eine Fehlerquelle besonders hingewiesen: In jeder Personalabteilung kommt es vor, daß Daten fehlerhaft eingegeben und dann später korrigiert werden. Bei denjenigen Merkmalen, bei denen Historienfelder aufgebaut werden - dies geschieht automatisch durch das Programm -, muß man vorsehen, daß diese Fehlerkorrekturen nicht unbeabsichtigt in die Historie eingehen, zum Beispiel ein Mitarbeiter wird versetzt. Damit ändert sich die Organisationseinheit. Aus Versehen wird die neue Organisationseinheit falsch eingegeben. Später wird dieser Irrtum bemerkt und durch die Neueingabe der Organisationseinheit korrigiert. Dann darf die falsche Organisationseinheit nicht in einem Historienfeld abgespeichert werden. Da normalerweise die Abspeicherung in ein Historienfeld automatisch - per vorgegebenem Programm erfolgt, muß man Korrekturen daher besonders kenntlich machen.

Mit den Forderungen nach Speicherung einer Historie (und der Anzahl der Historienfelder) sollte man sparsam umgehen, damit für das Personalinformationssystem nicht unnötig großer Speicherbedarf entsteht. Das erschwert die Auswertung.

In vielen Fällen sollen mit Unterstützung des Personalinformationssystems Daten mehrerer Zeiträume (meist Geschäftsjahre) miteinander verglichen werden, das heißt, man muß auf die **Archivierung** zurückgreifen. In den wenigsten Fällen dürfte es möglich sein, in einer Datenbank die Daten der einzelnen Mitarbeiter gleichzeitig für mehrere Zeiträume abzuspeichern; dazu sind die Datenbestände zu groß. Es bieten sich daher folgende Alternativen an:

— Es wird eine gesonderte Archivdatenbank mit **strukturierten** Daten aufgebaut
  - Vorteil: Das ist relativ einfach; ist aber nichts anderes als eine Statistik auf einem Datenträger
  - Nachteil: Es können keine neuen Kombinationen erzeugt werden. Vorstrukturierte Daten lassen nur die darauf bezogenen Antworten zu.
— Die Originaldatenbank wird am Jahresende abgespeichert (Magnetbänder, Mikrofiche)

- **Vorteil:** Man hat alle Daten zu einem späteren Zeitpunkt wieder zur Verfügung
- **Nachteil:** Vergleiche mehrerer Jahre müssen praktisch manuell erzeugt werden. Vor allem, wenn man längere Zeiträume miteinander verbinden will, ist es eine Illusion anzunehmen, daß man die entsprechenden Magnetbänder mehrerer Jahre zusammenspielen und auswerten könnte. Das gelingt meist nicht, weil sich Betriebssysteme geändert haben, der Datenaufbau anders ist, Organisationen sich geändert haben, Merkmale nicht mehr zueinander passen usw.

Erfahrungsgemäß ist trotz des damit verbundenen manuellen Aufwandes die letztgenannte Alternative für die Auswertung ergiebiger.

3.11 Kosten und Nutzen eines Personalinformationssystems

Eine Kosten- und Nutzenbetrachtung ist eine wichtige Entscheidungshilfe für die Frage, ob man ein Personalinformationssystem installieren sollte. Personalinformationssysteme sind kein Selbstzweck, sondern haben instrumentalen Charakter. Sie sind daher als Werkzeug und Hilfsmittel zu betrachten und somit Teil eines Gesamtsystems zur Unternehmensführung.

Die **Kosten** eines Personalinformationssystems sind zunächst eine Folge aus der damit verbundenen Zielsetzung und dem Verwendungszweck. Je höher dieses Ziel gesteckt wurde, um so größer und komplexer werden das System und die damit verbundenen Kosten. Dies sei an einem einfachen Beispiel deutlich gemacht:

Sofern man mit einem Personalinformationssystem Personalplanung - im konkreten Einzelfall - betreiben möchte, bedingt dies unausweichlich die Einbeziehung von Arbeitsplatzdaten (allein damit wird eine Verdopplung der Datenmenge ausgelöst) und Daten über Beurteilungen, Kenntnisse und Fähigkeiten der Mitarbeiter. Es ist sofort klar, daß sich damit der Datenumfang erheblich ausweitet und darüber hinaus komplexe Auswertungsprogramme (Datenabgleich- und -selektiermethoden) vorhanden sein müssen.

Hieraus wird sichtbar, in welchem Ausmaß der Verwendungszweck die Kosten beeinflußt.

Die Kosten eines Personalinformationssystems sind in jedem Fall zu unterteilen in

— Kosten der **Systementwicklung.** Dazu gehören die Kosten
- der Zielfindung, also der innerbetriebliche Abstimmprozeß
- für die Vorbereitung der fachlichen Systemgestaltung (Begriffsdefinition, Merkmalsausprägungen, betriebswirtschaftliche Pflichtenhefte über den Datenbankaufbau, den Änderungsdienst und die Datenbankauswertung)
- der Programmgestaltung (datentechnisches Pflichtenheft, Programmierung, Dokumentation, Test)

— Kosten des **Systembetriebs.** Diese unterteilen sich in Kosten
- des Systemablaufs, das heißt die Laufzeitkosten der monatlich abzuwickelnden Programme

  Die Laufzeitkosten der Programmabwicklung unterteilen sich in den monatlichen Änderungsdienst - also die Aktualisierung des Datenbestandes - und die Datennutzung. Hierbei muß man sich entscheiden, ob man einen Dialogbetrieb benötigt. Dies ist für Einzelabfragen zweckmäßig; ob man aber komplexe Tabellen damit erstellen sollte, ist fraglich. Die Auswertungskosten lassen sich erheblich senken, wenn man sich mit einem Batchbetrieb begnügt. Dieser bedingt zwar fast immer eine Verzögerung von einem Tag; man sollte sich aber einmal fragen, ob man wirklich die Informationen immer sofort benötigt. Bei guter Arbeitsplanung und Fachkenntnissen („man weiß, was kommen müßte"), lassen sich auch im Batchbetrieb Informationen mit hoher Aktualität gewinnen.
- der **Systempflege.** Der Umfang der Systempflege darf nicht unterschätzt werden. Neben den zahlreichen Änderungen, die sich aufgrund neuer Gesetze, Tarife und Firmenrichtlinien ergeben, muß man auch mit einer fortlaufenden Änderung des Informationsbedarfs rechnen. Um die Kosten der Systempflege nicht zusätzlich mit nachgeholten Entwicklungskosten zu belasten, empfiehlt es sich, die Systementwicklung mit größter Sorgfalt zu betreiben. Jede Unterlassung oder Nachlässigkeit in dieser Phase muß doppelt und dreifach als Nachbesserung aufgewandt werden.

Anstelle der eigenen Entwicklung eines Personalinformationssystems kann auch ein Kauf treten. Dazu ist jedoch zu bedenken, daß die auf dem Markt angebotenen Systeme zwangsläufig sehr allgemein gehalten sind und sich fast immer auf entsprechenden Abrechnungs- und Verwaltungssystemen des gleichen Anbieters aufbauen. Individuelle Anpassungsmaßnahmen können - neben den damit verbundenen Kosten - Probleme in der Systempflege aufwerfen.

Insgesamt gesehen sollten die Kosten eines Personalinformationssystems nicht unterschätzt werden.

Der **Nutzen** eines Personalinformationssystems läßt sich nur selten in Mark und Pfennig bewerten. Dies gelingt nur in Ausnahmefällen, zum Beispiel, wenn man mit Hilfe dieses Systems auf kostengünstigere Alternative hinweisen kann.

Bevor man jedoch vom Nutzen der schnelleren Information spricht, sollte man zunächst darauf hinweisen, daß auch die bisherigen Verfahren der Informationsgewinnung durch die teilweise manuelle Erhebung oder Ergänzung von Daten ein teurer Prozeß war: Die Erhebung mußte vorbereitet werden, zahlreiche Abteilungen mußten Daten liefern, die Daten mußten in der Personalberichterstattung kontrolliert und zusammengestellt werden. Diese manuellen Umfragen und Erhebungen können durch ein Personalinformationssystem erheblich eingeschränkt werden oder weitgehend entfallen. Dazu ist selbstverständlich in der Planungsphase des Personalinformationssystems eine Feststellung erforderlich, welche manuellen Statistiken es gibt und wie sie in das Personalinformationssystem eingebunden werden. Nach Fertigstellung des Personalinformationssystems muß dann der nächste Schritt - Abschaffung dieser manuellen Statistiken - vollzogen werden.

Das Rationalisierungspotential, das hiermit ausgeschöpft werden kann, ist nicht zu unterschätzen. Diese eingesparten Kosten muß man dann den laufenden Kosten des Personalinformationssystems gegenüberstellen. Damit erreicht man sicherlich noch keine Kostendeckung, aber man kann die Restkosten dem erwarteten Nutzen besser gegenüberstellen.

Es gibt sicherlich kein System, wie man bessere, schnellere, umfassendere und zutreffendere Informationen bewerten kann. Am besten fragt man einmal umgekehrt: Was würde bewirkt, wenn die Informationen nicht, zu spät oder unvollständig vorliegen? Es ist auch zu berücksichtigen, daß der Trend zu immer höherer Qualifikation der Mitarbeiter und der zunehmende Wettbewerbsdruck verbesserte Führungsinstrumente und Entscheidungshilfen benötigt. Die Ressourcen eines Unternehmens: hohe Kapitalbindung, qualifizierte Mitarbeiter und komfortable Software bedingen auch auf dem Sektor der Personal- und Betriebswirtschaft adäquate Mittel.

Der Nutzen eines Personalinformationssystems hängt nicht allein von der komfortablen Programm- und Inhaltsgestaltung ab, sondern in gleichem Ausmaß auch von den Fachkenntnissen der Personalberichterstatter, die dieses System kreativ und wendig nützen müssen. Dazu gehört dann weiter, daß die Unternehmensleitung den Wert eines derartigen Systems erkennt und die gebotenen Informationen in unternehmerisches Handeln umsetzt. Informationen sind nur soviel wert, wie man daraus eine Schlußfolgerung zieht und etwas unternimmt.

Abschließend sei zu diesem Thema noch darauf hingewiesen, daß man mit einem derartigen System einen hohen Informationsvorsprung gewinnt. Viele Widerstände von den Gewerkschaften und Betriebsräten entspringen weniger der Sorge um den Datenschutz oder eventuellen Folgen für den einzelnen Mitarbeiter (da greift der Schutz, den das Betriebsverfassungsgesetz bietet, bereits genügend), sondern eher dem Bewußtwerden, daß damit der Abstand der Kenntnisse und des Wissens zur Unternehmensleitung weiter wächst (zum Beispiel weil die Unternehmensführung Auswirkungen von Forderungen der Gewerkschaften oder der Betriebsräte schneller, umfassender und klarer durchschauen kann). Das ist nicht nur eine Frage des Vorhandenseins oder der Zurverfügungstellung von Daten, sondern vielmehr noch die Kunst des Auswertens!

3.12 Vorgehen bei der Entwicklung eines Personalinformationssystems

Die Entwicklung eines Personalinformationssystems ist ein langwieriger, schwieriger und kostspieliger Vorgang. Zwischen den ersten Ideen hierzu und der Realisierung liegt meist eine lange Zeitspanne. Um verfolgen zu können, ob die angestrebten Ziele in der vorgesehenen Zeit erreicht und die bewilligten Kosten eingehalten werden, ist es zweckmäßig, den Entwicklungsprozeß genau zu planen und durchschaubar zu machen. Im folgenden wird daher in einer stichwortartig aufgebauten Checkliste, die mit kurzen Kommentaren versehen ist, ein Leitfaden zum Ablauf einer derartigen Systementwicklung angeboten.

Ablauf		Kommentar
Phase	Realisierungsschritt	
Vor-phase	Vorschlag	eingehende Begründung
	Auftragserteilung dazu gehört: Bestimmung des Verantwortlichen Einsetzung eines Lenkungsaus- schusses	durch Unternehmensleitung mit den Leitern der haupt- beteiligten Bereiche (Per- sonal-, Rechnungswesen, Con- troller)
	Globale Ziele bestimmen	
	Analyse und detaillierter Vorschlag	
1.Phase	Anfertigen einer Studie dazu gehört: Problemanalyse Ziele detaillieren Kostenvoranschlag	Feststellung, ob der Vor- schlag zu akzeptablen Kosten verwirklicht werden kann
	Genehmigung des Projektes dazu gehört: Terminsetzung Kostengenehmigung Ist-Analyse	durch Unternehmensleitung Darstellung des Zustandes, Schwachstellen, auf was kann aufgebaut werden
	Detaillierter Vorschlag dazu gehört: Konkrete Aufgabenstellung Terminplan Prüfung des Kostenvoranschlags Genehmigung	Ziele definieren, nach Auf- gabengruppen und zeitlicher Reihenfolge festlegen durch Lenkungsausschuß
2.Phase	Personalfachliche Grundlagen erarbeiten	
	Informationsbedarf im Detail ermitteln (was, wann, wozu)	keine freie Phantasie zu- lassen, sondern konkrete Diskussionsunterlage liefern Alle Bereiche beteiligen Personenkreise des Systems bestimmen, z.B. Vorstand *), aktive Mitarbeiter, Pensio- näre, Hinterbliebene *) Einbeziehung unbedingt erforderlich, da sonst alle Daten unvollständig bzw. ständig manuell ergänzt wer- den müssen. Einkommensdaten ggf. als Summe aller Vor- stände

Ablauf		Kommentar
Phase	Realisierungsschritt	
	Festlegung der Informationen (Merkmale)	Merkmalskatalog aufstellen, Informationsquellen bestimmen (z.B. Stammdatei, Abrechnungsergebnis, gesonderte Eingabe)
	Begriffe definieren	Grundlagen feststellen (welche Definitionen gibt es bereits) Begriffe eindeutig definieren und gegeneinander abgrenzen Definitionen abstimmen (vor allem mit Rechnungswesen!)
	Schlüsselkatalog aufstellen	soweit wie möglich vorhandene Schlüssel nutzen (z.B. Tätigkeitsschlüssel)
	Bestimmung der Merkmale, für die Auflaufwerte gebildet und Historienfelder belegt werden sollen	
	Vorgabe der personalfachlichen Methode der Datenaufbereitung und -prüfung	Festlegen, was im Änderungsdienst geschehen soll Regeln aufstellen, z.B. über Zusammenfassen von Daten . was zählt zum "Einkommen" . Abstimmung mit Konteninhalt der Buchhaltung Bildung von Fluktuationsdaten Bildung von abgeleiteten Daten Plausibilitäten
		Rechenanweisungen aufstellen (z.B. wie Durchschnittswerte gebildet werden) Bestimmung der zu invertierenden Daten
	Festlegen der Auswertemethoden	Batch- oder Dialogbetrieb, feste Tabellen oder Zeilen-, Spalten- und Blattbausteine
3.Phase	DV-technische Grundlagen erarbeiten	
	Datentechnisches Pflichtenheft schreiben	Auf der Grundlage der personalfachlichen Vorgaben Festlegung der DV-Konventionen Datenflußplan aufstellen

Ablauf		Kommentar
Phase	Realisierungsschritt	
	Hardware-Konfiguration bestimmen	Feststellen, wie stark das Informationssystem die vorhandene Hardware belastet
	Software-Systeme bestimmen	Betriebssystem Datenbanksystem Auswertesystem
	Datenschutz- und Datensicherungsmaßnahmen festlegen	Zugriffsregelung, Protokollierung, Plausibilitäten, Verwahrung
	Festlegung der Programmstruktur	Bausteinprinzip, moduler Aufbau Anforderungen: Zuverlässigkeit, änderungs- und auswertungsfreundlich
	Darstellung des Programmablaufs	Standort der Datenbank
4.Phase	Programmierung	
	Codierung	Programmsprache bestimmen
	Schnittstellen zu anderen Programmen feststellen	
	Test	Testanforderungen, Teststrategie
	Programmdokumentation	
5.Phase	Organisatorische Vorbereitungen	
	Datenbankverwaltung	Terminabläufe (Änderungsdienst, Termine der Auswertungen) Ausgabemethode (Liste, Druckdatei, Fiche, Film)
	Verteiler	Pflege der Empfängerdatei wie und wann werden Änderungen von Organisationseinheiten bearbeitet
	Archivierungsmethode	
6.Phase	Einführung	
	Schulung der Anwender	Wichtig, wenn mehrere Stellen Zugriff zur Datenbank haben

Ablauf		Kommentar
Phase	Realisierungsschritt	
	Unterrichtung	1. Unternehmensleitung 2. interne Revision 3. Datenschutz 4. Betriebsrat

	Kosten des Projektes feststellen	– Entwicklungskosten
		– laufende Kosten
		  . Abwicklung
		  . Pflege

Entscheidend für das Gelingen dieser Systementwicklung ist, daß die Unternehmensleitung die Verantwortung hierfür klar zuordnet und daß die Methode, der Aufbau und die Nutzung des Systems zwischen den betroffenen Bereichen eindeutig und vollständig abgestimmt wird.

4. Datenaufbereitung

4.1 Gliederung und Aufbau von Personalstatistiken

Die Personalberichterstattung bedient sich in weitem Umfang des Personalinformationssystems. Sie ist mit diesem aber weder identisch noch gleichzusetzen, weil sie durch Einbeziehung weiterer Themen (zum Beispiel Personalzusatzaufwand) und anderer Datenquellen (zum Beispiel Konten der Buchhaltung, Kostenstellenrechnung) weit über die Möglichkeiten eines Personalinformationssystems hinausgeht. Die für die Personalberichterstattung benötigten Statistiken entstehen daher

— durch unmittelbare Verwendung von Tabellen des Personalinformationssystems. Das ist die schnellste Methode
— durch Verknüpfung anderer Informationen mit Daten des Personalinformationssystems
— aus anderen Quellen (manuellen Erhebungen, Berechnungen usw.).

Eine allgemein gültige Empfehlung über den Aufbau, den Inhalt und die Gliederung von Personalstatistiken kann es nicht geben, da die unternehmensspezifischen Erfordernisse zu unterschiedlich sind. Das liegt nicht nur an dem Stellenwert, den der Personalaufwand innerhalb des Gesamtaufwandes in einem Unternehmen einnimmt, sondern auch an der Art der Zusammensetzung des Personals und an den damit verbundenen Informationsschwerpunkten.

Als übergeordnete Unterteilung empfiehlt sich aber eine Gliederung der Themen nach: Mitarbeiter, Zeiten, Personalaufwand. Bei der weiteren Unterteilung empfiehlt es sich, diese Themenbereiche unternehmensspezifisch weiter zu gliedern. Ein Beispiel wurde im Abschnitt „Themen und Inhalt" vorgestellt.

Bei der **Gliederung** der Personalstatistik steht man vor dem Problem, welche Themenkombinationen am zweckmäßigsten sind und ob man aktuelle Daten und Langzeitvergleiche miteinander verbinden soll. Aktuelle Daten sollte man im Regelfall von Langzeitvergleichen trennen. Langzeitvergleiche benötigt man normalerweise nicht ständig. Eine Kombination mit aktuellen Daten schränkt daher - wegen der zahlreichen Daten - den Informationsgehalt eher ein, weil dadurch die Kombinationsmöglichkeit mit anderen aktuellen Daten sehr begrenzt wird.

Bei der Darstellung der aktuellen Daten sind jedoch - soweit dies zweckmäßig ist - jeweils die entsprechenden Daten des vorangegangenen Zeitabschnittes (meist das Vorjahr) mit anzugeben, da nur dann die Veränderung der Daten sofort überblickt werden kann.

Bei einem größeren und tief gegliederten Unternehmen wird man auch eine entsprechende Unterteilung nach Organisationseinheiten benötigen. Dies kann man dadurch erreichen, daß man

— entweder für jede Organisationseinheit eine entsprechende Statistik erstellt und diese dann zur Unternehmensstatistik verdichtet
— oder indem man die Themenkombinationen aufspaltet und dafür eine organisatorische Untergliederung einfügt. In diesem Fall ist aber zu bedenken, daß es zweckmäßig ist, die organisatorische Untergliederung jeweils nach dem gleichen Prinzip vorzunehmen, also gleiche Tiefengliederung und gleiche Darstellungsform (entweder immer in den Spalten oder immer in den Zeilen).

Es sind auch Mischformen der beiden genannten Möglichkeiten denkbar. Bei vielen Themen kann es zweckmäßig sein, unabhängig von den aktuellen Daten einen **Langzeitvergleich** anzustellen. In einem Langzeitvergleich werden die Daten verschiedener Berichtsperioden (meist Geschäftsjahre) gegenübergestellt. Gegebenenfalls kann man hierfür eine spezielle Statistikdatenbank verwenden. In diesem Zusammenhang muß jedoch auf die generelle Problematik, die sich bei Langzeitvergleichen durch die Änderung von Gesetzen, Tarifen, Firmenrichtlinien und Organisationsänderungen ergibt, hingewiesen werden. Generell zu unterscheiden sind Beeinträchtigungen der **Vergleichbarkeit** durch

— Änderung der Sachlage (zum Beispiel neue Tarifbestimmungen)
Gerade in dieser Hinsicht ist der Personalbereich sehr „änderungsfreudig".
In diesen Fällen muß im einzelnen abgewogen werden, ob man den Bruch in der Vergleichbarkeit in Kauf nimmt oder ob man für einen längeren Zeitraum die Daten wieder rückwirkend vergleichbar macht. Wenn man die vorangegangenen Perioden umstellt und den neuen Gegebenheiten anpaßt, ist dies meist mit erheblichem Aufwand verbunden und verfälscht auch die ursprünglich gegebene Sachlage der betrachteten Periode. Dazu ist auch darauf hinzuweisen, daß sich derartig rückwirkende Änderungen schlecht mit dem Jahresabschluß (GuV) vertragen. Die ursprünglich vorhandene Übereinstimmung mit dem Jahresabschluß würde dadurch durchbrochen. Man kann hierzu keine generellen Empfehlungen geben. Erfahrungen zeigen aber, daß man im Regelfall **sachlich bedingte Änderungen** am besten durch Fußnoten erläutert - also **nicht** rückwirkend vergleichbar macht -.
— Änderungen der Unternehmensorganisation
Störungen der Vergleichbarkeit treten in diesem Fall immer dann ein, wenn eine Abteilung, ein Unternehmensbereich oder auch nur eine Gruppe von Mitarbeitern unter Mitnahme ihrer Arbeitsaufgabe von einer Organisationseinheit in eine andere versetzt wird. Auch dieser Fall kann die Vergleichbarkeit der Personaldaten erheblich beeinträchtigen. Im Gegensatz zu den sachlich bedingten Änderungen sollte man hier jedoch - wenn der damit verbundene Aufwand gerechtfertigt ist - eine rückwirkende Vergleichbarkeit vornehmen. Nur auf diesem Wege ist ein Vergleich der Organisationseinheiten des Unternehmens miteinander über einen längeren Zeitraum hin gewährleistet.

Man kann hieraus bereits erkennen, daß die Herstellung der Vergleichbarkeit von Personaldaten ein wichtiger Vorgang innerhalb der Personalberichterstattung ist. Da es verschiedene Formen des Vergleiches gibt, wird im folgenden zunächst ein Überblick über die verschiedenen Vergleichsarten gegeben:

— Im **Soll-Ist-Vergleich** werden effektive Daten mit Solldaten verglichen. Dabei werden immer **gleiche** Zeiträume beziehungsweise Zeitpunkte und **gleiche** Organisationsbereiche miteinander verglichen.

— Im **Zeitvergleich** werden effektive Daten aus verschiedenen Zeiträumen beziehungsweise Zeitpunkten miteinander verglichen. Grundsätzlich werden dabei immer **gleiche** Organisationsbereiche zu **verschiedenen** Zeiträumen beziehungsweise Zeitpunkten miteinander verglichen.

— Beim **Organisationsvergleich** handelt es sich

● entweder um den Vergleich **effektiver** Daten aus verschiedenen Organisationsbereichen (Abteilungen, Werke, Unternehmen)

● oder um den Vergleich **relativer** Daten (zum Beispiel Kennzahlen) verschiedener Organisationsbereiche.

In beiden Fällen werden immer Daten **gleicher** Zeiträume beziehungsweise Zeitpunkte von **verschiedenen** Organisationsbereichen verglichen.

Jede Form der Vergleichbarkeit setzt Kontinuität im Dateninhalt und -aufbau voraus. Auch an dieser Stelle zeigt sich, wie wesentlich das erstmalige Durchdenken und die „Investition" in ein geschlossenes System ist (Systemaufbau).

Gründliche Vorüberlegungen und ein klares Konzept ersparen spätere Änderungen, die unter Umständen schwierige und aufwendige Umrechnungen zur Wiederherstellung der Vergleichbarkeit erforderlich machen. Diese selbsterzeugten Einflüsse kann man weitgehend vermeiden.

Ein gut strukturiertes Personalberichtssystem mit klaren Begriffsdefinitionen erleichtert auch erheblich die Vergleiche zwischen den Unternehmensbereichen.

Sofern es keine einheitlichen Regeln (zum Beispiel Begriffskatalog) innerhalb eines Unternehmens gibt, müssen daher derartige Vergleiche grundsätzlich mit einem Abgleich der Begriffe und des Dateninhaltes beginnen. Erst wenn dies gelungen ist, hat es Zweck, die Datenbestände gegenüberzustellen. Für einzelne Teilbereiche der Personalstatistik liegen bereits allgemeingültige Begriffs- und Inhaltsbestimmungen vor, zum Beispiel

— Normen für die Personalstatistik[10]
— Personalzusatzaufwand[11] [12]
— Leitfaden zur Ermittlung von Berufsausbildungskosten[13]
— Leitfaden zur Ermittlung der Weiterbildungsleistung[14]

10) Deutsche Gesellschaft für Personalführung e.V. (DGFP), Normen für die Personalstatistik, Hanstein-Verlag, Bd. 39, 1976
11) Deutsche Gesellschaft für Personalführung e.V. (DGFP), Personalzusatzaufwand - System zur Inhaltsbestimmung und Gliederung -, Rudolf Haufe Verlag, Freiburg i.Br. 1980
12) Zentralverband der Elektrotechnischen Industrie e.V. (ZVEI), Personalzusatzaufwand, Verlag W. Sachon, Mindelheim 1979
13) Zentralverband der Elektrotechnischen Industrie e.V. (ZVEI), Leitfaden zur Ermittlung von Berufsausbildungskosten, Frankfurt/M. 1977
14) Zentralverband der Elektrotechnischen Industrie e.V. (ZVEI), Leitfaden zur Ermittlung der Weiterbildungsleistung, Frankfurt/M. 1981

Alle für die Personalberichterstattung erfaßten Daten sollten grundsätzlich nicht ungeprüft übernommen werden. Das gilt selbst für die aus den Konten der Buchhaltung entnommenen Daten - auch dort können durch Falschkontierungen Fehler entstanden sein.

Die Methoden der **Kontrollrechnungen** können nur unternehmensspezifisch entwickelt werden, weil sie erheblich von der Erfassungsmethode der verschiedenen Datenbestände abhängen. Soweit die Daten nicht unmittelbar aus der Personalabrechnung stammen, sondern auf anderen Quellen beruhen (zum Beispiel Teile des Personalzusatzaufwandes), empfiehlt sich folgende Prüfungsmethode:

— Die angelieferten Daten sind mit den Vorjahreswerten zu vergleichen. Um dabei Volumeneinflüsse soweit wie möglich auszuschalten, sollten die Daten in Kennzahlen umgesetzt werden (zum Beispiel Durchschnittsgehälter je Mitarbeiter). Ferner sind die angelieferten Daten über den Personalaufwand mit dem Faktor der Personalkostenverteuerung zurückzurechnen, weil erst dann ein zutreffender Vergleich mit dem Vorjahr möglich ist.

— Soweit wie möglich sollten fest vorgegebene Kontrollrechnungen angestellt werden. Eine Kontrollrechnung ist immer eine überschlägliche Rechnung; es muß also nicht auf ganz genaue Ergebnisse ankommen. So kann man zum Beispiel die gemeldeten Aufwendungen für Jubilarfeiern prüfen, wenn man die Anzahl der Jubilare kennt und mit dem Vorjahresbetrag eine Hochrechnung vornimmt und dann diese mit dem gemeldeten Wert vergleicht.

Werden bei diesen Kontrollrechnungen nicht erklärbare Abweichungen festgestellt, so sind diese unverzüglich mit der meldenden Stelle zu klären. Es empfiehlt sich, diese Kontrollen sofort nach dem Eingang der Daten durchzuführen und eventuell notwendige Klärungen umgehend bei der meldenden Stelle anzufordern, weil dann dort die Art der Datenermittlung noch frisch in der Erinnerung ist. Änderungen der gemeldeten Daten dürfen nur in Übereinstimmung mit der meldenden Stelle vorgenommen werden.

Nachdem man die angelieferten Daten sorgfältig überprüft hat, ist zu beachten, daß auch bei der Datenaufbereitung eine Anzahl von Fehlern vorkommen kann. Auf einige dieser typischen Fehlerquellen sei anhand einiger Beispiele hingewiesen:

— Häufig muß in der Personalberichterstattung mit Durchschnittsangaben gearbeitet werden. Bei derartigen **Durchschnittsberechnungen** ist darauf zu achten, daß man den für den speziellen Fall zutreffenden und richtigen Divisor anwendet. Wenn man zum Beispiel die richtigen Aufwendungen für die Altersversorgung je Mitarbeiter berechnen möchte, so darf der Divisor **nicht** „Mitarbeiter gesamt" sein, sondern muß lauten: „Mitarbeiter ohne Werkstudenten und Auszubildende". Dabei wird unterstellt, daß für Werkstudenten und Auszubildende keine Aufwendungen für die Altersversorgung anfallen.

— Auch bei der Berechnung von **statistischen Massen** können Fehler unterlaufen. So dürfte man zum Beispiel für die Berechnung der von Kurzarbeit betroffenen Mitarbeiter diese nicht tageweise erfassen und dann am Monatsende addieren (dann hätte man zwar die Anzahl der Kurzarbeitstage, nicht aber die gesuchte Anzahl der Betroffenen).

— Es wurde bereits darauf hingewiesen, wie wichtig eine klare Begriffsabgrenzung und Abstimmung der Begriffe über Mitarbeiter und Personalaufwand ist.

Trotzdem sind häufig - bis in die amtlichen Statistiken hinein - **falsche Begriffszuordnungen** zu finden. So werden zum Beispiel Aufwendungen für Stipendien an Firmenfremde manchmal noch unter dem Sozial- und Bildungsaufwand für Mitarbeiter ausgewiesen. Oder es werden die Aufwendungen für Verbesserungsvorschlagsprämien dem Personalzusatzaufwand zugerechnet, obwohl es sich - expressis verbis - um eine Sondervergütung für eine erbrachte Leistung handelt.

— Ein weiterer Fehler, der häufiger anzutreffen ist, als man annehmen sollte, ist eine **falsche Summenbildung.** Wenn man zum Beispiel den Personalzusatzaufwand erfaßt, kommt es zwangsläufig zu doppelt erfaßten Beträgen (zum Beispiel wenn man zur Darstellung des gesetzlichen Personalzusatzaufwandes die Sozialen Abgaben und die Aufwendungen für den Betriebsrat addiert, hat man automatisch auch die in der Kostenstelle „Betriebsrat" ausgewiesenen anteiligen Sozialen Abgaben noch einmal mit erfaßt). Diese doppelt erfaßten Beträge müssen also wieder - offen - abgesetzt werden.

— Bei Langzeitvergleichen werden häufig Indexreihen gebildet. Wesentlich dabei ist, daß es nicht zu **falschen Indexreihen** kommt.

Man muß daher insbesondere beachten, daß das Ausgangsjahr, das für die Indexbildung herangezogen wird, nicht durch Sondereinflüsse beeinträchtigt ist. So wäre es zum Beispiel nicht richtig, wenn man eine Indexreihe über die Aufwendungen für die Altersversorgung in dem Jahr beginnen läßt, in dem die einmaligen Sonderaufwendungen für die Teilwertsicherung (siehe § 6 a EStG) entstanden sind.

— Eine besondere Fehlerquelle ist immer wieder die Bildung von Relationen. Häufig kommt es zur Bildung von **falschen Relationen.**

- Zum Beispiel darf der Personalaufwand **nicht** mit dem Umsatz, sondern nur mit der Leistung (Umsatz plus/minus Bestandsänderung plus aktivierte Eigenleistung) in Beziehung gesetzt werden, weil auch die aktivierte Eigenleistung und die Bestandsänderung Personalaufwandsanteile enthalten.

- Oder der Personalzusatzaufwand muß auf den Personalbasisaufwand bezogen werden. Häufig findet man als Bezugsgröße den Aufwand für geleistete Arbeit. Das ist falsch, weil auch im Personalzusatzaufwand Anteile für geleistete Arbeit (zum Beispiel Kasinopersonal, Ausbildungspersonal, Betriebsräte, Betriebsärzte) mit enthalten sind.

- Besondere Vorsicht ist bei der Auswahl der richtigen Bezugsgröße für die Darstellung der Verteuerung der Löhne und Gehälter geboten. Hier kommt es auf die beabsichtigte Aussage an. Soll zum Beispiel die Gesamtwirkung auf die Löhne und Gehälter dargestellt werden, dann müssen auch diejenigen Bestandteile in die Basis mit einbezogen werden, die nicht der Verteuerung unterlegen haben. Soll dagegen der unmittelbare Verteuerungsprozentsatz berechnet werden (zum Beispiel bei mehreren gleichzeitig vorhandenen Veränderungen), dann dürfen nur diejenigen Bestandteile der Löhne und Gehälter in die Basis mit einbezogen werden, auf die sich die Verteuerungen beziehen.

Nachdem die erfaßten Daten auf ihre Richtigkeit hin überprüft wurden, gilt es nun, diese Daten so zu ordnen, zu gliedern und zusammenzufassen, daß hieraus eine übersichtliche und aussagekräftige Personalstatistik und darauf aufbauend eine Personalberichterstattung entwickelt werden kann. Zunächst wird man feststellen, daß es eine Vielzahl von Möglichkeiten gibt, die Daten zusammenzustellen. Um den damit verbundenen Aufwand in Grenzen zu halten, muß man darauf achten, daß man eine möglichst geringe Datenredundanz erhält. Ganz läßt es sich allerdings nicht vermeiden, die gleichen Daten in unterschiedlichem Zusammenhang wiederholt darzustellen.

Die Datenredundanz kann man begrenzen, wenn man sowohl beim Aufbau der Personalstatistik als auch bei der Abfassung der Personalberichte die richtige - auf den jeweiligen Empfänger ausgerichtete - Informationsauswahl und Zusammenstellung trifft.

Soweit wie möglich sollten dabei nur Daten gebracht werden, die der speziellen Aussage zu der gewünschten Information dienen. Damit vermeidet man, den Empfänger mit „Randdaten" zu füttern und von der eigentlichen Aussage abzulenken.

Für stets wiederkehrende Informationen sollte man die einmal gefundene Einteilung der Daten (Statistik, Tabelle, Grafik) möglichst beibehalten.

Sowohl bei den Personalstatistiken als auch bei der Personalberichterstattung sollte man den oder die Empfänger an ein fest vorgegebenes System gewöhnen.

Das bedeutet, daß man von rein optischen Änderungen möglichst absieht. Änderungen sollten nur dann vorgenommen werden, wenn sie aus sachlichen Erwägungen unabweislich sind, also zum Beispiel aufgrund von Gesetzesänderungen. Die Phantasie und Beweglichkeit des Personalberichterstatters ist **an dieser Stelle** nicht angebracht.

Bei den vielen Anforderungen, die von allen möglichen Stellen des Unternehmens an die Personalberichterstattung gestellt werden, ist darauf zu achten, daß man auch sporadische Auswertungen möglichst aus den bereits vorhandenen Bausteinen des Systems erstellt und auch hier wieder möglichst die gleiche Optik wahrt wie bei den Standardstatistiken und Berichten. Vor allem ist darauf zu achten, daß hierdurch nicht die Datenredundanz unnötig vergrößert wird. Vielen dieser Ansinnen kann man von vornherein begegnen, wenn man die in Betracht kommenden Empfänger von sich aus mit den notwendigen Informationen versorgt.

Damit vermeidet man auch, daß andere Dienststellen aus nicht ausreichender Kenntnis oder in Überschätzung der tatsächlichen Möglichkeiten unerfüllbare Forderungen an das Personalberichtswesen stellen.

Auch die Form, die man den verschiedenen Personalstatistiken gibt, sollte ein möglichst einheitliches Bild vermitteln. Das betrifft nicht nur den Aufbau von Zeilen und Spalten, sondern auch die Angaben über

— Überschrift beziehungsweise Titel
— Stand. Hieraus sollte hervorgehen, auf welchen Zeitpunkt beziehungsweise Zeitraum sich die Angaben beziehen
— Zeitpunkt der Veröffentlichung
— Bei Standardstatistiken, das heißt bei allen regelmäßig wiederkehrenden Statistiken, empfiehlt sich die Vergabe einer Tabellen-Nummer; das erleichtert dem Empfänger den Vergleich mit vorhergehenden Berichtsperioden
— Angaben über den Verteiler

90

Angaben über den Hersteller werden hier nicht besonders genannt, weil unterstellt wird, daß alle Personalstatistiken nur an **einer** Stelle des Unternehmens erstellt werden.

Für den Hersteller von Personalstatistiken empfiehlt es sich, für die zahlreichen Statistiken, die er zwangsläufig erstellen muß, eine Übersicht anzulegen, aus der hervorgeht,

— für welche Zwecke die Statistik benötigt wird
— aus welchen Quellen das Datmaterial stammt
— welche Analysen und Auswertungen sich hieraus erstellen lassen
— auf welche Zusammenhänge mit anderen Personalstatistiken geachtet werden muß
— ob es besondere Berechnungsmethoden, Fehlerquellen oder andere Schwierigkeiten, die bei der Erstellung der Statistik beachtet werden müssen, gibt.

Auch bei einer umfassenden und weit gesteckten Zielsetzung der Personalberichterstattung muß man sich jedoch darüber klar sein, daß in der Praxis einige, häufig nur schwer überwindbare Grenzen gesteckt werden, die das Erreichen der Ziele erschweren. Diese Begrenzung der Personalberichterstattung liegt in

— den zur Verfügung stehenden Datenquellen. Inhalt und Umfang der Datenquellen (Lohn- und Gehaltsabrechnung, Kostenarten- und Kostenstellenrechnung, manuelle Erhebungen) sind im Regelfall nicht auf die Anforderungen der Personalberichterstattung ausgerichtet und „füttern" das Personalberichtswesen nur in Form eines „Nebenproduktes". Eine Quellenerweiterung allein für die Zwecke der Personalberichterstattung ist häufig zu aufwendig
— den Überschneidungen mit anderen Berichtskreisen, insbesondere des Rechnungswesens (Personalaufwand) und den sich daraus ergebenden schwierigen Zuständigkeitsfragen und Abstimmprozessen
— dem der Personalberichterstattung zugebilligten Aufwand. Entstanden ist die Personalberichterstattung in vielen Fällen als vernachlässigtes und umstrittenes „Stiefkind" des Personalbereiches und des Rechnungswesens, das mühselig und ständig seine Existenzberechtigung nachweisen muß. Die Ausstattung mit fähigen und erfahrenen Mitarbeitern läßt daher in manchen Fällen Wünsche offen. Trotz dieser „Umweltbedingungen" läßt sich dieser Entwicklungszustand nur dann ändern, wenn es gelingt, aus den Ergebnissen der Personalberichterstattung dem Unternehmen neue Handlungsspielräume zu eröffnen und damit den Wert dieses Instrumentes zu dokumentieren.

Trotz dieser Begrenzungen darf sich die Personalberichterstattung nicht damit begnügen, nur die Vergangenheit und Gegenwart in ihren Personalstatistiken darzustellen, sondern sie muß sich bemühen, neue und zukunftsweisende Themen aufzugreifen. Sie muß also nicht reagieren, sondern agieren. Der systematisch gegliederte Informationsdatenbestand muß also sehr aktiv genutzt werden. Wenn man die Personalberichterstattung in dieser Weise auffaßt, können hieraus wesentliche Impulse für die Personalpolitik erwachsen.

4.2 Bedeutung der Analyse

Der Anspruch an ein Analysesystem wächst mit der ständig steigenden Bedeutung und dem wachsenden Umfang der Aufgaben des Personalbereichs. Das Informationsbedürfnis über die Personaldaten eines Unternehmens ist zwar unterschiedlich und hängt von der Größe, Struktur, Organisation und nicht zuletzt vom Anteil des Personalaufwandes an der gesamten Leistung ab. Der Trend, diesem Bereich erhöhte Aufmerksamkeit zuzuwenden, ist aber überall unverkennbar. Eine genaue Kenntnis sowohl der Zusammensetzung als auch der Faktoren, die die Veränderung der Personaldaten bewirken, ist erforderlich, um richtige personal-, sozialpolitische und betriebswirtschaftliche Entscheidungen treffen zu können.

In vielen Unternehmen werden unter diesem Gesichtspunkt Einzeluntersuchungen oder Analysen für Teilaspekte vorgenommen, um den erforderlichen Einblick zu gewinnen. Derartige Einzeluntersuchungen werden meist in unregelmäßigen Abständen den jeweils auftretenden Anforderungen entsprechend durchgeführt.

Bei der Vielzahl der verschiedenen Einflüsse und der zahlreichen Komponenten und Bestandteile der Personaldaten kann eine derartige Vorgehensweise leicht zu Ungenauigkeiten und vor allem zu Widersprüchen führen. Um das zu vermeiden, ist es daher notwendig, die Analyse der Personaldaten umfassend und nach einheitlichen Methoden ausgerichtet zu betreiben. Dazu ist es erforderlich, zunächst einen geschlossenen Überblick über alle Bestandteile der Personaldaten (das zeigt bereits im wesentlichen die Personalstatistik) und über alle wichtigen Einflußfaktoren zu gewinnen. Nur bei dieser Vorgehensweise kann auch eine sehr weitgehende Widerspruchsfreiheit erreicht werden, so daß Aussagen, die zu verschiedenen Zeitpunkten und unter wechselnden Blickwinkeln zu diesem Thema gemacht werden müssen, in einem unmittelbaren Zusammenhang stehen und zueinander „passen".

Die Widerspruchsfreiheit, die mit einheitlichen Analysemethoden gewonnen werden kann, wird auch aus folgenden Gründen zunehmend wichtiger:

Bei den zahlreichen Informationen über Personaldaten, die an die Presse, die Hauptversammlung, an Statistische Ämter, Verbände und Institutionen, an Mitarbeiter, Betriebsrat und Tarifpartner, innerhalb von Geschäfts- und Sozialberichten oder anderen Darstellungen gegeben werden müssen, werden fast immer nur die gerade interessanten Teilaspekte angesprochen, wie zum Beispiel

— Auswirkungen der Gesetzgebung
— Auswirkungen der Tarifrunde
— geplante Firmenmaßnahmen

Bei all diesen Informationen und Aussagen muß daher der innere Zusammenhang dieser Daten gewahrt werden. Nur dann lassen sich Widersprüche vermeiden und die Glaubwürdigkeit untermauern.

Ein Analysesystem sollte grundsätzlich nicht nur einer einzigen Zielrichtung - zum Beispiel Entscheidungsgrundlage für die Unternehmensleitung - dienen, sondern so ausgerichtet sein, daß mit einer vielseitigen und tiefen Gliederung möglichst viele Fragen beantwortet und alle Anforderungen erfüllt werden können. Die Ausrichtung

eines derartigen Analysesystems ist immer von den speziellen Bedürfnissen der einzelnen Unternehmen abhängig. Es kann daher kein einheitliches Analysesystem geben, wohl aber ein generelles Prinzip über die Methode und Vorgehensweise.
Die Analyse sollte auf folgende Ziele ausgerichtet sein:

— Unterstützung der Ergebnisplanung. Damit verbunden ist gleichzeitig die Einflußnahme auf die weitere Entwicklung des Personalaufwandes und anderer Personaldaten
— Unterstützung der Einkommenspolitik; das bedeutet, daß das Analysesystem oder darauf aufbauende weitere Detailuntersuchungen Auskunft über die Entwicklung der Einkommensbestandteile einzelner Mitarbeitergruppen geben muß
— Darstellung der Auswirkung der Veränderung des Personalaufwandes auf die Kosten der verschiedenen Erzeugnisse. Die Analyse kann somit auch gleichzeitig ein Kalkulationshilfsmittel und eine Argumentationshilfe beziehungsweise eine beweiskräftige Unterlage gegenüber den Auftraggebern sein
— tarifpolitisches Orientierungsmittel und Argumentationshilfe bei Tarifverhandlungen. Es sollten also die Ergebnisse der Tarifrunde - und zwar mit allen Einzelauswirkungen - aus der Analyse hervorgehen. Außerdem sollte die Analyse Ansatzpunkte bieten, um bereits während der Tarifverhandlungen die Auswirkungen der geforderten oder angebotenen Tariferhöhung abschätzen zu können.

Die Erfahrungen zeigen, daß der höhere Aufwand, den die umfassende Analyse verlangt, später zu erheblichen Vorteilen - schneller, sicherer, arbeitssparender - bei der Erfüllung auch unerwarteter Informationserfordernisse führt. Eine tiefgreifende Analyse eröffnet darüber hinaus die Möglichkeit, alle wichtigen Entwicklungen zu erkennen und auf neue Tendenzen hinzuweisen.

4.3 Analysemethoden

Ein erheblicher Teil der Personaldaten kann ohne weitere Aufbereitung - standardmäßig oder auf Anforderung - direkt aus den Datenquellen entnommen und an die Empfänger weitergegeben werden. Meist handelt es sich hierbei um einfache Informationen. Bei vielen Daten ist jedoch eine Aufbereitung dieser Analyse und gegebenenfalls eine weitergehende Auswertung erforderlich.
Bevor man Daten auswertet, das heißt eine endgültige Aussage zu der gegebenen Information trifft beziehungsweise Schlüsse daraus zieht und Empfehlungen abgibt, muß man die Daten durchschauen und verstehen. Dazu dient die Analyse. In ihr werden mit bestimmten Mitteln und Methoden die Daten so aufbereitet, daß man ihre Aussage transparent macht und Aussagen hieraus ableiten kann. Die Analyse ist bereits der Übergang zur Auswertung. Eine feste Abgrenzung läßt sich kaum finden. Die Übergänge sind fließend.
In vielen Fällen ist es möglich, die Analyse zu formalisieren, das heißt den Analyseweg zwingend vorzugeben. In einigen Fällen müssen jedoch jeweils neue Analyse-

methoden gesucht werden, insbesondere bei grundsätzlichen Änderungen im Ausgangsmaterial.

Das Analysesystem umfaßt grundsätzlich alle Personaldaten. Jedoch sind für die einzelnen Themen mehr oder minder tief ausgeprägte Analysemethoden anzuwenden.

In der Regel sollen alle Analysen getrennt nach Mitarbeitergruppen - zum Beispiel AT-Angestellte, Tarifangestellte, Arbeiter, gegebenenfalls Auszubildende - vorgenommen werden, da die wirklich interessanten Einblicke nur bei einer derartigen Tiefengliederung gewonnen werden können.

Eine Analyse kann als statische oder dynamische Analyse erstellt werden. In der statischen Analyse werden die Zusammenhänge innerhalb der Personaldaten im Detail sichtbar gemacht und die Abhängigkeiten sowie die Einflußgrößen aufgezeigt. Die Erweiterung der statischen Analyse um den Zeitfaktor führt zur dynamischen Analyse. Aus der dynamischen Analyse gehen die Ursachen der Veränderung hervor. Beide Analysebestandteile gehen nahtlos ineinander über. Dabei kommt der dynamischen Analyse die größere Bedeutung zu, weil sie Möglichkeiten bietet, künftige Entwicklungen zu beeinflussen.

Die Tiefengliederung der dynamischen Analyse ergibt sich nicht nur aus der Anzahl der zu verarbeitenden Personaldaten und deren Komponenten, sondern ebenso aus der Anzahl der Einflußfaktoren, die auf die verschiedenen Personaldaten einwirken. Da man für die dynamische Analyse im Regelfall alle Einflußfaktoren und ihre Auswirkungen benötigt, ergibt sich hieraus zwangsläufig auch das erforderliche Ausmaß der Tiefengliederung.

Es gibt zahlreiche Mittel und Methoden des Analysierens. Am häufigsten werden verwendet:

— Relationen herstellen, zum Beispiel
  Arbeiter : Angestellten
  Tarifangestellte : AT-Angestellten
  Facharbeiter : an- und ungelernten Arbeitern
  Teilzeitbeschäftigte : Vollzeitbeschäftigten
  Brutto- : Nettoeinkommen (je Mitarbeitergruppe)
  Personalzusatz- : Personalbasisaufwand
— Kennzahlen bilden, zum Beispiel
  Durchschnittlicher Stundenlohn der Facharbeiter
  Durchschnittliches Gehalt der AT-Angestellten
  Durchschnittliche Altersversorgung der Tarifangestellten
  Fluktuationsquote je Mitarbeitergruppe
— Vergleiche anstellen
  mit anderen Betrieben des gleichen Unternehmens
  mit fremden Unternehmen
— Entwicklungen zeigen
  durch Gegenüberstellung Geschäftsjahr und Vorjahr
  durch Zeitreihen (gegebenenfalls verbunden mit Indexzahlen)

Ziel derartiger Analysemethoden ist es, den Informationshintergrund erkennen und Daten besser beurteilen zu können. Voraussetzung für eine derartige Vorgehensweise ist, daß man die fachlichen Zusammenhänge erkennt und die richtigen Methoden durch Nachdenken oder Erproben findet. Gerade an dieser Stelle zeigt sich, ob es der Personalberichterstattung gelingt, die im Personalwesen in besonderer Weise notwendigen Fachkenntnisse mit betriebswirtschaftlich gesicherten Methoden zu verbinden. Sehr häufig stellt man fest, daß Fehler oder Fehlinterpretationen entstehen, weil entweder die personalfachlichen Kenntnisse nicht ausreichen oder die betriebswirtschaftlich richtigen Methoden nicht beherrscht werden. Dies sei an drei Beispielen erläutert:

Beispiel 1: Vergleich der Entwicklung von Männern und Frauen

Häufig wird beklagt, daß Frauen doch viel weniger Entwicklungsmöglichkeiten als Männer hätten und auch im Durchschnitt weniger verdienen. Betrachtet man diese Aussagen näher, so zeigt sich, daß bewußt eine demagogisch verfälschte Relation hergestellt wurde, oder daß völlig unzulässige Vergleiche angestellt wurden (zum Beispiel Gegenüberstellung des Durchschnittsverdienstes von „Frauen" und „Männern"). Will man jedoch eine zutreffende Information geben, so muß man

— zunächst die gleiche Vorbildungsstufe wählen. Falsch wäre zum Beispiel, das Einkommen männlicher Arbeiter mit dem weiblicher Arbeiter zu vergleichen. Jeder weiß, daß es kaum weibliche Facharbeiter gibt; Facharbeiter jedoch mehr verdienen als an- und ungelernte Arbeiter. Richtig wäre also nur der Vergleich **innerhalb** dieser Vorbildungskategorien
— bei hochqualifizierter Vorbildung (zum Beispiel Hochschulstudium) auch noch das Dienstalter berücksichtigen. So ist zum Beispiel die gute Vorbildung der Frauen eine relativ neue Erscheinung. Da jedoch auch Männer im Regelfall erst nach vielen Dienstjahren in der Hierarchie Spitzenpositionen besetzen, muß man, um Verdienst- und Entwicklungsmöglichkeiten der Frauen richtig beurteilen zu können, innerhalb der gleichen Vorbildungsgruppen auch noch die gleiche Dienstaltersgruppe bilden.

Beispiel 2: Vergleich der Ausfallzeiten für Krankheit

Ein Vergleich der Abwesenheitsquote durch Krankheit ist ohne sehr differenzierte Aussagen unsinnig. Meist vergleicht man dabei - unbeabsichtigt - eher Strukturunterschiede als Krankheitsquoten. Es ist allgemein bekannt, daß Arbeiter eine höhere Krankheitsquote haben als Angestellte, und Frauen eine höhere als Männer. Als erste Grobunterteilung ist daher unbedingt folgende Matrix erforderlich:

Geschlecht / Mitarbeitergruppe	Männer	Frauen
Facharbeiter		
an- und ungelernte Arbeiter		
Tarifangestellte		
AT-Angestellte		

Eine Gesamtsumme ist nur im Zeitvergleich derselben Unternehmenseinheit aussagefähig, vorausgesetzt, daß sich keine Strukturänderungen ergeben haben.

Eine differenziertere Betrachtung und damit eine bessere Aussagekraft für derartige Informationen gewinnt man, wenn man **innerhalb** der vorgegebenen Gruppen noch nach Voll- und Teilzeitbeschäftigten und/oder nach Lebensaltersgruppen unterscheidet (siehe auch Anlage 2, Tabellen 35 und 37). Bei hoher Ausländerbeschäftigung empfiehlt es sich, eine weitere Unterteilung nach Deutschen und Ausländern (gegebenenfalls unterteilt nach Nationalitäten) vorzusehen. Vergleiche über den Krankenstand sind also nur innerhalb der gleichen Mitarbeiterkategorie sinnvoll.

Beispiel 3: Vergleich von Vollzeit- und Teilzeitbeschäftigung

Um auf die hohe Arbeitslosigkeit - insbesondere der Frauen - Einfluß nehmen zu können, ist es gesellschaftspolitisch sinnvoll und wünschenswert, die Teilzeitbeschäftigung soweit wie möglich zu fördern. Viele Unternehmen haben dies auch erkannt und handeln entsprechend.

Wenn man jedoch feststellen will, wie sich die Teilzeitbeschäftigung tatsächlich entwickelt und ob man im Unternehmen Dauerteilzeitarbeitsplätze geschaffen hat, darf man nicht einfach den Bestand oder den Zugang von Voll- und Teilzeitbeschäftigten miteinander vergleichen. In beiden Beschäftigungsgruppen wirken in unterschiedlichem Ausmaß Aushilfskräfte (auch Aushilfen bei Teilzeitkräften). Außerdem sind Teilzeitbeschäftigte meist Frauen.
Diese haben wiederum höhere Fluktuationsquoten als Männer. Daraus ergibt sich:

— Bei der Gegenüberstellung von Voll- und Teilzeitbeschäftigung müssen die Aushilfskräfte ausgeklammert werden.
— Die Gegenüberstellung ist nach Männern und Frauen, gegebenenfalls auch nach Arbeitern und Angestellten zu trennen.
— Gegenüberzustellen sind Anfangsbestand, Zugang, Abgang und Endbestand.

Sofern man diese Daten noch tiefer analysieren möchte, empfiehlt es sich, die Teilzeitbeschäftigung nach der Art der Tätigkeit weiter zu untergliedern. Daraus kann man feststellen, ob sich hierin Strukturänderungen ergeben haben oder zu erwarten sind. Außerdem zeigt eine derartige Aufstellung, inwieweit es noch ein Potential (auf diesen Gebieten) zur Erweiterung der Teilzeitbeschäftigung gibt (siehe zum Beispiel Anlage 2, Tabellen 07 und 21).

In diesem Zusammenhang muß auch auf die Betrachtung der wirtschaftlichen Folgen der Teilzeitbeschäftigung für das Unternehmen eingegangen werden.

Aus der Teilzeitbeschäftigung entstehen dem Unternehmen folgende Vor- und Nachteile:

Vorteile:

— Das Arbeitsmarktangebot an Teilzeitkräften ist im Regelfall größer als bei Vollzeitkräften und läßt daher dem Unternehmen einen größeren Spielraum bei der Auswahl.
— Teilzeitbeschäftigte reagieren häufig flexibler auf Konjunkturschwankungen und strukturelle Änderungen im Fertigungsprozeß oder Arbeitsablauf. Personalreduzierungen sind daher leichter, weil die sozialen Aspekte meist nicht so schwerwiegend sind wie bei den Vollzeitbeschäftigten.
— Teilzeitbeschäftigte haben häufig geringere Ausfallzeiten als Vollzeitbeschäftigte.
— Geringerer Leistungsabfall beziehungsweise höhere Arbeitseffizienz wegen kürzerer Arbeitszeit.

Nachteile:

— Mehraufwand für das Anlernen und Einarbeiten. Wenn zwei Teilzeitbeschäftigte einen Vollzeitarbeitsplatz einnehmen, verdoppeln sich die damit verbundenen Anlernkosten.
— Erhöhter Personal-, Verwaltungs-, Abrechnungs- und Betreuungsaufwand.
— Sofern Arbeitsplätze nicht doppelt besetzt werden können (zum Beispiel vor- und nachmittags), sind höhere Investitions- und Raumkosten erforderlich.
— Höhere Fluktuation. Bei einer Analyse der Fluktuation wird man feststellen, daß Teilzeitbeschäftigte eine höhere Fluktuationsquote haben als vergleichbare Vollzeitbeschäftigte (selbstverständlich müssen bei einem derartigen Vergleich gleiche Mitarbeitergruppen, zum Beispiel Frauen mit Frauen, verglichen werden!). Diese höhere Fluktuation kann möglicherweise dadurch bedingt sein, daß Teilzeitbeschäftigte meist nicht in gleichem Maße auf das damit verbundene Einkommen angewiesen sind wie Vollzeitbeschäftigte (weil noch ein vollzeitbeschäftigter Ehepartner vorhanden ist oder - zum Beispiel bei Witwen - es noch andere Einkommensquellen gibt).
— Höherer Personalzusatzaufwand, zum Beispiel
  ● Aufwendungen laut Arbeitssicherheitsgesetz (im wesentlichen Betriebsarzt)
  ● Aufwendungen laut Schwerbehindertengesetz (Ausgleichsabgabe)
  ● Zusätzliche Personalkosten der Betriebskrankenkasse
  ● Kontoführungsgebühren

- Kosten der Ernährung (man muß damit rechnen, daß beide Teilzeitkräfte am Mittagessen teilnehmen)
- Kosten der Ausgabe von Wertpapieren
- Fahrgeldzuschüsse
- Anteilige Kosten der Sozialbetreuung
- Weitere kleinere Kostenpositionen aus den sonstigen sozialen Aufwendungen (zum Beispiel Röntgen-Schirmbilduntersuchungen, Teilnahme an Erholungsmaßnahmen, an Bildungsmaßnahmen usw.)

— Geringeres Engagement, zum Beispiel weil man nicht so sehr auf den Arbeitsplatz angewiesen ist oder geringeres Interesse, zum Beispiel weil der Arbeitsplatz nicht ausreichende Entfaltungsmöglichkeiten bietet; das kommt bei Teilzeitarbeitsplätzen zwangsläufig häufiger vor als bei Vollzeitarbeitsplätzen.

Die Bewertung dieser Vor- und Nachteile kann ein sehr unterschiedliches Gewicht haben. Außerdem kommt es auf die unternehmensspezifischen Gegebenheiten an.

Analysen und Auswertungen müssen sich nicht regelmäßig über alle Datenbestände erstrecken. Die Themen werden ausgewählt aus den augenblicklichen Schwerpunkten und Interessen des Unternehmensgeschehens, beziehungsweise wo sich eine politische Notwendigkeit ergibt oder sich neue Möglichkeiten eröffnen. Typisch für einen solchen Fall wäre zum Beispiel die Analyse und Auswertung des Überstundenanfalls, wenn die Gewerkschaften oder die Bundesregierung wieder einmal gesetzliche Maßnahmen zur Eindämmung der Überstunden diskutieren oder androhen. Dann wäre es zum Beispiel wichtig festzustellen, wer (meist qualifiziertere Mitarbeiter) macht wann und warum (zum Beispiel Auftragsspitze, unvorhergesehene Qualitätsprobleme) wieviele Überstunden.

Da der Anteil des Personalaufwandes in den meisten Unternehmen besonders hoch ist, kommt auch der Analyse dieser Aufwandsposition besondere Bedeutung zu.

4.4 Analyse des Personalaufwandes

Zunächst ist vorab festzustellen, daß sich die Personalberichterstattung bei der Erfassung und Darstellung des Personalaufwandes an die Gewinn- und Verlustrechnung des Jahresabschlusses zu halten hat. Nur wenn diese enge Verbindung gewahrt wird, ist auch die Glaubwürdigkeit der Personalberichterstattung auf diesem Gebiet gesichert. Aus der Wahl der Gewinn- und Verlustrechnung als Ausgangspunkt ergibt sich zwangsläufig, daß nicht von Personalkosten, sondern von Personalaufwand gesprochen werden muß. Dies hängt zusammen mit den in der Gewinn- und Verlustrechnung enthaltenen Vorsorgebeträgen und Verpflichtungen des Unternehmens, die zu entsprechenden Rückstellungsbeträgen innerhalb des Personalaufwandes führen.

Unter dem Begriff „Personalaufwand" wird im Regelfall der Personalaufwand laut Gewinn- und Verlustrechnung verstanden. Dieser enthält die Bestandteile (siehe § 275 Handelsgesetz, „Gliederung der Gewinn- und Verlustrechnung") Löhne und Gehälter, Soziale Abgaben, Aufwendungen für Altersversorgung und Unterstützung.

Ergänzt man den Personalaufwand laut GuV um den Sachaufwand für Soziale Leistungen und Bildung, so erhält man den Personal-, Sozial- und Bildungsaufwand.

Da sich der Personalaufwand aus einer großen Anzahl von Einzelkomponenten (Löhne, Gehälter, vermögenswirksame Leistung, zusätzliches Urlaubsgeld usw.) zusammensetzt und hierauf zahlreiche Einflüsse aus gesetzlichen und tariflichen Regelungen sowie Firmenmaßnahmen einwirken, sind die Ursachen der Veränderung des Personalaufwandes nicht leicht zu erkennen. Es ist daher erforderlich - um den Überblick nicht zu verlieren -, diese verwirrende Fülle von einzelnen Bestandteilen und Einflußgrößen zu ordnen und mit Hilfe einer geeigneten Analysemethode zu durchleuchten. Die Analyse soll daher

— einerseits der Unternehmensleitung die Zusammensetzung des Personalaufwandes sowie die darauf wirkenden Einflüsse und Veränderungen transparent machen und damit die Möglichkeiten der Einflußnahme verbessern,
— andererseits ein Informationsmittel sein, um den verschiedenen Betrachtungsweisen der Mitarbeiter, des Betriebsrats, der Tarifpartner und der Öffentlichkeit zu diesem Themenkomplex eine möglichst objektive Grundlage und Informationsquelle zu bieten.

Um diese Anforderungen zu erfüllen, ist die Analyse als geschlossenes System[15] anzulegen, das Auskunft gibt über

— die Zusammensetzung des Personalaufwandes
— die Veränderung des Personalaufwandes, gegliedert nach den Verursachern: Gesetzgeber, Tarifpartner, Unternehmen.

Da insbesondere die Veränderung des Personalaufwandes zu analysieren ist, empfiehlt es sich, die zahlreichen Einflußfaktoren nach

— Volumeneinflüssen
— Struktureinflüssen
— Verteuerungseinflüssen

zu ordnen.

Da die Kenntnis der verschiedenen Einflußfaktoren allein noch nicht ausreicht, um die Veränderung des Personalaufwandes analysieren zu können, empfiehlt es sich, die Berechnungsmethoden in eine bestimmte Ordnung einzufügen.
Dazu gehört:

— die Kenntnis über die multiplikativen Verknüpfungen (Wechselwirkungen zwischen den verschiedenen Einflußfaktoren und Einflußgruppen)
— die Feststellung der Basis, auf der die verschiedenen Einflüsse berechnet werden müssen
— die Festlegung des Ablaufs der Berechnung der Personalaufwandsveränderung.

---

15) Zur ausführlichen Systembeschreibung siehe Grünefeld, Steuerung und Kontrolle des Personalaufwandes, Gabler Verlag, Wiesbaden 1983

Die richtige Zuordnung der zahlreichen Einflüsse, die die Veränderung des Personalaufwandes bewirken, ist eine wesentliche Voraussetzung zur Beurteilung und Steuerung des Personalaufwandes. Nur durch eine Trennung von Volumen- und Struktureinflüssen einerseits und von Verteuerungseinflüssen andererseits lassen sich die dazu erforderlichen Maßstäbe finden. Volumen- und Struktureinflüsse haben (oder sollten haben) einen unmittelbaren Bezug zur Leistung und zur Produktivität. Sie sind daher strikt von Verteuerungseinflüssen zu trennen.

Unter **Volumeneinflüssen** sind Veränderungen auszuweisen, deren Ursache in einer Mengenänderung liegt. Volumenänderungen dürfen nicht mit Verteuerung (oder Verbilligung) des Personalaufwandes verwechselt werden, da diesem Faktor im Normalfall eine entsprechende Veränderung der erbrachten Leistung - unter Einbeziehung der Produktivität - gegenübersteht. Das gilt auch für die Einflüsse aus Kurzarbeit, Streik und Aussperrung. Da es sich hierbei nur um die Erfassung des Personalaufwandes handelt, können sie durchaus an dieser Stelle vermindernd wirken (ein entsprechend negativer Faktor entsteht dann in anderen Aufwandspositionen beziehungsweise in der Produktion).

Unter den **Struktureinflüssen** sind differenzierte Mengenänderungen einzelner Gruppen auszuweisen. Da die Berechnung der Volumenänderungen im allgemeinen eine Pauschalrechnung (je Einflußfaktor) ist, können hierbei die in der betrieblichen Praxis vorkommenden, sehr unterschiedlichen Mengenbewegungen nicht ausreichend erkannt und berücksichtigt werden.

Alle Struktureinflüsse sind letztlich ebenfalls auf Mengenbewegungen zurückzuführen. Es empfiehlt sich aber, diese differenzierten Einzeleinflüsse als gesonderte Einflußgruppe zu betrachten. Auch für die Erfassung der wertmäßigen Auswirkungen sind spezifische Berechnungsmethoden erforderlich.

Das Erkennen und Berechnen von Struktureinflüssen ist häufig ein besonderes Problem. Zunächst stellt man erst einmal eine Erhöhung oder Verminderung des Personalaufwandes fest, die offensichtlich nicht auf Volumeneinflüsse (die viel leichter erkenn- und berechenbar sind) zurückgeführt werden können. Man kann sie also leicht mit Verteuerung (oder mit einem unsichtbaren „Gegeneinfluß") verwechseln. Wenn man zum Beispiel (positive) Strukturänderungen zu den Verteuerungen zählen würde, so sollte man bedenken, daß dann die gesamten Verteuerungen erheblich höher werden können als tariflich oder gesetzlich bedingt.

Hierdurch wird eine scheinbare Lohndrift erzeugt, die man besonders erläutern muß, um nicht den Eindruck entstehen zu lassen, daß die tariflich vereinbarten Lohn- und Gehaltserhöhungen freiwillig erheblich überschritten wurden.

Da die Struktureinflüsse durch mengenmäßige Änderungen ausgelöst werden, wäre es theoretisch möglich, die Berechnung von Strukturänderungen zu vermeiden.

Das würde aber voraussetzen, daß man die Mitarbeitergruppen sehr weitgehend unterteilt. Man müßte dann zum Beispiel nicht nur eine Gruppe „Tarifangestellte" vorsehen, sondern sie noch nach Tarifgruppen und innerhalb dieser nach der Höhe der Leistungszulage unterteilen. In diesem - rein theoretischen - Fall würden sich alle Strukturänderungen in Volumenänderungen umwandeln. Die Strukturänderungen sind also in diesem Sinne nur eine Hilfsgröße, weil man aus arbeitstechnischen Gründen die Analyse nicht beliebig tief nach Mitarbeitergruppen aufteilen kann.

Unter den **Verteuerungseinflüssen** sind diejenigen Veränderungen auszuweisen, die durch Gesetze, Verträge (zum Beispiel Tarifverträge), Richtlinien und Firmenmaßnahmen ausgelöst werden.

Ein wesentliches Ziel der Analyse ist es, die Verteuerungseinflüsse deutlich sichtbar zu machen, da diese unmittelbar die Wirtschaftlichkeit beeinflussen.

Die Verteuerungseinflüsse sollten daher soweit wie möglich nach dem Verursacherprinzip unterteilt werden.

Die folgende Aufzählung und Zuordnung der Einflußfaktoren enthält nur typische und häufig wiederkehrende Beispiele, die sich im wesentlichen am Metalltarif orientieren.

Einflußfaktoren	Einflüsse aus		
	Volumen	Struktur	Verteuerung
A. GuV-Position 6a(Löhne/Gehälter)			
I. Gesetzlich bedingte Einflußfaktoren			
1. Veränderung der gesetzlichen Feiertagsregelung			X
2. Wegfall der Pauschalversteuerung von Jubiläumsgeldern			X
3. Änderung der gesetzlichen Regelungen des SchbG			X
4. Rückstellungsveränderung für von der Firma übernommene Lohn- und Kirchensteuer aufgrund einer Steuererhöhung			X
II. Tariflich bedingte Einflußfaktoren			
1. Tarifliche prozentuale Anhebung der Löhne, Gehälter und Ausbildungsvergütungen			X
2. Einmalzahlungen für untere Lohn- und Gehaltsgruppen (zusätzlich zur Tariferhöhung)			X
3. Einmalige Pauschalzahlung im Rahmen einer Tariferhöhung			X
4. Tarifliche Anhebung von Lohn- und Gehaltsgruppen; Ecklohnvorweganhebung			X
5. Einführung bzw. Anhebung der Prozentsätze von Leistungs- und Erschwerniszulagen			X
6. Anhebung der Prozentsätze der Sonn- und Feiertagszuschläge			X

Einflußfaktoren	Einflüsse aus		
	Volumen	Struktur	Verteuerung
7. Anhebung der Prozentsätze von Nacht-arbeitszuschlägen und des Montage-zuschlags			X
8. Anhebung des Prämienmindestüber-verdienstes im Betriebsdurchschnitt			X
9. Urlaubsrückstellungsveränderung in-folge tariflicher Vereinbarungen			X
10. Urlaubsrückstellungsveränderung in-folge Veränderung der offenen Ur-laubstage	X		
11. Urlaubsverlängerung			X
12. Anhebung des Prozentsatzes der zu-sätzlichen Urlaubsvergütung			X
13. Verkürzung der wöchentlichen Arbeits-zeit um 1 1/2 Stunden (gem. Tarif-vertrag)			X
14. Anhebung der Kontoführungsgebühren			X
15. Anhebung des tariflich abgesicherten Teils eines 13./14. Monatseinkommens			X
16. Anhebung der tariflichen vermögens-wirksamen Leistung			X
17. Veränderung der tariflich bedingten Abfindungen (einschl. Rückstellungs-veränderung)	X		
18. Tarifliche Absicherung eines Zuschus-ses zum Krankengeld bei Krankheit über 6 Wochen			X
19. Tarifliche Absicherung eines Zuschus-ses zum Kurzarbeitergeld			X
20. Tarifliche Vereinbarung über "keine Lohn- und Gehaltskürzung bei Kurz-arbeit bis 37 Stunden wöchentlich"			X
21. Ausweitung der Verdienstabsicherung bei Leistungsminderung			X
22. Ausweitung des Kündigungsschutzes älterer Mitarbeiter			X
23. Ausweitung der Verdienstabsicherung bei Abgruppierung			X

Einflußfaktoren	Einflüsse aus		
	Volumen	Struktur	Verteuerung
24. Ausweitung der Entgeltfortzahlung am 24. und 31. Dezember			X
III. Betrieblich bedingte Einflußfaktoren			
1. Veränderung der Anzahl der Mitarbeiter 1)	X		
2. Veränderung der Mitarbeitergruppenstruktur (AT-Kreis, Tarifangestellte, Arbeiter, Auszubildende) 2)		X	
3. Anhebung der Gehälter des AT-Kreises (pauschale Anhebung als Folgewirkung von Tariferhöhungen)			X
4. Veränderung der Gehaltsgruppenbesetzung des AT-Kreises		X	
5. Veränderung der Tarifgruppenbesetzung einschl. der Differenzierung nach Tarifgruppenjahren (ohne tarifliche Einflüsse)		X	
6. Veränderung der Akkordüberverdienste (leistungsbedingt)	X		
7. Veränderung der Überverdienste bei Zeitlöhnern und Tarifangestellten		X	
8. Veränderung der Erschwerniszulagen aufgrund geänderter Arbeitsmethoden bzw. durch Veränderung der Produktpalette		X	
9. Veränderung des Durchschnitts der Leistungs- und Sonderzulagen (ohne tarifliche Einflüsse)		X	
10. Veränderung der Nachtarbeit, Sonn- und Feiertagsarbeit	X		

1) Hierunter sind alle Kopfzahlveränderungen zu erfassen, auch wenn sie nur für bestimmte Aufwandsarten (z.B. Jubiläumsgelder, Fahrgeldzuschüsse, Schwerbehindertenzulagen) zutreffen. Das bedeutet, daß für jede Aufwandsart die entsprechende Volumenänderung erfaßt wird.
2) Dieser Einflußfaktor entfällt, wenn die Analyse getrennt nach Mitarbeitergruppen durchgeführt wird.

Einflußfaktoren	Einflüsse aus		
	Volumen	Struktur	Verteuerung
11. Anhebung der Wechselschichtprämien			X
12. Veränderung betrieblicher Funktionszulagen aufgrund geänderter Zusammensetzung des Empfängerkreises		X	
13. Veränderung der Sonderzuwendungen für besondere zeitliche Beanspruchung (im AT-Kreis)	X		
14. Veränderung der Arbeitstage (z.B. Schaltjahr) bei gewerblichen Mitarbeitern (außer Monatslöhnern)	X		
15. Veränderung der unbezahlten Tage (z.B. Krankheit über 6 Wochen, Mutterschutz)	X		
16. Veränderung durch Kurzarbeit	X		
17. Veränderung durch Streik und Aussperrung	X		
18. Veränderung der Überstunden	X		
19. Veränderung der Teilzeitbeschäftigung	X		
20. Anhebung von Miet- und Erholungsbeihilfen bzw. von betrieblichen Familienzulagen			X
21. Einführung bzw. Anhebung von Fahrgeld- und Verpflegungszuschüssen			X
22. Anhebung der Prämiensätze für Verbesserungsvorschläge			X
23. Anstieg der Aufwendungen für Verbesserungsvorschläge aufgrund vermehrter prämiierter Vorschläge	X		
24. Anhebung der Jubiläumsgelder			X
25. Anstieg der Aufwendungen für Jubiläumsgelder aufgrund veränderter Zusammensetzung des Jubilarkreises		X	
26. Rückstellungsveränderung für von der Firma übernommene Lohn- und Kirchensteuer (z.B. aufgrund steigender Jubilarzahlen; ohne gesetzliche Einflüsse)	X		

Einflußfaktoren	Einflüsse aus Volumen	Struktur	Verteuerung
27. Anhebung betrieblicher leistungs- unabhängiger Jahreszahlungen			X
28. Verlängerung des betrieblich gere- gelten Erholungsurlaubs (über den Tarif hinaus)			X
29. Ausweitung der betrieblichen Rege- lung eines Zuschusses zum Kranken- geld bei Krankheit über 6 Wochen			X
30. Veränderung der Abfindungen (einschl. Rückstellungsveränderung) infolge ver- mehrter Entlassungen aufgrund von So- zialplänen und Einzelvereinbarungen	X		
31. Individuelle Anhebung von Löhnen und Gehältern aufgrund gestiegener Lei- stung. Hieraus ergibt sich entweder ein Volumeneinfluß, sofern gleichzeitig die Gesamt- leistung des Unternehmens steigt, oder der Einfluß ist neutral, weil gleichzeitig höher be- zahlte Mitarbeiter ausschei- den (Fluktuation)			
B. GuV-Position 6b (Soziale Abgaben)			
I. Veränderung der Arbeitgeberbeiträge zur Renten-, Kranken- und Arbeits- losenversicherung *)			
1. Veränderung der Anzahl der Mitar- beiter	X		
2. Veränderung der Überstunden	X		
3. Veränderung aufgrund von Streik/ Aussperrung	X		

*) Bei der Bewertung der Einflußfaktoren ist (wie auch bei der Bewertung der Beiträge zur Berufsgenossenschaft) zu berücksichti- gen, daß ihre Auswirkung nur bis zur Höhe der jeweiligen Beitragsbemessungsgrenze be- rücksichtigt werden darf. Veränderungen, die sich auf Mitarbeiter erstrecken, die über der Beitragsbemessungsgrenze liegen, fallen nicht hierunter. Aus diesem Grunde sind die hier einzusetzenden Veränderungen geringer als bei den Löhnen und Gehältern.

Einflußfaktoren	Einflüsse aus		
	Volumen	Struktur	Verteuerung
4. Veränderung der unbezahlten Tage (z.B. Krankheit über 6 Wochen)	X		
5. Veränderung der Kurzarbeit	X		
6. Veränderung der Nacht-, Sonn- und Feiertagsarbeit	X		
7. Veränderung der Abfindungen (insgesamt, ohne Rückstellungsveränderung)	X		
8. Veränderung aufgrund sonstiger Volumeneinflüsse (z.B. Veränderung der Akkordüberverdienste)	X		
9. Veränderung aufgrund der Verteuerung der Löhne/Gehälter und Ausbildungsvergütungen (gesetzlich, tariflich und Firmenmaßnahmen)			X
10. Veränderung aufgrund der Anhebung der Beitragssätze und/oder der Beitragsbemessungsgrenzen			X
11. Veränderung der Mitarbeitergruppenstruktur		X	
12. Veränderung der Tarifgruppenbesetzung einschl. der Differenzierung nach Tarifgruppenjahren (ohne tarifliche Einflüsse)		X	
13. Veränderung des Durchschnitts der Leistungs- und Sonderzulagen (ohne tarifliche Einflüsse)		X	
14. Veränderung der Gehaltsgruppenbesetzung des AT-Kreises		X	
15. Veränderung der Erschwerniszulagen aufgrund geänderter Arbeitsmethoden bzw. durch Veränderung der Produktpalette		X	
16. Veränderung aufgrund sonstiger Struktureinflüsse (z.B. Veränderung betrieblicher Funktionszulagen; Veränderung der Überverdienste bei Zeitlöhnern und Tarifangestellten)		X	
II. Veränderung der Beiträge zur Berufsgenossenschaft			
1. Veränderung der Entgeltsumme aufgrund der Volumeneinflüsse analog zu I.	X		

106

Einflußfaktoren	Einflüsse aus		
	Volumen	Struktur	Verteuerung
2. Veränderung aufgrund der Änderung der Eigenbelastungsziffer (z.B. in Zusammenhang mit verminderten Einstellungen)	X		
3. Veränderung der Entgeltsumme aufgrund der Struktureinflüsse analog zu I.		X	
4. Veränderung aufgrund der Verteuerung der Löhne/Gehälter und Ausbildungsvergütungen (gesetzlich, tariflich und Firmenmaßnahmen)			X
5. Änderung der Gefahrenklasse aufgrund von Änderungen im Produktionsprozeß		X	
6. Änderung aufgrund gesetzlicher Maßnahmen, wie - Änderung der Gefahrenklasse - Änderung der Umlageziffer für die Unfallversicherung - Änderung der Eigenbelastungsziffer - Änderung der Umlageziffer für Ausgleichslast Bergbau - Änderung der Umlageziffer für Konkursausfallgeld - Änderung der Beitragsbemessungsgrenze			X
III. Veränderung der Ausgleichsabgabe für unbesetzte Schwerbehinderten-Pflichtplätze			
1. Veränderung aus Änderung der Pflichtplatzbelegung	X		
2. Veränderung aus Änderung des Auftragsvolumens an Behinderten-Werkstätten	X		
3. Veränderung aufgrund Änderung des vorgeschriebenen Anteils der Pflichtplätze			X
4. Veränderung aufgrund Änderung der Ausgleichsabgabe (Beitrag pro unbesetztem Pflichtplatz)			X
IV. Freiwilliger Arbeitgeberanteil zur befreienden Lebensversicherung			
Veränderung im wesentlichen bedingt durch: 1. Veränderung aufgrund der Anhebung der Beitragssätze und/oder der Beitragsbemessungsgrenzen			X

E i n f l u ß f a k t o r e n	Einflüsse aus		
	Volumen	Struktur	Verteuerung
2. Veränderung der Anzahl der Mitarbeiter, die aus der gesetzlichen Rentenversicherung in den Jahren mit Wahlmöglichkeit ausgeschieden sind	X		
C. <u>GuV-Position 6b</u> (Alterversorgung und Unterstützung)			
1. Veränderung der Anzahl der Pensionäre	X		
2. Veränderung der Anzahl der Hinterbliebenen	X		
3. Veränderung der Anzahl der aktiven Mitarbeiter, für die Pensionsrückstellungen gebildet bzw. für die Zuführungen zu Unterstützungs- und Pensionskassen geleistet werden	X		
4. Veränderung der Zusammensetzung der Leistungsempfänger (z.B. Vergrößerung des Anteils der Pensionäre, Verschiebungen zwischen Pensionsstufen)		X	
5. Veränderungen im aktiven Mitarbeiterkreis, für den Pensionsrückstellungen gebildet bzw. Zuführungen zu Unterstützungskassen und/oder Pensionskassen geleistet werden		X	
6. Veränderungen aufgrund gesetzlicher Maßnahmen, wie - Änderung der Pensionsrückstellungen aufgrund der Herabsetzung des Rentenberechtigungsalters - Erhöhung der Pensionsverpflichtung wegen Einführung des Unverfallbarkeitsanspruchs - Veränderung des Zinssatzes zur Abzinsung von Pensionsverpflichtungen auf den Gegenwartswert			X
7. Veränderung aufgrund einer Anhebung der tariflich vereinbarten Zahlung von Unterstützungen im Todesfall			X
8. Änderung der Zuführung zu Unterstützungskassen aufgrund von Tariferhöhungen			X

Einflußfaktoren	Einflüsse aus		
	Volumen	Struktur	Verteuerung
9. Änderung der Pensionssätze aufgrund von Firmenrichtlinien *)			X
10. Anhebung der Übergangszuschüsse bei Pensionierung			X
*) Eine Änderung der Pensionssätze hat im Regelfall Auswirkungen auf die Pensionszahlungen und die Bildung von Rückstellungen			

Wenn man die Analyse des Personalaufwandes nach diesen Einflußgruppen unterteilt, stößt man zwangsläufig auf die multiplikative Verknüpfung dieser Faktoren. Diese Wechselwirkungen gibt es sowohl zwischen diesen großen Einflußgruppen als auch innerhalb der einzelnen Einflußgruppen.

Zunächst einige Beispiele für die Wechselwirkungen zwischen den Einflußgruppen:

— Eine **Strukturänderung** zum Beispiel der Leistungszulagen ist multiplikativ verknüpft mit einer **Volumenänderung** (zum Beispiel Vermehrung/Verminderung der Mitarbeiteranzahl). Das bedeutet, daß man diese beiden Einflüsse nicht einfach addieren kann, sondern daß zunächst einer der beiden Einflüsse zu berechnen ist. Dann muß die Ausgangsbasis entsprechend verändert werden, und erst auf dieser veränderten Ausgangsbasis kann man die Auswirkung des zweiten Einflusses berechnen.
— Eine Verteuerung zum Beispiel der Tarifgehälter ist multiplikativ verknüpft mit einer **Volumenänderung** (zum Beispiel Vermehrung/Verminderung der Überstunden).
— Eine **Verteuerung** zum Beispiel der Tariflöhne ist multiplikativ verknüpft mit einer **Strukturänderung** (zum Beispiel der Lohngruppenbesetzung).

Auch innerhalb der einzelnen Einflußgruppen gibt es ähnliche multiplikative Verknüpfungen. Hierfür einige Beispiele:

— Innerhalb der Einflußgruppe **Volumen**
zum Beispiel Veränderung der Anzahl der Arbeitstage
und
Veränderung der durchschnittlichen Anzahl der Arbeiter
— Innerhalb der Einflußgruppe **Struktur**
zum Beispiel Veränderung der durchschnittlichen Tarifgruppenbesetzung
und
Veränderung der tariflichen Leistungszulage (aus strukturellen Gründen!)

— Innerhalb der Einfußgruppe **Verteuerung**
zum Beispiel prozentuale Erhöhung der Tariflöhne
und
Anhebung der unteren Lohngruppen

Es sei ausdrücklich darauf hingewiesen, daß hier nur einige Beispiele angeführt wurden. Für eine Analyse des Personalaufwandes müssen jedoch nur diejenigen multiplikativen Verknüpfungen beachtet werden, die wertmäßig von Bedeutung sind.

Die analysierte Veränderung des Personalaufwandes vollzieht sich auf der Basis des Vorjahres. Im Regelfall kann diese Basis aber nicht unverändert übernommen werden. Sie muß daher um folgende Einflußgrößen bereinigt werden:

— Abfindungen; diese unterliegen von Jahr zu Jahr starken Schwankungen. Volumen-, Strukturänderungen und Verteuerungen haben hierauf normalerweise keinen Einfluß.
— Veränderungen der Urlaubsrückstellungen, da diese im wesentlichen von der Anzahl der nicht genommenen Urlaubstage abhängen.
— Einmalig wirkende Beträge, zum Beispiel tarifliche Pauschalzahlungen. Diese haben im Folgejahr keine fortwährende Wirkung mehr (beziehungsweise machen sich mit umgekehrtem Vorzeichen bemerkbar).

Aus den bisherigen Ausführungen ergibt sich, daß man für die Berechnung der Veränderung des Personalaufwandes ebenfalls in einer festgelegten Reihenfolge vorgehen muß:

Lohn- und Gehaltssumme des Vorjahres
/. Bereinigung (siehe oben)

= Zwischensumme I (Basis für Volumenänderungen)
+ Summe Volumenänderung

= Zwischensumme II (Basis für Strukturänderungen)
± Strukturänderungen

= Zwischensumme III (Basis für Nachwirkungen und Vorbelastungen)
+ Verteuerungen aus Nachwirkungen und Vorbelastungen

= Zwischensumme IV
/. nicht der Verteuerung unterliegende Personalaufwandsbestandteile (zum Beispiel außertarifliche Zulagen)

= Zwischensumme V (Basis für Verteuerungen)
+ Verteuerungen

= Lohn- und Gehaltssumme Berichtsjahr

In den vorstehenden Ausführungen wurde die Analysemethodik etwas verkürzt und nur mit ihren wesentlichen Bestandteilen geschildert. Ziel einer derartigen Analyse ist,

— den Personalaufwand transparent zu machen
— Art und Höhe der Beeinflussungsmöglichkeiten zu erkennen, um damit ein Instrument zur Kostenüberwachung und Kalkulation zu gewinnen
— ein Informationsinstrument für die Unternehmensleitung zu gewinnen, das auch zur Unterrichtung der Mitarbeiter, des Betriebsrats und der Öffentlichkeit dienen kann.

4.5 Aufbau und Gestaltung eines Personalkennzahlensystems

Aufbauend auf den Ergebnissen der Analyse des Personalaufwandes und anderer Personaldaten ist ein Personalkennzahlensystem[16] zu gestalten. Da der Personalaufwand und andere wesentliche Personaldaten nicht nur aus betrieblicher Sicht an Bedeutung gewinnen, sondern auch das schnell wachsende gesellschaftsbezogene Interesse (Einstellungen, Entlassungen, Kurzarbeit, Ausbildungsplätze) der Öffentlichkeit findet, muß ein Instrument zur Verfügung stehen, das auch Außenstehenden einen Einblick bietet und tieferes Verständnis für die Zusammenhänge weckt. Ein Personalkennzahlensystem ist hierfür besonders geeignet und somit ein wesentlicher Bestandteil der Personalberichterstattung.

Das Personalkennzahlensystem und die daraus gewonnenen Aussagen dienen daher

— zur besseren Information und Argumentation
— als Basis für die Weiterentwicklung der Personal- und Sozialpolitik (bessere Abschätzung der Auswirkung neuer Maßnahmen)
— zur Kostenüberwachung und -kontrolle.

Das Personalkennzahlensystem ist ein Bindeglied zwischen der Analyse und der Auswertung.

Ein Personalkennzahlensystem muß sich auf alle wichtigen Daten des Personalgeschehens erstrecken und im Zeitvergleich deren Entwicklung zeigen. Daraus ergeben sich folgende Anforderungen:

— Ein Personalkennzahlensystem muß alle Bestandteile des Personalaufwandes in einem geordneten Zusammenhang zeigen.
— Es muß die weiteren wesentlichen Daten aus dem Personalbereich, die in der einen oder anderen Form auf den Personalaufwand einwirken können, enthalten.
— Die Daten des Personalkennzahlensystems müssen aus ihren ursprünglichen Quellen ableitbar sein.
— Ein Personalkennzahlensystem soll die Personaldaten mit Hilfe von entsprechenden Bezugsbasen relativieren und so Vergleiche zwischen den einzelnen Organisa-

16) Zur ausführlichen Systembeschreibung siehe Grünefeld, Personalkennzahlensystem - Planung, Kontrolle, Analyse von Personalaufwand und -daten -, Gabler Verlag, Wiesbaden 1981

tionseinheiten eines Unternehmens oder mit anderen Unternehmen möglich machen.

— Ein Personalkennzahlensystem soll die Berechnung der Auswirkung von bereits eingetretenen, voraussichtlichen oder geplanten Kostenveränderungen erleichtern, um damit eine systematische Kostenanalyse und -kontrolle möglich zu machen.

Damit wird das Personalkennzahlensystem ein wichtiges Instrumentarium für die Kontrolle, Planung und Berichterstattung.

Die **Kontrolle,** die mit dem Personalkennzahlensystem durchgeführt werden kann, erstreckt sich zunächst auf die Beurteilung der gewonnenen Daten.

Da bei innerbetrieblichen Vergleichen davon ausgegangen werden kann, daß die Berechnungs- und Darstellungsmethoden nach den gleichen Regeln vorgenommen werden, sind Vergleiche durch die Relativierung der absoluten Werte aussagekräftig. Ein Vergleich mit anderen Unternehmen setzt jedoch voraus, daß die Kennzahlen gleich definiert (Inhaltsbestimmung) und gleichartig berechnet (Rechenmodell) wurden. In vielen Fällen stößt man hierbei jedoch auf Schwierigkeiten.

So muß bei der Definition des Inhalts nicht nur der Inhalt des Aufwandes, zum Beispiel Gehälter, sondern auch der Inhalt der Bezugszahl, zum Beispiel des Begriffs „Angestellte", gleich sein. Darüber hinaus muß man dafür sorgen, daß auch die gewählte Berechnungsmethode vergleichbar ist. So ist zum Beispiel die Kennzahl „Aufwendungen für Feiertage für Mitarbeiter" nicht nur von der Definition „Entgelt für Feiertage" (zum Beispiel Berücksichtigung des Krankenstandes an Feiertagen) und „Mitarbeiter" abhängig, sondern auch von Rechenmodellen zur Berechnung der Feiertagsaufwendungen (zum Beispiel für Angestellte).

Ein gut gegliedertes und ausreichend gestaffeltes Kennzahlensystem macht derartige Vergleiche mit anderen Unternehmen in vielen Fällen durch Anpassung der eigenen Kennzahlen an die Methode des anderen Unternehmens möglich, weil genaue Aufzeichnungen über die Inhaltsbezeichnungen und Berechnungsmethoden vorliegen (Kennzahlen-Grundbuch).

Die **Planung** des Personalaufwandes erfolgt zunächst mit absoluten Werten, jedoch sollten unmittelbar anschließend die gefundenen Größen in das Personalkennzahlensystem umgesetzt werden. Aus dem Vergleich mit der entsprechenden Kennzahl der Vergangenheit ergibt sich dann die zu beurteilende Veränderung. Damit ist unmittelbar eine Rückkoppelung auf die Logik der Planung möglich. Etwaige Unstimmigkeiten in der Planung werden manchmal erst durch die Umsetzung der geplanten absoluten Werte in die relativierten Werte der Kennzahlen sichtbar. Außerdem lassen sich die Planungsergebnisse durch Kennzahlen besser beurteilen.

Für die **Personalberichterstattung** kann der Wert eines Kennzahlensystems kaum unterschätzt werden. Das Personalkennzahlensystem erleichtert durch das Sichtbarmachen der Zusammenhänge die Transparenz und sichert die erforderliche Widerspruchsfreiheit der Daten. Dies ist bei der Vielzahl der einzelnen Bestandteile des Personalaufwandes und der darauf in unterschiedlicher Weise einwirkenden additiv und multiplikativ verknüpften Einflußfaktoren notwendig, um die Logik - insbesondere bei der Darstellung des Personalaufwandes - zu wahren. Dabei ist zu berücksichtigen, daß die Berichterstattung über den Personalaufwand keineswegs nur ein innerbetrieblicher, auf die Erfordernisse der Unternehmensleitung zugeschnittener Vorgang ist, sondern - mit schnell wachsender Bedeutung - sich auch an die Mitarbeiter, an die Belegschaftsvertretung und an die Öffentlichkeit (zum Beispiel Presse, Aktionäre) wendet.

Ein Personalkennzahlensystem muß jeweils auf die spezifischen Belange eines Unternehmens zugeschnitten sein. Doch kann man einige allgemeine Angaben zum Inhalt und zu den Bestandteilen machen, weil sich diese Themenkreise entweder zwangsläufig aus einer geordneten Personalaufwandsdarstellung ergeben oder Themenkreise von allgemeinem oder breitem Interesse berühren. Zunächst ist es wichtig, den Personalaufwand nach zwei unterschiedlichen Gesichtspunkten zu gliedern

— Darstellung des Personalaufwands laut GuV - siehe Abbildung 5 - mit all seinen einzelnen Bestandteilen
— Darstellung des Personal-, Sozial- und Bildungsaufwandes in der Gliederung nach Personalbasisaufwand und Personalzusatzaufwand - siehe Abbildung 6 - um insbesondere für den letzteren - überproportional wachsenden - Kostenblock den Verursacher erkennen zu können.

Beide Darstellungen befassen sich mit dem gleichen Kostenblock: Personalaufwand. Während jedoch die zuerst genannte Aufstellung **kontenorientiert** aufgebaut ist, gliedert sich das letztgenannte Schema nach den **funktionsorientierten** Maßnahmen.

Die in den beiden Personalkennzahlenschemata gezeigten Modelle sind eine stark vereinfachte Form, die in der Praxis noch tiefer untergliedert und nach Mitarbeitergruppen (zum Beispiel Arbeiter, Tarifangestellte, AT-Angestellte) aufgefächert werden müssen.

Mit der Darstellung des Personalaufwandes kann sich ein Kennzahlenschema jedoch nicht erschöpfen. Es muß darüber hinaus diejenigen Personaldaten enthalten, die mit dem Personalaufwand in Zusammenhang stehen und die für die Führung und die Kontrolle des Unternehmens wichtig sind. Dies können sein:

— Mitarbeiterstrukturen (Mitarbeitergruppen, Vorbildung, Nationalität, Dienst- und Lebensalter, Tätigkeit, Tätigkeitsgebiete usw.)
— Fluktuation (Art, Umfang, Ursache, Kosten)
— Stunden (geleistete Arbeitszeit, Ausfallzeit)
— Krankenstand, Krankheitsfälle und Krankheitsdauer
— Nachwuchssituation
— Nominales und reales Einkommen (Brutto- und Nettoeinkommen)
— Altersversorgungsanspruch im Verhältnis zum Einkommen
— Vermögensbildung
— Mitarbeiterentwicklung
— Teilzeitbeschäftigte nach Struktur und Tätigkeit
— Verbesserungsvorschläge.

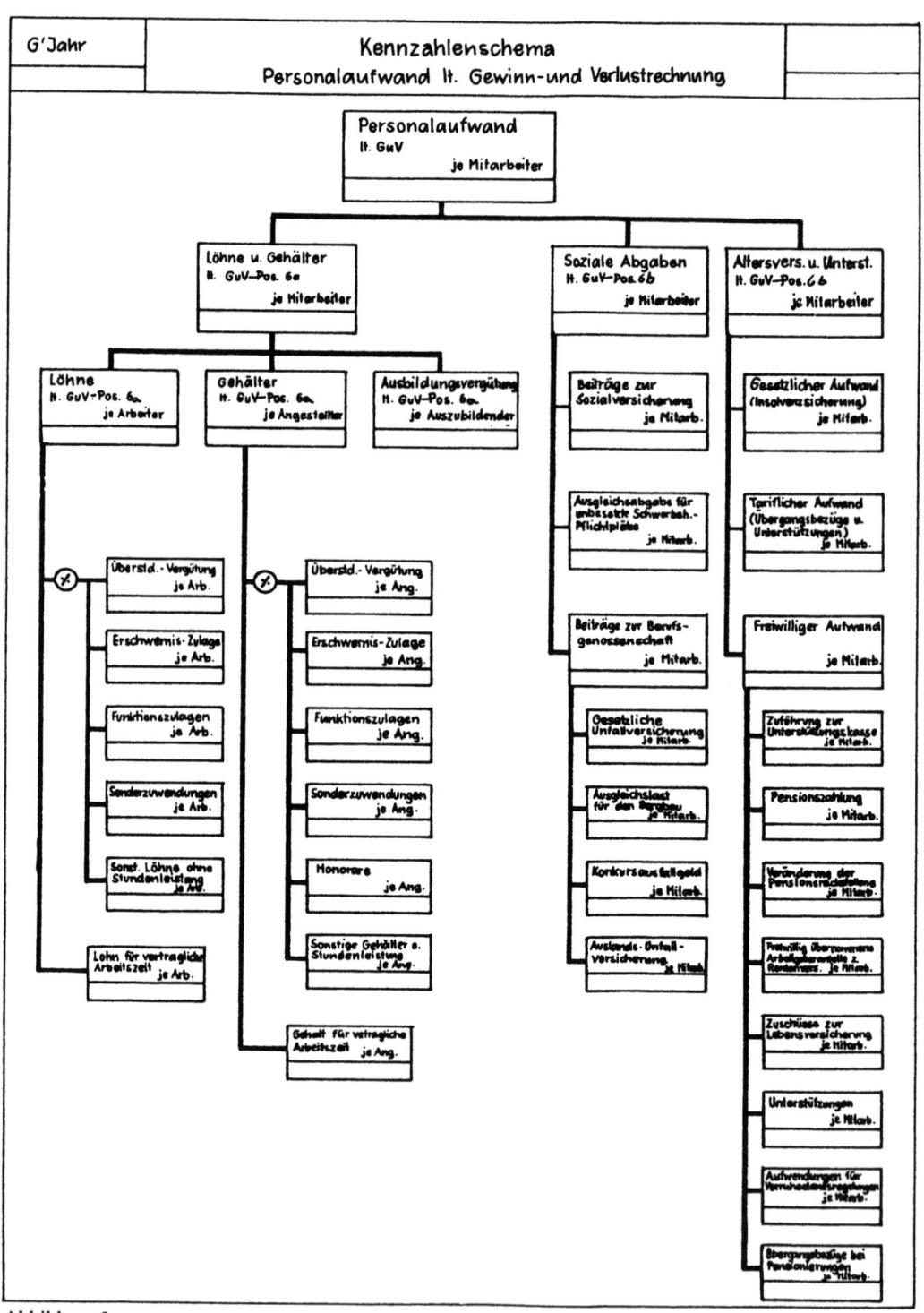

Abbildung 5:
Kennzahlenschema Personalaufwand laut Gewinn- und Verlustrechnung

114

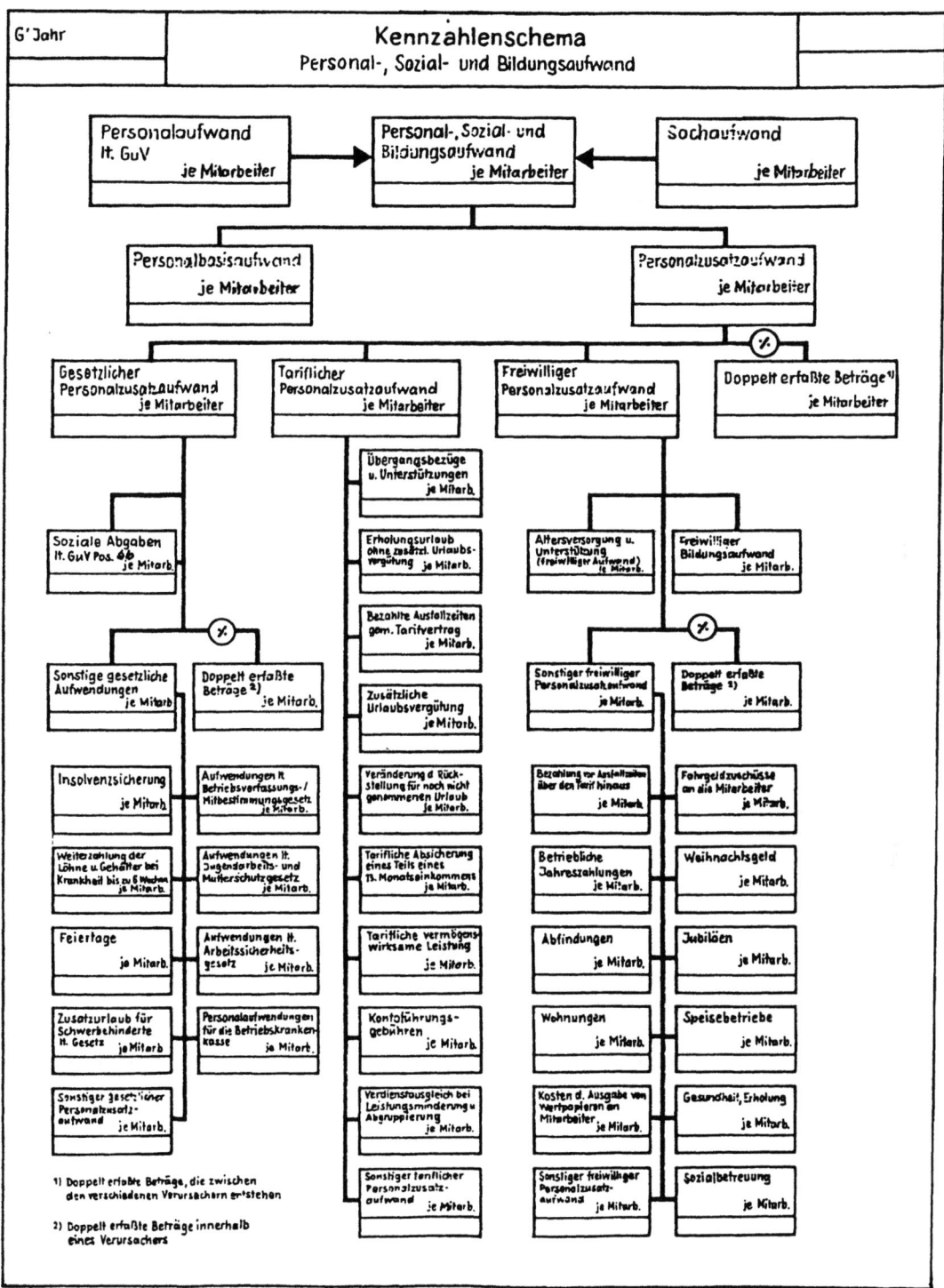

Abbildung 6:
Kennzahlenschema Personal-, Sozial-, und Bildungsaufwand

Auch diese Aufzählung kann nicht vollständig sein; der Schwerpunkt wird in den Unternehmen unterschiedlich gesetzt werden. Es ist wesentlich, daß die Definition und der sachliche Inhalt der Kennzahlen über den Personalaufwand mit den Kennzahlen über andere Personaldaten übereinstimmen. So muß zum Beispiel der sachliche Inhalt der Kennzahlen über den Aufwand für Ausfallzeiten mit den Kennzahlen über die Ausfallstunden (soweit bezahlt) übereinstimmen.

Kennzahlen über Personaldaten gibt es in fast allen Unternehmen. In vielen Fällen werden jedoch derartige Kennzahlen unabhängig voneinander dem gerade auftretenden Bedarf entsprechend gebildet. Dieses Vorgehen ist zwar sehr pragmatisch, hat aber wesentliche Nachteile, zum Beispiel

— fehlen häufig die Grunddaten für die Kennzahlenbildung beziehungsweise sind diese nur schwer und mit großem Aufwand nachträglich zu beschaffen
— da die Kennzahlen nur spezifisch gebildet werden, fehlt die Möglichkeit des Zeitvergleiches
— ergeben sich häufig Widersprüche zu gleichartigen, ähnlichen oder damit in Zusammenhang stehenden Kennzahlen, die früher bereits einmal gebildet wurden.

Diese Schwächen können vermieden werden, wenn man die Kennzahlen als geschlossenes System betrachtet und alle Kennzahlen

— gleichzeitig nach fest vorgegebenen Regeln bildet
— in einen logischen Zusammenhang stellt.

Der damit verbundene Aufwand ist meist nur in der Entwicklungsphase hoch. Bei wiederkehrender Anwendung ist dieses System trotz der vielen Kennzahlen, die man damit zwangsläufig erzeugt, meist weniger arbeitsaufwendig als die Bildung von einzelnen Kennzahlen je nach „Bedarf".

Der **Vorteil** eines Kennzahlensystems liegt in der ihm innewohnenden Logik und Widerspruchsfreiheit sowie in der mit der Fülle der Kennzahlen gewonnenen schnellen Reaktionsfähigkeit (zum Beispiel schnelle Beantwortung von auftretenden Fragen, besseres Erkennen von Problemen und Auswirkungen neuer Gesetze, Verträge und Maßnahmen).

Der **Nachteil** eines derartigen Systems liegt in der Einschränkung der Gestaltungsfreiheit, weil man sich an die (selbst aufgestellten) festen Regeln halten muß, und in dem einmaligen Entwicklungsaufwand.

Die der Kennzahlenbildung vorangegangene Analyse erleichtert die Bildung der Kennzahlen, da die entsprechenden Ausgangsdaten in der notwendigen Tiefengliederung dann bereits vorliegen. Die Kennzahlbildung besteht dann aus einer - nach festen Regeln vorgenommen - Relativierung der Werte (Ausschaltung von Volumeneinflüssen) und ermöglicht dadurch eine kritischere Betrachtung der einzelnen Aufwandspositionen.

Das Wesen eines **Kennzahlensystems** besteht darin, daß man die Zusammenhänge der einzelnen Kennzahlen so darstellt, daß daraus die Abhängigkeit und Beziehung der einzelnen Werte untereinander deutlich hervorgeht.

Da auf diesem Wege sehr viele Kennzahlen zustandekommen, ist es zweckmäßig, ein Verzeichnis der Kennzahlen aufzustellen. Ein derartiges Kennzahlenverzeichnis kann man gleichzeitig mit einer Kennzahlenhistorie verbinden. Aus der Kennzahlenanalyse kann man dann die Entwicklung der einzelnen Kennzahlen klar erkennen. Das Kennzahlensystem besteht aus drei wesentlichen Bestandteilen:

— Kennzahlenschema
— Kennzahlengrundbuch
— Kennzahlenverzeichnis

Das **Kennzahlenschema** zeigt die Zusammenhänge der einzelnen Kennzahlen, ihre Bedeutung und ihre Verästelungen. Aus dem Kennzahlenschema müssen alle benötigten Kennzahlen hervorgehen. Die Kennzahlen über den Personalaufwand müssen diesen vollständig mit allen seinen Bestandteilen widerspiegeln. Nur so kann sichergestellt werden, daß Veränderungen innerhalb des Personalaufwandes, die sich im Regelfall nur auf einen Teilbereich erstrecken, vollständig erfaßt und dargestellt werden können.

Einen besonderen Wert erhalten die Kennzahlenschemata dann, wenn es gelingt, die erforderlichen Grunddaten auf die Mitarbeitergruppen (Arbeiter, Tarifangestellte, AT-Angestellte) aufzuteilen. Damit kann man die unterschiedlichen Auswirkungen der Personalaufwandsveränderungen auf die einzelnen Mitarbeitergruppen sehr gut feststellen. Hierbei muß man jedoch berücksichtigen, daß die Aufteilung der Kennzahlen nach Mitarbeitergruppen nicht nur den Informationswert erheblich erhöht, sondern gleichzeitig auch den mit dem Kennzahlensystem verbundenen Aufwand entsprechend steigert. Ähnliche Überlegungen gelten auch für die Aufteilung von Personaldaten nach Organisationseinheiten. Bei der Aufteilung der Kennzahlen nach Mitarbeitergruppen kann man so vorgehen, daß

— Mitarbeitergruppen sich überschneiden (zum Beispiel Aufteilung der Arbeiter nach Männern und Frauen einerseits - Deutschen und Ausländern andererseits)
— Mitarbeitergruppen ausgelassen werden können (zum Beispiel Verzicht auf Kennzahlen über Auszubildende)
— Mitarbeitergruppen additiv gebildet werden können (zum Beispiel Männer, unterteilt nach Deutschen und Ausländern; Frauen, unterteilt nach Deutschen und Ausländerinnen). Dies ist die informativste, aber auch aufwendigste Methode.

Bei der Bildung von Kennzahlen muß darauf geachtet werden, daß - soweit wie möglich - Zähler (Aufwand) und Nenner (Kopfzahl) den gleichen Inhalt haben. Diese an sich selbstverständliche Regel ist in der Praxis häufig nur schwer durchzuhalten.

Das **Kennzahlengrundbuch** enthält alle wesentlichen Angaben über das Zustandekommen, den Inhalt und die Berechnungsmethoden der einzelnen Kennzahlen. Damit ist diese Unterlage

— eine Arbeitsanweisung, aus der zu entnehmen ist, wie die einzelnen Kennzahlen gebildet werden

117

G'Jahr	Kennzahlen zum Personalaufwand Freiwilliger Personalzusatzaufwand	Kennzahl-Nr. Grundbuchblatt
Titel	Aufwendungen für Wohnungswesen je Mitarbeiter	
Anwendung	Bestandteil der Kennzahl - Freiwilliger Personalzusatzaufwand je Mitarbeiter -, zur Beurteilung der freiwilligen Leistungen unter Ausschaltung der durch Kopfzahländerungen bedingten Aufwandsveränderungen. Anwendungsgebiet: Sozialbericht	
Formel, Wert	$$\frac{\text{Aufwendungen für Wohnungswesen}}{\text{Kopfzahl}} = \boxed{}$$	
Formelinhalt, Grunddaten	Aufwendungen für Wohnungswesen: 1) - Verlorene Zuschüsse an Dritte für Wohnbauten .... 2) - Verlustausgleich für Wohnungsgesellschaften .... 3) - Mietbeihilfen für Mitarbeiter .... 4) - Instandsetzungen und sonstige Aufwendungen für Wohnungen .... 5) - Nicht gedeckter Aufwand für Wohnheime und Hausverwaltungen .... 6) - Aufwand für Wohnraumbeschaffung .... 7) - Entgangene Zinsen für Wohnbauinvestment .... 8) - Entgangene Zinsen für Darlehen an Mitarbeiter für Wohnungen .... $= \boxed{}$ Kopfzahl: ∅ Kopfzahl Mitarbeiter gesamt (einschl. Werkstudenten und Auszubildende) $= \boxed{}$	
Quelle	1 - 3 Konten der Buchhaltung 4 + 5 Kostenstellenrechnung 6 - 8 Statistisch berechnen	
Bemerkungen	Sofern Wohnungen an Fremde vergeben oder von ausgeschiedenen Mitarbeitern (nicht Pensionären) bewohnt werden, sind entsprechende Aufwandsanteile aus dem Personalzusatzaufwand herauszunehmen.	

Abbildung 7:
Kennzahlen zum Personalaufwand

118

— ein Arbeitshilfsmittel (Vordruck), das die Reproduzierbarkeit der Daten sichert. Außerdem wird durch diese Art der Formalisierung der Arbeitsaufwand für die wiederholte Bildung von Kennzahlen (in den Folgejahren) verringert.

Für jede Kennzahl ist ein Grundbuchblatt anzulegen. Ein Beispiel zeigt die Abbildung 7. Man kann diesen Vordruck also so gestalten, daß alle wesentlichen Angaben über Titel, Anwendung, Berechnungsformel, Inhalt und Datenquelle bereits daraus hervorgehen und jeweils bei der Erstellung der Kennzahlen nur die Jahresdaten einzutragen sind.

Das **Kennzahlenverzeichnis** ist eine Inhaltsübersicht über die im Personalkennzahlensystem vorkommenden Kennzahlen. Da es sehr viele Kennzahlen gibt, empfiehlt es sich, die Kennzahlen mit einer Nummer zu versehen. Aus dieser Kennzahlennummer sollte sowohl die Kennzahl identifiziert werden können als auch die Mitarbeitergruppe, auf die sich die Kennzahl bezieht.

Da in vielen Fällen die historische Entwicklung einer Kennzahl interessant ist, empfiehlt es sich, das Kennzahlenverzeichnis so zu erstellen, daß es gleichzeitig für einen Langzeitvergleich geeignet ist. Außerdem sollte daraus die Veränderung (Prozentsätze) gegenüber dem Vorjahr hervorgehen. Das erleichtert die Kennzahlenkontrolle. Als Muster für den Aufbau eines derartigen Kennzahlenverzeichnisses kann folgendes Beispiel dienen:

Kennzahlenschema, Kennzahlen-Nr.	Titel	Kennzahlen-Historie		
		Berichts-jahr DM	Vorjahr DM	Veränderung gg. VJ in %

Mit dieser Methode entwickelt sich das Kennzahlenverzeichnis in mehreren Jahren zu einem Langzeitvergleich. Bei der Gegenüberstellung der Kennzahlen mehrerer Berichtsperioden kann man dann sofort ungewöhnliche Entwicklungen erkennen. Das erleichtert auch das Suchen nach eventuellen Fehlern, die bei der Erfassung oder Berechnung der Kennzahlen entstanden sind, weil man größere Abweichungen sofort erkennen kann.

Die **Datenquellen** eines Personalkennzahlensystems sind die gleichen, wie sie auch für die Personalberichterstattung verwendet werden.

Die Beweglichkeit, die mit dem Personalkennzahlensystem gegeben ist, macht es möglich, Auswertungen genau auf den jeweiligen Adressatenkreis auszurichten.

Art und Umfang der Informationen zu den verschiedenen Problemen und Themenkreisen können variieren, haben aber auf der Grundlage des Personalkennzahlensystems eine gleiche Basis. Damit kann die Logik und Widerspruchsfreiheit der Aussagen gewahrt werden. Der Trend zu verstärkter gesellschaftsbezogener Berichterstattung und zur erweiterten Information der Belegschaftsvertreter (zum Beispiel aufgrund von Mitbestimmungs- und Betriebsverfassungsgesetz) stellt höhere Anforderungen an den Umfang und die Qualität der Informationen. Die aus dem Personalkennzahlensystem hervorgehenden zahlreichen miteinander vernetzten Daten sichern in diesem Sinne die notwendige Beweglichkeit und schnelle Reaktionsfähigkeit.

Der **Aufwand,** der mit der Erstellung und Pflege eines Personalkennzahlensystems entsteht, ergibt sich aus

— der Tiefengliederung der Aufwandspositionen
— der Aufteilung nach Mitarbeitergruppen
— der Aufteilung nach Organisationseinheiten.

Diese Gliederungsmöglichkeiten sind multiplikativ verknüpft. Im einzelnen umfaßt der Aufwand

— die erstmalige Systemerstellung
  ● Zielbestimmung (Zweck, Informationsempfänger)
  ● Tiefengliederung nach Aufwandsarten, Mitarbeitergruppen und Organisationseinheiten
  ● Entwicklung des Kennzahlenzusammenhanges
  ● Quellenbestimmung (Kontenplan, Kostenstellenrechnung, Datenverarbeitung)
  ● Entwicklung von Berechnungsmodellen
  ● Entwicklung des Formalismus (Vordrucke, Lieferanten, Termine)
— die jährliche Ermittlung der Kennzahlen
— die Pflege des Systems. Hierunter fallen sowohl Systemverbesserungen als auch die Berücksichtigung von Änderungen aus Gesetzen, Tarifen und Firmenregelungen.

Der Aufwand für die fortlaufende Führung des Kennzahlensystems ist gegenüberzustellen dem Aufwand einer sporadischen Informationsdeckung, wie er in jedem Unternehmen anfällt. Dabei darf die oft schwierige und sehr zeitaufwendige sporadische Informationsbeschaffung nicht unterbewertet werden.

Der laufend (jährlich einmal) anfallende Aufwand für die Erstellung des Personalkennzahlensystems entsteht im wesentlichen durch

— die Datenerfassung
— die Berechnung der Personalkennzahlen
— die Übertragung in die Kennzahlenschemata.

Diesen Aufwand kann man wesentlich begrenzen, wenn man

— entweder das Personalinformationssystem (residente Daten auf einer größeren Datenbank) um ein Personalkennzahlensystem erweitert
— oder einen Personal Computer für das Personalkennzahlensystem einsetzt.

Ziel des Einsatzes eines PC ist,

— den Aufwand für die Datenerfassung, Berechnung und Übertragung weitgehend zu vermeiden
— ein ständig parates Abfragesystem für Personalkennzahlen zur Verfügung zu haben.

Ein PC ist auch für ein umfangreiches (tiefgegliedertes und komfortables) Personalkennzahlensystem gut geeignet.
Das Anwenderprogramm muß folgende Funktionen enthalten:

— Datenerfassung
— Berechnung der Kennzahlen
— Erstellung des Kennzahlengrundbuches
— Erstellung des Kennzahlenschemas
— Erstellung der Kennzahlenhistorie
  ● als absolute Daten über 6 Jahre
  ● als Indexreihe aufgesetzt auf einem ausgewählten Basisjahr

Das dialoggesteuerte System kann benutzerfreundlich gestaltet werden, so daß für die Anwendung keine speziellen DV-Kenntnisse erforderlich sind. Meist genügt ein einfaches Ankreuzen der Funktionen innerhalb der vorgegebenen Masken.
Für die Datenerfassung der Zähler- und Nennerwerte sind zunächst die Quellen zu bestimmen. Hierbei gibt es zwei wesentliche Unterschiede:

— Daten, die für das Kennzahlensystem in bereits aufbereiteter Form auf einem Datenträger vorliegen (zum Beispiel in einem Personalinformationssystem)
— Daten, die manuell eingegeben werden müssen.
  Daten, die aus dem Personalinformationssystem übernommen werden können, werden für das Kennzahlensystem überspielt, so daß eine manuelle Eingabe entfällt.

Es ist zweckmäßig, bereits im Programm die Herkunft der Daten (Personalinformationssystem, Rückstellungsbildung, Kostenstellenrechnung usw.) anzugeben.
Ein auf einem PC geführtes Personalkennzahlensystem hat eine besonders große Beweglichkeit

— in der Anpassung des Systems an neue Erfordernisse
— in der Datenauswahl und -verknüpfung.

Diese Kontrollfunktion eines PC-gesteuerten Personalkennzahlensystems kann sich beispielsweise erstrecken auf

— kostenüberwachende Funktionen
  ● Berechnung von Verteuerungen aus Tarifen, Gesetzen oder Firmenmaßnahmen (zum Beispiel Erweiterung oder Einsparung freiwilliger sozialer Leistungen)
  ● Kostenüberwachung (Zeitvergleich, Organisationsvergleich) von wichtigen Einzelpositionen des Personalaufwandes

— Auswirkungen der Einkommenspolitik
- ● Entwicklung der Brutto- und Nettoeinkommen der verschiedenen Mitarbeitergruppen
- ● Entwicklung der Lohndrift
- ● Veränderung der Akkordüberverdienste
— Auswirkungen der Personalplanung
- ● bessere Beurteilung der Planungsergebnisse durch Umwandlung in Kennzahlen
- ● Rückkopplungseffekt und damit Verbesserung der Planung

Häufig lassen sich mit Hilfe eines derartigen Systems

— kostengünstigere Alternativen aus den Kennzahlen ableiten
— rechtzeitig Auswirkungen von geplanten Maßnahmen des Gesetzgebers, der Tarifpartner (Unterlage für Tarifverhandlungen) und des Unternehmens darstellen.

4.6 Bildung von Rückstellungen

In den folgenden Ausführungen werden nur diejenigen Rückstellungen behandelt, die sich aus Verpflichtungen gegenüber den Mitarbeitern ergeben. Dieser Themenbereich leitet bereits von der Datenaufbereitung zur Auswertung über.

Rückstellungen werden gebildet für ungewisse Verbindlichkeiten, die als Aufwand das abgelaufene Geschäftsjahr betreffen, am Bilanzstichtag dem Grunde und/oder der Höhe nach aber noch ungewiß sind. Von den Rückstellungen zu unterscheiden sind die „sonstigen Verbindlichkeiten". Hierbei handelt es sich um Verpflichtungen des Unternehmens, die ebenfalls das abgelaufene Geschäftsjahr betreffen, am Bilanzstichtag aber sowohl dem Grund als auch der Höhe nach feststehen (sofern eine geringfügige Unsicherheit in der Höhe der Verpflichtung vorliegt, kann anstelle einer Rückstellung auch eine Verbindlichkeit eingestellt werden). Ob im Einzelfall eine Rückstellung oder eine „sonstige Verbindlichkeit" gebildet wird, ist nur unternehmensspezifisch zu entscheiden. Da die Methoden der Berechnung für diese Schuldenteile jedoch in beiden Fällen gleich sind, wird in den folgenden Ausführungen der Einfachheit halber nur von Rückstellungen gesprochen.

Inwieweit Unternehmen von der Möglichkeit, Rückstellungen zu bilden, Gebrauch machen, hängt wesentlich von der Ertragslage und der Bilanzpolitik ab. Dabei ist zu berücksichtigen, daß die Möglichkeit, Rückstellungen zu bilden, nicht nur von den unternehmensinternen Gegebenheiten (zum Beispiel Arbeitsabläufe, Zahlungsmodalitäten) abhängt, sondern sich auch aus Einflüssen ergeben kann, die außerhalb des Unternehmens liegen, zum Beispiel vom Zeitpunkt der tatsächlichen Erhebung oder Anforderung der Beiträge (zum Beispiel Berufsgenossenschaftsabgabe) an.

Bevor auf die Bildung von Rückstellungen jedoch im einzelnen eingegangen wird, ist darzulegen, wann und in welchem Ausmaß sich die Personalberichterstattung mit diesem Vorgang befassen sollte.

122

Art und Umfang der Rückstellungsbildung ist zunächst ein Thema des Rechnungswesens. Da jedoch für die Rückstellungen, die den Personalaufwand betreffen, wesentliche Voraussetzungen und Grunddaten von der Personalberichterstattung beigesteuert werden müssen, ist es erforderlich, sich mit dieser Thematik intensiv zu befassen. Darüber hinaus ist auch zu bedenken, daß man ohne genaue Kenntnisse der sich ergebenden Rückstellungsveränderungen die notwendige Analyse des Personalaufwandes nicht durchführen kann. Die Bildung und Auflösung von Rückstellungsbeträgen ist eine wesentliche Komponente der Personalaufwandsveränderung.

Hieraus wird bereits ersichtlich, daß die Bildung von Rückstellungen nicht nur für die Handels- und Steuerbilanz erforderlich ist, sondern auch für die vollständige Darstellung der einzelnen Positionen des Personalaufwandes. Auf die Berechnung dieser Rückstellungsbeträge sollte daher die Personalberichterstattung entsprechend Einfluß nehmen. In vielen Fällen muß die Personalberichterstattung für die Rückstellungsbildung die erforderlichen Grundlagen liefern.

Hierzu gehört,

— festzustellen, für welche Positionen Rückstellungen gebildet werden können. Durch die sich ständig ändernde Gesetzgebung beziehungsweise Rechtsprechung und durch neue tarifliche Vereinbarungen beziehungsweise Firmenregelungen wird auch die Rückstellungsbildung beeinflußt. Das bedeutet, daß die Personalberichterstattung die Möglichkeit und die Notwendigkeit zur Bildung von neuen Rückstellungen oder zur Änderung der Methode der Rückstellungsbildung bereits vorhandener Rückstellungen erkennt.
— Entwicklung der Methoden der Rückstellungsbildung, zum Beispiel Anspruchs- oder Leistungsprinzip bei der Bildung von Urlaubsrückstellungen
— Berechnung der für die Rückstellungsbildung und -auflösung benötigten Beträge

Voraussetzung hierfür ist, daß die mit der Personalberichterstattung betrauten Mitarbeiter die erforderlichen betriebswirtschaftlichen Kenntnisse und Erfahrungen auf diesem Gebiet besitzen.

An der Berechnung der Rückstellungen für den Personalaufwand sind sowohl der Personalbereich als auch das Rechnungswesen beteiligt. Zur Abgrenzung dieses Aufgabengebietes kann normalerweise folgende Regelung gelten:

— Zunächst ist **zwischen beiden Bereichen** abzustimmen, für welche Positionen Rückstellungen tatsächlich gebildet werden können (Ertragslage!) und welche Methoden hierfür in Betracht kommen. Dabei legt das Rechnungswesen die Höhe und den Umfang der für den Jahresabschluß in Betracht kommenden Rückstellungsbeträge insgesamt fest.
— Auf der Grundlage dieser ersten Abstimmung gibt die **Personalberichterstattung** gegebenenfalls den Anstoß für die Bildung von neuen Rückstellungen beziehungsweise für Methodenänderungen. Sie berechnet die Höhe der erforderlichen Rückstellungen und liefert die entsprechenden prüffähigen Unterlagen an das Rechnungswesen.
— Das **Rechnungswesen** prüft, ob diese Unterlagen den Anforderungen des Handels- und Steuerrechts entsprechen und erfaßt die Rückstellungen im Rahmen des Jahresabschlusses.

Die folgenden Abschnitte befassen sich nunmehr mit denjenigen Positionen des Personalaufwandes, in denen Rückstellungen vorkommen können beziehungsweise bei denen eine Möglichkeit der Rückstellungsbildung diskutiert werden kann. Ohne Anspruch auf Vollständigkeit werden die dazu erforderlichen Überlegungen und Methoden dargestellt. Die betriebswirtschaftlichen und finanzpolitischen Aspekte der Rückstellungsbildung werden dabei nicht umfassend, sondern nur soweit sie für das Verständnis des Problems erforderlich sind, behandelt.

Rückstellungen, die den Personalaufwand betreffen, können vorkommen innerhalb folgender Positionen der Gewinn- und Verlustrechnung (GuV):

— GuV-Position 6a   Löhne und Gehälter
— GuV-Position 6b   Soziale Abgaben
— GuV-Position 6b   Altersversorgung und Unterstützung
— GuV-Position 8   Sonstige Aufwendungen

Notwendigkeit und Umfang der Rückstellungsbildung werden auch dadurch beeinflußt, ob das Geschäftsjahr mit dem Kalenderjahr identisch ist oder hiervon abweicht. Im letzteren Fall können Rückstellungen in vermehrtem Umfang auftreten.

Bei den meisten Rückstellungen, die für Löhne und Gehälter gebildet werden, fallen auch anteilige Sozialabgaben an. Diese müssen mit berechnet werden, können aber innerhalb der betreffenden Rückstellungsposition als Löhne und Gehälter mit ausgewiesen werden. Ein gesonderter Ausweis als Sozialabgabenverpflichtung ist nicht erforderlich.

Die folgende Aufstellung gibt zunächst eine Übersicht derjenigen Konten des Personalaufwandes, in denen Rückstellungen normalerweise vorkommen.

Art	Inhalt	Anmerkungen
Löhne und Gehälter noch auszuzahlende Löhne und Gehälter	Zu den noch auszuzahlenden Löhnen und Gehältern gehören: - noch zu zahlende Provisionen - Erfindervergütungen - ausstehende Akkordlohnbelege - fehlende Prämienlohnabrechnung - Gleitzeitguthaben - Verfügungszeiten aus flexibler Arbeitszeit	Die Personalberichtsstelle sollte - in Abstimmung mit der Personalabteilung - eine Checkliste anfertigen, aus der alle Lohn- und Gehaltsarten hervorgehen, bei denen normalerweise derartig ausstehende Verpflichtungen vorkommen. Eine Saldierung mit Gleitzeitschulden ist nicht erforderlich Der Rückstellungsbetrag für Gleitzeitguthaben und Verfügungszeiten aus flexibler Arbeitszeit ergibt sich aus dem vorausberechneten Durchschnittslohn bzw. -gehalt

Art	Inhalt	Anmerkungen
	- Mehrarbeitszeitvergü-tungen, Reisezeiten, zusätzliches Urlaubs-geld, das den letzten Monat im Geschäftsjahr betrifft, aber nicht zeitgerecht abgerechnet werden konnte	In manchen Fällen ist es aus abrechnungs- oder ver-waltungstechnischen Grün-den nicht möglich, noch nicht abgerechnete Über-stunden, Reisezeiten usw. so rechtzeitig zu erfassen, daß sie noch im abgelaufe-nen Geschäftsjahr ausge-zahlt werden können. Für diesen Anteil des Personal-aufwandes muß - einschl. der darauf entfallenden So-zialen Abgaben - eine ent-sprechende Rückstellung ge-bildet werden. Die Rückstel-lungen sind auch dann zu bilden, wenn hierfür im kommenden Geschäftsjahr eine Abgeltung in Form des Zeitausgleiches vorgesehen ist. Da die genauen Beträge bereits bei der nächsten Monatsabrechnung (1. Monat des neuen Geschäftsjah-res) vorliegen und zu diesem Zeit-punkt der Jahresabschluß noch nicht feststeht, ist es möglich, diese Beträge als "Sonstige Verbindlich-keiten" auszuweisen.
Jahreszahlungen	- bereits vereinbarte Nachzahlungen - tarifliche Absiche-rung eines Teils eines 13. Monatsein-kommens - Weihnachtsgeld - Erfolgsbeteiligung/ Jahresabschlußver-gütung	Die Jahresvergütung ist im Regel-fall abhängig vom Jahresergebnis. Aus diesem Grund kann die Höhe der Jahresvergütung erst endgültig im Zusammenhang mit der Aufstellung des Jahresabschlusses festgestellt werden. Die Auszahlung der Jahres-vergütung - mindestens jedoch ein Spitzenausgleich - erfolgt daher häufig erst im darauffolgenden Ge-schäftsjahr. Hierfür müssen die entsprechenden Rückstellungen ge-bildet werden. Auch diese Rück-stellungen müssen die anteiligen Sozialen Abgaben mit enthalten. Bei der Berechnung dieses Betrages ist zu berücksichtigen, daß zum Zeit-punkt der Auszahlung der Jahresver-gütung bei vielen Mitarbeitern die Beitragsbemessungsgrenzen in der Sozialversicherung überschritten werden. Es fallen daher nur für ei-nen Teilbetrag der Jahresvergütung Soziale Abgaben an. Für die Rück-stellungsbildung muß dieser Teilbe-trag jedoch berechnet werden.

Art	Inhalt	Anmerkungen
Kontoführungs-gebühren	noch nicht gezahlte Kontoführungsgebühren	Kommt nur vor, sofern die Kontofüh-rungsgebühren als Jahresbetrag ge-zahlt werden und der Auszahlungs-zeitraum sich nicht mit dem Ge-schäftsjahr deckt.
Zuschuß zum Mutter-schaftsgeld	Anteil des Zuschusses zum Mutterschaftsgeld der bekannten Schwan-gerschaftsfälle (nicht nur der bereits einge-tretenen)	Gemäß § 14 MuSchG ist der Arbeit-geber verpflichtet, einen Zuschuß zum Mutterschaftsgeld zu zahlen, und zwar in Höhe des Unterschieds-betrages zwischen dem Mutter-schaftsgeld (z.Zt. 750 DM/Monat bzw. 25 DM/Kalendertag) und dem Netto-Entgelt (§ 3 Abs. 2 MuSchG). Da einerseits die genannten Beträge seit 1.1.1968 festgehalten wurden, andererseits aber das Netto-Entgelt mit jeder Tariferhöhung steigt, er-gibt sich aus diesem Personalauf-wandsposten eine zunehmende Bela-stung, die zur Rückstellungsbil-dung zwingt.
Noch nicht genom-mener Urlaub	Eine Rückstellung für Urlaubsrückstände ist auszuweisen, soweit Mitarbeiter den ihnen zustehenden Urlaub am Bilanzstichtag noch nicht in vollem Umfang genommen haben. Die Rückstellung ist für das gesamte, auf die rückständigen Urlaubs-tage entfallende Ur-laubsentgelt zu bilden	
Jubiläumsver-pflichtungen	Abgezinstes Jubiläums-geld und bewerteter Jubilarurlaub	
Prämien für Ver-besserungsvor-schläge	Für im abgelaufenen Ge-schäftsjahr eingereich-te Verbesserungsvor-schläge, für die Prämien noch nicht ausgezahlt wurden	Da Verbesserungsvorschläge schnell bearbeitet werden sollten, liegen die zu zahlenden Prämien noch vor der Feststellung des Jahresab-schlusses vor und können als Rück-stellungen (bzw. Verbindlichkeiten) erfaßt werden.

126

Art	Inhalt	Anmerkungen
Abfindungen wegen vorzeitiger Entlassung bzw. vorzeitiger Pensionierung	Fest zugesagte oder voraussichtliche - einmalig oder in Teilbeträgen anfallende - Abfindungen . gem. Rationalisierungsschutzabkommen . aus Sozialplänen . aus einzelvertraglichen Vereinbarungen (z.B. Ausgleichszahlungen zwischen Aktiveinkommen und Pension bei vorzeitiger Pensionierung für eine Übergangszeit)	
Aufwendungen aus der Teilzeitregelung für ältere Mitarbeiter	Diese ergeben sich aus Tarifverträgen oder Firmenregelungen (z.B. Reduzierung der Arbeitszeit älterer Mitarbeiter - auf deren Wunsch - auf 50 % bei 75 % des entsprechenden Vollzeit-Bruttoentgelts)	Der Rückstellungsbetrag beinhaltet den nicht durch Arbeitszeit erfüllten Anteil des Brutto-Entgelts sowie die damit verbundenen Sozialleistungen.
Vom Unternehmen übernommene Lohn- und Kirchensteuer	- Vom Unternehmen übernommene Lohn- und Kirchensteuer für Lohnsteuerübernahme für Mitarbeiter aus Außensteuerprüfungen bzw. für Lohnsteuerübernahmen infolgt von schwebenden Verfahren - vom Unternehmen übernommene Lohn- und Kirchensteuer bei verschiedenen sozialen Maßnahmen oder Leistungen, die für den Mitarbeiter geldwerte Vorteile bedeuten und die, sofern sie über die jeweiligen steuerlichen Freigrenzen hinausgehen, pauschal oder individuell zu versteuern sind, z.B.	Für verschiedene dieser Positionen können die darauf zu entrichtenden Steuern erst nach dem Jahresabschluß festgestellt werden. In diesem Fall sind dann entsprechende Rückstellungen zu bilden. Die Unlagen für diese Rückstellungen sind - soweit es sich um individuell zu ermittelnde Beträge handelt - von der Personalabteilung und - soweit es sich um Pauschalbeträge handelt (z.B. für das Mittagessen oder die Verbilligung von Erholungsplätzen) - vom Rechnungswesen bereitzustellen. Sofern neben Lohn- und Kirchensteuer auch Beiträge zur Sozialversicherung abzuführen sind, ist hierfür eine Rückstellung zu bilden.

Art	Inhalt	Anmerkungen
Vom Unternehmen übernommene Lohn- und Kirchensteuer (Fortsetzung)	. Umzugskostenzuschüsse . netto gegebene Jubiläumsgeldgeschenke, Prämien oder Sonderzuwendungen, . verbilligtes oder kostenloses Mittagessen, . Lebensversicherungsbeiträge, . Erholungsbeihilfen (z.B. verbilligte Urlaubsplätze), . Gestellung von Firmen-PKW (auch für den Privatgebrauch)	
Verpflichtungen aufgrund des Kündigungsschutzgesetzes	Freistellungen von der Arbeit Bezahlung eines Zeitausgleiches bei Kurzarbeit während des Kündigungszeitraumes	Diese Verpflichtungen müssen über den Geschäftsjahreswechsel hinausreichen und nennenswert sein. Derartige Rückstellungen sind daher Ausnahmen.
Soziale Abgaben		
Beiträge zur Berufsgenossenschaft	Aufwendungen zur gesetzlichen Unfallversicherung (§ 723 RVO) einschließlich der Ausgleichslastumlage (Rentenlastausgleich) Konkursausfallgeld (§ 141 a-n und § 186 b-d AFG) Aufwendungen zur Auslandsunfallversicherung (§ 762 RVO)	
Ausgleichsabgabe für unbesetzte Schwerbehindertenpflichtplätze	6 % der Arbeitsplätze sind mit Schwerbehinderten zu besetzen (§ 44 ff SchwBG). Bei der Bestimmung der Anzahl der Arbeitsplätze werden Teilzeitbeschäftigte (ab 20 Wochenstunden) mitgezählt, nicht dagegen Werkstudenten und Auszubildende (demgegenüber zählen schwerbehinderte Auszubildende zweifach). Für einen unbesetzten Arbeitsplatz ist monatlich eine Ausgleichsabgabe von 150 DM zu zahlen.	Die Ausgleichsabgabe kann um 30 % der Beträge, die für Käufe an anerkannte Schwerbehindertenwerkstätten gezahlt wurden, vermindert werden (§ 53 SchwBG). Bei der Rückstellungsbildung für die Schwerbehindertenabgabe können jedoch diese Beträge außer Ansatz bleiben, weil die Anerkennung der Arbeitsämter bzw. Hauptfürsorgestellen für diese Käufe bei Schwerbehindertenwerkstätten noch aussteht.

Art	Inhalt	Anmerkungen
Altersversorgung und Unterstützung		
Rückstellungen für Pensionen und Übergangszuschüsse	Rückstellungen für Pensionen, Rückstellungen für Übergangszahlungen. Dies sind zusätzliche Zahlungen zur Pension, die für einen begrenzten Zeitraum nach dem Ausscheiden aus dem aktiven Dienst gewährt werden.	
Verpflichtungen aus der Vorruhestandsregelung	Der Rückstellungsbetrag umfaßt Aufwendungen des Arbeitgebers bei 65 % bzw. 75 % Vorruhestandsgeld einschl. Renten- und Krankenversicherungsanteile für abgeschlossene Vorruhestandsvereinbarungen	
Erstattung von Arbeitslosengeld/ Sozialversicherungsrente	Aufgrund des am 1.1.1982 in Kraft getretenen Arbeitsförderungsgesetzes und dessen Verschärfung (Erstattungspflicht) v. 1.5.1984 hat der Arbeitgeber bei Beendigung des Arbeitsverhältnisses älterer Mitarbeiter – unter den im Gesetz aufgeführten Voraussetzungen – eine Erstattungspflicht für das von der Bundesanstalt für Arbeit gezahlte Arbeitslosengeld (ggf. Arbeitslosenhilfe) bis zu 18 Monaten und der Sozialversicherungsrente für maximal 4 Jahre (abzgl. Zeiten, in denen Arbeitslosengeld gezahlt wurde)	Auf die einschlägigen gesetzlichen Bestimmungen wird verwiesen.

Art	Inhalt	Anmerkungen
PSV-Beiträge	noch ausstehende Beträge noch zu erwartende Beträge aus bereits entstandenen Anwartschaften	Der Pensionsversicherungsverein (PSV) übernimmt im Sicherungsfall ganz oder teilweise die laufenden Leistungen und unverfallbaren Anwartschaften Grundlage: Gesetz zur Verbesserung der betrieblichen Altersversorgung (BetrAVG, §§ 7 und 10). Zur Finanzierung seiner Leistungen werden Beiträge erhoben. In die Beitragskalkulation eines Jahres gehen nur jeweils die Barwerte der in diesem Jahr beginnenden Rentenzahlungen einschl. Hinterbliebenenanwartschaften ein. Noch ausstehende Beträge, die das abgeschlossene Geschäftsjahr betreffen, sind zurückzustellen. Darüber hinaus wird für die durch Insolvenzen entstandenen Anwartschaften, die beim PSV zwar registriert sind, aber bei der Beitragskalkulation noch keine Berücksichtigung fanden, eine weitere Rückstellung gebildet.
Unterstützungen	zugesagte, aber noch nicht ausgezahlte Unterstützungen. Dazu gehören auch Verpflichtungen aus Unterstützungen, die in monatlichen Teilbeträgen gewährt werden.	

Art	Inhalt	Anmerkungen
Sonstige Aufwendungen Umzugskosten	– Für Versetzungen und Neueinstellung, die vor Geschäftsjahresende abgewickelt, aber noch nicht abgerechnet werden konnten, – für noch nicht erfolgte, aber bereits fest vereinbarte Umzüge	Für noch nicht vorliegende Umzugskostenrechnungen sind Erfahrungswerte (Mitarbeitergruppe, Entfernung) anzusetzen
Ausgabe von Aktien an Mitarbeiter	Zugesagte, aber noch nicht ausgegebene Aktien (bzw. andere Wertpapiere) an Mitarbeiter zum Vorzugskurs. Einzubeziehen sind: Differenz zum Börsenkurs, Börsenumsatzsteuer und Bankspesen	

Ergänzend zu der vorstehenden Übersicht sind für einige der aufgeführten Rückstellungspositionen noch folgende Erläuterungen zu geben:

Rückstellungen für noch nicht genommenen Urlaub

Die Rückstellung für noch nicht genommenen Urlaub ist für das gesamte, auf die rückständigen Urlaubstage anfallende Urlaubsentgelt zu bilden. Das Urlaubsentgelt umfaßt die Urlaubsgrundvergütung, die anteilige zusätzliche Urlaubsvergütung sowie die anteiligen Sozialen Abgaben.

Es ist zunächst die Anzahl der Tage für den noch nicht genommenen Jahresurlaub zu erfassen. Bei einem vom Kalenderjahr abweichenden Geschäftsjahr ist von dem zeitanteiligen Urlaubsanspruch auszugehen. Die Berechnung des Rückstellungsbetrages für nicht genommenen Urlaub muß wegen der unterschiedlichen Einkommenshöhe für Lohnempfänger, Tarifangestellte, außertarifliche Angestellte und Teilzeitbeschäftigte getrennt ermittelt werden.

Die Bewertung der noch nicht genommenen Urlaubstage kann innerhalb dieser Gruppen mit Durchschnittssätzen erfolgen oder ist mit Hilfe des Personalabrechnungsprogramms exakt zu ermitteln. Die Ermittlung der Rückstellungen für rückständigen Urlaub kann entweder nach dem **Leistungs-** oder nach dem **Anspruchs-**prinzip vorgenommen werden:

Das **Leistungsprinzip** geht davon aus, daß aufgrund des nicht genommenen Urlaubs eine überhöhte Unternehmensleistung erbracht wurde (dieser folgt in einem späteren Zeitabschnitt eine entsprechend verringerte Unternehmensleistung). Diese überhöhte Leistung muß durch eine entsprechende Rückstellung wieder neutralisiert werden.

Bei einem vom Kalenderjahr abweichenden Geschäftsjahr ist bei der Ermittlung der Tage zu beachten, daß keine Saldierung von am Geschäftsjahresende noch offenen mit bereits vorweggenommenen, auf das nach Geschäftsjahresabschluß noch folgende anteilige Kalenderjahr entfallenden Urlaubstagen vorgenommen werden darf.

Die Bewertung ist dann wie folgt vorzunehmen:

Löhne/Gehälter lt. GuV 6a + Soziale Abgaben lt. GuV 6b
_____

geleistete Arbeitstage
= Kosten je geleisteter Arbeitstag

Anzahl der rückständigen Urlaubstage je Mitarbeitergruppe
mal Kosten je geleisteter Arbeitstag je Mitarbeitergruppe
_____

= Rückstellungsbetrag.

Das **Anspruchsprinzip** geht davon aus, daß der rückständige Urlaub eine noch nicht erfüllte finanzielle Verpflichtung des Unternehmens gegenüber seinen Mitarbeitern darstellt, für die zum Bilanzstichtag eine Rückstellung zu bilden ist.

Auch hier ist zunächst die Anzahl der Tage für den noch nicht genommenen Jahresurlaub zu erfassen. Bei einem vom Kalenderjahr abweichenden Geschäftsjahr (zum Beispiel Juli - Juni) ist von dem zeitanteiligen Urlaubsanspruch auszugehen. Dies kann entweder aus einem entsprechenden Datenverarbeitungsprogramm (Urlaubsabrechnung) entnommen werden oder ist über die Personalabteilung manuell zu erfassen.

Sofern bei einem vom Kalenderjahr abweichenden Geschäftsjahr Mitarbeiter den auf den Zeitraum nach dem Bilanzstichtag entfallenden Jahresurlaub ganz oder teilweise genommen haben, darf dieser mit den noch nicht genommenen Urlaubstagen **nicht** saldiert werden.

Die Bewertung der so ermittelten Tage ist wie folgt vorzunehmen:

Löhne/Gehälter ./. vom Arbeitstag unabhängige Zahlungen*)
_____

bezahlte Arbeitstage
= arbeitsvertragliche Löhne/Gehälter je bezahlter Arbeitstag

x Faktor für zusätzliche Urlaubsvergütung

x Faktor für anteilige Sozialversicherungsbeiträge

= finanzielle Verpflichtung des Unternehmens je Arbeitstag

_____

*) zum Beispiel vermögenswirksame Leistung

Anzahl der offenen Urlaubstage je Mitarbeitergruppe mal finanzielle Verpflichtung pro Arbeitstag je Mitarbeitergruppe = Rückstellungsbetrag.
Die Rückstellungsveränderung ist in beiden Fällen wie folgt zu berechnen:

Urlaubsrückstellung Geschäftsjahr
/. Urlaubsrückstellung Vorjahr
_____

= Urlaubsrückstellungsänderung Geschäftsjahr

Die zusätzliche Urlaubsvergütung und die anteiligen Sozialen Abgaben würden strenggenommen **nicht** unter diese Positionen fallen. Da die Rückstellungsbildung aber als Ganzes vorgenommen wird, empfiehlt es sich, die Rückstellungsänderung ebenfalls nicht aufzuteilen.

Die vorstehend geschilderte Bewertung der noch ausstehenden Urlaubstage geht von einem Durchschnittswert je Mitarbeitergruppe aus. Anstelle dieser Durchschnittswerte kann - sofern die dv-technischen Voraussetzungen gegeben sind - auch eine individuelle Bewertung treten.

Die Anzahl der noch nicht genommenen Urlaubstage ist abhängig

— von der Aufstellung und Einhaltung des im Unternehmen aufgestellten Urlaubsplanes
— von der konjunkturellen Lage. In Phasen des konjunkturellen Aufschwungs ist die Anzahl der noch nicht genommenen Urlaubstage im Regelfall höher als in Rezessionsphasen
— vom Verhalten der Mitarbeiter

Aus dieser Aufzählung ist ersichtlich, daß es auf diesem Sektor gute Steuerungsmöglichkeiten gibt. Gleichzeitig wird damit die Neubildung oder Auflösung von Rückstellungen erheblich beeinflußt. Diese Art der Einflußnahme auf den Personalaufwand ist also unmittelbar ertragswirksam.

Rückstellungen für Jubiläumsgeldzahlungen

In vielen Unternehmen wird den Mitarbeitern bei 25- und 40jährigem Dienstjubiläum ein Jubiläumsgeld gezahlt. Sofern im Dienstvertrag oder in den einschlägigen Firmenrichtlinien (zum Beispiel Arbeitsordnung) über die Zahlung dieser Jubiläumsgelder kein Leistungsvorbehalt gemacht wurde, erwirbt der Mitarbeiter einen Rechtsanspruch hierauf. Ähnlich wie beim Urlaubs- oder Weihnachtsgeld beziehungsweise bei der Altersversorgung haben auch die Jubiläumszahlungen Entgeltcharakter. Im Vergleich zur bilanziellen Abgrenzung von Urlaubs- und Weihnachtsgeld klafft bei Jubiläumszahlungen (ebenso wie bei der Altersversorgung) die vom Mitarbeiter bereits erbrachte Leistung und die Gegenleistung des Unternehmens noch sehr viel weiter auseinander.
Nach dem neuen BFH-Urteil vom 5. Februar 1987 IV R 81/84 müssen aber für künftig zu zahlende Jubiläumsgelder soweit hierauf ein Rechtsanspruch besteht - Rückstellungen gebildet werden.

Voraussetzung ist hierzu eine gleichmäßige Aufwandsverteilung und eine versicherungsmathematische Bewertung - ähnlich wie bei der Bildung der Pensionsrückstellungen abgestellt auf die spezielle Jubiläumsgeldregelung eines Unternehmens. Der Personenkreis, für den diese Rückstellungen gebildet werden können, umfaßt alle aktiven Mitarbeiter mit Lebensalter ab 30 Jahre und einem Endalter, daß - bezogen auf den für das Jubiläum maßgebenden Eintrittstag - ein Jubiläum noch erreicht werden kann.

Die Begrenzung „ab 30 Jahre" wurde aus der für die Pensionsrückstellungen vorgeschriebenen internen Beschränkung des Finanzierungsspielraums übernommen und dient als näherungsweisem Ausgleich für die noch ausstehenden Fluktuationsbewegungen. Ausgangspunkt dieser Berechnung ist das im Zeitpunkt der Rückstellungsbildung maßgebende Jubilargeldgeschenk (Bruttobetrag). Zu beachten ist, ob Teilzeitbeschäftigte das volle oder ein anteiliges Jubiläumsgeld erhalten. Sofern Jubilarurlaub gewährt wird, ist dieser mit den für die Urlaubsrückstellung verwendeten Tagessätzen in den Rückstellungsbetrag mit einzubeziehen.

Rückstellungen für Abfindungen

Im Zusammenhang mit Entlassungen oder vorzeitigen Pensionierungen im Unternehmensinteresse werden häufig Zahlungen geleistet oder fallen Aufwendungen an, die erst in künftigen Geschäftsjahren fällig werden.

Für diese Zahlungen können Rückstellungen gebildet werden. Da die Rückstellungsbildungen im Zusammenhang mit Abfindungen besonders häufig vorkommen, sei hierzu auf folgende Einzelheiten hingewiesen:

Die „Abfindungen laut *Rationalisierungsschutzabkommen*" sind in der Metallindustrie im „Abkommen zum Schutz der Arbeitnehmer vor Folgen der Rationalisierung" für alle Tarifgebiete einheitlich geregelt. Danach gilt:

§ 7 Entlassung
„(1) Arbeitnehmer, die als Folge der in § 3 genannten Maßnahmen entlassen werden, erhalten eine Abfindung, wenn sie bei Ausspruch der Kündigung das 40. Lebensjahr vollendet und mindestens 10 Jahre ununterbrochen dem Betrieb angehört haben.

(2) Die Höhe der Abfindung ergibt sich aus folgender Staffel:

Jahr der ununterbrochenen	Lebensjahre				
Betriebszugehörigkeit	40 - 46	47 - 52	53 - 58	59 - 64	
10 Jahre	2	3	4	5	monat-
14 Jahre	3	4	5	6	liche
18 Jahre	4	5	6	7	Arbeits-
22 Jahre	5	6	7	8	ver-
25 Jahre	6	7	8	9	dienste

(3) Die Abfindung wird mit Beendigung des Arbeitsverhältnisses fällig".

134

Die Abfindungen an Mitarbeiter **aufgrund von Sozialplänen** haben folgende gesetzliche Grundlage:

In § 112 Absatz 1 - 4 BetrVerfG ist der Interessenausgleich zwischen Arbeitgeber und Betriebsrat über Betriebsänderungen und über die als Folge hiervon gegebenenfalls notwendige Aufstellung eines Sozialplanes angesprochen. Die Höhe der Abfindungen laut Sozialplan sowie die Kriterien, nach denen die Abfindungen je Mitarbeiter zu bemessen sind (zum Beispiel Betriebszugehörigkeit, Lebensalter, Familienstand, Anzahl der Kinder, soziale Härtefälle), werden betriebsindividuell vereinbart. Aus diesem Grund werden die Abfindungen laut Sozialplan als betrieblich verursacht angesehen.

Abfindungen aufgrund von **Einzelvereinbarungen** werden überwiegend an gut dotierte (AT-) Mitarbeiter gezahlt, deren Arbeitsverhältnis beendet werden soll. Die Kriterien, nach denen Abfindungen aufgrund von Einzelvereinbarungen zu bemessen sind, werden in Verhandlungen zwischen dem betroffenen Arbeitnehmer und der Betriebsleitung/Personalabteilung festgelegt.

Abfindungen werden vielfach nicht in dem Geschäftsjahr gezahlt, in dem sie vereinbart wurden. In diesen Fällen ist zum Geschäftsjahresende eine Rückstellung zu bilden.

Sofern zum Bilanzstichtag ein Beschluß der Unternehmensleitung oder der örtlichen Betriebsleitung über zu zahlende Abfindungen vorliegt oder die wirtschaftliche Notwendigkeit zur Aufstellung eines Sozialplanes gegeben ist und der Betriebsrat spätestens vor Aufstellung der Bilanz von den geplanten Maßnahmen umfassend unterrichtet wurde, sind Rückstellungen auszuweisen. Die Errechnung der Höhe dieser Rückstellungen - sowohl für bereits zugesagte als auch für voraussichtliche Abfindungen - kann nur durch die zuständige Personalabteilung vorgenommen werden (gegebenenfalls mit geschätzten durchschnittlichen Abfindungssätzen).

Rückstellungen für Berufsgenossenschaftsabgaben

Das Geschäftsjahr der Berufsgenossenschaften entspricht dem Kalenderjahr, die Beitragsrechnung für das Kalenderjahr erhalten die Unternehmen nachträglich zu Beginn des darauf folgenden Kalenderjahres. Von den Unternehmen sind deshalb Rückstellungen zu bilden, die bei Übereinstimmung von Kalenderjahr mit Geschäftsjahr die gesamten Berufsgenossenschaftsabgaben antizipieren sollen. Überschneiden sich Kalender- und Geschäftsjahr des Unternehmens, so ist eine (anteilige) Rückstellung nur für den Zeitraum des Geschäftsjahres zu bilden, der in das Kalenderjahr fällt, für das die Rechnung der Berufsgenossenschaft noch aussteht.

Die Beiträge zur Berufsgenossenschaft sind von einer Vielfalt von Einzelfaktoren abhängig. Daher ist eine genaue Berechnung der künftigen Abgabenlast erschwert. Es empfiehlt sich jedoch - ausgehend vom Aufwand des Vorjahres - folgende Faktoren bei der Rückstellungsberechnung zu berücksichtigen:

— Veränderung der durchschnittlichen Mitarbeiterzahl
— Veränderung in der strukturellen Zusammensetzung der Mitarbeiter
— Tariferhöhungen

— Veränderung der beitragspflichtigen Entgeltgrenzen
— Veränderungen in der Gefahrenklasse
— Schätzung der Beitragsnachlässe unter Beachtung des eigenen Unfallgeschehens
— Schätzung der Veränderung des Ausgleichssatzes für den Rentenlastenausgleich (Bergbau)

Ausmaß und Auswirkung dieser einzelnen Einflußgrößen können zum Teil nur geschätzt werden. Trotzdem ist es besser, diese Einzeleinflüsse - bezogen auf den jeweiligen Teilbetrag des Vorjahres - getrennt zu ermitteln, um den Gesamtbetrag der Rückstellung besser berechnen und nachweisen zu können.

Rückstellungen für die Altersversorgung

Zur Altersversorgung gehören Pensionen und Übergangsbezüge (zusätzliche Zahlungen zur Pension, die für einen begrenzten Zeitraum nach dem Ausscheiden aus dem aktiven Dienst gewährt werden). Für Pensionsverpflichtungen aufgrund unmittelbarer Zusagen besteht eine Passivierungspflicht, soweit diese Pensionszusage ab dem 1. 1. 1987 neu erteilt wurde. Für Pensionsverpflichtungen aus vor dem 1. 1. 1987 erteilten Zusagen besteht weiterhin ein Passivierungswahlrecht; dieses erstreckt sich auch auf die nach dem 31. 12. 1986 erfolgenden Erhöhungen von vor dem 1. 1. 1987 gegebenen Pensionszusagen. Der Saldo aus Neubildung und Auflösung von Pensionsrückstellungen wird innerhalb der Gewinn- und Verlustrechnung unter der Position 6b „Altersversorgung und Unterstützung" ausgewiesen.

Für eine Pensionsverpflichtung darf eine Rückstellung für Anwärter (Mitarbeiter sowie ehemalige Mitarbeiter mit unverfallbarer Anwartschaft nach dem Gesetz zur Verbesserung der betrieblichen Altersversorgung oder mit vertraglichen Anwartschaften) und Leistungsempfänger (Pensionäre und Hinterbliebene) gebildet werden. Die Rückstellung darf steuerlich frühestens ab dem 30. Lebensjahr des Pensionsberechtigten erfolgen.

Für ein Geschäftsjahr darf den Pensionsrückstellungen höchstens der Unterschiedsbetrag zwischen dem Teilwert am Anfang und am Ende des Geschäftsjahres zugeführt werden. Unterlassene Zuführungen zu den Rückstellungen können nur in dem Geschäftsjahr nachgeholt werden, in dem das Dienstverhältnis unter Aufrechterhaltung der Pensionsanwartschaft endet oder in dem der Versorgungsfall eintritt (Nachholverbot). Pensionsrückstellungen werden steuerlich anerkannt, wenn sie auch in der Handelsbilanz gebildet werden.

Bei der Berechnung des Teilwertes der Pensionsverpflichtungen ist ein Zinssatz von 6 Prozent (Berlin: 4 Prozent) zugrunde zu legen und die anerkannten Regeln der Versicherungsmathematik anzuwenden.

Um diese Anforderungen erfüllen zu können, müssen die erforderlichen Personaldaten der Anwärter und Leistungsempfänger jährlich einmal bereitgestellt werden. Dies kann in Form einer Inventur der Gesamtverpflichtungen erfolgen. Durch eine Datenerhebung ist hierzu eine Unterlage (Tabelle, Magnetband) mit folgenden Angaben zu erstellen:

— Personal-Nummer, Geschlecht, Geburtsdatum, Familienstand
— Eintrittsdaten (Eintrittsdatum für die Altersversorgung und letzter tatsächlicher Eintritt)
— Betrag der Versorgungsverpflichtung je Monat oder Jahr (bei Empfängern laufender Leistungen und ehemaligen Mitarbeitern mit unverfallbaren Ansprüchen) oder insgesamt (bei Übergangsbezügen); für laufende Leistungen aktiver Mitarbeiter nach deren Pensionierung die Rang-/Pensionsstufe
— Kennzeichen für Hinterbliebenenversorgung
— Kennzeichen für Altersgrenze
— Ablaufdatum von Kinder-/Waisengeldern
— Kennzeichen für Teilzeitbeschäftigung
— Berlin-Kennzeichen

Diese Auflistung ist nach aktiven Mitarbeitern, ehemaligen Mitarbeitern mit unverfallbaren Ansprüchen beziehungsweise vertraglichen Anwartschaften und Pensionären/Hinterbliebenen getrennt zu erstellen. Aus diesen Daten werden dann - häufig durch eine Treuhandgesellschaft (weil diese in der Regel über die dafür erforderlichen speziellen Programme verfügt) - die Pensionsverpflichtungen errechnet und dem entsprechenden Vorjahreswert gegenübergestellt. Aus der Differenz ergibt sich der Betrag der Rückstellungsveränderung.

Auf diesem Gebiet läßt sich der Gesetzgeber häufig Änderungen einfallen, zum Beispiel

— wurde 1974 das Prinzip der Gleichverteilung (Gegenwartswertverfahren) der Pensionsrückstellungen durch das Teilwertverfahren abgelöst. Daraufhin konnten in erheblichem Ausmaß Pensionsrückstellungen zusätzlich gebildet werden
— 1982 durch das 2. Gesetz zur Verbesserung der Haushaltsstruktur (2. HStruktG) wurde der Rechnungszins von 5,5 Prozent auf 6 Prozent (Berlin von 3,5 Prozent auf 4 Prozent) angehoben. Hierdurch aufzulösende Pensionsrückstellungen können in eine gewinnmindernde Rücklage überführt werden, die innerhalb von 12 Jahren gewinnerhöhend aufzulösen ist.

Damit ergeben sich aus diesen Gesetzen erhebliche Einflüsse auf die Möglichkeiten der Rückstellungsbildung. Während bei Anhebung der laufenden Leistungen die von Gesetz und Rechtsprechung festgelegten Bestimmungen zu beachten sind, liegt die Erhöhung der Anwartschaften im freien Ermessen der Unternehmen. Dabei ist zu berücksichtigen, daß sich bei einer Erhöhung der Anwartschaften für die Unternehmen - je nach Ertragslage - noch weitere Steuerungsmöglichkeiten ergeben. So können beispielsweise die Anhebung der Pensionszusagen für Anwärter und Leistungsempfänger entweder zum gleichen Zeitpunkt erfolgen oder auf 2 oder mehrere Geschäftsjahre verteilt werden. Dies führt jedoch dazu, daß der hiervon unmittelbar berührte Personalzusatzaufwand erheblichen Schwankungen unterliegen kann. Für die Personalberichterstattung ergibt sich daraus die Notwendigkeit, diese Aufwandsveränderungen jeweils besonders zu erläutern.

5. Auswertungen

5.1 Zielsetzung und Gestaltung von Auswertungen

In den vorhergehenden Abschnitten wurden Analysemethoden beschrieben und Beispiele hierfür angeführt. Auswertungen sind die konsequente Fortführung der Analysen. Während die Analyse darauf ausgerichtet ist, das zusammengetragene Datenmaterial systematisch nach festen Regeln zu untersuchen, bedient sich die Auswertung der gefundenen Ergebnisse und wertet sie unter einer bestimmten Zielrichtung aus. Auswertungen können zum Beispiel auf folgende Ziele ausgerichtet werden:

— Alternativen zeigen und Entscheidungshilfen geben
— Hypothesen bestätigen oder entkräften
— Prognosen aufstellen
— umfassende Informationen bieten
— im Rückkopplungsprozeß die Datenerfassung beeinflussen und verbessern

Aus der Fülle des analysierten Datenmaterials werden aktuelle Themen aufgegriffen. Die Aussagen und die Gestaltung der Auswertungen müssen sich an dem Empfängerkreis ausrichten. So sind zum Beispiel komplexe Zusammenhänge der Berechnung des Personalaufwandes dem Rechnungswesen im Detail mitzuteilen. Der Unternehmensleitung oder der Leitung des Personalbereichs ist das gleiche Thema - jedoch ohne diese Details - im Ergebnis und den künftig zu erwartenden Auswirkungen darzustellen.

Da Auswertungen im Regelfall zukunftsbezogen zu gestalten sind und die Möglichkeit bieten sollten, hieraus Handlungen abzuleiten und Entscheidungen zu treffen, ist es zweckmäßig, die Themen unter dem Gesichtspunkt auszuwählen,

— was planen der Gesetzgeber, die Tarifpartner oder das Unternehmen?
— welche Informationen sind für die Führungskräfte, die Mitarbeiter, den Betriebsrat oder die Öffentlichkeit aktuell?

Hierauf ausgerichtet ist zu untersuchen, ob beziehungsweise welche kritischen Entwicklungen erkennbar sind und wie man diese mit Hilfe des aufbereiteten Datenmaterials quantifizieren kann. Hieraus können sich zum Beispiel ergeben:

— Vorschläge, welche Maßnahmen ergriffen werden sollten
— welche Informationen zu gesellschafts- oder personalpolitischen Aspekten erforderlich sind und an welchen Empfängerkreis diese gegeben werden sollen.

Hieraus wird deutlich, daß Auswertungen in den seltensten Fällen standardisiert sein können. Auswertungen sind sowohl hinsichtlich der aufgegriffenen Themen als auch in ihrer Gestaltung immer fallbezogen und unternehmenspezifisch ausgelegt.

Neben die zukunftsbezogenen Auswertungen treten gleichberechtigt auch die vergangenheitsbezogenen Auswertungen. Sie zeigen die Auswirkungen bereits getroffener Maßnahmen und weisen auf unerwünschte Entwicklungen und Fehler hin und müssen darüber hinaus Ansatzpunkte bieten, wie man Fehlentwicklungen entgegenwirken kann.

Aufgegriffen werden Auswertungen in erster Linie durch die Stelle, die für die Personalberichterstattung verantwortlich ist. Das setzt jedoch voraus, daß diese Stelle das politische Geschehen und die Tarifentwicklungen intensiv verfolgt sowie über die Unternehmensplanungen - insbesondere auf dem Personalsektor - rechtzeitig und vollständig unterrichtet ist. Angeregt werden können Auswertungen aber auch von anderen interessierten Stellen, zum Beispiel Unternehmensleitung, Leitung des Rechnungswesens oder des Personalbereichs. Dies setzt wiederum voraus, daß diese Stellen genau wissen, welche Personaldaten und welche Auswertungsmöglichkeiten der Personalberichterstattung zur Verfügung stehen. Die Initiative muß also von beiden Seiten ausgehen,

— der Personalberichterstattung, die ihr Wissen aktiv nutzt
— der Leitung, die die Personalberichterstattung fördert (und unterstützt).

Es mag vielleicht ungewöhnlich sein, daß von einer **Berichtsstelle** verlangt wird, Vorschläge für das künftige Handeln zu machen (noch gibt es vielfach die Vorstellung, daß eine Berichtsstelle Statistiken anfertigt). Wenn man jedoch Daten intensiv analysiert, dann ist zwangsläufig damit verbunden, daß man sich auch Gedanken darüber macht, „was man tun müßte".

Dieses Vorstellungsvermögen, verbunden mit einem hohen Fachwissen um die Zusammenhänge, sollte nicht unterbunden, sondern gefördert werden.

Wegen der großen Vielfalt der Auswertungsmöglichkeiten und der wechselnden Themenschwerpunkte kann es keine systematische Aufzählung und Darstellung der verschiedenen Auswertungen geben. Statt dessen werden im folgenden einige Beispiele über Auswertungsmöglichkeiten gegeben. Da sich die Ergebnisse beziehungsweise Aussagen von Auswertungen nur an konkreten Daten, die hier nicht zur Verfügung stehen, darstellen lassen, müssen statt dessen die vorgestellten Auswertungsbeispiele in Fragestellungen einmünden.

5.2 Aufstellung und Auswertung der Mitarbeiterstruktur

Die Entwicklung der Mitarbeiterstruktur hat großen Einfluß auf die Löhne und Gehälter, die Altersversorgung, die Qualität der Arbeit und insbesondere auf die Personalplanung und Personalentwicklung. Es ist daher für jedes Unternehmen zweckmäßig, Strukturübersichten zu erstellen. Besonders wichtig ist hierfür die Langfristbetrachtung. Auch wenn es manchmal schwerfällt, Daten aus weit zurückliegenden Zeiträumen in der erforderlichen Gliederung und Aufbereitung zu ermitteln, sollte ein derartiger Versuch unternommen werden. Mindestens kann man daraus lernen, welche Daten man künftig für derartige Langfristvergleiche zur Verfügung haben sollte. Eine derartige Strukturübersicht sollte mindestens folgende Informationen bieten:

	Zeitraum		
	19..	19..	19..
1. Mitarbeiterstruktur			
1.1 Allgemeine Relationen			
1.1.1 Relation Arbeiter : Angestellten	:	:	:
1.1.2 Relation AT-Angestellte : Tarif-angestellten	:	:	:
1.1.3 Relation Zeit- : Akkordlöhnern	:	:	:
1.1.4 Anteil ausländischer Mitarbeiter			
− Arbeiter	%	%	%
− Angestellte	%	%	%
1.1.5 Relation Vollzeit[1]: Teilzeit[1]	:	:	:
1.2 Vorbildungsstruktur[2]			
1.2.1 Kaufmännisch Tätige[3],[4]			
Hochschulabsolventen	%	%	%
Fachhochschulabsolventen	%	%	%
mit kaufmännischer Lehre	%	%	%
Sonstige	%	%	%
Gesamt	100 %	100 %	100 %
1.2.2 Technisch Tätige[3],[4]			
Hochschulabsolventen	%	%	%
Fachhochschulabsolventen	%	%	%
mit technischer Lehre	%	%	%
mit gewerblicher Lehre	%	%	%
Sonstige	%	%	%
Gesamt	100 %	100 %	100 %

1) ohne Aushilfen
2) bei mehreren Ausbildungen gilt jeweils der höherwertige Abschluß
3) ohne Sekretärinnen/Schreibkräfte
4) Definition siehe Merkmalskatalog 4.10

	Zeitraum		
	19..	19..	19..
1.3 Tätigkeitsgebiet[1),2)]			
Forschung und Entwicklung	%	%	%
Fertigung	%	%	%
Vertrieb	%	%	%
kaufmännische Verwaltung	%.	%	%
sonstige Verwaltung	%	%	%
Leitung	%	%	%
Gesamt	100 %	100 %	100 %
1.4 Tätigkeit[3)]			
Arbeiter			
– drehen	%	%	%
– fräsen	%	%	%
– montieren	%	%	%
...			
Gesamt	100 %	100 %	100 %
Angestellte			
– einkaufen	%	%	%
– verkaufen	%	%	%
– organisieren	%	%	%
– DV-Tätigkeit	%	%	%
...			
Gesamt	100 %	100 %	100 %

1) siehe Merkmalskatalog 4.11
2) nur Angestellte
3) siehe Merkmalskatalog 4.9, gegebenenfalls in größere Gruppen zusammenfassen

	Zeitraum		
	19..	19..	19..
1.5 Durchschnittliches Lebensalter			
an- und ungelernte Arbeiter			
Facharbeiter			
Tarifangestellte			
AT-Angestellte			
2. Ausbildungssituation			
2.1 Arbeiter			
2.1.1 Anteil Auszubildende (Bestand) an Facharbeitern	%	%	%
2.1.2 Übernahme Ausgebildete in Relation zum Zugang Facharbeiter (ohne Übernahmen aus dem Ausbildungsverhältnis)	:	:	:
2.2. Angestellte Anteil Auszubildende (Bestand) an Angestellten (Bestand) 1)	%	%	%
2.3 Übernahme Ausgebildete in Relation zum Zugang an qualifiziert vorgebildeten Tarifangestellten (ohne Übernahme aus dem Ausbildungsverhältnis)	%	%	%
3. Nachwuchssituation/Personalentwicklung			
3.1 kaufmännisch Tätige			
3.1.1 Anteil kaufmännische Nachwuchskräfte[2] an kaufmännischen AT-Angestellten	%	%	%
3.1.2 wie lange dauert es im Durchschnitt, bis ein Hochschulabsolvent 3) den AT-Kreis erreicht?	Jahre	Jahre	Jahre
3.1.3 wie lange dauert es im Durchschnitt, bis ein ausgelernter Auszubildender den AT-Kreis erreicht?	Jahre	Jahre	Jahre

1) ohne Sekretärinnen/Schreibkräfte
2) Definition erforderlich (unter Berücksichtigung von Vorbildung und Lebensalter)
3) eingestellt nach Hochschulabschluß

	Zeitraum		
	19..	19..	19..
3.2 Technisch Tätige			
3.2.1 Anteil technische Nachwuchskräfte[1] an technischen AT-Angestellten	%	%	%
3.2.2 wie lange dauert es im Durchschnitt, bis ein Hochschulabsolvent [2] den AT-Kreis erreicht?	Jahre	Jahre	Jahre
3.2.3 wie lange dauert es im Durchschnitt, bis ein Fachhochschulabsolvent [2] den AT-Kreis erreicht?	Jahre	Jahre	Jahre
4. Einkommensstruktur			
4.1 Lohngruppenstruktur			
4.1.1 an- und ungelernte Arbeiter			
Lohngruppe 1	%	%	%
....			
Lohngruppe 10	%	%	%
Gesamt	100 %	100 %	100 %
4.1.2 Facharbeiter			
Lohngruppe 1	%	%	%
...			
Lohngruppe 10	%	%	%
Gesamt	100 %	100 %	100 %
4.2 Akkordüberverdienst[3]			
in % vom Akkordgrundlohn	%	%	%
4.3 Leistungszulage der Zeitlöhner[3]			
in % vom Tarifgrundlohn	%	%	%
4.4 Sonderzulage der Zeitlöhner[3]			
in % vom Tarifgrundlohn	%	%	%

1) Definition erforderlich (unter Berücksichtigung von Vorbildung und Lebensalter)
2) eingestellt nach Hochschul- beziehungsweise Fachhochschulabschluß
3) gegebenenfalls nach an- und ungelernten Arbeitern und Facharbeitern unterteilen

143

	Zeitraum		
	19..	19..	19..
4.5 Kaufmännische Angestellte[1]			
4.5.1 Gehaltsgruppenstruktur 2)			
Gehaltsgruppe 1	%	%	%
...			
Gehaltsgruppe 7	%	%	%
Gesamt	100 %	100 %	100 %
4.5.2 Leistungszulage in % vom Tarifgrundgehalt	%	%	%
4.5.3 Sonderzulage in % vom Tarifgrundgehalt	%	%	%
4.5.4 wieviele individuelle Gehalts-erhöhungen der Tarifangestellten gab es in % von allen Tarifange-stellten	%	%	%
4.5.5 wieviele individuelle Gehalts-(Einkommens-) erhöhungen der AT-Angestellten gab es in % von allen AT-Angestellten	%	%	%
4.5.6 wieviele einmalige Sonderzahlungen (Prämien) für Tarifangestellte gab es in % der Tarifangestellten	%	%	%
4.5.7 Durchschnittliche Höhe der Sonder-zahlungen	DM	DM	DM
4.5.8 wieviele einmalige Sonderzahlungen (Prämien) für AT-Angestellte gab es in % der AT-Angestellten	%	%	%
4.5.9 Durchschnittliche Höhe der Sonder-zahlungen	DM	DM	DM
4.6 Technische Angestellte			
Die Aufstellung ist die gleiche wie zu 4.5			
4.7 Sekretärinnen/Schreibkräfte			
Die Aufstellung ist die gleiche wie zu 4.5			

1) ohne Sekretärinnen/Schreibkräfte
2) Tarifangestellte

144

Bei einem derartigen Langfristvergleich werden sich erhebliche Strukturverschiebungen zeigen. Diese sind wie folgt zu beurteilen:

— ob eine derartige Entwicklung gewollt oder nicht gewollt war
— welche Vorstellungen man von der künftigen Entwicklung hat
— welche Maßnahmen getroffen werden müssen, um diese Entwicklung zu beeinflussen.

Auch ein Vergleich der Mitarbeitergruppen untereinander kann zu aufschlußreichen Informationen führen. So wären zum Beispiel zu beurteilen,

— ob die Relationen der Mitarbeitergruppen angemessen sind
— ob sich die Relation zum Umsatz (besser: zur Leistung) positiv entwickelt hat
— ob die Vorbildungsstruktur den künftigen Aufgaben entspricht
— in welcher Richtung sich die Tätigkeiten entwickeln werden (zum Beispiel die Anzahl der Organisatoren ist - gemessen an den anderen Verwaltungstätigkeiten - zu gering; das behindert die Bürorationalisierung)
— ob das durchschnittliche Lebensalter - insbesondere der AT-Angestellten - den eigenen Vorstellungen entspricht
— ob der Anteil der Auszubildenden - auch im Hinblick auf den in den 90er Jahren zu erwartenden Facharbeitermangel - angemessen ist oder ob der Anteil der selbst ausgebildeten Kaufleute zu den entsprechenden Diplom-Kaufleuten so gewollt war
— ob die Nachwuchssituation den künftigen Planungen gerecht wird
— ob die Einkommensstruktur und -entwicklung der Mitarbeitergruppen untereinander richtig (gerecht) ist (zum Beispiel, was verdient eine Sekretärin gegenüber einem Facharbeiter?)

Diese Fragen können noch erheblich erweitert werden. Wichtig ist, daß die Personalberichterstattung diese Fragen stellt, sie sich von der Leitung beantworten läßt, um dann mit Hilfe ihres umfangreichen Datenmaterials Vorschläge zu unterbreiten, wie und in welchen Zeiträumen eingetretene Entwicklungen in die gewünschte Richtung hin geändert werden können. Dabei muß man sich bewußt sein, daß auf dem Personalsektor neue Maßnahmen im Regelfall nicht ad hoc wirken, sondern daß man nur mit konsequenter Ausdauer und Geduld etwas bewirken kann.

5.3 Unterstützung der Personalplanung und Personalentwicklung durch die Personalberichterstattung

Personalplanung und Personalentwicklung gehören zusammen wie Vorder- und Rückseite einer Münze. Die Personalentwicklung ist die konsequente und logische Fortsetzung der Personalplanung und löst eine entsprechende Rückwirkung hierauf aus. Die hohen Personalkosten, die ständig steigenden Anforderungen, die sich aus dem notwendigen Produktivitätsfortschritt ergeben, und die Schwierigkeiten, rechtzeitig den qualifizierten Nachwuchs (Facharbeiter, Angestellte mit entsprechender Vorbildung) zu gewinnen, erfordern ein adäquates Planungsinstrumentarium. Hierzu gehört eine Methode der Personalplanung, die sowohl die unternehmensspezifischen als auch die außerbetrieblichen Faktoren, die auf die Personalplanung einwirken können, berücksichtigt. Die Ergebnisse der Personalplanung sind dann eine wesentliche Grundlage der Personalentwicklung.

Beide Planungsprozesse gehören nicht zu den eigentlichen Aufgaben der Personalberichterstattung, sie können jedoch durch diese Stelle wesentlich unterstützt werden. Die Personalberichterstattung verfügt über ein breites Spektrum an Personalinformationen und hat aufgrund der von ihr entwickelten Analysemethoden einen guten Überblick über Strukturänderungen und deren Folgen. Das sollte bei der Personalplanung und Personalentwicklung genutzt werden. Um möglichen Mißverständnissen vorzubeugen, sei darauf hingewiesen, daß es sich bei diesen Planungsprozessen um generelle Informationen über die verschiedenen Mitarbeitergruppen handelt - nicht dagegen um Planungsvorgänge, die auf einzelne Mitarbeiter bezogen sind.

Die Personalplanung stellt fest, wieviel Mitarbeiter für welche Tätigkeiten und mit welcher Qualifikation künftig benötigt werden. Aufbauend auf diesen Planungsergebnissen wird ermittelt, welcher Strukturwandel in der Zusammensetzung des eigenen Personals erforderlich wird und in welchem Umfang eine Weiterentwicklung der Mitarbeiter möglich beziehungsweise erforderlich ist. An dieser Stelle setzt die Personalentwicklung ein. Da im Regelfall der Strukturwandel in der Vorbildung und Tätigkeit der Mitarbeitergruppen höhere Anforderungen an die Qualifikation zur Folge hat, ist zunächst zu prüfen, ob und in welchem Umfang der vorhandene Mitarbeiterstamm in die Lage versetzt werden kann, diese Anforderungen zu erfüllen. Hieraus wird deutlich, daß

— Voraussetzung für die Personalentwicklung eine detaillierte Personalplanung ist
— die Personalentwicklung die logische und konsequente Fortsetzung der Personalplanung sein sollte.

Wegen dieses sehr engen Verbundes werden beide Themenbereiche im Zusammenhang behandelt. Dabei wird vorausgesetzt, daß die betreffenden Aktivitäten einen mittel- und einen langfristigen Charakter haben.

Personalplanung

Jede fundierte Personalplanung benötigt ein breites Spektrum von Personaldaten als Ausgangsbasis und Grundlage. Dazu gehören Kenntnisse und Erfahrungswerte aus

— den Ergebnissen der Personalplanung der Vergangenheit
— den vorhandenen Personalstrukturen
— dem inner- und außerbetrieblichen Umfeld, in das das Personalgeschehen eingebettet ist.

146

Ausgerichtet auf diese Ziele und Zwecke der Personalplanung kann die Personalberichterstattung hierzu einen wesentlichen Beitrag leisten und ist damit ein unentbehrliches Instrument zur Steigerung der Qualität und Zuverlässigkeit dieser wichtigen Unternehmensfunktion. Daraus ergeben sich dann unmittelbare Auswirkungen auf die Personalkosten, weil Fehlentscheidungen und Mängel in der Personalplanung vermieden werden können.

Die Personalplanung ist ihrem Wesen nach eine Folgeplanung aus der Unternehmensplanung. Voraussetzung für eine erfolgreiche Personalplanung ist die Erstellung von folgenden Planungsunterlagen:

— Marketingplanung (einschließlich Produktplanung)
— Forschungs- und Entwicklungsplanung
— Produktionsplanung
  ● die geplante Leistung ist nach Erzeugnisgruppen zu unterteilen. Meist wird man hieraus bereits einen Strukturwandel ableiten können, der auch einen wesentlichen Einfluß auf den Mitarbeitereinsatz ausüben kann
  ● es ist abzuschätzen, wie sich die Fertigungstiefe (Eigenfertigung oder Bezug von Teilen) verändern soll
  ● der voraussichtliche Produktivitätsfortschritt ist zu ermitteln. Da sich der voraussichtliche Produktivitätsfortschritt häufig nicht genau voraussagen läßt, reicht es im Regelfall aus, wenn man den langfristig festgestellten Trend aus der Vergangenheit für die Planung extrapoliert. Bereits bekannte Sondereinflüsse (zum Beispiel Umstellung von Elektromechanik auf Elektronik) müssen dabei berücksichtigt werden.
— Vertriebsplanung. Hierbei sind insbesondere Veränderungen in der Vertriebsmethode für die Personalplanung wesentlich
— Organisationsplanung; insbesondere Änderungen in der Aufbauorganisation. Das ist wichtig für die Einsatzplanung der Führungskräfte und die Personalentwicklung
— Planung der Produktivität in Entwicklung, Vertrieb und Verwaltung. Besonders im Verwaltungsbereich ist absehbar, daß sich durch organisatorische Maßnahmen, Einsatz von Personal Computern und neuer Bürotechnik erhebliche Rationalisierungsreserven erschließen lassen
— Investitions- und Finanzplanung

In diese lang-, mittel- und kurzfristige Unternehmensplanung und in die genannten Planungsabschnitte muß die Personalplanung eingebunden sein und die entsprechenden Rückkopplungsprozesse auslösen. Hervorzuheben ist: Planung ist nicht eine einmalige oder sporadische Angelegenheit, sondern ein ständiger Prozeß, weil nicht vorhergesehene Entwicklungen oder Planungsmängel behoben und den neuen Situationen angepaßt werden müssen. Im Rahmen dieses Planungsprozesses sind vom Personalbereich die Fragen zu stellen:

— Wieviel Mitarbeiter werden
  ● für welche Aufgaben (Tätigkeiten)
  ● mit welcher Vorbildung und Qualifikation
  ● zu welchem Zeitpunkt (gegebenenfalls wie lange) benötigt?

Die Personalplanung hat im Regelfall erhebliche Auswirkungen auf die Beschäftigung und die Entwicklungsmöglichkeiten der Mitarbeiter. Das bedingt ein wirksames Planungsinstrumentarium, in dem möglichst alle Einflußgrößen sorgfältig berücksichtigt werden.

Aus dem vorher Gesagten geht bereits hervor, daß die Personalplanung weder Selbstzweck ist noch ein Eigenleben führt, sondern dazu dient, die Effizienz des Unternehmens zu steigern.

Dazu gehört:

— die Personalplanung muß **ständig** Anschluß an die anderen Planungsfelder der Unternehmensplanung suchen und eine wirklichkeitsnahe Abstimmung hiermit herbeiführen
— die Auswirkungen der Personalplanung auf die Personalbewegung sind zu glätten, möglichst zu minimieren. Der sich hieraus ergebende - oft schwierige - Rückkopplungsprozeß mit den anderen Planungsfeldern muß wegen der möglicherweise hohen Personalkostenauswirkung sorgfältig gesteuert werden. Das ist eine wesentliche Aufgabe der Personalleitung
— aus diesem Personalplanungsprozeß müssen sich die Grundlagen für die Personalentwicklung ergeben

Die Qualität der Personalplanung kann man daran messen, inwieweit diese Ziele erreicht wurden.

Neben der bereits genannten Ableitung der Personalplanung aus der Unternehmensplanung muß das Umfeld beachtet werden, in das die Personalplanung eingebettet ist und aus dem sich eine Reihe weiterer Einflüsse ergeben, die in mehr oder weniger großem Ausmaß auf die Personalplanung einwirken können. Zu den **internen** Einflüssen gehören zum Beispiel

— neue oder beabsichtigte Firmenregelungen, zum Beispiel über vorzeitige Pensionierung; verstärkte Teilzeitbeschäftigung
— Trends aus dem Personalgeschehen, zum Beispiel Altersaufbau bei bestimmten Mitarbeitergruppen; Ernennungsstau

Zu den **externen** Einflüssen, die nicht unbeachtet bleiben dürfen, gehören beispielsweise

— Altersaufbau der Bevölkerung. Daraus folgt zum Beispiel die rechtzeitige Vorsorge durch die Ausbildung zum Facharbeiter (Ausbildung über Bedarf), weil langfristig die Bewerbungen um Lehrstellen zurückgehen werden
— Änderung des Trends in der Vorbildungsstruktur (wesentlich mehr Abiturienten und Hochschulabsolventen)
— Arbeitsmarktentwicklung (Konjunkturschwankungen)
— Auswirkung von Tarifverträgen, zum Beispiel Arbeitszeitverkürzung; Flexibilisierung der Arbeitszeit
— Auswirkung von Gesetzen, zum Beispiel Vorruhestandsregelung

Die Personalberichterstattung hat hierzu diese Entwicklungen zu beobachten, die erforderlichen statistischen Unterlagen zu beschaffen und auf die Auswirkungen rechtzeitig hinzuweisen. Hieraus wird auch deutlich, daß die Personalberichterstattung nicht nur interne Daten benötigt, sondern sich auch in erheblichem Umfang das statistische Material über externe Daten verfügbar machen muß.

Die Personalplanung kann erheblichen Einfluß auf die Beschäftigung und die Entwicklung der Mitarbeiter haben. Auch aus diesem Grunde ist eine sorgfältige Ermittlung und Berücksichtigung aller Grundlagen, Voraussetzungen und Einflußfaktoren notwendig.

Langfristig ist damit zu rechnen, daß in den meisten Unternehmen die Nachfrage nach qualifiziertem Personal zunimmt. Das hängt eng damit zusammen, daß die Bundesrepublik aus innen- und außenwirtschaftlichen Gründen immer mehr spezialisierte und technisch hochwertige Produkte anbieten muß.

Wesentliche Bestandteile der Personalplanung sind

— die Bedarfsplanung mit der Feststellung der Anzahl, Vorbildung, Qualifikation der benötigten Arbeitskräfte (was ist vorhanden, was wird gebraucht, was muß beschafft oder abgegeben werden?)

— die Einsatzplanung: wann (Zeitpunkt), wo (Ort), für welche Aufgaben werden die Mitarbeiter benötigt?

— Kostenplanung: Auswirkungen auf die Lohn- und Gehaltsstruktur - auch langfristiger Art (zum Beispiel verstärkte Einstellung von hochqualifizierten Mitarbeitern zieht lang- oder mittelfristig eine entsprechende Entwicklungsmöglichkeit mit Auswirkungen auf die Rang- und Gehaltsstruktur nach sich); Auswirkungen auf soziale Leistungen (Kantine, Fahrgeldzuschüsse, Zubringerdienste usw.); Auswirkungen auf die Weiterbildung.

In der Praxis kommt es nur selten vor, daß eine Personalplanung von Grund auf neu aufzustellen ist und eine Aufnahme und Betrachtung aller Arbeitsplätze und Mitarbeiter notwendig macht. Der Regelfall ist die Planungsfortschreibung und damit die Feststellung, wieviel Mitarbeiter zusätzlich oder weniger benötigt werden. Dies erleichtert die Planungsvorgänge und bietet gleichzeitig den Ausgangspunkt für die Unterstützung, die die Personalberichterstattung für die Bewältigung dieser Aufgabe bieten kann. Für die Darstellung der Personalstrukturdaten bieten sich insbesondere die Planungsfelder laut Abbildung 8 an.

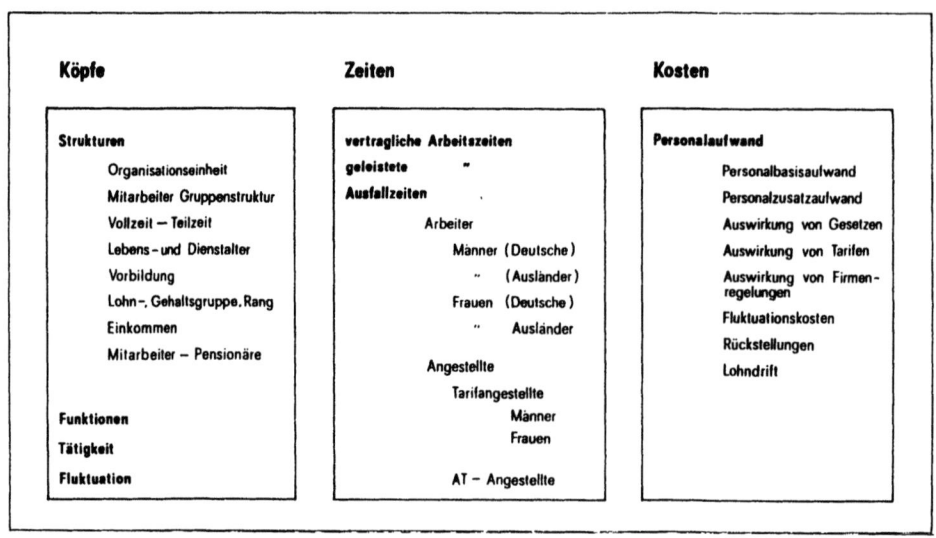

Köpfe	Zeiten	Kosten
Strukturen	**vertragliche Arbeitszeiten**	**Personalaufwand**
Organisationseinheit	**geleistete** "	Personalbasisaufwand
Mitarbeiter Gruppenstruktur	**Ausfallzeiten**	Personalzusatzaufwand
Vollzeit – Teilzeit	Arbeiter	Auswirkung von Gesetzen
Lebens- und Dienstalter	Männer (Deutsche)	Auswirkung von Tarifen
Vorbildung	" (Ausländer)	Auswirkung von Firmen- regelungen
Lohn-, Gehaltsgruppe, Rang	Frauen (Deutsche)	
Einkommen	" Ausländer	Fluktuationskosten
Mitarbeiter – Pensionäre		Rückstellungen
	Angestellte	Lohndrift
	Tarifangestellte	
Funktionen	Männer	
Tätigkeit	Frauen	
Fluktuation	AT – Angestellte	

Abbildung 8:
Planungsfelder der Personalberichterstattung für die Personalplanung

Wie aus den vorhergehenden Abschnitten deutlich wurde, wird die Personalplanung aus vielen Datenquellen gespeist. Eine zusammenfassende Übersicht zeigt Abbildung 9.

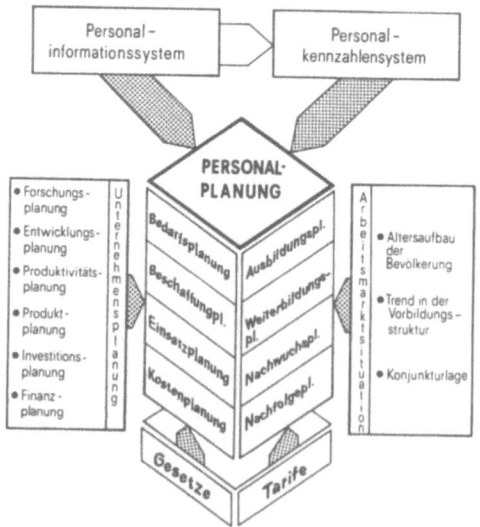

Abbildung 9:
Datenquellen für die Personalplanung

150

Aus den bisherigen Ausführungen gingen bereits einige Hinweise hervor, wo und in welcher Form die Personalberichterstattung die Personalplanung unterstützen kann. Zusammengefaßt ergeben sich zunächst folgende allgemeine Anforderungen an die Personalberichterstattung:

— Darstellung des Umfeldes mit Hinweisen auf künftige Entwicklungen
— Darstellung von Personalstrukturdaten, die für die Personalplanung dienlich sein können
— Darstellung von Trends und Erfahrungen aus der Vergangenheit

Um diese Anforderungen zu erfüllen, muß die Personalberichterstattung über die Lieferung von Statistiken oder Einzeldaten hinausgehen und die benötigten Informationen interpretieren, erläutern und Entwicklungstrends aufzeigen. Wichtig ist auch hier eine Rückkopplung mit den Planungsergebnissen und den sich dann abzeichnenden Auswirkungen auf die Personalstrukturdaten. Aus der Gegenüberstellung mit den Daten und Erfahrungen der Vergangenheit ist dann auch eine Plausibilitätsprüfung der Planungsergebnisse möglich. Dabei ist zum Beispiel zu berücksichtigen, daß das Umsetzen der Planungsergebnisse wiederum Reaktionen sowohl bei den Mitarbeitern als auch bei den Vorgesetzten auslösen kann. Erfahrungsgemäß hat zum Beispiel die Konjunkturlage erheblichen Einfluß auf den Krankenstand und die Fluktuation. Erfahrungswerte der Personalberichterstattung können die voraussichtlichen Auswirkungen zeigen und als Parameter in die Planung mit einfließen. Auch die Vorgesetzten reagieren in einem gewissen Ausmaß auf Anforderungen, die sich aus der Umsetzung der Planung ergeben. Das kann sich zum Beispiel beim Urlaub auswirken (Urlaubsrückstände aufholen oder Urlaub hinausschieben) und damit einen Einfluß auf den Personalaufwand (Rückstellungsveränderung) ausüben.

Personalentwicklung

Die Planung der Personalentwicklung der Mitarbeiter ist die logische und konsequente Fortsetzung der Personalplanung. Hierzu gehört in erster Linie die Prüfung, ob und inwieweit der Bedarf an qualifizierten Mitarbeitern aus den eigenen Reihen gedeckt werden kann. In diesem Sinne ist die

— Ausbildungsplanung
— Weiterbildungsplanung
— Nachwuchsplanung
— Nachfolgeplanung

das Bindeglied zwischen Personalplanung und Personalentwicklung.

Eine systematisch betriebene Personalentwicklung bietet den Mitarbeitern die Möglichkeit, sich in ihrem Beruf zu qualifizieren und gebotene Aufstiegschancen wahrnehmen zu können. Die Personalentwicklung bezieht sich grundsätzlich auf alle Mitarbeitergruppen. Die Untersuchung über die Entwicklungsmöglichkeiten und die planvolle Ausschöpfung dieser Möglichkeiten muß jedoch nach den verschiedenen

Mitarbeitergruppen, zum Beispiel an- und ungelernte Arbeiter, Facharbeiter, Meister, Techniker, Kaufleute, Hochschul- und Fachhochschulabsolventen, spezifiziert vorgenommen werden. Dies ist erforderlich, weil jede dieser Gruppen unterschiedliche Voraussetzungnen in der Vorbildung mitbringt. Zunächst ist das entwicklungsfähige Potential festzustellen. Dazu bedarf es einer strukturierten Personalbestandsanalyse, aus der

— die Vorbildung der Mitarbeiter
— die ausgeübte Tätigkeit
— das Lebens- und Dienstalter

hervorgeht.

Diese vorhandene Struktur ist der gewünschten Struktur aus den Ergebnissen der Personalplanung gegenüberzustellen.

Um festzustellen, mit welchem tatsächlichen Entwicklungspotential man wahrscheinlich rechnen kann (nicht alle Mitarbeiter sind entwicklungsfähig), ist zunächst zu ermitteln, wie die Entwicklung der Mitarbeiter in der Vergangenheit verlaufen ist. Dabei wird unterstellt, daß eine planmäßige Mitarbeiterentwicklung bereits längere Zeit besteht.

An den folgenden Beispielen wird gezeigt, mit welchen Informationen die Personalberichterstattung die Maßnahmen zur Personalentwicklung unterstützen kann.

Beispiel 1: **Entwicklung von Facharbeitern**

Ziel der Untersuchung ist, die berufliche Entwicklung von Facharbeitern festzustellen. Dazu muß zunächst von der Personalberichterstattung ermittelt werden, in welchem Umfang und in welchen Zeiträumen es möglich ist, auch mit einer gewerblichen Ausbildung ohne weitere Anschlußausbildung höherqualifizierte berufliche Positionen zu erreichen.

Voraussetzung für die Gewinnung dieser Daten ist die Speicherung der beruflichen Vorbildung im Rahmen der Personaldaten. Man muß jedoch im allgemeinen damit rechnen, daß für die berufliche Entwicklung innerhalb der Personaldaten des einzelnen Mitarbeiters keine vollständige Historie - also wann welcher Status erreicht wurde - abgespeichert oder dv-maschinell auswertbar vorhanden ist (es sei denn, man hat bereits seit langem ein voll entwickeltes Personalinformationssystem beziehungsweise hatte die Möglichkeit, alle Historien aufzunehmen und abzuspeichern). Ausreichend genaue Informationen kann man aber auch auf folgendem Weg gewinnen:

— Zuerst werden **alle** Mitarbeiter mit gewerblicher Lehre (ohne Anschlußausbildung) nach Facharbeitern, Meistern, Tarif- und AT-Angestellten unterteilt, und dann wird die Relation zur Gesamtzahl ermittelt. Dieses Ergebnis sagt aber noch nicht viel aus, da man damit auch zwangsläufig diejenigen (zum Beispiel gerade erst am Berufsbeginn stehenden) Mitarbeiter erfaßt, die noch keine Berufsentwicklung aufweisen können.

— Danach werden diese Mitarbeitergruppen nach Altersgruppen, zum Beispiel unter 35 Jahren, 35 - 40, 41 - 45, 46 - 50, über 50 Jahre, zusammengefaßt und die Relation zu allen Mitarbeitern mit gewerblicher Lehre der jeweiligen Altersgruppe hergestellt.

— Um die Transparenz zu erhöhen, sind die AT-Angestellten zum Beispiel in drei Stufen (das muß im konkreten Fall unternehmensspezifisch festgelegt werden) darzustellen. Diese Unterteilung zeigt auch innerhalb des AT-Status den erreichten Entwicklungsstand. Für die Definition dieser Stufen gibt es verschiedene Möglichkeiten, zum Beispiel nach

● dem **Rang** (Bevollmächtigter, Prokurist, Direktor)

● der **Dienststellung** (Gruppenleiter, Abteilungsleiter, Bereichsleiter)

● **Einkommensgruppen**

    Auch eine Unterteilung der Tarifangestellten nach unteren und oberen Tarifgruppen kann zusätzliche Erkenntnisse bringen.

— Sofern man eine eigene Facharbeiterausbildung betreibt, kann auch die Unterteilung nach der Entwicklung von im eigenen Betrieb ausgebildeten Mitarbeitern und von Mitarbeitern, die in fremden Betrieben gelernt haben, interessant sein. Hieraus kann man eventuelle Qualifikationsunterschiede, die sich in der erreichten Position zeigen, nachweisen.

Aus einer derartigen Untersuchung kann folgendes entnommen werden:

— Sowohl für die Personalplanung als auch für die Personalentwicklung ergeben sich wichtige Informationen. Bei der Bedarfsplanung des Facharbeiternachwuchses ist der Übergang in Angestelltenberufe zu berücksichtigen. Umgekehrt ist bei der Bedarfsplanung für qualifizierte Angestelltenpositionen damit zu rechnen, daß auch aus dem Facharbeiterstamm ein entsprechendes Potential zur Verfügung steht.

— Auszubildenden und Jungfacharbeitern kann dargelegt werden, welche tatsächlichen Entwicklungschancen im eigenen Unternehmen für Mitarbeiter mit besonders guten Leistungen gegeben sind (Motivation).

— Die gewonnenen Daten können auch zur Darstellung des Unternehmens gegenüber dem Betriebsrat und der Öffentlichkeit verwendet werden.

— Es kann festgestellt werden, ob die eigene Facharbeiterausbildung zu besseren Ergebnissen führt als eine Lehre in fremden Unternehmen.

— Sofern - in nennenswerter Höhe - ehemalige Facharbeiter in den unteren Gehaltsgruppen steckenbleiben (also nicht als Durchgangsstation), ist kritisch zu prüfen, ob eine derartige Situation erstrebenswert ist und wie es dazu kam.

Beispiel 2: **Entwicklung von qualifizierten Angestellten**

Für Mitarbeiter mit qualifizierter Vorbildung (Hoch- oder Fachhochschulabschluß, gegebenenfalls kaufmännischer Lehre) ist mit Hilfe des Personalinformationssystems zu untersuchen

— wie schnell und wie weit sich diese Mitarbeitergruppen im Durchschnitt entwickeln
— ob es Unterschiede zwischen Mitarbeitern mit technischer und kaufmännischer Vorbildung gibt.

Aus den Ergebnissen kann dann folgendes entnommen werden:

— Für die Personalplanung (Ausbildungsplanung) können hieraus Überlegungen über Umfang und Qualität der eigenen Ausbildung gegenüber der akademischen Ausbildung abgeleitet werden.
— Bei Unternehmen mit einem hohen Anteil von technisch vorgebildeten Mitarbeitern wird man häufig - trotz gleicher Vorbildung und Leistung - Unterschiede in der Entwicklung finden. Das kann zum Beispiel daran liegen, daß im technischen Bereich - gemessen an der Anzahl der dort eingesetzten Ingenieure - relativ weniger Führungspositionen zur Verfügung stehen als im kaufmännischen Bereich. Daraus ergibt sich dann die Frage, ob es zweckmäßig ist, für Ingenieure eine mit den Führungspositionen gleichwertige Fachlaufbahn anzubieten.

Wie aus vorstehenden Ausführungen hervorgeht, ist der Ausgangspunkt der Personalentwicklung zunächst ein detaillierter Überblick über die entsprechende Mitarbeitergruppenstruktur und alle darin abgelaufenen bisherigen Entwicklungsprozesse. Ziel dieser Untersuchung ist es, festzustellen, wie weit der aus der Personalplanung hervorgehende Nachwuchsbedarf aus den eigenen Reihen gewonnen werden kann und in welchem Umfang es etwa notwendig wird, Einstellungen von Führungskräften oder Spezialisten vorzusehen. In diesem Zusammenhang ist auch darauf hinzuweisen, daß eine planmäßig betriebene Personalentwicklung, die den Mitarbeitern die entsprechenden Aufstiegschancen im Unternehmen eröffnet, das beste Mittel gegen unerwünschte Fluktuation (und die damit verbundenen Aufwendungen) ist. Gleichzeitig bedeutet das, daß der Einstellungsplan auf die Personalentwicklung der vorhandenen Mitarbeiter ausgerichtet sein muß.

Ebenso wie die Personalplanung muß auch die Planung der Mitarbeiterentwicklung langfristig angelegt sein. Personalentwicklung kann nur mit einem „langen Atem" betrieben werden.

5.4   Auswertung des Krankenstandes

In vielen Unternehmen ist der Ausfall an Arbeitszeit, der durch Krankheit verursacht wird, groß. Die dadurch ausgelösten Störungen im Arbeitsablauf (Zeitverluste, Ersatzbeschaffung von Mitarbeitern, ungenutzte Kapazitäten usw.) verursachen beträchtliche Kosten. Hinzu kommen die unmittelbaren Personalkosten für die bezahlten Ausfallzeiten und zum Teil auch für die unbezahlten Ausfallzeiten (zum Beispiel anteilige Jahresbezüge).

Dieser beträchtliche Kostenblock erfordert eine genaue Kenntnis der Struktur dieser Ausfallzeiten für Krankheit. Nur eine detaillierte Übersicht über die Anzahl der Krankheitsfälle, die durchschnittliche Dauer und deren Gliederung nach Mitarbeitergruppen erlaubt eine Aussage über den Krankenstand und bietet Anhaltspunkte für die Einflußnahme.

Wenn man den Krankenstand von Betrieben oder Betriebsteilen untereinander oder mit fremden Unternehmen vergleichen will, so ist dafür nicht nur eine genaue Definition, was man unter „Krankenstand" versteht und wie er zu berechnen ist, notwendig, sondern vor allem auch eine tiefgegliederte Strukturierung. Den Krankenstand als Gesamtzahl zu vergleichen, bringt im Regelfall keine Erkenntnisse oder führt zu falschen Schlüssen. Vergleichbar ist nur eine Gegenüberstellung gleicher Mitarbeitergruppen (Arbeiter, Tarifangestellte, AT-Angestellte, Männer, Frauen, Deutsche, Ausländer, Normal- und Wechselschicht, Voll- und Teilzeitbeschäftigte (siehe auch Anlage 2, Tabelle 35).

Wenn man den Krankenstand nach Mitarbeitergruppen gliedert, wird man erhebliche Unterschiede feststellen und findet damit die ersten Ansatzpunkte für eine gezielte und differenzierte Betrachtung, zum Beispiel eine weitere Aufteilung nach Organisationseinheiten.

Um einen tieferen Einblick in die Struktur des Krankenstandes zu gewinnen, ist es wichtig, sowohl die Anzahl der Krankheits**fälle** als auch die Krankheits**dauer** innerhalb der einzelnen Mitarbeitergruppen festzustellen.

Erst aus dieser Kombination kann man entnehmen,

— wie oft die Mitarbeiter im Durchschnitt erkrankt sind
— ob es sich um Kurzerkrankung (1 - 3 Tage) oder Langzeiterkrankungen (über 14 Tage) handelt.

Hieraus können erste Anhaltspunkte über das Krankheitsverhalten gewonnen werden. Um einen tieferen Einblick sowohl über die durchschnittliche Dauer je Erkrankung als auch über die Unterschiede nach Dienstjahren zu erhalten, empfiehlt sich folgende weitere Gliederung:

Krankheitsdauer	Ø Dauer je Erkrankung in Tagen je Arbeiter *)	Ø Dauer je Erkrankung in Tagen je Tarifangest.*)	Ø Dauer je Erkrankung in Tagen je AT-Angest.*)
1 - 3 Tage			
4 – 14 Tage			
über 14 Tage			
Gesamt			

Dienstalter	Krankheitsfälle je 100 Arbeiter	Krankheitsfälle je 100 Tarifang.	Krankheitsfälle je 100 AT-Ang.
bis 1 D'J			
2 - 10 D'J			
über 10 D'J			
Gesamt			

*) Diese Daten sind jeweils nach den bereits bekannten Mitarbeitergruppen zu unterteilen.

Dienstalter	Ø Dauer je Erkran-kung in Tagen je Arbeiter	Ø Dauer je Erkran-kung in Tagen je Tarifangest.	Ø Dauer je Erkran-kung in Tagen je AT-Angest.
bis 1 D'J			
2 - 10 D'J			
über 10 D'J			
Gesamt			

Aus der vorgestellten Gliederung können nunmehr die Kurzerkrankungen nach der durchschnittlichen Dauer und Häufigkeit erkannt werden. Aufgrund der latenten Bestrebungen, auch für die Arbeiter - wie bei den Angestellten - durch tarifliche Vereinbarungen mehr und mehr auf die Arbeitsunfähigkeitsbescheinigung zu verzichten, sollte man sich durch rechtzeitige Erfassung und Überwachung der Krankheitsfälle und der Krankheitsdauer einen Überblick verschaffen, wie sich derartige Regelungen auswirken (Erfassung vor der Einführung und nach der Einführung im eingeschwungenen Zustand).

Anhand der Gliederung der Krankheitsfälle und der durchschnittlichen Dauer nach dem Dienstalter wird man zum Beispiel feststellen, daß bis zu einem Dienstjahr die Anzahl der Krankheitsfälle - bezogen auf 100 Mitarbeiter - wegen der Auswirkung der gesetzlichen Kündigungsmöglichkeiten meist geringer ist als bei der Dienstaltersstufe von 2 bis 10 Dienstjahren. Auch bei den dienstälteren Mitarbeitern (über 10 Dienstjahre) zeigt sich häufig ein Rückgang der Erkrankungen (insbesondere der Anzahl der Krankheitsfälle).

Neben der Aufteilung des Krankenstandes nach dem Dienstalter bietet eine Aufteilung nach dem Lebensalter ebenfalls eine wichtige Information. Auch hier ist nach der Anzahl der Krankheitsfälle und der Krankheitsdauer zu unterscheiden.

Sofern man den Krankenstand nach tief gestaffelten Mitarbeitergruppen gliedert, kann man auch die sich hieraus ergebenden strukturellen Einflüsse eliminieren und erkennt die tatsächliche Veränderung des Krankenstandes.

Darüber hinaus gibt es jedoch noch zahlreiche weitere Faktoren, die auf den Krankenstand einwirken.

Zur Beurteilung des Krankenstandes ist es daher erforderlich, die verschiedenen generellen Faktoren, die die Höhe des Krankenstandes beeinflussen können, zu kennen. Hierzu gehören

— konjunkturelle Einflüsse und Arbeitsmarktsituationen. Erfahrungsgemäß ist der Krankenstand in guten Konjunkturzeiten höher als in Rezessionsphasen
— jahreszeitliche Einflüsse. Witterungsbedingt liegt der Krankenstand im Winter meist höher als im Sommer. Bei bestimmten Mitarbeitergruppen können hier aber auch merkliche Abweichungen auftreten, zum Beispiel Rückgang des Krankenstandes bei Ausländern vor Weihnachten und Ostern (Heimreise)
— lokale Einflüsse. Auch die Konkurrenzlage des Unternehmens am örtlichen Arbeitsmarkt kann einen Einfluß auf die Höhe des Krankenstandes ausüben (Möglichkeit des Arbeitsplatzwechsels)
— Einflüsse von Epidemien (zum Beispiel Grippewellen)
— Einflüsse auf den Krankenstand bei Mitarbeitern im Kündigungsverhältnis

— betriebliche Einflüsse (Erschwernisse, Überstunden, Betriebsklima, Motivation).
Außerdem haben auch die Gefahrensituation der Arbeitsplätze im Betrieb und die
betrieblichen Maßnahmen zur Arbeitssicherheit Einfluß auf den Krankenstand.

Die Auswirkungen dieser generellen Einflüsse kann man zum Teil nur schwer voneinander unterscheiden. Soweit es sich hierbei um betriebliche Einflüsse handelt, bietet aber eine weitere Unterteilung des Krankenstandes nach den wesentlichen Betriebsabteilungen einige Hinweise und Möglichkeiten für die Ursachenforschung.

Aus den vorhergehenden Ausführungen geht bereits hervor, daß für eine Untersuchung des Krankenstandes eine gut durchdachte und auf die besonderen betrieblichen Verhältnisse abgestimmte weitreichende Gliederung die Grundvoraussetzung
ist. Bei der Untersuchung dieser Daten sollte man dann wie folgt vorgehen:

— Es dürfen nur gleiche Zeiträume, zum Beispiel Winterhalbjahr oder Sommerhalbjahr, miteinander verglichen werden.
— Es ist ein Zeitvergleich über mehrere Jahre vorzusehen. Das ist insbesondere bei
  neuen gesetzlichen oder tariflichen Regelungen, die auf den Krankenstand einwirken können, wesentlich.
— Im ersten Schritt sollten nur gleiche Mitarbeitergruppen miteinander verglichen
  werden.
— Im darauffolgenden Schritt sind dann die Ursachen für das unterschiedliche Verhalten verschiedener Mitarbeitergruppen zu erforschen.
— Aus den unterschiedlichen Daten über den Krankenstand der verschiedenen Mitarbeitergruppen sind die daraus erwachsenden Kosten zu berechnen. Diese Ergebnisse sind Bestandteil der Personalaufwandsberechnung für die verschiedenen
  Mitarbeitergruppen (zum Beispiel Einsatz von Ausländern, von Schwerbehinderten, von Teilzeitbeschäftigten).

Es sei ausdrücklich darauf hingewiesen, daß die Personalkosten für die Ausfallzeiten nur einen Teil der Kosten ausmachen, die im Zusammenhang mit der Erkrankung
der Mitarbeiter entstehen. Die folgende Aufzählung soll daher einen Überblick über
die unmittelbaren und mittelbaren Kostenbestandteile geben, die mit der Krankheit
von Mitarbeitern im Unternehmen entstehen.

Unmittelbar anfallende Personalkosten

— Kosten für Ausfallzeiten für unbezahlte Krankheitstage (zum Beispiel Urlaubsgeld, Weihnachtsgeld, anteiliges 13. Monatseinkommen, Kontoführungsgebühren, Zuschuß zum Krankengeld bei Krankheit über 6 Wochen)
— Zuschüsse zu Kuren und Heilverfahren

Mittelbar anfallende Personalkosten

— Arbeitgeberbeiträge zur Krankenversicherung (gesetzlich)

— Gesetzliche Unfallversicherung
— Auslandsunfallversicherung
— Freiwillige Versicherungsbeiträge zu Krankenkassen
— Personal- und Sachaufwendungen für die Betriebskrankenkasse
— Betrieblicher Gesundheitsdienst
— Kosten für Mehrarbeit (zum Beispiel Überstundenzuschläge)

Sonstige Kosten

— Kapital- und Sachkosten wegen ungenutzter Kapazitäten
— Sachkosten aufgrund von Terminüberschreitungen
— Ersatzbeschaffung von Mitarbeitern (zum Beispiel Leiharbeitskräfte)

Aus den Ergebnissen einer derartigen Untersuchung sollten Konsequenzen gezogen werden. Dies können sein:

— Folgerungen beim Einstellverhalten gegenüber bestimmten Mitarbeitergruppen
— Beeinflussung im Verhalten der Vorgesetzten
— Verbesserte Einbeziehung des Betriebsarztes in die Vorsorge (zum Beispiel Grippeschutzimpfung)
— Maßnahmen zur Verbesserung der Arbeitsbedingungen am Arbeitsplatz (Lärm, Hitze, Schmutz)
— Maßnahmen zur Motivation der Mitarbeiter (zum Beispiel Verbesserungsvorschlagswettbewerb über Vorschläge, die den Krankenstand beeinflussen können)

5.5 Personalkostenüberwachung

Der Personalaufwand ist insbesondere bei arbeitsintensiver Produktion ein Kostenfaktor, dessen Überwachung für den Erfolg des Unternehmens von entscheidender Bedeutung ist. Die richtige Erfassung, Darstellung und Kontrolle dieses großen Kostenblocks kann das Betriebsergebnis wesentlich beeinflussen.

Voraussetzung hierfür ist die Kenntnis der Methoden und Instrumente, die für die Überwachung dieses großen und komplex zusammengesetzten Kostenblocks geeignet sind.

Die Kostenerfassungs- und -überwachungsinstrumentarien müssen daher diesem schwierigen Sachverhalt angepaßt werden. Das bedeutet, daß es neben den erprobten Methoden der Kostenerfassung und -kontrolle über die Instrumentarien des Rechnungswesens in immer stärkerem Ausmaß eine **maßnahmenorientierte** Kostenerfassung und -analyse geben muß.

Da der Personalaufwand - gemessen an anderen Kostenfaktoren - die Tendenz hat, überproportional zu wachsen und dabei auch noch durch die einengenden gesetzlichen und tariflichen Regelungen relativ schwer beeinflußt werden kann, müssen zur Überwachung verschiedene Instrumente nebeneinander eingesetzt werden.

Mit Hilfe dieser Methoden und Instrumente werden die Sachverhalte, die diese Kosten bewirken, aus verschiedenen Blickwinkeln heraus erfaßt, dargestellt, analysiert und überwacht mit dem Ziel, hieraus Beeinflussungs- und Steuerungsmöglichkeiten zu erkennen und zu nutzen. Die Personalberichterstattung bietet hierfür eine Fülle verschiedener Datenquellen an (zum Beispiel Personalinformationssystem, Konten der Buchhaltung, Kostenstellenrechnung, manuelle Erhebungen).

Auf der Grundlage dieser Datenbasis können dann folgende Methoden angewandt werden:

— Überwachung der Mitarbeiterzahl
— Auswertung der Entgeltdaten aus der Datenverarbeitung
— eine maßnahmenorientierte Kostenüberwachung

Die Überwachung der **Mitarbeiterzahl** ist die einfachste, aber auch undifferenzierteste Methode der Kostenüberwachung. Konsequent und richtig angewandt ist sie jedoch eine der wirksamsten Methoden der Kostensteuerung.

Eine Erfassung und Darstellung der Mitarbeiteranzahl wird sich nicht nur auf eine Untergliederung nach Organisationseinheiten beschränken, sondern auch auf

— Mitarbeitergruppen (Arbeiter, Tarifangestellte, außertarifliche Angestellte, leitende Angestellte, Auszubildende)
— Vorbildungsgruppen (an- und ungelernte Arbeiter, Facharbeiter, Angestellte mit einer kaufmännischen oder technischen Lehre, Fachhochschul- und Hochschulabsolventen)
— Lohn- und Gehaltsgruppen

erstrecken.

Aus derartigen Gliederungen und der Kombination dieser Gruppen läßt sich nicht nur die Gesamtveränderung der Mitarbeiterzahlen darstellen, sondern insbesondere **strukturelle** Veränderungen lassen sich erkennen. Gerade diese Strukturänderungen geraten häufig aus dem Blickfeld, obwohl hier ein wesentlicher Ansatzpunkt zur Kostenüberwachung zu finden ist. Zu beurteilen ist insbesondere, ob die strukturellen Veränderungen gewollt sind oder ob sich hierin unbeabsichtigte Entwicklungen zeigen.

Zur Kontrolle der strukturellen Veränderungen gehören zum Beispiel

— die Veränderung der Einkommens- und Rangstruktur. Dabei wird man häufig eine langsam zunehmende Besetzung der höheren Einkommens- und Rangkategorien feststellen. Zu prüfen wäre in diesem Fall, ob dem auch eine im gleichen Ausmaß wachsende qualifiziertere Produkt- beziehungsweise Leistungsstruktur gegenübersteht.
— Veränderung der Vorbildungsstruktur. Eine Verschiebung zu höheren Vorbildungsstufen zieht binnen kurzem eine Erwartung auf höhere Einkommen oder Entwicklungsmöglichkeiten nach sich. Werden diese Erwartungen nicht erfüllt, so

kommt es zu unerwünschter Fluktuation. Mittelfristig muß somit einer derartigen Entwicklung in höhere Vorbildungsstufen eine entsprechende und erforderliche Steigerung der Leistungsqualität gegenüberstehen.

Wesentlich differenzierter läßt sich eine Auswertung anhand der **Entgeltdaten** der Datenverarbeitung durchführen, weil hier zwangsläufig eine große Tiefengliederung der Kosten vorliegt. Voraussetzung ist jedoch, daß für alle Lohn- und Gehaltsarten die Auflaufwerte gebildet und gespeichert werden. Besonders wirkungsvoll kann dieses Instrument zur Kostenüberwachung eingesetzt werden, wenn mit Hilfe des Personalinformationssystems eine Unterteilung nach Mitarbeitergruppen vorgenommen wird; damit lassen sich dann zahlreiche Gliederungsmöglichkeiten und Kombinationen voll ausschöpfen. In der Anlage 2 sind speziell für diese Anforderung zahlreiche Tabellen entwickelt worden.

— Aus den Tabellen 24 bis 28 wird die genaue Zusammensetzung und die Struktur des Monatseinkommens der verschiedenen Mitarbeitergruppen ersichtlich.
— Aus den Tabellen 29 und 30 können die Auswirkungen der betrieblichen Einkommenspolitik entnommen werden.
— Tabelle 32 zeigt dann detailliert die Zusammensetzung des Personalaufwandes der verschiedenen Mitarbeitergruppen.

Die im Rechnungswesen typische Kostenüberwachung anhand der Konten und Kostenstellen ist für die Überwachung des Personalaufwands häufig nicht ausreichend, weil dabei die komplexe Zusammensetzung dieses Kostenblocks nicht transparent genug gemacht werden kann. Das wirkungsvollste Instrument der Kostenüberwachung und -steuerung in derartigen Fällen ist die **maßnahmenorientierte** Kostenerfassung. Um einen tiefergehenden Überblick über die Kostenauswirkungen von Gesetzen, tariflichen Vereinbarungen und Firmenregelungen zu gewinnen, ist es daher notwendig, die Kosten maßnahmenorientiert zu erfassen, zu berechnen und darzustellen. Die maßnahmenorientierte Kostenerfassung geht davon aus, daß man bestimmte Funktionen und Auswirkungen in einem darauf bezogenen Kostenblock darstellt. Hierbei kann es sich um die Darstellung ganzer Funktionen, wie zum Beispiel

— Aufwand für das Bildungswesen
— Aufwand für das Wohnungswesen
— Aufwand für die Betriebsverfassung

handeln oder um die kostenmäßige Erfassung einzelner Maßnahmen beziehungsweise Regelungen, Vereinbarungen, wie zum Beispiel

— Kosten von Sozialplänen
— Kosten der Arbeitszeitverkürzung
— Kosten der vorzeitigen Pensionierung

Bei der Darstellung ganzer Funktionen ist es für die Kostentransparenz notwendig, weitere Untergliederungen nach Teilfunktionen vorzunehmen, zum Beispiel

— Kosten der Ausbildung
  gewerblich
  kaufmännisch
  technisch
— Kosten der Weiterbildung
  Produktschulung
  Sprachschulung
  Führungskräfteschulung

Selbstverständlich gehen aus den Aufzeichnungen des Rechnungswesens (Kostenarten- und Kostenstellenrechnung) **Teile** dieser für bestimmte Funktionen aufgewandten Kosten hervor. Erhebliche Aufwandsbestandteile fehlen jedoch oder lassen sich nur mühsam aus anderen Kostenbestandteilen herausfiltern (zum Beispiel Ausfallzeiten für die Weiterbildung).
Typisch für die maßnahmenorientierte Kostendarstellung ist also immer

— das Herausfiltern von Kostenbestandteilen aus anderen Kostenaufzeichnungen
— das Berechnen oder Ermitteln fehlender Kostenbestandteile (zum Beispiel Ausfallzeiten, Zinsausfälle, Sachaufwendungen)
— die maßnahmenorientierte Kostenzusammenstellung

Aus dieser Aufzählung wird bereits ersichtlich, daß eine derartige Kostendarstellung fast immer einen zusätzlichen Erhebungsaufwand auslöst. Dazu sind

— die einzelnen Maßnahmen oder Funktionen genau zu definieren und von anderen
  Kostenblöcken abzugrenzen
— die Kostenbestandteile zu bestimmen
— die Kostenquellen (zum Beispiel Buchhaltung, Betriebsabrechnung, Personalabteilung) festzustellen
— Berechnungsmethoden zu entwickeln
— die Periodizität dieser Darstellungsform festzulegen

Die Auswertung der Kostenübersichten, die sich aus den Konten der Buchhaltung, der Betriebsabrechnung und der Datenverarbeitung ergibt, ist eine längst bewährte Praxis und wird daher im folgenden nicht näher erläutert. Etwas weniger üblich ist demgegenüber die konsequente maßnahmenorientierte Kostenauswertung.
Dies mag daran liegen, daß damit immer ein entsprechender Definitions- und Erhebungsaufwand verbunden ist.
In den Mittelpunkt der Betrachtung werden dabei die Kostenauswirkungen bestimmter Maßnahmen oder Funktionen gestellt mit dem Ziel, hieraus Anhaltspunkte und Erkenntnisse

— zur Kostenbeurteilung und -beeinflussung
— zur Nutzenbetrachtung

zu gewinnen.

Besonders wertvoll werden derartige Auswertungen, wenn man sie bereits im Planungsstadium (zum Beispiel bei neuen oder zu ändernden Firmenregelungen) anstellt, weil sich daraus Möglichkeiten zur Kostenverhütung eröffnen können. Dies gilt ebenfalls - wenn auch in eingeschränktem Ausmaß - für gesetzliche und tarifliche Regelungen. Im Mittelpunkt dieser Methode werden aber im Regelfall die Firmenmaßnahmen stehen. Wenn man künftig zu einer verbesserten Überwachung und Beeinflussung des Personalaufwands gelangen möchte, dann ist es notwendig,

— bestehende Firmenregelungen in ihrer gesamten Kostenauswirkung zu betrachten, um Beurteilungsmaßstäbe zu gewinnen
— Firmenregelungen, die einen hohen Aufwand verursachen, nach den darin wirkenden verschiedenen Einflußfaktoren zu analysieren, um festzustellen, welche Teilbestimmungen den Aufwand maßgeblich verursachen
— neue oder geänderte Firmenrichtlinien vor der Beschlußfassung daraufhin zu untersuchen, was diese Maßnahmen insgesamt jetzt beziehungsweise künftig kosten werden beziehungsweise welcher Einsparungseffekt erzielt werden kann.

Die Erkenntnisse aus derartigen Untersuchungen führen fast zwangsläufig dazu, daß man nach Alternativen sucht, diese berechnet und dann die kostengünstigste Variante anstrebt. Manche Firmenregelungen können als Ganzes häufig nur sehr schwer geändert werden. Hier kommt es darauf an, die Kostenauswirkungen der einzelnen Details zu erkennen und nach Beeinflussungsmöglichkeiten zu suchen, zum Beispiel

— Anrechnung von Dienstzeiten (zum Beispiel Ausbildungszeiten, Weiterbildungszeiten, frühere Beschäftigungszeiten im Unternehmen) mit der Auswirkung auf Zeitpunkt und Höhe des Jubiläumsgeldes, Höhe der Altersversorgung usw.
— Auswirkung der - auch von den Mitarbeitern ausgehenden - Bestrebungen nach vorzeitiger Pensionierung

Die mit dem Rückgang des Pensionierungsalters verbundenen längeren Pensionszahlungszeiträume führen zwangsläufig zu höheren Pensionsrückstellungen. Bei der Berechnung der notwendigen Zuführung zu den Pensionsrückstellungen läßt sich aber die Ursache der höheren Zuführung nicht ohne weiteres erkennen.
Das bedeutet, daß man den Aufwand für die Altersversorgung genau untersucht und die darin wirkenden besonderen Aufwandsfaktoren herausstellt, zum Beispiel:

— Wie wirken sich strukturelle Änderungen im Mitarbeiterbestand auf die Aufwendungen für die Altersversorgung aus?
— Wie teuer sind Pensionierungen (multiplikativ mit dem vorhergehenden Faktor verknüpft?)
— Was kosten die vorzeitigen Pensionierungen
  ● mit den damit verbundenen Sonderregelungen?
  ● durch die verlängerte Pensionszeit?

162

Nur durch derart differenzierte Untersuchungen lassen sich die Ursachen erkennen und Folgerungen daraus ableiten. Die Veränderung in der Rückstellungsbildung ist also nicht aussagefähig genug.

Veränderungen in der Gesetzgebung und den Tarifen (zum Beispiel Anrechnung von betrieblichem Erholungsurlaub auf tarifliche Urlaubsverlängerungen) sind daraufhin zu untersuchen, ob sich damit Firmenregelungen überschneiden und inwieweit damit höhere Kosten entstehen.

Derartige maßnahmenorientierte Kostenuntersuchungen beziehen sich aber nicht nur auf Firmenregelungen, sondern können auch gesetzliche oder tarifliche Regelungen umfassen. Auch hier kann es in manchen Fällen Möglichkeiten geben, die Kostenauswirkungen zu begrenzen, sofern man alle Teilwirkungen einer derartigen Maßnahme kennt.

In diesem Zusammenhang läßt sich insbesondere auf die Bestrebungen zur Arbeitszeitverkürzung hinweisen, die in der einen oder anderen Form bereits wirksam wurde und mit deren Ausweitung gerechnet werden muß. Gerade in einem derartigen Fall ist eine rechtzeitige Untersuchung der Auswirkungen und der Kostenfolgen unbedingt notwendig. Dies gilt auch dann, sofern damit eine entsprechende Lohnreduzierung (siehe Metalltarif bei 37-Stundenwoche) verbunden sein sollte.

Da es eine Vielzahl von Reaktionsmöglichkeiten gibt, die sich in den verschiedenen Hauptbereichen eines Unternehmens und bei den verschiedenen Mitarbeitergruppen sehr unterschiedlich auswirken, ist zunächst als Ausgangspunkt für eine derartige Untersuchung eine Bewertungsmatrix aufzustellen, die als Grundlage für eine quantitative Bewertung dienen kann. Hierfür nachfolgende Abbildung 10.

Bereich / Mitarbeitergruppe	Reaktions- bzw. Kompensations- möglichkeit	zeitliche Anpassung durch Über- stunden/ Sonder- schichten	zeitliche Anpassung durch Ab- bau von Kurzarbeit	Steigerung der Effek- tivität der Mitarbeiter	Rationali- sierung in der Arbeits- organisa- tion	Rationali- sierung im Produk- tionsver- fahren	Einstellung neuer Mitarbeiter	Summe in % *)
Produk- tion	gewerbl. Mitarbeiter							100
	Tarifangestellte							100
	außertarifl. Mitarb.							100
Ver- trieb	gewerbl. Mitarbeiter							100
	Tarifangestellte							100
	außertarifl. Mitarb.							100
For- schung/ Entwick- lung	gewerbl. Mitarbeiter							100
	Tarifangestellte							100
	außertarifliche Mitarbeiter							100
Verwal- tung	gewerbl. Mitarbeiter							100
	Tarifangestellte							100
	außertarifl. Mitarb.							

*) Der Prozentsatz bezieht sich auf die Anzahl der ausfallenden Stunden (z.B. 1 Std./Woche Arbeitszeitverkürzung
52 x Anzahl der Mitarbeiter x Faktor für die Rückrechnung auf geleistete Arbeitszeit)

Abbildung 10:
Bewertungsmatrix „Verkürzung der Wochenarbeitszeit um ... Stunden"

Die einzelnen Angaben können nur auf einer qualitativen Schätzung beruhen, die die Personalabteilung und das Rechnungswesen gemeinsam mit den entsprechenden Fachbereichen aufstellen. Gegebenenfalls müssen die Reaktionsmöglichkeiten nach dem Jahr der Einführung und nach den Folgejahren (Dauerwirkung) unterteilt werden. Eine derartige Unterlage kann dann zu entsprechenden Folgeberechnungen zum Beispiel über die Kostenauswirkung (Anstieg des Personalzusatzaufwandes) führen und gleichzeitig Grundlage für eine Beeinflussung der zunächst angenommenen Reaktionsmöglichkeit sein.

Ähnliche Überlegungen wie bei der Untersuchung über Auswirkungen der Arbeitszeitverkürzung sind auch zum Thema „Kurzarbeit" anzustellen. Auch in diesem Fall wäre durch eine maßnahmenorientierte Kostenuntersuchung der Aufwand, der mit einer Kurzarbeitsstunde verbunden ist, zu ermitteln und daran anschließend eine Bewertung der verschiedenen Reaktionsmöglichkeiten (zum Beispiel Entlassungen oder Kurzarbeit) vorzunehmen. Für eine derartige Untersuchung von alternativen Maßnahmen wären zum Beispiel folgende Überlegungen anzustellen beziehungsweise Bewertungen vorzunehmen:

— Kurzarbeit kann dazu dienen, einen vorübergehenden Auftrags- oder Absatzmangel zu überbrücken
— Kurzarbeit erleichtert dem Unternehmen und den Mitarbeitern auch ein Einschwenken auf ein dauerhaft niedrigeres Beschäftigungsniveau, da eine zusätzliche Zeitspanne gewonnen wird, durch die die erforderliche Anpassung mit Hilfe der normalen Fluktuation bewirkt werden kann

Mit Kurzarbeit sind jedoch verschiedene Vor- und Nachteile verbunden, die gegeneinander abgewogen werden müssen, zum Beispiel

— durch Kurzarbeit ergibt sich eine unmittelbare Kostenentlastung (Kürzung von Löhnen und Gehältern, keine Lohnfortzahlung, Verringerung der Beiträge zur Arbeitslosenversicherung und zur gesetzlichen Unfallversicherung, Verringerung von Fahrgeldzuschüssen)
— qualifizierte Mitarbeiter bleiben dem Unternehmen erhalten
— Vermeidung von Anlernzeiten bei einem Konjunkturaufschwung
— keine Aufwendungen für einen Sozialplan oder vorzeitige Pensionierungen

Diesen Vorteilen stehen aber auch zusätzliche Belastungen gegenüber, da ein Teil der Personalaufwendungen unverändert weiter wirkt, so insbesondere:

— Zuschuß zum Kurzarbeitergeld
(in manchen Tarifbereichen beziehungsweise -gebieten bestehen Regelungen, die entweder einen Arbeitgeberzuschuß zum Kurzarbeitergeld oder ein - teilweises - Gehaltskürzungsverbot bei Kurzarbeit vorsehen)
— Beiträge zur Rentenversicherung (RV) und zur Krankenversicherung (KV)
(RV: vom Kurzarbeitergeld trägt der Arbeitgeber den Rentenversicherungsbeitrag allein, allerdings bekommt er 50 Prozent vom Arbeitsamt ersetzt; KV: vom Differenzbetrag zum Vollohn, wie er gezahlt worden wäre, wenn keine Kurzarbeitszeit gilt, trägt der Arbeitgeber den Krankenversicherungsbeitrag allein, allerdings bekommt er 50 Prozent vom Arbeitsamt ersetzt)
— Weiter zählen zu den Aufwendungen bei Kurzarbeit Entgeltbestandteile, die bei Kurzarbeit nicht gekürzt werden: anteiliges 13. Monatseinkommen, vermögens-

wirksame Leistungen, Erholungsurlaub und zusätzliches Urlaubsgeld, Erfolgsbeteiligung, bezahlte Feiertage

— Anteilig zu berücksichtigende Aufwandspositionen, die ihrer Höhe nach mehr oder minder unabhängig von Kurzarbeit anfallen, jedoch aufgrund der bei Kurzarbeit geringeren (geleisteten) Arbeitszeit einzubeziehen sind: Aufwendungen laut Betriebsverfassungsgesetz, Bildungsaufwand, Altersversorgung

Bei einer maßnahmenorientierten Kostenbetrachtung muß versucht werden, die entstehenden Vor- und Nachteile zu bewerten, um damit die Entscheidungsfindung zu unterstützen. Gerade das vorstehend aufgeführte Beispiel zeigt, daß eine derartige Bewertung nur bei einem Teil der genannten Faktoren möglich ist.

Eine solche Teilbewertung sollte aber kein Hindernis sein, sie ist immerhin besser als keine oder nur eine „gefühlsmäßige" Bewertung.

Zur Überwachung der Personalkosten gehört neben der Bewertung von beabsichtigten Maßnahmen des Gesetzgebers, der Tarifpartner oder des eigenen Unternehmens und dem Aufzeigen von Alternative von Zeit zu Zeit auch eine gründliche Durchforstung aller einzelnen Positionen des Personalaufwandes - insbesondere auch der sozialen Leistungen. Dazu gehört, daß man alle Maßnahmen und Richtlinien, die man noch beeinflussen kann,

— aufzählt und den Aufwand darstellt
— ihre Nützlichkeit kritisch überprüft
— aufzeigt, welche Maßnahmen und Richtlinien entfallen oder modifiziert werden sollten

Daraus ergibt sich dann eine Zusammenstellung des Einsparungsspielraumes.

Nach Abstimmung mit der Unternehmensleitung und - soweit erforderlich - Beratung mit dem Betriebsrat, ergibt sich daraus dann der Aktionsplan.

Gerade bei diesen Aktionen ist die Personalberichterstattung zur Initiative aufgerufen, denn sie ist diejenige Stelle, bei der alle Daten zusammenlaufen und die alle Details genau kennt.

5.6 Steuerung und Überwachung des Ausbildungsaufwandes

Bevor auf die Erfassung und Darstellung des Ausbildung**saufwandes** näher eingegangen wird, sollte man einen Blick auf die Ausbildung**sleistung** werfen. In Anbetracht der heutigen Arbeitslosenzahlen, des Schülerberges und des Mangels an Ausbildungsplätzen ist es zweckmäßig, die Leistungen des eigenen Unternehmens nicht nur aus der betriebswirtschaftlichen Sicht (Aufwand und betriebsbedingte Erfordernisse), sondern auch aus dem gesellschaftspolitischen Blickwinkel zu betrachten. Dies ist auch deswegen wichtig, weil bereits jetzt sichtbar wird, daß spätestens in der zweiten Hälfte der neunziger Jahre wieder Auszubildende gesucht werden und ein Facharbeitermangel größeren Ausmaßes zu erwarten ist.

Zunächst ist der Überblick über die Bestandsentwicklung wichtig. Dazu kann folgende Matrix dienlich sein:

Bestands-entwicklung \ Art der Ausbildung	gewerb-lich	tech-nisch	kauf-män-nisch	Prak-tikan-ten	Gesamt
Anfangsbestand					
Einstellungen					
Sonstige Zugänge					
Abgänge					
davon Übernahme					
davon Kündigung durch den Auszubildenden					
davon Kündigung durch die Firma					
Endbestand					

Hilfreich können hierbei die in Anlage 2 enthaltenen Tabellen 03, 04 und 41 sein.

Für die Personalplanung ist eine Ergänzung dieser Übersicht um Relationen zu den korrespondierenden Mitarbeitergruppen und um die Verbleibquote wichtig.

Relationen:

Mitarbeiter-gruppen \ Relationen	Bestand/Bestand	Zugang/Zugang
gewerblich Auszubildende 1) zu Facharbeitern		
technisch Auszubildende zu technisch tätigen Angestellten		
kaufmännisch Auszubildende zu kaufmännischen AT-Angestellten 2)		

1) zum Beispiel auf 100 Facharbeiter entfallen x Auszubildende
2) Bei dem hohen Niveau und dem entsprechenden Aufwand für die Ausbildung muß man erwarten, daß die Auszubildenden als Nachwuchspotential für die höher qualifizierten Angestellten-Arbeitsplätze vorzusehen sind.

Verbleibquote:

Auszubildende / Verbleib	gewerblich		technisch		kaufmännisch	
	M	F	M	F	M	F
unmittelbar nach Lehrabschluß						
3 Jahre nach Lehrabschluß						
5 Jahre nach Lehrabschluß						

Wegen der höheren Fluktuation der Frauen ist es zweckmäßig, die Verbleibquote nach Männern und Frauen zu trennen.

Die Anstrengungen der Unternehmen auf dem Ausbildungssektor bewirken, daß die damit verbundenen Aufwendungen überproportional zunehmen. Daraus ergibt sich die Notwendigkeit, diesem steigenden Aufwandsblock besondere Aufmerksamkeit zu widmen.

Unter dem **Ausbildungsaufwand** werden die Aufwendungen für die Berufsausbildung erfaßt. Unter Berufsausbildung sind alle Maßnahmen zu verstehen, bei denen Auszubildende nach bestimmten Ausbildungsplänen auf einen anerkannten Ausbildungsberuf vorbereitet werden und die in der Regel mit einer Abschlußprüfung enden.

Der in einem Unternehmen anfallende Ausbildungsaufwand bezieht sich in der Regel auf den eigenen Nachwuchs, das heißt auf die eigenen Mitarbeiter, und ist damit gleichzeitig Bestandteil des Personalzusatzaufwandes. In einzelnen Unternehmen mit Ausbildungswerkstätten entsteht aber auch ein Ausbildungsaufwand für Firmenfremde. Zu diesem - nicht mitarbeiterbezogenen - Ausbildungsaufwand zählen:

— Ausbildungsaufwand für firmenfremde Umschüler, soweit dieser Aufwand nicht durch Einnahmen gedeckt ist
— nicht gedeckter Ausbildungsaufwand für fremde Firmen (Ausbildung im Verbund)
— Ausbildungsaufwand für das Praktikum von Fachoberschülern und zum Teil für Fachhochschul-Praktikanten (soweit diese einen Schüler-Status haben)

Zum Ausbildungsaufwand zählen im einzelnen:

— Die Aufwendungen der Kostenstellen für Ausbildung (Lehrwerkstätten, Lehrlaboratorien, Werkberufsschulen, Stabsstellen für die Ausbildung usw.). Dabei wird unterstellt, daß in diesen Kostenstellen auch die Ausbildungsvergütung (einschließlich der tariflichen Absicherung eines Teils eines 13. Monatseinkommens, der zusätzlichen Urlaubsvergütung, der Kontoführungsgebühren usw.) mit enthalten sind.
— Personalkosten von Auszubildenden, soweit sie nicht in besonderen Kostenstellen erfaßt werden.

— Der Aufwand für geleistete Ausbildungszeiten von nebenamtlichen Ausbildern und Lehrkräften.
— Unterrichts- und Vortragshonorare für eigene Mitarbeiter sowie für unternehmensfremde Personen (soweit dieser Aufwand nicht bereits den Ausbildungskostenstellen zugerechnet wurde).
— Andere Sachkosten, die der Ausbildung zuzurechnen sind, jedoch nicht unmittelbar auf den Ausbildungskostenstellen anfallen (zum Beispiel Reisekosten für nebenamtliches Lehr- und Ausbildungspersonal).
— Zu den Kosten der Berufsausbildung gehören auch die Kosten für sozialpädagogische Kurse und Bildungsurlaub für Auszubildende sowie die Kosten für bezahlte Berufsschulzeit für jugendliche Lohn- und Gehaltsempfänger ohne Ausbildungsvertrag (laut Jugendarbeitsschutzgesetz).

Da sich die Kosten innerhalb der einzelnen Ausbildungsberufe erheblich unterscheiden, sollte man den Ausbildungsaufwand mindestens nach folgenden Berufsgruppen gliedern:

— **Gewerbliche Berufsausbildung**
Berufsausbildungen, die zu einem Facharbeiterberuf führen, zum Beispiel Elektroinstallateur, Mechaniker, Werkzeugmacher, Dreher, Galvaniseur
— **Technische Berufsausbildung**
Berufsausbildungen, die zu einem technischen Angestelltenberuf führen, zum Beispiel Technischer Zeichner, Teilzeichnerin, Physik- und Chemielaborant
— **Kaufmännische Berufsausbildung**
Berufsausbildungen, die zu einem kaufmännischen Angestelltenberuf führen, zum Beispiel Industriekaufmann, Bürogehilfin
— **Ausbildung von Hochschulpraktikanten**
Kosten für Ausbildung von Hochschulpraktikanten (im Mitarbeiterverhältnis); ohne die Kosten für das Praktikum im Auftrag von Schulen
— **Berufsschulbesuch**
Laut Jugendarbeitsschutzgesetz bezahlte Löhne beziehungsweise Gehälter (und anteilige Sozialkosten) für Berufsschulzeiten Jugendlicher ohne Ausbildungsvertrag

Die Erfassung des Ausbildungsaufwandes setzt sich zusammen aus

— der Ermittlung des **Brutto-Ausbildungsaufwandes**
— der Ermittlung des von den Auszubildenden erbrachten **Ertrages**
— der Ermittlung des **Netto-Ausbildungsaufwandes**

Der Ausbildungsaufwand sollte soweit wie möglich über Ausbildungskostenstellen erfaßt werden. Wird den Auszubildenden Unterricht von Mitarbeitern erteilt, die nicht zum Personal der Ausbildungskostenstellen gehören, sind diese Zeiten besonders zu erfassen und mit den Personalkosten zu bewerten. Die so erfaßten Aufwendungen sind entweder der Ausbildungskostenstelle zu belasten oder statistisch zuzurechnen. In gleicher Weise sind Sachkosten, die nicht unmittelbar als Kostenart in den Ausbildungskostenstellen anfallen (zum Beispiel Reisekosten für das vorstehend genannte Unterrichtspersonal), nachzuweisen.

Schwieriger ist die Aufwandserfassung derjenigen Ausbildungsgänge, die nicht in den Ausbildungswerkstätten ablaufen. Dabei ist die Erfassung des Personalaufwandes der Auszubildenden noch einfach, weil dieser meist - unabhängig vom Ort der Ausbildung - der Ausbildungskostenstelle belastet wird. Darüber hinausgehende Aufwendungen sind jedoch nicht so einfach zu erfassen und gegenüber anderen Aufwandspositionen abzugrenzen.

Das erstreckt sich vorwiegend auf

— ausbildungsbedingte Unterweisung durch Vorgesetzte und Kollegen am Arbeitsplatz
— ausbildungsbedingte Sachkosten am Arbeitsplatz
— ausbildungsbedingte Mehraufwendungen durch erhöhte Kontrollen, Qualitätssicherung, Ausschuß und Nacharbeit.

Die Erhebung dieser Aufwandsbestandteile kann meist nur mit Hilfe von statistischen Methoden (Befragung der Meister und Vorarbeiter, Beobachtungen, qualifizierten Schätzungen) erfolgen.

Bei der Betrachtung des Ausbildungsaufwandes ist zu berücksichtigen, daß der Ausbildungsaufwand der einzelnen Ausbildungsjahre erheblich vom durchschnittlichen Ausbildungsaufwand der Gesamtausbildungszeit abweichen kann. Dies liegt daran, daß die Ausbildung in Ausbildungswerkstätten teurer ist (Raumkosten, Kapitalkosten, höherer Betreuungsaufwand am Anfang der Ausbildung) als in den Werkstätten für die Produktion und gleichzeitig noch keine oder nur geringfügige Erträge anfallen. Daraus folgt zum Beispiel, daß die Stufenausbildung in den Elektroberufen für den ersten Teil der Ausbildung in den Grundberufen teurer ist als in den Aufbauberufen oder als im Durchschnitt der dreieinhalbjährigen Ausbildungszeit.

Auch der Ausbildungsaufwand für die verschiedenen Berufsgruppen innerhalb der gewerblichen Ausbildung kann aus verschiedenen Gründen erheblich differieren, zum Beispiel weil für die einzelnen Berufsgruppen die anteilige Ausbildungszeit in den Ausbildungswerkstätten und auch die anteiligen produktiven Zeiten stark voneinander abweichen oder weil die Ausbildungsgruppen verschieden groß sind.

Da man für die Steuerung und Überwachung des Ausbildungsaufwandes darauf angewiesen ist, zunächst den Ausbildungsaufwand für die eigenen Mitarbeiter (Auszubildenden) zu ermitteln, ist darauf zu achten, daß bei der Aufwandserfassung die Aufwendungen für die Berufsausbildung im Auftrag anderer Firmen und Institutionen (zum Beispiel Arbeitsamt) vom Brutto-Ausbildungsaufwand abgesetzt werden. In gleicher Weise sind die Aufwendungen für die Praktikantenausbildung im Auftrag von Schulen auszusondern. In beiden Fällen handelt es sich um einen gesondert zu betrachtenden Ausbildungsaufwand für Firmenfremde.

Dem Brutto-Ausbildungsaufwand sind die Erträge aus der Ausbildung gegenüberzustellen. Insbesondere bei den **gewerblich** Auszubildenden werden produktive Leistungen erbracht, die für das Unternehmen verwertbar sind. Die sich hieraus ergebenden **Erträge** müssen ermittelt werden, um den Netto-Ausbildungsaufwand zu erhalten. Am einfachsten ist die Ermittlung dieser Erträge, sofern für die von Auszubildenden ausgeführten produktiven Arbeiten Kalkulationsunterlagen (Arbeitspläne mit Vorgabezeiten) vorliegen. In diesem Fall können die von den Werkstätten eingereichten Abrechnungsunterlagen entsprechend bewertet werden. Dabei ist aber folgendes zu beachten: da sowohl der Personalzusatzaufwand (in diesem Fall: Bildungsaufwand für Mitarbeiter) als auch der Netto-Ausbildungsaufwand ermittelt werden müssen, ist die Ertragsberechnung nach zwei verschiedenen Methoden zu erstellen:

— Für die Berechnung des **Personalzusatzaufwandes** darf als Ertragsbestandteil nur der **Aufwands**anteil abgesetzt werden. Daher sind zu diesem Zweck die produktiven Zeiten der Auszubildenden mit der anteiligen Ausbildungsvergütung zu bewerten (vom Aufwand können nur Aufwandsbestandteile abgesetzt werden).
— Für die Ermittlung des **Netto-Ausbildungsaufwandes** sind als Ertragsbestandteile vom Brutto-Ausbildungsaufwand die produktiven Zeiten der Auszubildenden mit den Lohnkosten eines Jungfacharbeiters zuzüglich der darauf entfallenden Personalzusatzkostenanteile zu bewerten.

Da in vielen Fällen jedoch bewertbare Kalkulationsunterlagen für die Ermittlung des Ertragsanteils fehlen, müssen hierfür Hilfsrechnungen angesetzt werden. Als eine Möglichkeit für eine derartige Hilfsrechnung sei folgende Methode beschrieben:

— Von den zur Verfügung stehenden Arbeitstagen sind Ausfallzeiten für Urlaub, Feiertage, Krankheit, Berufsschule, Exkursionen und Prüfungen abzusetzen und somit die Anwesenheitsstunden im Betrieb zu ermitteln.
— Ausgehend von dieser betrieblichen Anwesenheitszeit ist dann je Ausbildungsjahr der Anteil der produktiven Arbeitszeit der Auszubildenden zu bestimmen. Diese ergibt sich aus der tatsächlichen Anwesenheitszeit abzüglich der Unterweisungs- und Übungszeit. Der Umfang der Unterweisungszeiten ergibt sich aus den Ausbildungsplänen. Die Übungszeiten sind von den für die Ausbildung Verantwortlichen durch Beobachtung festzustellen.
— Die auf diese Art festgestellten produktiven Stunden sind dann mit dem Zeitfaktor - je Ausbildungsjahr - auf den entsprechenden Leistungsgrad eines Jungfacharbeiters umzurechnen. Dies ist erforderlich, da der Auszubildende im Regelfall für die Ausführung seiner Arbeit mehr Zeit benötigt als ein Facharbeiter.
— Die so ermittelten produktiven Stunden sind mit den Personalkosten (Lohn und Personalzusatzaufwand) eines Jungfacharbeiters zu bewerten. Auf diese Weise erhält man die produktive Leistung der Auszubildenden. Die Gemeinkosten des Arbeitsplatzes können dabei im Regelfall außer Ansatz bleiben, weil sie kein ausbildungsbedingter Aufwand sind. Dabei wurde vernachlässigt, daß der Auszubildende den Arbeitsplatz für die gleiche Leistung im Regelfall länger als ein Facharbeiter in Anspruch nimmt. In diesem Zusammenhang muß geprüft werden, ob man bei der Bestimmung der Bruttokosten überhaupt Arbeitsplatzkosten für Auszubildende außerhalb der Lehrwerkstätten in Ansatz gebracht hat. Dies sollte nur dann geschehen, wenn tatsächlich die Kapazität des Betriebes um der Ausbildung willen vergrößert worden ist (zum Beispiel Lehrecken, ständig für Auszubildende reservierte Maschinen).

170

Da der Anteil der produktiven Zeiten für die einzelnen Ausbildungsjahre sehr unterschiedlich ist, muß eine derartige Berechnung je Ausbildungsjahr vorgenommen werden.

Zusammenfassend ist festzustellen, daß man die Ertragsbewertung nach sorgfältigen Erhebungen und Schätzungen mit den betreffenden Fachleuten in einem generellen Rechenschema vornehmen und sich damit von einer individuellen Berechnung lösen kann.

Bei den **kaufmännisch** Auszubildenden (ähnliches gilt für die technisch Auszubildenden) ist abzuwägen, ob man eine Ertragsfeststellung in ähnlicher Weise vorzunehmen hat wie bei den gewerblich Auszubildenden. Erfaßt man bei den kaufmännisch Auszubildenden ebenfalls einen Anteil für produktive Leistung und bewertet diesen, ist jedoch zu bedenken, daß man in den Bruttoaufwand für die kaufmännische Ausbildung den Anteil der geleisteten Zeiten für die ausbildungsbedingte Unterweisung am Arbeitsplatz durch Vorgesetzte und Sachbearbeiter mit einbeziehen muß. Es ist daher abzuwägen, ob diese Aufwendungen in etwa den Erträgen der produktiven Leistung entsprechen. Ist das der Fall, kann man sowohl auf die Einbeziehung dieses Ausbildungsaufwandes (der Vorgesetzten beziehungsweise der Sachbearbeiter) als auch auf die Ermittlung der produktiven Leistung der Auszubildenden verzichten.

Die so ermittelten Erträge aus der Berufsausbildung sind von dem entsprechenden Brutto-Ausbildungsaufwand abzusetzen; dann erhält man den **Netto-Ausbildungsaufwand** beziehungsweise die Nettokosten der Berufsausbildung.

Auf der Grundlage der ermittelten Brutto- und Nettokosten ist eine Kalkulation der Ausbildungskosten mit folgender Zielsetzung vorzunehmen:

— Es sind je Ausbildungsart (zum Beispiel gewerblich, kaufmännisch, technisch), gegebenenfalls auch je Ausbildungsberuf (zum Beispiel Dreher, Industriekaufmann, techn. Zeichner) die Ausbildungskosten festzustellen und als Kennzahl (Ausbildungskosten gesamt : Anzahl der Auszubildenden) festzustellen. Um die Ausbildungskosten je Ausbildungsberuf kalkulieren zu können, ist darauf zu achten, daß bei einer Berechnung des Ausbildungsaufwandes nach den einzelnen Berufsgruppen der anteilige Aufwand für die Bezahlung der Berufsschulzeit der **produktiv** eingesetzten Jugendlichen unberücksichtigt bleiben muß. Zwar handelt es sich hierbei um einen Ausbildungsaufwand, dieser kann aber nicht mit den Auszubildenden korreliert werden.

— Aus den Kennzahlen (Brutto- und Nettokosten)
  ● Ausbildungskosten je Jahr (als Durchschnitt aller Auszubildenden)
  ● Ausbildungskosten je Beruf (Ausbildungskosten je Jahr mal Ausbildungszeit)
  ergeben sich Ansatzpunkte für die Kostenüberwachung.

Um weitere Ansatzpunkte für die Steuerung und Überwachung des Ausbildungsaufwandes zu gewinnen, ist es zweckmäßig, in den Kalkulationsunterlagen die wesentlichen Kostenbestandteile

— Personalkosten der Auszubildenden
— Personalkosten der Ausbilder und des Verwaltungspersonals
— Sachkosten (Abschreibungen, Zinsen, Material usw.)

getrennt sichtbar zu machen, da die Kostenentwicklung dieser drei Positionen sehr unterschiedlich verläuft.

Bevor man sich mit einer näheren Untersuchung des Ausbildungsaufwandes befaßt, ist zunächst einmal die Zielsetzung, die mit der Ausbildung verbunden ist, zu beurteilen beziehungsweise in Erinnerung zu rufen. Da man weiß, daß Auszubildende weit mehr kosten, als sie unmittelbar durch ihre produktive Leistung einbringen, ist nach den verschiedenen Ausbildungsmotiven zu fragen. Das kann zum Beispiel sein

— Gewinnung von Fachkräften
— Gewinnung von Führungskräften
— gesellschaftspolitischer Beitrag (zum Beispiel Ausbildung über Bedarf)

Im Anschluß daran ist anhand der Ausbildungsergebnisse festzustellen, ob und inwieweit die gesetzten Ziele erreicht wurden. Dafür kann die Beantwortung folgender Fragen dienen:

— Wie hoch ist der Anteil der selbst ausgebildeten Fachkräfte beziehungsweise wie hoch sollte die Ausbildungsquote sein?
— Entspricht diese Ausbildungsquote und die Ausbildungsfachrichtung (zum Beispiel Schlosser, Mechaniker, Industriekaufmann) dem **künftig** zu erwartenden Bedarf? Bei der Berechnung dieses Bedarfs sind Faktoren wie zum Beispiel Fluktuationsquote, Wechsel vom Facharbeiter zum Angestellten, zu berücksichtigen.
— Entspricht das Ausbildungsergebnis in der Qualität (Abschlußnoten) den Erwartungen?
— Wie hoch sollte der Anteil der selbst ausgebildeten Führungskräfte sein? Entspricht die Ausbildung - zum Beispiel von Industriekaufleuten - dem zukünftigen Bedarf mit entsprechenden Aufstiegsmöglichkeiten?
— Entspricht die Verbleibquote den Erwartungen? Wie kann man sie vergrößern? Hat man den übernommenen Auszubildenden ihre Entwicklungschance im Unternehmen deutlich gemacht? (Die wenigsten wissen, daß auch bei einer erfolgreichen gewerblichen Ausbildung und guter anschließender Leistung viele Facharbeiter in qualifizierte Angestelltentätigkeiten überwechseln).
— Wie teuer ist unter Berücksichtigung der Verbleibquote die Ausbildung tatsächlich (getrennt zu ermitteln für gewerbliche, technische und kaufmännische Berufe sowie für Frauen und Männer)?
— Wie hoch war die Ausbildung über Bedarf tatsächlich? (Kosten des gesellschaftspolitischen Beitrags!)

Erst im Anschluß an diese Feststellungen ist es zweckmäßig, den ermittelten Ausbildungsaufwand kritisch zu beurteilen und ihn an den Zielvorstellungen zu messen.

Der Ausbildungsaufwand tendiert - gemessen an anderen Aufwandsblöcken - zu einer überproportionalen Steigerung. Dies liegt nicht nur an dem erheblichen Anteil der Personalkosten, sondern auch an der Ausweitung der Ausbildungsmaßnahmen, wie zum Beispiel Ausbildung über Bedarf, Qualitätssteigerung der Ausbildung (Ausbilder-Eignungsverordnung).

Für die Beurteilung des Ausbildungsaufwandes - und insbesondere seiner Veränderung - ist es zweckmäßig, nach verschiedenen Einflußfaktoren zu unterscheiden und die Aufwandsveränderung danach aufzuteilen (ein Hilfsmittel dazu sind die Kennzahlen). Im Regelfall ist mit folgenden Einflußfaktoren zu rechnen:

— **Mengeneinflüsse**
Veränderung der Anzahl der Auszubildenden
— **Struktureinflüsse**
Veränderung in der Zusammensetzung der Ausbildungsgruppen (gewerblich, kaufmännisch, technisch) und Ausbildungsberufe
— **Verteuerungseinflüsse**
Einflüsse aus der Gesetzgebung, den Tarifen (Tarifrunde, Manteltarifverträge), Einflüsse des Unternehmens (zum Beispiel mehr Ausbilder, Steigerung der Ausbildungsqualität)

Zu beachten ist, daß diese Einflußfaktoren multiplikativ miteinander verknüpft sein können.

Sowohl für die interne Kostenüberwachung als auch für den Nachweis des Bildungsaufwandes gegenüber der Öffentlichkeit ist es zweckmäßig, aus den gewonnenen Daten Kennzahlen zu bilden, zum Beispiel

— Kosten der Berufsausbildung je Geschäftsjahr in Prozent der Lohn- und Gehaltssumme
— Brutto- und Nettokosten einer abgeschlossenen Berufsausbildung, unterteilt nach Ausbildungszweigen (gewerbliche, kaufmännische und technische Ausbildung). Interessant sind zum Beispiel die unterschiedlichen Kosten bei der Stufenausbildung (Kosten der Ausbildung im Grundberuf und im Aufbauberuf)
— Nettokosten der Ausbildung unter Berücksichtigung der Verbleibquote

Durch eine derartige Untersuchung des Ausbildungsaufwandes werden die Auswirkungen und Größenordnungen der verschiedenen Einflüsse deutlich und bilden damit erste Ansatzpunkte zur kritischen Beurteilung und Einflußnahme. Mit diesen Methoden ist auch auf diesem Sektor eine Verbesserung des Kostenbewußtseins zu erreichen.

Gleichzeitig können aus den damit gewonnenen Daten und Erläuterungen über die Zusammensetzung und Veränderung des Ausbildungsaufwandes Informationen für die Berichterstattung gegenüber der Öffentlichkeit gewonnen werden. Ein Aspekt der Auswertungen des Ausbildungsaufwandes sollte daher auch auf die gezielte Information gegenüber Mitarbeitern, Betriebsrat, Hauptversammlung und Presse ausgerichtet sein.

5.7 Überwachung der Kosten des Wohnungswesens

Der Aufwand für das Wohnungswesen war nach dem Krieg für viele Unternehmen sowohl aus sozialer als auch betriebsbedingter Sicht notwendig. Inzwischen haben sich die Verhältnisse gewandelt. Sowohl die im Wohnungswesen erforderlichen langfristigen Bindungen als auch das bekannte Beharrungsvermögen, einmal getroffene soziale Maßnahmen auch dann beizubehalten, wenn der ursprüngliche Zweck entfallen ist, sollten Anlaß sein, sich die Situation von Zeit zu Zeit kritisch anzusehen. Dazu kann folgende Übersicht dienlich sein:

Kostenart		Geschäfts-jahr	Vor-jahr	Verän-derung
1.	Grunddaten			
1.1	Wohnungen			
1.1.1	Bestand			
1.1.2	Zugänge			
1.1.2.1	davon geförderte[1] Wohnungen			
1.1.2.2	davon vermittelte[2] Wohnungen			
1.2	Wohnheime			
1.2.1	Bestand: Anzahl/Bettplätze			
1.2.2	Zugänge " "			
1.2.3	Abgänge " "			
1.3	Eigenheimdarlehen (Anzahl)			
2.	Finanzmitteleinsatz (Forderungen)			
2.1	Darlehen für fremde Wohnungen			
2.1.1	Bestand			
2.1.2	Zugang			
2.2	Eigenheimdarlehen an Mitarbeiter			
2.2.1	Bestand			
2.2.2	Zugang			

Kostenart	Geschäfts-jahr	Vor-jahr	Verän-derung
3. Kosten			
3.1 Verlorene Zuschüsse für fremde Wohnungen			
3.1.1 Zugang in DM			
3.1.2 Anzahl der geförderten Wohnungen			
3.2 nicht gedeckter Aufwand für Wohnheime			
3.3 Entgangene Zinsen für Wohnungsdarlehen (fremd) 3)			
Summe objektbezogener Subventionen (3.1 - 3.3)			
3.4 Entgangene Zinsen für Eigenheimdarlehen 3)			
3.5 Wohngeldzuschüsse für Versetzte			
3.6 Sonstige Mietbeihilfen			
3.7 Kosten der Wohnraumbeschaffung [4]			
Summe subjektbezogener Subventionen (3.4 - 3.7)			
Summe Aufwand Wohnungswesen (3.1 - 3.7)			
4. Relationen			
4.1 Eigenheimdarlehen			
4.1.1 Ø Höhe der neu vergebenen Darlehen			
4.1.2 Ø Entgangene Zinsen (bezogen auf die Gesamtlaufzeit)			
4.2 Kosten einer neu beschafften Wohnung			
4.2.1 Zuschüsse bzw. entgangene Zinsen [5]			
4.2.2 Beschaffungskosten [6]			
4.3 Ungedeckte Kosten eines Wohnheimplatzes			

1) Wohnungen - auch Fremdbesitz -, die mit Zuschüssen beziehungsweise Darlehen beschafft wurden
2) Wohnungen, die - ohne Zuschüsse/Darlehen - vom Markt beschafft wurden
3) bezogen auf den Gesamtbestand der offenen Darlehen (siehe 2.1.1 beziehungsweise 2.2.1) und bewertet mit der Zinsdifferenz zwischen Marktzins (beziehungsweise kalkulatorischem Zinssatz) und Effektzins
4) Gemeinkosten des eigenen Personals, das mit der Wohnungsbeschaffung betraut ist beziehungsweise Kosten des Maklers

5) die Zuschüsse beziehungsweise entgangenen Zinsen sind auf die Gesamtlaufzeit des Vertrages zu berechnen, damit man erkennen kann, wie teuer eine Wohnung tatsächlich ist beziehungsweise wie hoch die Subvention ausfällt

6) Punkt 3.7 im Durchschnitt für eine Wohnung

Anhand der Ergebnisse dieser Aufstellung sind folgende kritische Fragen zu stellen:

— Für wen werden Wohnungen beschafft - nur für Neueingestellte oder Versetzte (betriebsnotwendig) oder auch in anderen Fällen (soziale Aspekte)? Sind die Aufwendungen angemessen? Gibt es Alternativen (zum Beispiel statt objektgebundener - meist langfristiger - Zuschüsse subjektbezogene Wohngeldzuschüsse).
— Werden Wohnheime noch benötigt? Kritisch ist insbesondere die Neubelegung zu sehen.
— Wozu dienen Eigenheimdarlehen? (Vermögensbildung, Bindung an die Firma, Einkommensersatz, weil steuerlich begünstigt). Erfüllt das Instrument seinen Zweck? Gibt es bessere Lösungen?

5.8 Überwachung der Kosten des Betriebsverfassungs-/ Mitbestimmungsgesetzes

Da sich die Kosten für diese Gesetze in vielen einzelnen Kostenpositionen niederschlagen, ist die Gesamtsumme, die diese Gesetze verursachen, häufig unbekannt. Das Wissen um den damit verbundenen Aufwand ist jedoch für die gesellschaftspolitische Diskussion mit den Betriebsräten, den Gewerkschaften und den Politikern wichtig. Darüber hinaus können nur so noch die vorhandenen Möglichkeiten der Kostenbeeinflussung erkannt werden.

Es ist zweckmäßig, die Kosten für beide Gesetze zunächst gemeinsam zu erfassen, weil sich erhebliche Kostenüberschneidungen ergeben. So sind zum Beispiel die Betriebsräte auch an den Wahlen (Wahlmänner) der Mitarbeitervertretung im Aufsichtsrat beteiligt beziehungsweise es entstehen Ausfallzeiten für die Ausübung dieses Amtes. Es ist daher notwendig, zunächst die Kosten der Betriebsräte zu erfassen und sie dann anteilig den beiden Gesetzen zuzurechnen.

Für diese Erhebung kann folgende Übersicht dienlich sein:

Kostenart	Geschäfts-jahr	Vor-jahr	Verän-derung
1. Grunddaten			
1.1 Anzahl der Betriebsräte und Jugendvertreter 1)			
1.1.1 freigestellt			
1.1.2 nicht freigestellt			
1.1.3 Schreibkräfte und sonstiges Verwaltungspersonal des Betriebsratsbüros			
2. Zeitaufwand			
2.1 freigestellt 2)			
2.2 nicht freigestellt 3)			
2.3 Schreibkräfte 2)			
2.4 anteiliger Zeitaufwand der Mitarbeiter für Wahlvorgänge zur Betriebsverfassung (Betriebsrat, Jugendvertreter) – ohne Mitarbeiter zu Pkt. 2.1 und 2.3 4)			
2.5 anteiliger Zeitaufwand der Mitarbeiter für Wahlvorgänge zur Mitbestimmung – ohne Mitarbeiter zu Pkt. 2.1 und 2.3 4)			
2.6 Zeitaufwand für Betriebsversammlungen – ohne Mitarbeiter zu Pkt. 2.1 u.2.3 5)			
2.7 anteiliger Zeitaufwand für die Wahrnehmung der Mitbestimmungsrechte (im Regelfall Aufsichtsratssitzungen und deren Vorbereitung) des leitenden Angestellten			
3. Kosten			
3.1 Löhne und Gehälter einschl. anteiligem Personalzusatzaufwand zu den einzelnen Positionen 2.1 - 2.7 6)			
3.2 Sachkosten			
3.2.1 Sachkosten der Kostenstelle Betriebsrat			
3.2.2 anteilige Sachkosten der nicht freigestellten Betriebsräte 7)			
3.2.3 Sachkosten der Wahl zur Betriebsverfassung			
3.2.4 Sachkosten der Wahl zur Mitbestimmung			

Kostenart	Geschäfts-jahr	Vor-jahr	Verän-derung
3.2.5 Sachkosten der Betriebsversammlungen			
3.3 Kosten der betriebsverfassungsrecht-lichen Streitigkeiten (Prozeßkosten, Kosten der Einigungsstelle)			
4. <u>Summe der Kosten</u> der Betriebsverfassung[8] der Mitbestimmung [9]			
5. <u>Kostenvergleiche</u> Vergleich der Unternehmensbereiche			
5.1 Kosten der Betriebsräte je Mit-arbeiter			
5.2 Kosten der Betriebsversammlungen je Mitarbeiter			

1) Entweder durchschnittliche Kopfzahl (besser) oder Standzahl am Geschäftsjahresende (leichter)
2) Zu erfassen ist die anteilige vertragliche Arbeitszeit zuzüglich Mehrarbeit.
Damit werden auch die Ausfallzeiten mit erfaßt und den Anforderungen des Betriebsverfassungs- beziehungsweise Mitbestimmungsgesetzes zugerechnet. Nur so lassen sich die Bruttoaufwendungen der verschiedenen sozialen Einrichtungen richtig ermitteln. Da bei der Zusammenstellung des Personalzusatzaufwandes aber auch die Ausfallzeiten in voller Höhe ausgewiesen werden, müssen die dadurch entstehenden doppelt erfaßten Beträge innerhalb des Personalzusatzaufwandes offen ausgewiesen und abgesetzt werden (Näheres siehe Grünefeld, Steuerung und Kontrolle des Personalaufwandes, Gabler Verlag, Wiesbaden 1983, Seite 73)
3) Der Zeitanteil der geleisteten Zeit für Betriebsrats- beziehungsweise Jugendvertretertätigkeit ist statistisch zu erfassen und auf vertragliche Arbeitszeit hochzurechnen
4) Wähler mal geschätzter Zeitaufwand für den Wahlvorgang (zum Beispiel 15 Minuten) zuzüglich Wahlvorbereitung und -auswertung (nur Arbeitgeberpersonal - also ohne die bereits erfaßten Betriebsräte)
5) Die Zeiterfassung für Lohnempfänger ergibt sich im Regelfall aus den dafür erstellten Lohnbelegen. Der Zeitaufwand für Angestellte ist wie folgt zu ermitteln: geschätzte Beteiligung mal durchschnittliche Dauer der Betriebsversammlungen (beziehungsweise Abteilungsversammlungen) mal Anzahl der Betriebsversammlungen
6) Die Bewertung kann für die Positionen 2.1 und 2.3 der Kostenstelle „Betriebsrat" entnommen werden. Für die nicht freigestellten Betriebsräte ist entweder eine Belastung der Kostenstelle „Betriebsrat" erfolgt (dann siehe Beleg) oder es muß eine durchschnittliche Lohn-/Gehaltsbewertung vorgenommen werden. Für die Bewertung der Wahlen und Betriebsversammlungen sind die durchschnittlichen Löhne und Gehälter anzusetzen. Wegen der bei den einzelnen Mitarbeitergruppen unterschiedlichen Beteiligungen (insbesondere der Betriebsversammlungen) muß sowohl die Schätzung der Beteiligung als auch die Bewertung nach Mitarbeitergruppen differenziert vorgenommen werden (mindestens Trennung nach Tarif- und AT-Angestellten)

7) Hier dürfen die Reisekosten und Lehrgangsgebühren für Schulungen nicht vergessen werden.

8) Die Kosten der Betriebsverfassung können wie folgt ermittelt werden:

Löhne und Gehälter (Punkt 3.1) zu 2.1, 2.2, 2.3, 2.4, 2.6

/. geschätzter und bewerteter Zeitanteil der Betriebsräte für Wahlen zur
   Mitbestimmung und Ausübung des Aufsichtsratsmandats

+ Sachkosten laut Punkt 3.2.1, 3.2.2, 3.2.3, 3.2.5

+ Kosten der betriebsverfassungsrechtlichen Streitigkeiten (3.3)

= Kosten der Betriebsverfassung

In vielen Fällen kann es zweckmäßig sein, auch die Kosten der Betriebsratstätigkeit und der Betriebsversammlungen getrennt auszuweisen, da die Kostenbeeinflussungsmöglichkeiten für beide Positionen unterschiedlich sind

9) Die Kosten der Mitbestimmung können wie folgt ermittelt werden:

geschätzter und bewerteter Zeitanteil der Betriebsräte für Wahlen zur Mitbestimmung und Ausübung des Aufsichtsratsmandats

+ Löhne und Gehälter für Wahlvorgang (Punkt 2.5)

+ Sachkosten der Wahl zur Mitbestimmung (Punkt 3.2.4)

+ Zeitaufwand für leitende Angestellte (Punkt 2.7)

= Kosten der Mitbestimmung

Zur weiteren differenzierten Kostenübersicht kann Abbildung 11 dienlich sein.

Aufgrund eines derartigen differenzierten Vergleiches kann man die Aufwendungen besser beurteilen und gegebenenfalls im Gespräch mit dem Betriebsratsvorsitzenden nach Möglichkeiten der Kostenbegrenzung suchen. Häufig wird man zum Beispiel feststellen, daß die Betriebs- und Abteilungsversammlungen einen erheblichen Anteil an den Kosten der Betriebsverfassung ausmachen. Daraus ergibt sich dann die Frage, wie man - gemeinsam mit dem Betriebsrat - Anzahl und Dauer dieser Veranstaltungen beeinflussen kann. Ohne die Betriebsratsarbeit zu gefährden, kann man auch die Bürokosten des Betriebsrates (Schreibkräfte, Reisekosten, Spesen usw.) wie bei jeder anderen Kostenstelle einer kritischen Betrachtung unterziehen. Meist reicht bereits eine derartige detaillierte Kostenübersicht aus, um die Verantwortlichen zu kostenbewußtem Handeln zu veranlassen.

Betrieb	durchschn. Anzahl der Mitarbeiter in Tausend	Anzahl der Betriebsratsmitglieder am 30.9.86		Zeitaufwand						Geld aufwand					
		Gesamt	davon freigest.	Betriebsratsarbeit (örtl. Betriebsrat)				Betr.bzw. Abt.-versammlungen		Betriebsratsarbeit (örtl. Betriebsrat)		Betriebsversammlungen	Summe (Sp.11+12+13)	Gesamter Geldaufwand je Mitarb.	
				Betriebsratsmitglieder	Schreibkräfte	Summe (Sp.5+6)	je Mitarb. (Sp.7: Sp.8)	Anzahl je Betrieb ⌀	durchschn. Dauer	Arbeitsentgelt	Sach Kosten			Berichtsjahr (Sp.14:Sp.2)	Vorjahr
	in Tausend			TStd	TStd	TStd	TStd	⌀	Std	TDM	TDM	TDM	TDM	DM	DM
1	2	3	4	5	6	7	8	9	10	11	12	13	14	15	16
SUMME															
z.Vgl. Vorjahr															
Veränd. in %															

Abbildung 11:
Aufwendungen aufgrund des Betriebsverfassungsgesetzes

180

Anlage 1
Merkmalkatalog
(Verzeichnis der im Personalinformations-
system gespeicherten Daten)

Merkmalskatalog

Der folgende Merkmalskatalog enthält nur Merkmale, die für das Personalinformationssystem - und damit für die Personalberichterstattung - wichtig sind. Er enthält also keine Daten, die darüber hinaus für die Personalabrechnung und -verwaltung benötigt werden.

Dabei ist eine Abgrenzung zwischen Personalverwaltung und Personalinformationssystem nicht immer ganz leicht. Das Personalinformationssystem ist auf die Zwecke der Personalberichterstattung ausgelegt. Darüber hinausgehende Anforderungen der Personalverwaltung sollten ursprünglich nicht damit erfüllt werden. In der Praxis gibt es jedoch fließende Übergänge, da der gleiche Datenbestand häufig sowohl für Zwecke der Personalverwaltung als auch für Zwecke der Personalberichterstattung benötigt wird. Dies sei an einem Beispiel erläutert:

Für die P e r s o n a l v e r w a l t u n g benötigt man zahlreiche Daten der schwerbehinderten Mitarbeiter, um die Schwerbehindertenmeldung an das Arbeitsamt abgeben zu können. Ein Teil dieser Daten - nämlich das Merkmal "Schwerbehinderte" - wird zugleich auch für Personalberichtszwecke, zum Beispiel Einsatz oder Tätigkeit der Schwerbehinderten, benötigt und ist damit Bestandteil der Merkmale des Personalinformationssystems.
In den folgenden Merkmalskatalog wurden jedoch nur diejenigen Merkmale aufgenommen, die ein Personalinformationssystem für Personalberichtszwecke zur Verfügung stellen sollte.

Unter diesen einschränkenden Voraussetzungen wurde der folgende Merkmalskatalog aufgestellt. Er gliedert sich wie folgt:

    Teil I - Bezeichnung der Merkmale -

    1. Personenkreise
    2. Persönliche Grunddaten
    3. Organisatorische und örtliche Zugehörigkeit
    4. Angaben zur Beschäftigung
    5. Angaben zur Vor- und Weiterbildung
    6. Entgeltdaten
    7. Arbeits- und Ausfallzeiten
    8. Fluktuation

    Teil II - Definitionen und Erläuterungen -

Neben den aktuellen Daten gibt es - bei den Entgeltdaten und den Daten für Arbeits- und Ausfallzeiten - zahlreiche Merkmale, die auch die Auflaufwerte ausweisen müssen (hierauf wurde im nachfolgenden Merkmalsverzeichnis hingewiesen). Um Speicherplatz zu sparen, kann man auch bei verschiedenen Merkmalen auf den jeweiligen aktuellen Stand verzichten und nur die aufgelaufenen Werte eines Geschäftsjahres speichern.

Neben den Auflaufwerten ist es zweckmäßig, für verschiedene Merkmale auch eine Historie zu speichern (diese Merkmale wurden mit einem 'H' versehen). Nur mit Hilfe von Historienfeldern ist es möglich, bestimmte Entwicklungen (zum Beispiel Einkommensentwicklungen, rangliche Entwicklungen) zu verfolgen.

183

Teil 1: Bezeichnung der Merkmale

1.	P e r s o n e n k r e i s *)	
1.1	N o r m a l v e r s i o n	
1.1.10	Mitarbeiter (mit Werkstudenten/in Ausbildung)	P 20 + 30
1.1.11	Mitarbeiter (ohne Werkstudenten/in Ausbildung)	P 21 + 31
1.1.20	Angestellte (mit Werkstudenten/in Ausbildung)	P 22 + 23 + 41 + 42 + 44 + 51
1.1.21	Angestellte (ohne Werkstudenten/in Ausbildung)	P 22 + 23
1.1.22	Tarifangestellte	M 4.4.2.1
1.1.23	AT-Angestellte	P 24 + 25
1.1.24	AT-Angestellte (leitend)	M 4.15.1.40
1.1.25	AT-Angestellte (nicht leitend)	M 4.15.1.50
1.1.30	Arbeiter (mit Werkstudenten/in Ausbildung)	P 31 + 43 + 52
1.1.31	Arbeiter (ohne Werkstudenten/in Ausbildung)	M 4.15.1.10 - 21
1.1.40	in Ausbildung (gesamt)	P 41 + 42 + 43 + 44
1.1.41	in Ausbildung (Angestelltenberufe) (technisch - ohne Praktikanten)	M 4.4.3.1
1.1.42	in Ausbildung (kaufmännisch - ohne Praktikanten)	M 4.4.3.2
1.1.43	in Ausbildung (gewerblich - ohne Praktikanten)	M 4.4.3.3
1.1.44	Praktikanten (soweit Mitarbeiter/ Angestelltenberufe)	M 4.4.4
1.1.50	Werkstudenten (gesamt)	P 51 + 52
1.1.51	Werkstudenten (Angestellten-Tätigkeit)	M 4.4.5.1
1.1.52	Werkstudenten (Arbeiter-Tätigkeit)	M 4.4.5.2
1.1.60	Pensionäre/Hinterbliebene	M 4.8
1.1.61	Vorruhestand	M 4.7
	*) siehe Definitionen und Erläuterungen	P = Personenkreis M = Merkmal

1.2	Z u s a t z v e r s i o n	
	Die im folgenden aufgeführten Personenkreise können nur in Verbindung mit einer Normalversion angewendet werden. Es können mehrere Zusatzversionen gleichzeitig angegeben werden. Die Anzahl der möglichen - gleichzeitig angebbaren - Zusatzversionen wird im Datenverarbeitungsprogramm vorgegeben. Dabei können einzelne Personenkreise auch ausgeschlossen werden.	
1.2.100	Mitarbeiter im ruhenden Dienstverhältnis	M 4.6
1.2.200	Vollzeitbeschäftigte	M 7.1 mit 37 u. mehr Std. (Metalltarif)
1.2.210	Teilzeitbeschäftigte (alle)	M 7.1 mit weniger als 37 Std. (Metalltarif)
1.2.211	Teilzeitbeschäftigte unter 20 Stunden	M 7.1 mit weniger als 20 Std.
1.2.300	Ausländer	M 2.4 (ohne BRD)
1.2.310	Deutsche	M 2.4 (nur BRD)
1.2.400	Männer	M 2.3.1
1.2.410	Frauen	M 2.3.2
1.2.500	Aushilfen	M 4.5.1
1.2.600	Technisch Tätige	M 4.10.1
1.2.610	Kaufmännisch Tätige (einschließlich Sekretärinnen/Schreibkräfte) 1)	M 4.10.2 + 3
1.2.611	Kaufmännisch Tätige (ohne Sekretärinnen/Schreibkräfte)	M 4.10.2
1.2.620	Sekretärinnen/Schreibkräfte	M 4.10.3
1.2.630	Vorstände	M 4.5.2
1.2.700	Technischer Berufsabschluß (Angestellte) n i c h t Hoch- und Fachhochschulabsolventen	M 5.1.41 + 72 + 81
1.2.710	Gewerblicher Berufsabschluß (Angestellte)	M 5.1.71
1.2.720	Kaufmännischer Berufsabschluß 2) (Angestellte) n i c h t Hoch- und Fachhochschulabsolventen)	M 5.1.40 + 70 + 80 + 82
1.2.730	Hoch- und Fachhochschulabsolventen (gesamt)	P 740 + 750 + 760
1.2.740	Hoch- und Fachhochschulabsolventen mit techn./naturwissenschaftlichen Fachrichtungen	M 5.1.51 + 61
1.2.750	Hoch- und Fachhochschulabsolventen mit kaufmännischen Fachrichtungen	M 5.1.50 + 60
1.2.760	Hoch- und Fachhochschulabsolventen mit sonstigen Fachrichtungen	M 5.1.52 + 62
1.2.770	Facharbeiter	M 4.12
1.2.780	An- und ungelernte Arbeiter	M 4.4.1 abzgl. M 4.12
1.2.790	Akkordlöhner	M 4.4.1.2
1.2.791	Prämienlöhner	M 4.4.1.3
1.2.792	Zeitlöhner	M 4.4.1.1
1.2.800	Schwerbehinderte	M 2.5
	1) kaufmännisch und sonstige nicht technisch Tätige 2) kaufmännische und sonstige nicht technische Ausbildung	

1) Das Lebensalter wird monatlich im Rahmen des Änderungsdienstes des Personalinformationssystems aus dem Geburtsdatum und dem laufenden Monat gebildet
2) Die Zusammenfassung nach Lebens- altersgruppen (zum Beispiel unter 20 Jahre, 20 – 24 Jahre) erleichtert die Auswertung
3) Hier können die Schlüsselziffern des Staatsangehörigkeitsschlüssels des Statistischen Bundesamtes verwendet werden

3.	O r g a n i s a t o r i s c h e u n d ö r t l i c h e Z u g e h ö r i g k e i t H *)
3.1 3.1.1 3.1.2 3.1.3	Organisationseinheit Schlüsselziffer H Gültig ab Datum zur Organisationseinheit Klartext
3.2	Personalabteilung
3.3	Personalnummer
3.4 3.4.1 3.4.2	Ständige Betriebsstätte **) Schlüsselziffer Klartext
3.5 3.5.1 3.5.2	Tarifgebiet – nur erforderlich für Unternehmen, die in mehreren Tarifgebieten tätig sind Schlüsselziffer Klartext (sofern erforderlich)
	*) H = Historienfelder aufbauen **) siehe Definitionen und Erläuterungen

4.	Angaben zur Beschäf-tigung	
4.1	Letzter tatsächlicher Eintritt	
4.2	Stichtag für Jubiläum/Dienstalter	
4.2.1	Stichtag für Jubiläum	
4.2.2	Dienstalter (vollendete Jahre) abgeleitet aus 4.2.1 und dem aktuellen Monat	
4.3	Altersversorgung	
4.3.1	Art der Zusage, zum Beispiel	
4.3.1.1	normale Regelung	
4.3.1.2	abweichende Regelung	
4.4	Mitarbeitergruppe	
4.4.1	Arbeiter	H
4.4.1.1	Zeitlöhner	
4.4.1.2	Akkordlöhner	
4.4.1.3	Prämienlöhner	
4.4.2	Angestellter	
4.4.2.1	Tarifangestellter 1)	H
4.4.2.2	AT-Angestellter 2)	H
4.4.3	in Ausbildung (ohne Praktikanten)	H
4.4.3.1	technisch (Angestelltenberufe)	
4.4.3.2	kaufmännisch	
4.4.3.3	gewerblich	
4.4.4	Praktikanten (Angestelltenberufe)	
4.4.5	Werkstudenten	
4.4.5.1	Angestellten-Tätigkeit	
4.4.5.2	Arbeiter-Tätigkeit	
4.5	Besondere Beschäftigungsverhältnisse	
4.5.1	Aushilfen	
4.5.2	Vorstände	
4.6	Ruhendes Dienstverhältnis (dieses Merkmal kann maschinell gesetzt werden)	
4.6.1	Wehr-/Ersatzdienst Zugang aus Merkmal 8.3.18 Abgang aus Merkmal 8.1.11 und 8.3.19	
4.6.2	Mutterschaftsurlaub Zugang aus Merkmal 8.3.20 Abgang aus Merkmal 8.1.12 und 8.3.19	
4.7	Vorruhestand (dieses Merkmal kann maschinell gesetzt werden) Zugang aus Merkmal 8.3.23 Abgang aus Merkmal 8.3.24	

1) Dieses Merkmal kann maschinell abgeleitet werden aus dem Merkmal 4.15.1.30 - 36
2) Dieses Merkmal kann maschinell abgeleitet werden aus den Merkmalen 4.15.1.30 u. 50

4.8	Pensionäre/Hinterbliebene *)	
4.8.1	AT-Pensionäre/Hinterbliebene	
4.8.1.1	Pensionäre	
4.8.1.2	Witwen	
4.8.1.3	Waisen	
4.8.2	Tarifangestellte-Pensionäre/Hinterbliebene	
4.8.2.1	Pensionäre	
4.8.2.2	Witwen	
4.8.2.3	Waisen	
4.8.3	Arbeiter-Pensionäre/Hinterbliebene	
4.8.3.1	Pensionäre	
4.8.3.2	Witwen	
4.8.3.3	Waisen	
4.9	Ausgeübte Tätigkeit *)	
4.9.1	Schlüsselziffer	H
4.9.2	Klartext	
4.10	Tätigkeitsgruppe (Angestellte) *)	
	Beispiele für Tätigkeitsgruppen:	
4.10.1	Technisch Tätige	
4.10.2	Kaufmännisch Tätige	
4.10.3	Sekretärinnen/Schreibkräfte	
4.11	Tätigkeitsgebiet *)	H
	Schlüsselbeispiele:	
4.11.100	Forschung und Entwicklung	
4.11.110	Forschung	
4.11.120	Entwicklung	
4.11.121	Produktentwicklung	
4.11.122	Fertigungstechnische Entwicklung	
4.11.123	Entwicklung von Betriebssystemen	
4.11.124	Entwicklung von Anwendersoftware	
4.11.130	Konstruktion	
4.11.131	Konstruktion von Produkten	
4.11.132	Konstruktion von Betriebsmitteln	
4.11.200	Fertigung	
4.11.210	Fertigungsplanung	
4.11.220	Vorfertigung	
4.11.230	Wartung, Revision, Reparatur (Produkte)	
4.11.240	Zusammenbau	
4.11.250	Qualitätssicherung	
4.11.260	Herstellung und Instandsetzung von Betriebsmitteln	
4.11.300	Vertrieb	
4.11.310	Vertriebsdisposition	
4.11.311	Akquisition und Kundenberatung	
4.11.320	Technische Angebots- und Auftragsbearbeitung	
4.11.330	Werbung	

*) siehe Definitionen und Erläuterungen

4.11.400	Kaufmännische Verwaltung
4.11.410	Einkauf
4.11.411	Eingangsprüfung von Waren und Waren- annahme
4.11.412	Lager (gegebenenfalls nach Material, Werk- zeugen, Halb- und Fertigerzeugnissen unterteilen)
4.11.413	Eingangsrechnungsprüfung
4.11.414	Versand
4.11.420	Kaufmännische Angebots- und Auftrags- bearbeitung
4.11.421	Kalkulation, Auftragsabrechnung
4.11.430	Buchhaltung (gegebenenfalls Betriebs- und Geschäftsbuchhaltung unterteilen)
4.11.440	Organisation und Datenverarbeitung, Revision
4.11.500	Sonstige Verwaltung
4.11.510	Rechts- und Steuerwesen
4.11.520	Personalwesen (ggf. Personalabrech- nung, -planung, Aus- und Weiterbil- dung, Sozialaufgaben unterteilen)
4.11.530	Sonstige (gegebenenfalls nach Werks- küche, Betriebsarzt, Druckerei, Werk- schutz, Poststelle unterteilen)
4.11.600	Leitung *)
4.12	Facharbeiter *) H
	An- und ungelernte Arbeiter brauchen nicht gesondert geschlüsselt zu werden, sie er- geben sich aus dem Saldo: Alle Arbeiter ab- züglich Facharbeiter.
	*) siehe Definitionen und Erläuterungen

4.13	Dienststellung	H
	Schlüsselbeispiele:	
4.13.10	Vorstand/Geschäftsführung	
4.13.11	Betriebsleiter	
4.13.12	Hauptabteilungsleiter	
4.13.13	Abteilungsleiter	
4.13.14	Gruppenführer	
4.13.15	Meister	
4.13.20	Vorarbeiter	
4.13.21	Einrichter	
4.13.22	Kolonnenführer	
4.13.23	Ausbilder	
4.14	Schichtkennziffer	
4.15	Angaben zur Lohn-/Tarifgruppe/Rangstufe	
4.15.1	Lohn-/Tarifgruppe/Rangstufe *)	H
	Beispiele:	
4.15.1.10 -	21 Lohnempfänger, Lohngruppe 1 - 12	
4.15.1.30 -	36 Angestellte, Tarifgruppe 1 - 7	
4.15.1.40	Leitende AT-Angestellte (gegebenenfalls nach Rangstufen unterteilen)	
4.15.1.50	Nicht leitende AT-Angestellte (gegebenenfalls nach Rangstufen unterteilen)	
4.15.2	Jahr/Monat zu Lohn-/Tarifgruppen/Rangstufeneinordnung	H
4.15.3	Art der letzten individuellen Einkommensänderung (n i c h t tarifbedingt)	H
	Beispiele für Schlüsselung:	
4.15.3.1	Lohn-/Tarifgruppen-/Rangstufenänderung	H
4.15.3.2	Veränderung der Leistungszulagen (nur betrieblich, n i c h t tariflich)	H
4.15.3.3	Veränderung der Sonderzulagen	H
4.15.3.4	Veränderung der Tantieme/Jahreszahlung	H
	Anmerkung: bei der Programmierung ist Mehrfachspeicherung vorzusehen	
4.15.4	Jahr/Monat der letzten individuellen Einkommensänderung (Zuordnung zu 4.15.3)	H

*) siehe Definitionen und Erläuterungen

5.	Angaben zur Vor- und Weiterbildung
5.1	Schulbildung
	Es wird jeweils der höchste Berufs-abschluß gespeichert. Mehrfachspeiche-rungen (z.B. bei kaufmännischen und technischen Berufsabschlüssen) sind möglich.
5.1.10	Hauptschule mit Abschluß
5.1.11	Hauptschule ohne Abschluß
5.1.20	Realschule mit Abschluß
5.1.21	Realschule ohne Abschluß
5.1.30	Oberschule mit Abschluß
5.1.31	Oberschule ohne Abschluß
5.1.40	Fachoberschule mit Abschluß (kaufmännische oder wirtschaftswissen-schaftliche Richtung)
5.1.41	Fachoberschule mit Abschluß (technische Richtung)
5.1.50	Fachhochschule mit Abschluß (kaufmännische oder wirtschaftswissen-schaftliche Richtung)
5.1.51	Fachhochschule mit Abschluß (technische Richtung)
5.1.52	Fachhochschule mit Abschluß (sonstige Richtung)
5.1.60	Universität mit Abschluß (kaufmännische oder wirtschaftswissen-schaftliche Richtung)
5.1.61	Universität mit Abschluß (technische Richtung)
5.1.62	Universität mit Abschluß (sonstige Richtung)
5.1.70	Kaufmännische Lehre
5.1.71	Gewerbliche Lehre
5.1.72	Technische Lehre
5.1.80	Sonstige kaufmännische Berufsabschlüsse
5.1.81	Sonstige technische Berufsabschlüsse
5.1.82	Sonstige Berufsabschlüsse
5.2	Fachrichtung der Ausbildungsberufe oder Berufsabschlüsse *)
	*) siehe Definitionen und Erläuterungen

5.2.1	Schlüsselziffer
	Beispiele:
	01 - 50 schulische Berufe
	01 Elektrotechnik
	02 Maschinenbau
	19 Mathematik
	20 Informatik
	21 Betriebswirtschaft
	usw.
	51 - 99 Lehrberufe
	51 Schlosser
	52 Dreher
	53 Fräser
	usw.
	80 kaufmännische Lehre
	usw.
	In der dritten Stelle sollte bei den Lehr-berufen ausgedrückt werden, um welche Art der Ausbildung es sich handelt, zum Beispiel
	..1 Grundberuf
	..2 Aufbauberuf
	..3 2jährige Ausbildung
	..4 3 1/2jährige Ausbildung
	usw.
5.2.2	Klartext
5.3	Abschlußjahr/-monat der Berufsausbildung (Mehrfachspeicherung)
5.4	Abschlußnoten *) (Mehrfachspeicherung)
5.5	Berufliche Weiterbildung (Mehrfachspeicherung mit Begrenzung der Dauer der Speicherung)
5.5.1	Schlüsselziffer *)
5.5.2	Abschlußjahr der Weiterbildungsmaßnahme
	*) siehe Definitionen und Erläuterungen

5.6	Sprachkenntnisse
5.6.1	Schlüssel für Sprache
5.6.2	Schlüssel für Umfang der Kenntnisse

6.	E n t g e l t d a t e n *)	
6.1	Grundvergütung *)	
6.1.1	Betrag	H
6.1.2	gültig ab Datum	H
6.1.3	Auflaufwert	
6.1.4	Prämienlohn-Auflaufwert (nur die Grundvergütung übersteigende Beträge)	
6.1.5	Prozentsatz des Prämienlohns (6.1.4) gemessen an der Grundvergütung (6.1.3)	
6.1.6	Verdienst über Akkordgrundlohn *) (-richtsatz)-Auflaufwert	
6.1.7	Prozentsatz des Akkordüberverdienstes (6.1.6) gemessen an der Grundvergütung (6.1.3)	
6.2	Tarifliche Leistungszulage *)	
6.2.1	Betrag	H
6.2.2	gültig ab Datum	H
6.2.3	Auflaufwert	
6.2.4	Prozentsatz der tariflichen Leistungs-zulage (6.2.3), gemessen an der Grund-vergütung (6.1.3)	

*) siehe Definitionen und Erläuterungen

6.3	Betriebliche Sonderzulage *)	
6.3.1	Betrag	H
6.3.2	gültig ab Datum	H
6.3.3	Auflaufwert	
6.3.4	Prozentsatz der betrieblichen Sonder- zulage (6.3.3), gemessen an der Grund- vergütung (6.1.3)	
6.4	Sonstige tarifliche Zulagen	
6.4.1	Ausgleichs-/Besitzstandszulage	
6.4.2	Auflaufwert zu 6.4.1	
6.4.3	Zulage bei Abgruppierung	
6.4.4	Auflaufwert zu 6.4.3	
6.4.5	Sozialzulage	
6.4.6	Auflaufwert zu 6.4.5	
6.4.7	Schwerbehindertenzulage	
6.4.8	Auflaufwert zu 6.4.7	
6.4.9	Montagezulage	
6.4.10	Auflaufwert zu 6.4.9	
6.4.11	Erschwerniszulage (gegebenenfalls unterteilt nach der Art, zum Bei- spiel Schmutz, Lärm)	
6.4.12	Auflaufwert zu 6.4.11	
6.5	Sonstige betriebliche Zulagen	
6.5.1	Ausgleichs-/Besitzstandszulage	
6.5.2	Auflaufwert zu 6.5.1	
6.5.3	Sozialzulage	
6.5.4	Auflaufwert zu 6.5.3	
6.5.5	Schwerbehindertenzulage	
6.5.6	Auflaufwert zu 6.5.5	
6.5.7	Funktionszulage *)	
6.5.8	Auflaufwert zu 6.5.7	
6.5.9	Anlern-, Umlern-, Einarbeitungszulage *)	
6.5.10	Auflaufwert zu 6.5.9	
6.5.11	Bereitschafts-, Erreichbarkeitszulage	
6.5.12	Auflaufwert zu 6.5.11	
6.5.13	Mehrarbeitspauschale	
6.5.14	Auflaufwert zu 6.5.13	
6.6	Entgelt für Mehrarbeit (Auflaufwerte)	
6.6.1	Grundvergütung für Mehrarbeit	
6.6.2	Zuschläge für Mehrarbeit	
6.7	Entgelt für Reisezeit (Auflaufwerte) *)	
6.7.1	Grundvergütung für Reisezeit	
6.7.2	Zuschläge für Reisezeit	
6.8	Zuschläge für Schichtarbeit (Auflaufwerte)	
6.8.1	tarifliche Schichtzuschläge	
6.8.2	betriebliche Schichtzuschläge	
6.9	Zuschläge für Nachtarbeit (Auflaufwerte)	
6.9.1	tarifliche Nachtzuschläge	
6.9.2	betriebliche Nachtzuschläge	
	*) siehe Definitionen und Erläuterungen	

6.10	Entgelt für tarifliche Sonderzahlungen	
6.10.1	Anteiliges tarifliches 13. Monatseinkommen	
6.10.2	Vermögenswirksame Leistung (Monatswert)	
6.10.3	Vermögenswirksame Leistung (Auflaufwert)	
6.10.4	Zusätzliche Urlaubsvergütung (Auflaufwert)	
6.10.5	Kontoführungsgebühren (Auflaufwert)	
6.10.6	Tarifliche Nachzahlungen (zum Beispiel bei rückwirkenden neuen Tarifabschlüssen)	
6.10.7	Tariflicher Pauschalbetrag (Einmalzahlung)	
6.11	Entgelt für betriebliche Sonderzahlungen	
6.11.1	Tantieme/Jahreszahlung	H
6.12	Zuschüsse soweit GuV-Position 6a (Auflaufwerte) Diese Merkmale müssen ggf. nach "tariflich" bzw. "gesetzlich" und "betrieblich" getrennt aufgeführt werden.	
6.12.1	Zuschuß zum Krankengeld *)	
6.12.2	Zuschuß zum Mutterschaftsgeld *)	
6.12.3	Zuschuß zum Kurzarbeitergeld *)	
6.12.4	Fahrgeldzuschuß	
6.12.5	Mietzuschuß	
6.13	Sonstige Bezüge soweit GuV-Position 6a (Auflaufwerte)	
6.13.1	Einmalige Sonderzuwendungen für besondere Leistungen	H
6.13.2	Prämien für Verbesserungsvorschläge	H
6.13.3	Erfindervergütungen *)	
6.13.4	Honorare an Mitarbeiter *)	
6.13.5	Urlaubsabgeltung *)	
6.13.6	Abfindungen bei Beendigung des Beschäftigungsverhältnisses *)	
6.13.7	Jubiläumsgeld	
6.13.8	Vom Arbeitgeber übernommene gesetzliche Abzüge	
6.13.9	Provisionen/Beteiligungen	
6.14	Zuschüsse soweit GuV-Position 6b (Soziale Abgaben) Auflaufwerte	
6.14.1	Arbeitgeberzuschuß zur freiwilligen Krankenversicherung	
6.14.2	Arbeitgeberzuschuß zur befreienden Lebensversicherung	
6.15	Sonstige Bezüge soweit GuV-Position 6b (Alterversorgung und Unterstützung) Auflaufwerte Diese Merkmale sind gegebenenfalls nach "tariflich" und "betrieblich" getrennt aufzuführen.	

*) siehe Definitionen und Erläuterungen

6.15.1	Unterstützung im Krankheitsfall
6.15.2	Unterstützung im Todesfall
6.15.3	Unterstützung im Notfall
6.15.4	Abfindungen n a c h dem Ausscheiden (zum Beispiel Pensionierung)
6.16	Entgelt für bezahlte Ausfallzeiten (Auflaufwerte) N e b e n den unter 6.1. bis 6.15 aufgeführten Entgeltdaten werden noch einmal gesondert die Entgeltdaten für bezahlte Ausfallzeiten erfaßt.
6.16.1	Krankheit
6.16.2	Mutterschutz
6.16.3	Urlaub (o h n e zusätzliche Urlaubsvergütung)
6.16.4	Feiertage *)
6.16.5	Weiterbildung
6.16.6	Sonstige gesetzliche Ausfallzeiten *)
6.16.7	Sonstige tarifliche Ausfallzeiten *)
6.16.8	Sonstige betriebliche Ausfallzeiten *)
6.17	Entgeltminderung wegen unbezahlter Ausfallzeiten (Auflaufwerte)
6.17.1	Streik
6.17.2	Aussperrung
6.17.3	Kurzarbeit
6.17.4	Krankheit
6.17.5	Mutterschutz
6.17.6	Sonderurlaub
6.17.7	Unentschuldigtes Fehlen
6.17.8	Sonstige gesetzliche Ausfallzeiten
6.17.9	Sonstige tarifliche Ausfallzeiten
6.17.10	Sonstige betriebliche Ausfallzeiten
6.18	Abzüge (Auflaufwerte)
6.18.1	Lohn- und Kirchensteuer
6.18.2	Sozialversicherungsbeiträge (Arbeitnehmeranteile)
	*) siehe Definitionen und Erläuterungen

| 6.19 | Bruttoeinkommen laut GuV-Position 6a (Auflaufwert) Aus den Bezügen 6.1 bis 6.13 und 6.17 ist das Bruttoeinkommen, wie es der GuV-Position 16 entspricht, zu bilden. Es wird ausdrücklich darauf hingewiesen, daß in dieser Summe keine anderen Bezüge wie zum Beispiel Vorschüsse, Auslagenersatz, Darlehen, durchlaufende Posten (zum Beispiel Sparzulagen) und Zuschüsse, die als "sonstige Aufwendungen" unter der GuV-Position 8 ausgewiesen werden, enthalten sein dürfen. |
| 6.20 | Nettoeinkommen (Auflaufwert) Bruttoeinkommen (6.19) ./. Abzüge (6.18) |

7.	**A r b e i t s - u n d A u s f a l l z e i t**	
7.1	Vertragliche Wochenarbeitszeit in Stunden	
7.2	Mehrarbeitsstunden (Auflaufwert)	
7.2.1	Stunden, für die nur die Grundvergütung gezahlt wird	H
7.2.2	Stunden, für die neben der Grundvergütung noch Zuschläge gezahlt werden	H
7.3	Reisezeiten (Auflaufwert) gegebenenfalls ebenso unterteilen wie 7.2	
7.4	Stunden für Nachtarbeit (Auflaufwert)	
7.5	Schichttage (Auflaufwert)	
7.6	Anzahl ausgefallener bezahlter Tage (Auflaufwert), muß dem Merkmal 6.16 entsprechen **)	H *)
7.6.1	Krankheit	
7.6.2	Mutterschutz	
7.6.3	Urlaub **)	
7.6.4	Feiertage	
7.6.5	Weiterbildung	
7.6.6	Sonstige gesetzliche Ausfallzeiten	
7.6.7	Sonstige tarifliche Ausfallzeiten	
7.6.8	Sonstige betriebliche Ausfallzeiten	
7.7	Anzahl ausgefallener unbezahlter Tage (Auflaufwert), muß dem Merkmal 6.17 entsprechen **)	H *)
7.7.1	Streik	
7.7.2	Aussperrung	
7.7.3	Kurzarbeit	
7.7.4	Krankheit	
7.7.5	Mutterschutz	
7.7.6	Sonderurlaub	
7.7.7	Unentschuldigtes Fehlen	
7.7.8	Sonstige gesetzliche Ausfallzeiten	
7.7.9	Sonstige tarifliche Ausfallzeiten	
7.7.10	Sonstige betriebliche Ausfallzeiten	

*) Anmerkung: Nur die aufgelaufenen
    Jahreswerte sind in die Historie
    zu übernehmen.
**) siehe Definitionen und Erläuterungen

8.	**F l u k t u a t i o n** *)
8.1	Zugangsart
8.1.10	Einstellung
8.1.11	Rückkehr von Wehr-/Ersatzdienst
8.1.12	Rückkehr aus dem Mutterschaftsurlaub
8.1.13	Versetzungszugang
8.1.14	Eingliederung aufgrund einer geschlossenen Übernahme eines Unternehmens
8.1.15	Organisatorische Umgliederung (Zugang) innerhalb des Unternehmens *)
8.2	Zugangsdatum

*) siehe Definitionen und Erläuterungen

8.3	Abgangsart
8.3.10	Kündigung durch die Firma - fristgemäß -
8.3.11	Kündigung durch die Firma - fristlos -
8.3.12	Lösung des Beschäftigungsverhältnisses im gegenseitigen Einvernehmen
8.3.13	Kündigung durch den Arbeitnehmer
8.3.14	Beendigung eines befristeten Beschäftigungsverhältnisses
8.3.14.1	von Aushilfen
8.3.14.2	von Werkstudenten/Praktikanten
8.3.14.3	Austritt nach bestandener Lehrabschlußprüfung ohne Übernahme
8.3.14.4	Austritt nach nicht bestandener Lehrabschlußprüfung
8.3.15	Versetzungsabgang
8.3.16	Ausgliederung aufgrund einer geschlossenen Abgabe eines Unternehmensteils
8.3.17	Organisatorische Umgliederung (Abgang) innerhalb des Unternehmens
8.3.18	Einberufung zum Wehr-/Ersatzdienst
8.3.19	Beendigung des Wehr-/Ersatzdienstes sowie des Mutterschaftsurlaubs ohne Wiederaufnahme der Arbeit (direkter Abgang aus dem ruhenden Dienstverhältnis) *)
8.3.20	Abgang in den Mutterschaftsurlaub
8.3.21	Ruhestand wegen Erreichen der Altersgrenze
8.3.22	Vorzeitiger Ruhestand
8.3.22.1	ohne Sonderregelung
8.3.22.2	mit Sonderregelung *)
8.3.23	Abgang in den Vorruhestand (nicht 8.3.22)
8.3.24	Beendigung des Vorruhestandes *)
8.3.25	Tod
	*) siehe Definitionen und Erläuterungen

8.4	Abgangsdatum
8.5	Abgangsgründe (zu den Merkmalen 8.3.10 - 13) Der Abgangsgrund ist vom Vorgesetzten bzw. von der Personalabteilung anzugeben.
8.5.10	Verdienst
8.5.11	Art der Tätigkeit, Arbeitsbedingungen
8.5.12	Verbesserung im derzeitigen Beruf, Aufstiegsmöglichkeit
8.5.13	Wissenschaftliche Tätigkeit, Lehrtätigkeit
8.5.14	Bundeswehr, Ersatzdienst (n i c h t Einberufung)
8.5.15	Empfehlung zu befreundeten Unternehmen
8.5.16	Aufgabe der Erwerbstätigkeit
8.5.17	Familiäre Gründe
8.5.18	Regionale Gründe, Rückkehr in die ausländische Heimat
8.5.19	Arbeitsmangel
8.5.20	Betriebliche Umstellung, Betriebsverlagerung
8.5.21	Eignung/Leistung
8.5.22	Disziplinäre Gründe
8.5.23	Studium, sonstige Aus- und Weiterbildung
8.5.24	Unbekannt *)

*) siehe Definitionen und Erläuterungen

8.6	Interne Fluktuationsvorgänge Diese internen Fluktuationsvorgänge wer- den n i c h t manuell geschlüsselt, son- dern per Programm aufgrund der Merkmals- änderung gebildet. Dies erleichtert den späteren Auswertungsvorgang (Fluktuations- tabelle).
8.6.1 8.6.1.1	Wechsel der Personengruppe Wechsel vom Ausbildungsverhältnis (Merkmal 1.1.41, 1.1.42 oder 1.1.43) in ein Arbeiter- bzw. Angestelltenverhält- nis (Merkmal 1.1.31 oder 1.1.22)
8.6.1.2	Wechsel vom Arbeiter- bzw. Angestellten- verhältnis (Merkmal 1.1.31 oder 1.1.22) in ein Ausbildungsverhältnis (Merkmal 1.1.41, 1.1.42 oder 1.1.43)
8.6.1.3	Wechsel vom Arbeiter- (Merkmal 1.1.31) in ein Angestelltenverhältnis (Merkmal 1.1.22)
8.6.1.4	Wechsel vom Angestellten- (Merkmal 1.1.22) in ein Arbeiterverhältnis (Merkmal 1.1.31)
8.6.1.5	Wechsel von einer Aushilfstätigkeit (Merk- mal 1.1 + 1.2.500) in ein festes Arbeitsver- hältnis (Merkmal 1.1.22 oder 1.1.31)
8.6.1.6	Wechsel vom Werkstudenten bzw. Prakti- kanten (Merkmal 1.1.50 bzw. 1.1.44) in ein Arbeiter- bzw. Angestelltenverhältnis (Merkmal 1.1.31 bzw. 1.1.22)
8.6.1.7	Wechsel von Teilzeit (Merkmal 1.1... Nor- malversion + Zusatzversion 1.2.210) in Vollzeit (Merkmal 1.1 ... Normalversion + Zusatzversion 1.2.200)
8.6.1.8	Wechsel von Vollzeit (Merkmal 1.1.. Nor- malversion + Zusatzversion 1.2.200) in Teil- zeit (Merkmal 1.1... Normalversion + Zu- satzversion 1.2.210)
8.6.1.9	Wechsel vom Tarifangestellten (Merkmal 1.1.22) in einen AT-Angestellten (Merk- mal 1.1.25)
8.6.2 8.6.2.1 8.6.2.2	Wechsel der Beschäftigung Änderung der Tätigkeit (Merkmal 4.9) Änderung des Tätigkeitsgebietes (Merkmal 4.11)

Teil 2: Definitionen und Erläuterungen

1.	Personenkreis Da für den Tabellenaufbau die Einteilung der Mitarbeiter in Personenkreise ein besonders wichtiges Gliederungsmerkmal ist, stehen die hierfür benötigten Merkmale und deren Zusammenfassung am Anfang des Merkmalskatalogs. Die Bildung von Personenkreisen erleichtert die Auswertung. Ein Personenkreis umfaßt eine oder mehrere Personengruppen (Vertragsverhältnis). Theoretisch kann man beliebig viele und sich überschneidende Personenkreise bilden. Die Einteilung (Tiefengliederung der Personenkreise) ist abhängig vom Verwendungszweck, d.h. der gewünschten Aussage der Tabelle. Bereits in der Programmierung sollten die gebildeten Personenkreise in feste Makrobefehle umgesetzt werden. Um die große Breite der möglichen Personenkreise überschaubar zu machen, empfiehlt es sich, zunächst von einer Normalversion auszugehen und diese dann für eine tiefere Gliederung fallweise mit Zusatzversionen zu kombinieren. Personenkreise können entweder durch Zusammenfassung untergeordneter Personenkreise gebildet werden oder sich direkt aus den einzelnen Merkmalen ergeben.

3.4	**Ständige Betriebsstätte** Die ständige Betriebsstätte wird für die Erfassung der Gewerbesteuer benötigt. Für die Personalberichterstattung ist dieser Schlüssel aber auch für geografische (Gemeinde) Zuordnung der Mitarbeiter geeignet.
4.8	**Pensionäre/Hinterbliebene** Hierunter sind nur Personen aufzuführen, die bereits Leistungen aus der Altersversorgung des Unternehmens erhalten.
4.9	**Ausgeübte Tätigkeit** Die Bundesanstalt für Arbeit fordert u.a., daß in den Versicherungsnachweisen Angaben zur Tätigkeit der Mitarbeiter gemacht werden. Hierfür steht ein Schlüsselverzeichnis zur Verfügung. Diese ohnehin geforderten Angaben zur ausgeübten Tätigkeit kann man sich zunutze machen. Für unternehmensspezifische Erfordernisse kann man gegebenenfalls diesen 3stelligen Schlüssel um eine vierte Stelle ergänzen. Das erfordert nur einen geringfügigen einmaligen Aufwand.

Um Doppelverschlüsselungen zu verhindern, beinhaltet das Merkmal "Tätigkeit" nicht die Dienststellung der Mitarbeiter (siehe laufende Nummer 4.13; es ist daher grundsätzlich nicht die Dienststellung, (zum Beispiel Kolonnenführer) gekennzeichnet, sonder die ausgeübte Tätigkeit. Eine Ausnahme bilden die Meister.

Hinweise zur Schlüsselung:
- Es ist grundsätzlich die "ausgeübte Tätigkeit" unabhängig von anderen Merkmalen (zum Beispiel Dienststellung, Organisation, Tätigkeitsgebiet) zu schlüsseln.
- Übt ein Mitarbeiter verschiedene Tätigkeiten aus, ist die überwiegend ausgeübte Tätigkeit zu schlüsseln.
- Allgemeine beziehungsweise übergeordnete Schlüsselbegriffe (zum Beispiel Nr. 781 "Verwaltungtätigkeiten") sind dann nicht zu wählen, wenn eine zutreffendere Schlüsselziffer gefunden wurde (zum Beispiel Nr. 773 "Kassierertätigkeit").
- Alle leitenden Angestellten im Sinne des Betriebsverfassungsgesetzes sind unter der Ziff. 751 "leitende Tätigkeit" zu schlüsseln (Ausnahme: die "Tätigkeit der Betriebsärzte"; diese sind unter Ziff. 841 zu erfassen).
- Praktikanten und Mitarbeiter "in Ausbildung" sind - soweit möglich - ihren jeweiligen Tätigkeiten bzw. Fachrichtungen zuzuordnen (zum Beispiel ein in Ausbildung befindlicher Fräser ist unter Ziff. 222 "Fräsen" zu schlüsseln). Nur wenn eine derartige Zuordnung nicht möglich ist (zum Beispiel "in Ausbildung kaufmännisch") sind die allgemeinen Schlüsselziffern 981 beziehungsweise 982 zu wählen.

noch 4.9	- Bei "Bedienen von Maschinen" ist der Arbeitsgang der jeweiligen Maschine als Tätigkeit des Mitarbeiters zu schlüsseln (zum Beispiel Bedienen einer Lötmaschine ist als "Löten" zu erfassen). - Die Schlüsselung ist grundsätzlich bei allen Versetzungen und Lohngruppen-/Tarifgruppenänderungen zu prüfen.
4.10	**Tätigkeitsgruppe (Angestellte)** Um die sehr zahlreichen Tätigkeiten der Angestellten besser überblicken zu können, ist es zweckmäßig, durch Zusammenfassung (Kriteriendatei) von Tätigkeiten Tätigkeitsgruppen zu bilden. Dazu wird bereits im Tätigkeitsschlüssel (siehe Merkmal 4.9.1) die zugehörige Tätigkeitsgruppe festgelegt. Ob man leitende Angestellte den technisch beziehungsweise kaufmännisch Tätigen zuordnet oder eine besondere Gruppe bildet, muß nach unternehmensspezifischen Belangen entschieden werden.
4.11	**Tätigkeitsgebiet** In einem Tätigkeitsgebiet werden Mitarbeiter, die für die gleiche Aufgabe eingesetzt sind, nach ihrer F u n k t i o n zusammengefaßt. Das Tätigkeitsgebiet ist u n a b h ä n g i g v o n o r g a n i s a t o - r i s c h e n A b h ä n g i g k e i t e n definiert. Ebensowenig spielt die ausgeübte Tätigkeit eine Rolle. Diese Art der Schlüsselung macht es möglich, das Unternehmen nach Funktionen zu überblicken und damit die Anzahl der eingesetzten Mitarbeiter besser zu beurteilen (zum Beispiel bei Vergleichen). Wichtig ist, daß eine derartige Gliederung unternehmensspezifisch ausgeprägt und die einzelnen Tätigkeitsgebiete durch nähere Definition gegeneinander abgegrenzt werden. Hinweise zur Schlüsselung: Beispiel: Das Tätigkeitsgebiet "Konstruktion" enthält zum Beispiel Schreibkräfte, Boten, Registratoren, soweit diese ausschließlich oder überwiegend für dieses Tätigkeitsgebiet arbeiten und dort eingesetzt sind. Besteht jedoch ein eigenes Tätigkeitsgebiet für diese Mitarbeitergruppen (zum Beispiel Zentraler Schreibdienst; Zentraler Post- und Botendienst), so ist dieses gesonderte Tätigkeitsgebiet nur dann zu schlüsseln, wenn der Einsatz für mehrere andere Tätigkeitsgebiete erfolgt. - Das Tätigkeitsgebiet "Leitung" ist nur dann zu wählen, wenn der betreffende Mitarbeiter unter keinen Umständen einem anderen Tätigkeitsgebiet überwiegend zugeordnet werden kann (zum Beispiel Werkleitung).

4.12	Facharbeiter

4.12   Facharbeiter
Facharbeiter kann man
- entweder abhängig von der Ecklohngruppe
- oder abhängig vom Ausbildungsabschluß und
  der ausgeübten Tätigkeit
definieren, zum Beispiel Facharbeiter sind solche
Arbeiter, die in einem staatlich anerkannten gewerblichen Ausbildungsberuf die Abschlußprüfung bestanden
haben u n d in dem erlernten oder nahe verwandten
Beruf tätig sind.

4.15.1   Lohn-/Tarifgruppe/Rangstufe
Sofern der Tarifvertrag dies vorsieht u n d dies
für die Personalberichterstattung (zum Beispiel Personalaufwandsberechnung) erforderlich ist, kann eine
weitere Untergliederung nach Dienstaltersstufen vorgenommen werden.
Ist ein Unternehmen in mehreren Tarifgebieten tätig
u n d sind in diesen Tarifgebieten unterschiedliche
Lohn-/Tarifgruppenunterteilungen im Tarifvertrag vorgesehen (zum Beispiel Tarifgebiet Bayern mit 7 Tarifgruppen, Tarifgebiet Berlin mit 6 Tarifgruppen), so
empfiehlt es sich, eine zusätzliche Zuordnungstabelle
zu erstellen, um unternehmenseinheitliche Auswertungen
möglich zu machen.

5.2   Fachrichtung der Ausbildungsberufe bzw. Berufsabschlüsse
Zu den jeweiligen Berufsabschlüssen ist unter diesem Be-
griff ein Schlüssel für die im Unternehmen vorkommenden
Fachrichtungen aufzustellen.
Dieser Schlüssel muß alle für das Unternehmen bedeutsamen
Fachrichtungen sowohl für die schulische Ausbildung (zum
Beispiel Hoch- und Fachhochschule) als auch für die kauf-
männischen und gewerblichen Lehrberufe enthalten.

5.4   Abschlußnoten
Mit Hilfe dieses Merkmals kann - langfristig betrachtet -
festgestellt werden, inwieweit die berufliche Entwicklung der Abschlußnote entspricht. Das läßt Rückschlüsse
für das künftige Einstellverhalten zu.

5.5.1   Schlüsselziffer
Hierunter sind sowohl allgemeingültige Kurse und Zusatz-
ausbildungen, wie zum Beispiel Meisterkurse, Bilanzbuch-
halterkurse, Refa-Sonderausbildung, Ausbildereignung, anzugeben als auch unternehmensspezifische Weiterbildungsmaßnahmen. Bei der Schlüsselbildung ist zu beachten, daß
es neben den feststehenden, ständig wiederkehrenden Kursen
auch - in Inhalt und Dauer - sehr unterschiedliche Weiterbildungsmaßnahmen gibt. Das kann Schwierigkeiten in einer
aussagefähigen Schlüsselbildung und Datenerfassung geben.
Hier ist also eine Begrenzung zweckmäßig.

6.	Entgeltdaten
	Die Entgeltdaten müssen folgende Angaben enthalten:
	- alle einzelnen Einkommensbestandteile
	  Verwendungszweck: Einkommensstrukturuntersuchungen,
	  Einkommensvergleiche
	- für wesentliche Einkommensbestandteile die "gültig
	  ab Daten"
	  Verwendungszweck: Einkommensentwicklungsuntersuchungen
	- Auflaufwerte
	  Verwendungszweck: Personalaufwandsanalysen, Bildung von
	  Personalkennzahlen
	Die jeweilige Gliederung und Ausprägung der Merkmale ist
	abhängig vom entsprechenden Tarifvertrag und unternehmens-
	spezifischen Gegebenheiten.

6.1	Grundvergütung Die Grundvergütung beinhaltet für Tarifangestellte: Tarifgehalt entsprechend der Tarif- gruppe und Untergruppe (zum Beispiel Dienstaltersgruppe) AT-Angestellte: Vertragsgehalt entsprechend der Rang- stufe und Gehaltsstufe Gewerbliche Mit- arbeiter: Tarifgrundlohn (Zeitlohn beziehungsweise Akkordrichtsatz) entsprechend der Lohn- gruppe Auszubildende: Ausbildungsvergütung entsprechend dem Ausbildungsjahr
6.1.6	Verdienst über Akkordgrundlohn Sofern der Akkordüberverdienst nicht direkt aus der Ab- rechnung hervorgeht, kann er auch als Differenzbetrag zwischen dem Akkordlohn und der Akkordgrundvergütung ermittelt werden.
6.2	Tarifliche Leistungszulage Die tarifliche Leistungszulage ist die Zulage, die dem Mitarbeiter aufgrund seiner persönlichen Leistung - im Rahmen der jeweiligen Tarifregelung über die Gewährung von Leistungszulagen - gezahlt wird.
6.3	Betriebliche Sonderzulage Die betriebliche, jederzeit widerrufliche Sonderzulage ist die Zulage, die den Mitarbeitern aus unterschied- lichen Gründen (zum Beispiel Arbeitsmarkt) gewährt wird.
6.5.7	Funktionszulage Die Funktionszulage ist eine Zulage, die an eine bestimm- te Funktion mit besonderen Anforderungen gebunden ist.

6.5.9	**Anlern-, Umlern-, Einarbeitungszulage** Die A n l e r n z u l a g e gilt für neu eingetretene Mitarbeiter, die aufgrund mangelnder Sachkenntnis und dadurch evtl. geringerer Arbeitsgeschwindigkeit die Tätigkeit in der vorgesehenen Zeit noch nicht ausführen können. Die U m l e r n z u l a g e gilt für Mitarbeiter, die von ihrer bisherigen Tätigkeit in eine andersartige Tätigkeit überwechseln und sich die für die neue Tätigkeit notwendigen Kenntnisse noch aneignen müssen. Die E i n a r b e i t u n g s z u l a g e gilt für Mitarbeiter, die aufgrund persönlicher oder fertigungstechnischer Umstände in ihrer Tätigkeit nicht eine 100prozentige Leistung erbringen (zum Beispiel neuer Maschinen).
6.7	**Entgelt für Reisezeit** Dieser Begriff beinhaltet die Vergütung für Dienstreisezeiten an Arbeitstagen, soweit die regelmäßige Arbeitszeit überschritten wird, und an arbeitsfreien Tagen gemäß tariflicher Regelungen. Soweit darüber hinaus auch betriebliche Regelungen über das Entgelt für Reisezeit bestehen, sind sie unter einer gesonderten Position zu führen (Trennung von tariflichem und betrieblichem Aufwand).
6.12.1	**Zuschuß zum Krankengeld** Zuschuß zum Krankengeld an Mitarbeiter bei Krankheit, Betriebsunfall, Wegeunfall, Heilverfahren nach Ablauf der gesetzlichen 6-Wochen-Frist für die Entgeltfortzahlung bzw. nach betrieblicher Regelung.
6.12.2	**Zuschuß zum Mutterschaftsgeld** Zuschuß zum Mutterschaftsgeld laut MuschG innerhalb der Schutzfrist. Laut § 14 MuschG erhalten Frauen, die Ansruch auf ein kalendertägliches Mutterschaftsgeld haben, einen Zuschuß in Höhe des Unterschiedsbetrages zwischen dem Mutterschaftsgeld und dem um die gesetzlichen Abzüge verminderten durchschnittlichen kalendertäglichen Arbeitsentgelt.
6.12.3	**Zuschuß zum Kurzarbeitergeld** In einigen Tarifgebieten zahlt der Arbeitgeber bei Kurzarbeit zum gekürzten Verdienst und zum Kurzarbeitergeld einen Zuschuß. Bezugsgrundlage ist dabei entweder das vereinbarte Monatsentgelt oder das Nettomonatsentgelt, das der Mitarbeiter bei regelmäßiger Arbeitszeit erhalten hätte.
6.13.3	**Erfindervergütungen** Erfindervergütungen für Mitarbeiter entsprechend den gesetzlichen und vertraglichen Bestimmungen für patent- und gebrauchsmusterfähige Erfindungen sowie schutzfähige Gedanken bzw. technische Verbesserungsvorschläge laut § 20 Absatz 1 des Gesetzes über Arbeitnehmererfindungen.

6.13.4	**Honorare an Mitarbeiter**
	Honorare an Mitarbeiter werden zum Beispiel gezahlt für Ver-öffentlichungen bzw. Übersetzungen, die der eigene Mitarbeiter im Firmeninteresse vornimmt. Ferner werden derartige Honorare gezahlt bei Lehrtätigkeiten der Mitarbeiter, wenn das Stoffgebiet der Lehrtätigkeit nicht das Arbeitsgebiet des Mitarbeiters betrifft oder weit darüber hinausgeht.
6.13.5	**Urlaubsabgeltung**
	Eine Abgeltung des Urlaubsanspruches ist entsprechend tarifvertraglicher Regelungen nur möglich bei Beendigung des Arbeitsverhältnisses, bei längerer Krankheit sowie bei Tod des Arbeitnehmers (zum Beispiel in Baden-Württemberg). Der Abgeltungsbetrag enthält die Urlaubsgrundvergütung sowie das zusätzliche Urlaubsgeld für die abgegoltenen Urlaubstage.
6.13.6	**Abfindungen bei Beendigung des Beschäftigungsverhältnisses**
	Abfindungen werden gezahlt in Zusammenhang mit Entlassungen (im Rahmen von Betriebsvereinbarungen - zum Beispiel Sozialpläne - oder auch in Einzelfällen)sowie bei vorzeitigen Pensionierungen auf Wunsch des Unternehmens. Abfindungen zählen nur dann zu den Löhnen und Gehältern, wenn die Vereinbarung über die Abfindung noch während der Betriebszugehörigkeit getroffen wird (auf den Zahlungszeitpunkt kommt es nicht an).
6.16.4	**Feiertage**
	Fallen sonstige bezahlte Abwesenheitszeiten mit einem gesetzlichen Wochenfeiertag zusammen, so sind die sonstigen Abwesenheitszeiten (mit Ausnahme von Urlaub oder Sonderurlaub) vorrangig, das heißt, ist ein Mitarbeiter zum Beispiel an einem gesetzlichen Wochenfeiertag krank (unter 6 Wochen), so wird die Entgeltfortzahlung für diesen Tag nicht hier, sondern unter Krankheit ausgewiesen.
6.16.6	**Sonstige gesetzliche Ausfallzeiten**
	Hierunter fallen
	- Entgeltfortzahlungen bei Betriebs-, Abteilungs- und Jugendversammlungen sowie bei Versammlungen der Schwerbehinderten. Die Entgeltfortzahlung erstreckt sich nicht nur auf die Versammlungszeit, sondern auch auf evtl. anfallende Wegezeiten.
	- Entgeltfortzahlung bei Abwesenheitszeiten wegen Betriebsratswahlen, Wahlen der Arbeitnehmervertreter in den Aufsichtsrat, Wahlen der Jugendvertretungen, Wahlen zu den Selbstverwaltungsorganen in der Sozialversicherung sowie Wahlen der Vertrauensmänner der Schwerbehinderten.
	- Entgeltfortzahlungen bei Wehrübungen/Zivildienst bis zu 3 Tagen und bei Meldungen bei den Erfassungsbehörden und Wehrersatzbehörden.

noch 6.16.6	– Entgeltfortzahlung bei Berufsschulbesuch von jugend- lichen Mitarbeitern gemäß Jugendarbeitsschutzgesetz (gilt nicht für Auszubildende). – Entgeltfortzahlungen bei Freistellung von Betriebsrats- mitgliedern zu Schulungs- und Bildungsveranstaltungen gemäß § 37 Absatz 6, 7 BetrVerfG.
6.16.7	Sonstige tarifliche Ausfallzeiten Hierunter fallen – Entgeltfortzahlung bei Kurzarbeit gemäß tariflicher Rege- lung. – Bezahlte Freistellung bei Wahrnehmung gesetzlich aufer- legter Pflichten aus öffentlichen Ehrenämtern gemäß der jeweiligen tariflichen Regelung. – Bezahlte Freistellung für die Beaufsichtigung und Be- treuung oder Pflege eines erkrankten, in häuslicher Ge- meinschaft lebenden Kindes gemäß der jeweiligen tarif- lichen Regelung. – Sonstige bezahlte Freistellungen gemäß Tarifvertrag (zum Beispiel bei Eheschließung, Todesfall).
6.16.8	Sonstige betriebliche Ausfallzeiten Hierunter fallen alle Entgeltfortzahlungen für betrieb- liche Ausfallzeiten, die über gesetzliche oder tarifliche Regelungen hinausgehen (zum Beispiel Wegezeiten von Schwer- behinderten).
7.6	Anzahl ausgefallener bezahlter Tage Für stundenweise angefallene Ausfallzeiten empfiehlt sich eine Umrechnung in Tage.
7.6.3	Urlaub Hierunter ist nicht nur der normale Jahresurlaub zu erfas- sen, sondern auch der Schwerbehinderten-Zusatzurlaub, der Jubilar-Zusatzurlaub sowie bezahlter Sonderurlaub.
7.7	Anzahl ausgefallener unbezahlter Tage Analog 7.6
8.	Fluktuation Es gibt verschiedene Methoden, die Fluktuationsdaten der Mitarbeiter zu erfassen. Dabei ist nach externer und inter- ner Fluktuation zu unterscheiden. Die externe Fluktuation muß über die entsprechenden Zu- und Abgangsarten erfaßt werden. Bei der internen Fluktuation gibt es dagegen sehr vielfältige Vorgänge, die auch unterschiedliche Erfassungs- methoden bedingen. Hier ist zu unterscheiden nach der d i - r e k t e n Schlüsselung über eine Zu- und Abgangsart (in diesem Falle "Versetzung") und eine indirekte Erfassung über den Wechsel eines Merkmals (z.B. der Personengruppe, ein Ar- beiter wird Angestellter). Hierzu muß sorgfältig überlegt werden, welche Arten von internen Fluktuationsvorgängen man erfassen will. Ein Vorschlag hierfür ist unter Merkmal 8.6 ausgeführt.

8.1.15	Organisatorische Umgliederung (Zugang) innerhalb des Unternehmens Hierher gehört z.B. die Umgliederung einer ganzen Gruppe/ Abteilung von einem Bereich in einen anderen unter Beibehaltung ihrer gegenwärtigen Aufgabe (Mitnahme der Arbeit). Dieses Merkmal ist erforderlich, um Verwechslungen mit Versetzungen zu vermeiden. Außerdem kann nur durch eine derartige Erfassung ein innerbetrieblicher Zeitvergleich aussagefähig werden.
8.3.19	Beendigung des Wehr-/Ersatzdienstes sowie des Mutterschaftsurlaubs ohne Wiederaufnahme der Arbeit (direkter Abgang aus dem ruhenden Dienstverhältnis) Anstelle dieser Art der Abgangsschlüsselung kann man auch die entsprechende Zugangsart (Merkmal 8.1.11 oder 8.1.12 schlüsseln und g l e i c h z e i t i g die entsprechende Abgangsart (zum Beispiel Merkmal 8.3.13). Damit wird die Aussagekraft der Abgangsart "Kündigung" etwas verbessert.
8.3.22.2	Vorzeitiger Ruhestand mit Sonderregelung Hierunter sind zum Beispiel Abfindungen oder Zuschüsse zur Pension für einen begrenzten Zeitraum zu verstehen.
8.3.24	Beendigung des Vorruhestandes Diese Schlüsselung ist notwendig, um den Bestand an Vorruheständlern berechnen zu können (siehe Merkmal 4.7).
8.5.24	Abgangsgründe/unbekannt Diese Schlüsselung sollte normalerweise nicht akzeptiert werden, da entweder der Vorgesetzte oder die Personalabteilung sehr wohl die Abgangsgründe kennen müßten.

Anlage 2
Tabellenkatalog

Gestaltung von Tabellen
für ein Personalinformationssystem

Die Tabellen werden auf der Grundlage des Merkmalskataloges und mit Hilfe der Datenbank des Personalinformationssystems erstellt.

Der Aufbau und die Gestaltung von Tabellen für ein Personalinformationssystem muß sich immer an den speziellen Erfordernissen des Unternehmens orientieren. Die in dieser Anlage enthaltenen Tabellenvorschläge sind jedoch aus der Praxis entwickelt worden und decken ein breites Band genereller, das heißt für fast alle Unternehmen erforderlichen Informationen ab. Die Tabellen beruhen auf dem in Anlage 1 dargestellten Merkmalskatalog. Da sich in der Praxis der einzelnen Unternehmen ein derartiger Merkmalskatalog aus den speziellen Anforderungen heraus noch erweitern würde, gibt es eine fast unbegrenzte Möglichkeit der Merkmalskombinationen und damit auch eine entsprechende Tabellenvielfalt. Auf die grundlegenden Methoden des Tabellenaufbaues wurde bereits in Abschnitt „Systemgestaltung" näher eingegangen. Die in dieser Anlage enthaltenen Tabellen sind daher auch nur scheinbar als feste Matrix dargestellt. Bei einer entsprechenden (komplexen) Programmsteuerung kann man sich aber unschwer vorstellen, daß alle Zeilen- und Spaltenbausteine auch wahlfrei miteinander kombiniert werden könenn. Die Übersicht in „festen" Tabellen erleichtert es aber dem Fachmann, eigene Vorstellungen zu entwickeln und neue Kombinationen daraus abzuleiten.

Bei der Gestaltung des Tabellenaufbaus kann man nach folgenden Tabellentypen unterscheiden:

— Tabellen, die in den **Spalten** die **Mitarbeitergruppen** und in den **Zeilen** die **Organisationseinheit** zeigen. Dies sind relativ einfach aufgebaute Tabellen mit begrenztem Tabellenumfang. Die Organisationseinheiten können zwischenverdichtet werden (zum Beispiel Zusammenfassung mehrerer Abteilungen beziehungsweise Werke zu einer Werkseinheit oder zu einem Unternehmensbereich) und weisen in der Endsumme das Unternehmen insgesamt aus.
— Tabellen, die in den **Spalten** (beziehungsweise Zeilen) die **Mitarbeitergruppe** und in den **Zeilen** (in Einzelfällen auch Spalten) **Merkmale** zeigen. In diesen Fällen werden die Organisationseinheiten durch den Blattwechsel gesteuert. Zwangsläufig werden derartige Tabellen umfangreicher (je nach Anzahl der auszudruckenden Organisationseinheiten).
— Tabellen, die **sowohl** in den **Spalten als auch Zeilen** Merkmale zeigen. In diesen Fällen muß zunächst die Mitarbeitergruppe und danach die Organisationseinheit durch Blattwechsel gesteuert werden (Beispiel siehe Tabelle 21). Diese Tabellen können sehr umfangreich werden.

Jede Tabelle bezieht sich auf einen oder mehrere Personenkreise (Mitarbeitergruppen). Bei der Gestaltung der Tabellen kann man entweder

— die Personenkreise so darstellen, daß sie sich in die jeweils untergeordneten Mitarbeitergruppen untergliedern, zum Beispiel an- und ungelernte Arbeiter, Facharbeiter, jeweils untergliedert nach Zeit-, Akkord- und Prämienlöhnern; gegebenenfalls innerhalb der einzelnen Gruppen weiter untergliedert nach Männern (M) und Frauen (F)

oder

— die Personenkreise sich überschneidend nebengeordnet darstellen, zum Beispiel an- und ungelernte Arbeiter, Facharbeiter, Zeit-, Akkord- und Prämienlöhner, Männer (M), Frauen (F).

Im erstgenannten Beispiel erhält man eine sehr weit aufgefächerte und tiefgegliederte Tabelle. Diese Methode ist anzuwenden, wenn man sehr weitgehende Informationen benötigt. Dabei muß man jedoch aufpassen, daß man nicht in zu vielen Daten „erstickt".

In vielen Fällen wird es daher zweckmäßig sein, sich von der starren Untergliederung zu lösen und die gewünschten Personenkreise nebengeordnet aufzuführen. Das erleichtert die Übersicht. Selbstverständlich gibt es auch Mischformen aus beiden Alternativen. In den in dieser Anlage vorgestellten Tabellen wurde in vielen Beispielen die zweite Alternative gewählt. Dabei muß man auch berücksichtigen, daß man in vielen Fällen auf die Queraddition verzichten kann (im oben genannten Beispiel also auf die Spalte „alle Arbeiter"), weil derartige Zahlen wenig echten Aussagewert haben. In diesem Zusammenhang ist auch darauf hinzuweisen, daß man zur gezielten Informationssteuerung die Untergliederung der Merkmale keineswegs gleichartig gestalten muß. Hierfür ein Beispiel:

Bei an- und ungelernten Arbeitern kann es in vielen Fällen zweckmäßig sein, eine weitere Unterteilung nach Männern (M) und Frauen (F) vorzunehmen. Bei einer Gegenüberstellung mit den Facharbeitern muß diese Untergliederung aber keineswegs beibehalten werden, weil man aus der Erfahrung weiß, daß fast alle Facharbeiter Männer sind (das gleiche kann für die Gegenüberstellung von Tarif- und AT-Angestellten gelten).

In vielen Tabellen werden Einkommensbestandteile oder Arbeits- und Ausfallzeiten ausgewiesen, die im Durchschnitt je Kopf (Empfänger, Betroffene) berechnet werden. Hierfür ist es erforderlich, daß im Datenverarbeitungsprogramm für im Laufe des Geschäftsjahres hinzukommende oder ausgeschiedene Mitarbeiter alle erforderlichen Daten (auch für Ausgeschiedene) vorrätig gehalten werden. Bei der Berechnung der erforderlichen Divisoren (zum Beispiel Kopfzahlen) für die Durchschnittsrechnung müssen die Mitarbeiter zeitanteilig berücksichtigt werden. Dies gilt nicht nur für Ein- und Austritte, sondern in gleicher Weise für Versetzungen (richtige Zuordnung, insbesondere der Auflaufwerte des Einkommens und der Zeiten zu den jeweiligen Organisationseinheiten) und den Wechsel der Personenkreise, zum Beispiel ein Arbeiter wird während des Geschäftsjahres Tarifangestellter; dann müssen seine Daten den beiden Personenkreisen richtig zugeordnet werden (also sowohl die „Kopfzahl" als auch die Auflaufwerte).

Die in dieser Anlage enthaltenen Tabellen wurden im allgemeinen so konzipiert, daß sie zunächst nur für absolute Zahlen vorgesehen sind. In gleicher Form sind sie aber auch für prozentuale Angaben verwendbar. Denkbar ist auch eine kombinierte Form (dann ist aber die Begrenzung der Anzahl der Spalten/Stellen für die Datenverarbeitung zu beachten). Um einen Überblick nicht nur über den Tabelleninhalt, sondern auch andere wesentliche Tabellenangaben zu erhalten und darauf aufbauend ein Tabellenverzeichnis erstellen zu können, sollten die einzelnen Tabellen folgende allgemeine Angaben enthalten:

— **Tabellennummer** - diese erleichtert den Aufbau und die Übersicht eines Tabellenverzeichnisses
— **Titel** - der Titel umfaßt in einem Stichwort den Tabelleninhalt
— **Organisationsbereich** - die Angabe des Organisationsbereiches im Tabellenkopf zeigt, auf welche organisatorische Einheit sich der Tabelleninhalt bezieht (zum Beispiel Unternehmen gesamt)
— **Erscheinungsfolge** - die Erscheinungsfolge zeigt, in welchen Zeitabständen - monatlich, halbjährlich, jährlich, bei Bedarf - die Tabelle erstellt wird
— **Stichtag** - der Stichtag weist darauf hin, auf welchen Abrechnungsstand (oder Monatsultimo) sich die Tabellendaten beziehen. Es handelt sich also **nicht** um das Erscheinungsdatum. In manchen Fällen, zum Beispiel wenn Fluktuationstabellen innerhalb des Geschäftsjahres ausgedruckt werden, kann es zweckmäßig sein, auch den Berichtsabschnitt (zum Beispiel April - Juni) zusätzlich anzugeben
— **Personenkreis** - gleichartig aufgebaute Tabellen können sich auf sehr unterschiedliche Personenkreise beziehen. Es ist daher notwendig, daß bereits aus dem Tabellenkopf hervorgeht, welcher Personenkreis gemeint ist. Da für die Tabellenerstellung (DV-Auswertung) häufig wiederkehrende Zusammenfassungen von Personengruppen gebildet werden müssen, erleichtert es sowohl die Programmierung als auch den Überblick, wenn man feste Personenkreise bildet, auf die sich die Tabellen beziehen (das hindert nicht daran, im Einzelfall - in Form von Sonderauswertungen - die gleichen Tabellen auch für andere Personengruppen erstellen zu lassen).
Die Personenkreise können sich sowohl auf die Spalten- als auch auf die Zeileneinteilung einer Tabelle beziehen. Bei Tabellen, die eine Einteilung nach Organisationseinheiten enthalten, ist es zweckmäßig, die Personenkreise unter der Spalteneinteilung aufzuführen und die Organisationseinheiten in der Zeilengliederung (im Regelfall enthält eine Tabelle mehr Organisationseinheiten als Personenkreise). Nur dort, wo das spezielle Fachthema es erfordert, kann man die in den Spalten stehenden Personenkreise mit einer weiteren Zeileneinteilung von Personenkreisen kombinieren. Beispiel: Mitarbeiter nach der Tätigkeitsgruppe (Spalteneinteilung) kombiniert mit der Rangstruktur (Zeileneinteilung). In diesem Fall muß dann die organisatorische Einteilung mit dem Blattwechsel gesteuert werden (je Organisationseinheit 1 Blatt).

Das im folgenden aufgeführte Tabellenverzeichnis gibt einen Überblick über die Tabellenvielfalt, deren Inhalt und Gliederung.

Tabellenverzeichnis

S p e z i e l l e B e s t a n d s ü b e r s i c h t e n

Nr.	Titel	Inhalt und Gliederung	
		Spalten	Zeilen

E i n k o m m e n

Nr.	Titel	Spalten	Zeilen
24	Zusammensetzung des Monatseinkommens der Arbeiter	Arbeitergruppen	Bestandteile des Monatseinkommens
25	Struktur des Bruttojahreseinkommens der Arbeiter	Arbeitergruppen	Jahreseinkommen (gestaffelt)
26	Zusammensetzung des Monatseinkommens der Tarifangestellten	Angestelltengruppen	Bestandteile des Monatseinkommens
27	Einkommensstruktur der AT-Angestellten	Einkommensbestandteile	Dienststellung
28	Struktur des Bruttojahreseinkommens der Angestellten	Angestelltengruppen	Jahreseinkommen (gestaffelt)
29	Auswirkungen der betrieblichen Einkommenspolitik	Mitarbeitergruppen	Art der Einkommensveränderung
30	Überverdienste (prozentual)	Mitarbeitergruppen	Organisationseinheit
31	Nettoeinkommen und Abzüge	Mitarbeitergruppen	Organisationseinheit
32	Struktur des Personalaufwandes (Löhne/Gehälter GuV 6a)	Mitarbeitergruppen	Zusammensetzung des Einkommens

220

221

Tabellen-Nr.:	01
Titel:	Belegschaftsübersicht
Organisationsbereich:	
Erscheinungsfolge:	monatlich
Stichtag:	Abrechnungsstand Januar und folgende

Personenkreis

Normalversion	Spalte 10, 20, 30
Zusatzversion	400, 410

Zeile

	Angestellte			Arbeiter			Mitarbeiter gesamt		
	M	F	zus.	M	F	zus.	M	F	zus.
Organisationseinheit	1	2	3	4	5	6	7	8	9

Unternehmensbereich A

Unternehmensbereich B

Unternehmensbereich X

Verwendungszweck

Übersicht über die Anzahl der beschäftigten Mitarbeiter. Da hier auch Auszubildende und Werkstudenten mit enthalten sind, können die bei diesen Personengruppen auftretenden starken Schwankungen (siehe Tabelle 03) den Mitarbeiterbestand entsprechend beeinflussen.

Ein Vergleich mit den entsprechenden Tabellen der Vorjahre zeigt die Mitarbeiterveränderung sowohl bei den Unternehmensbereichen als auch in der strukturellen Zusammensetzung (Angestellte, Arbeiter, Männer und Frauen). Diese Tabelle gibt zunächst nur einen groben Überblick, der dann gezielt durch weitere Tabellen (siehe Tabellen 02, 05, 08, 12, 13) vertieft wird.

Tabellen-Nr.:	02
Titel:	Angestellte ohne Werkstudenten und in Ausbildung
Organisationsbereich:	
Erscheinungsfolge:	monatlich
Stichtag:	Abrechnungsstand Januar und folgende

Personenkreis

	Normalversion	Zusatzversion
Spalte	21, 22, 24, 25	400, 410
Zeile		

	Tarifangestellte			AT-Ang. leitend			AT-Ang. nicht leitend			AT-Angestellte in % der Tarifangestellten	Angestellte gesamt		
	M	F	zus.	M	F	zus.	M	F	zus.		M	F	zus.
	1	2	3	4	5	6	7	8	9	10	11	12	13
Organisationseinheit													

Unternehmensbereich A

Unternehmensbereich B

Unternehmensbereich X

Verwendungszweck

Angestelltenstrukturübersicht, Herstellung von Relationen:

— Tarifangestellte : AT-Angestellten im Organisationsvergleich. Hieraus ist zu entnehmen, ob diese Relation in den Unternehmensbereichen ungefähr gleich ist, beziehungsweise sind bei größeren Unterschieden die Gründe festzustellen (zum Beispiel Auswirkungen der unterschiedlichen Produkte, unterschiedlichen Vertriebsbedingungen oder eine uneinheitliche Personalpolitik). Im Vergleich mit den Vorjahren zeigt sich die Auswirkung der Personalpolitik oder auch der Strukturwandel in den Produkten (zum Beispiel Trend zu höherer Qualifikation).

— M : F innerhalb der einzelnen Gruppen. Erster Ansatzpunkt für die Diskussion über Chancengleichheit der Frauen (siehe AT-Angestellte). Veränderungen gegenüber den Vorjahren können auf personalpolitischen Entscheidungen beruhen (zum Beispiel mehr Teilzeitarbeit) oder auf veränderten Produktionsbedingungen.

Tabellen-Nr.:	03
Titel:	Werkstudenten/Auszubildende
Organisationsbereich:	
Erscheinungsfolge:	monatlich
Stichtag:	Abrechnungsstand Januar und folgende

Personenkreis

Normalversion	Zusatzversion
Spalte 40, 41, 42, 43, 44, 50, 51, 52	400, 410
Zeile	

Organisationseinheit	Werkstudenten									in Ausbildung														
	bei Ang. geführt			bei Arb. geführt			insgesamt			kaufmännisch			technisch			gewerblich			Praktikanten			insgesamt		
	M	f	zus.	M	f	zus.	M	f	zus.	M	f	zus.	M	f	zus.	M	f	zus.	M	f	zus.	M	f	zus.
	1	2	3	4	5	6	7	8	9	10	11	12	13	14	15	16	17	18	19	20	21	22	23	24

Unternehmensbereich A

Unternehmensbereich B

Unternehmensbereich X

Verwendungszweck

Übersicht über den Bestand an Werkstudenten und Auszubildenden (siehe auch Tabelle 04). Der Bestand an Werkstudenten kann wegen der vorzugsweisen Beschäftigung während der Semesterferien stark schwanken. Auch bei den Auszubildenden sind die Bestandszahlen nicht unmittelbar mit den Vormonaten, sondern nur mit den entsprechenden Bestandszahlen des gleichen Vorjahresmonats vergleichbar. Das liegt an den unterschiedlichen Einstell- und Auslernmonaten. Der Bestand an Praktikanten kann wegen der kurzfristigen Beschäftigungsverhältnisse ebenfalls schwanken.

Tabellen-Nr.:	04
Titel:	Gewerblich Auszubildende nach Ausbildungsberuf und Ausbildungsjahr
Organisationsbereich:	
Erscheinungsfolge:	jährlich
Stichtag:	Abrechnungsstand Dezember

Personenkreis	Zusatzversion
Normalversion	Spalte 43
	Zeile

Gewerblich Auszubildende

Ausbildungsjahr / Ausbildungsberuf	Grundberufe*) im ... Ausbildungsjahr			Aufbauberufe*) im ... Ausbildungsjahr			3- + 3½jährige Ausbildung im ... Ausbildungsjahr*)					2jährige Ausbildung im ... Ausbildungsjahr*)			Sonstige
	1. J.	2. J.	zus.	1. J.	2. J.	zus.	1. J.	2. J.	3. J.	4. J.	zus.	1. J.	2. J.	zus.	
Merkmal 5.2	1	2	3	4	5	6	7	8	9	10	11	12	13	14	15
Bauschlosser															
Betriebsschlosser															
Blechschlosser/Feinblechner															
Kraftfahrzeugschlosser															
Maschinenschlosser															
Modellschlosser															
Rohrinstallateur															
Schmied															
Stahlbauschlosser															
Sonst. Schlosser-Lehrberufe															
Gerätezusammensetzer															
Teilezurichter															
Sonst. Schlosser-Anlernberufe															
Feinmechaniker															
Mechaniker															
Stahlformbauer															
Werkzeugmacher															
Sonst. Mechaniker-Lehrberufe															
Gesamt Schlosser- und Mechanikerberufe															

*) Das Ausbildungsjahr wird ermittelt über das Eintrittsdatum (Merkmal 4.1). Bei Fortsetzung der Ausbildung zur Wiederholung der Prüfung (= Verlängerung der normalen Ausbildungsdauer) werden die betreffenden Auszubildenden im jeweils letzten (2. bzw. 4.) Ausbildungsjahr geführt.

Die Art der Ausbildung - Grundberuf, Aufbauberuf usw. - ist abhängig vom Ausbildungsberuf. Ggf. müssen die Berufsbezeichnungen entsprechend ergänzt werden.

Verwendungszweck

Die Tabelle gibt nicht nur einen detaillierten Überblick über die Anzahl der Auszubildenden innerhalb der einzelnen Berufe, sondern ist gleichzeitig eine wichtige Planungsunterlage. Hierfür müssen folgende Daten miteinander verglichen werden:

— Anzahl der Facharbeiter, gegliedert nach Berufen und Lebensalter (siehe Tabelle 18)
— Fluktuationsquote der Facharbeiter (siehe Tabelle 39)
— zusätzlicher (oder geringerer) Facharbeiterbedarf
— voraussichtlicher Zuwachs an Auszubildenden nach bestandener Prüfung (unter Berücksichtigung der „Durchfallquote" und der Verbleibquote — Wehrdienst —)

Mit Hilfe dieser Datengegenüberstellung kann man rechtzeitig feststellen,

— ob man alle Auszubildenden voraussichtlich übernehmen kann
— ob man in den „richtigen" Berufen ausbildet
— welche Einstellpolitik man sowohl gegenüber den Facharbeitern als auch bei neuen Auszubildenden betreiben muß

Für gesellschaftspolitische Aussagen und Informationen kann man diese Tabelle — als Variante — auch nach dem Geschlecht oder der Nationalität gliedern beziehungsweise sich besondere Personengruppen (zum Beispiel Schwerbehinderte) angeben lassen.

Tabellen-Nr.:	05
Titel:	Voll- und Teilzeitbeschäftigte
Organisationsbereich:	
Erscheinungsfolge:	vierteljährlich
Stichtag:	Abrechnungsstand März (Juni, September, Dezember)

Personenkreis

	Normalversion	Zusatzversion
Spalte	11, 21, 31	200, 210, 400, 410
Teile		

Organisationseinheit	Vollzeitbeschäftigte									Teilzeitbeschäftigte								
	Angestellte			Arbeiter			Mitarbeiter gesamt			Angestellte			Arbeiter			Mitarbeiter gesamt		
	M	f	zus.	M	f	zus.	M	f	zus.	M	f	zus.	M	f	zus.	M	f	zus.
	1	2	3	4	5	6	7	8	9	10	11	12	13	14	15	16	17	18

Unternehmensbereich A

Unternehmensbereich B

Unternehmensbereich X

Verwendungszweck

Übersicht über die Entwicklung der Teilzeitbeschäftigung. Die Bestandszahlen geben jedoch nur einen groben Überblick! Genauere Aussagen kann man nur erreichen, wenn man — mit weiteren Tabellen (siehe auch Tabelle 06 und 07) — die Struktur der Teilzeitbeschäftigung näher untersucht. Die tatsächliche Beschäftigungspolitik von Teilzeitkräften ist darüber hinaus nicht allein aus der Entwicklung der Bestandszahlen ablesbar, sondern bedarf auch noch der Übersicht aus den Einstellzahlen (Voll- und Teilzeit), weil Teilzeitkräfte meist eine etwas höhere Fluktuationsrate aufweisen (siehe Tabelle 39 und 40).

Interessant ist auch ein Vergleich mit den Vorjahren. Daraus kann man erkennen, ob und in welchem Umfang die Teilzeitarbeit zu- oder abgenommen hat.

Tabellen-Nr.:	06
Titel:	Teilzeitbeschäftigte nach Anzahl der Wochenstunden
Organisationsbereich:	
Erscheinungsfolge:	halbjährlich
Stichtag:	Abrechnungsstand Juni (Dezember)

Personenkreis

Normalversion	Zusatzversion
Spalte 11, 21, 31	210, 400, 410, 500, 620, 770, 780
Zeile	

Teilzeitbeschäftigte

Personenkreis Arbeitszeit (Merkmal 7.1)	Sekr. u. Schreibkräfte	alle Angestellten			Aushilfen (Angestellte)	Facharbeiter	An-u.ungelernte Arbeiter	alle Arbeiter			Aushilfen (Arbeiter)	Mitarbeiter gesamt		
		M	f	zus.				M	f	zus.		M	f	zus.
	1	2	3	4	5	6	7	8	9	10	11	12	13	14
bis unter 10 Wochenstunden														
10 bis unter 11 Wochenstunden														
11 bis unter 12 Wochenstunden														
. . .														
bis 20 Wochenstunden (Zwischensumme)														
20 bis unter 21 Wochenstunden														
. . .														
36 bis unter 37 Wochenstunden														
37 Wochenstunden *)														
Über 20 bis 37 Wochenstunden (Zwischensumme)														
Über 37 bis 38 Wochenstunden														
Über 38 bis 39 Wochenstunden														
Über 39 bis 40 Wochenstunden														
Über 40 Wochenstunden														
Gesamtzahl														
Ø-Zahl der Wochenstunden														

*) Metalltarif

Erläuterung:

Beispiel für die Zuordnung der Personenkreise zu den Spalten:

Spalte	Personenkreis (Merkmal 1.1)
1	21 / 210 / 620
2	21 / 210 / 400
3	21 / 210 / 410
4	21 / 210 / 500
5	21 / 210 / 770
6	31 / 210 / 780
7	31 / 210 / 400
8	31 / 210 / 410
9	31 / 210
10	31 / 210 / 500
11	11 / 210 / 400
12	
13	11 / 210 / 410
14	11 / 210

Zunächst wird auch an dieser Stelle deutlich, daß man Personenkreise nicht nur additiv darstellen kann, sondern daß es, um den Aussagewert der Tabelle zu erhöhen, möglich ist, sich überschneidende Personenkreise nebeneinanderzustellen. Die Tabelle **Teilzeitbeschäftigte nach Anzahl der Wochenstunden** wird benötigt, um

— die Mitarbeiterstruktur der Teilzeitbeschäftigten erkennen zu können. Dabei werden Personengruppen mit besonders hoher (Sekretärinnen und Schreibkräfte, Aushilfen) oder besonders geringer (Facharbeiter) Teilzeitbeschäftigung herausgehoben
— einen Überblick über die Zusammensetzung der Teilzeitdauer (Anzahl der Wochenstunden) zu gewinnen. Hieraus kann bei Bedarf auch eine Umrechnung in Vollzeitarbeitskräfte vorgenommen werden.

Sowohl wegen der Arbeitsmarktprobleme — viele arbeitslose Frauen suchen eine Teilzeitbeschäftigung — als auch aufgrund der Wünsche und Erwartungen der Mitarbeiter muß damit gerechnet werden, daß die Teilzeitbeschäftigung in der Zukunft an Bedeutung gewinnt. Hinzu kommt, daß auch in den Tarifverträgen diesem Aspekt mehr Beachtung gewidmet wird, zum Beispiel mit den Bestrebungen, eine Verkürzung der Arbeitszeit für ältere Mitarbeiter zu erreichen. Es ist daher erforderlich, sich auch im eigenen Unternehmen über den Umfang der Teilzeitbeschäftigung ständig zu informieren. Dabei bilden die Strukturdaten über die Teilzeitbeschäftigung den Ausgangspunkt für die Beurteilung der damit verbundenen Vor- und Nachteile (siehe auch Abschnitt 4.3 Analysemethoden, zum Beispiel: Vergleich von Vollzeit- und Teilzeitbeschäftigung).

Zur Abrundung des Bildes über die Möglichkeit beziehungsweise die Zweckmäßigkeit der Teilzeitbeschäftigung kann man — in einer gesonderten Untersuchung — feststellen, welche Arbeitsplätze in einem Unternehmen überhaupt für die Teilzeitbeschäftigung in Betracht kommen. Damit gewinnt man einen Überblick über die „Kapazität der denkbaren Teilzeitbeschäftigung" und kann damit auf Arbeitsmarktsituationen besser reagieren.

Tabellen-Nr.:	07
Titel:	Teilzeitbeschäftigte nach Art der Tätigkeit
Organisationsbereich:	
Erscheinungsfolge:	jährlich
Stichtag:	Abrechnungsstand Dezember

Personenkreis	
Normalversion	**Zusatzversion**
Spalte 11, 21, 31	210, 400, 410, 500, 620, 770, 780
Zeile	

Personenkreis / Tätigkeit (Merkmal 4.9)	Teilzeitbeschäftigte							alle Arbeiter			Aushilfen (Arbeiter)	Mitarbeiter gesamt		
	Sekr.u.Schreib-kräfte	alle Angestellten			Aushilfen (Ang.stellte)	Facharbeiter	An-u.ungelernte Arbeiter							
		M	F	zus.				M	F	zus.		M	F	zus.
	1	2	3	4	5	6	7	8	9	10	11	12	13	14
Drehen														
Fräsen														
.														
.														
.														
Kalkulieren														
Auftragsbearbeitung														
usw.														

Verwendungszweck

Ergänzend zur Übersicht über die Teilzeitbeschäftigung ist es einmal jährlich zweckmäßig, die Aussage der Tabelle 06 zu vertiefen durch eine Übersicht, welche Tätigkeiten insbesondere für Teilzeitbeschäftigte interessant sind. Dies kann auch die Personalplanung beeinflussen. Gegebenenfalls kann man — als Gegenüberstellung — eine gleichartige Tabelle für Vollzeitbeschäftigte erstellen (dies ist sehr einfach, da man bei der Steuerung des Tabellenaufbaues nur die Zusatzversion des Personenkreises 210 gegen 200 auswechseln muß, also keine Neuprogrammierung).

Häufig wird man feststellen, daß sich die Teilzeitbeschäftigung auf bestimmte Tätigkeiten konzentriert. Interessant ist eine gleichartige Aussage auch für die Aushilfen. In diesem Zusammenhang kann es unter Umständen zweckmäßig sein, gleichartige Tabellen auch für die Mehrarbeit aufzustellen. Gegebenenfalls findet man dann Zusammenhänge zwischen Mehrarbeit, Aushilfen und Teilzeitbeschäftigung.

Tabellen-Nr.:	08
Titel:	Aushilfen
Organisationsbereich:	
Erscheinungsfolge:	monatlich
Stichtag:	Abrechnungsstand Januar und folgende

	Personenkreis	
	Normalversion	Zusatzversion
Spalte	21 (oder 22), 31	400, 410, 500
Zeile		

Unternehmensbereich A

Unternehmensbereich B

Unternehmensbereich X

Aushilfen

Organisationseinheit	Angestellte			Beschäftigungsdauer *)				Ø-Beschäftigungsdauer	Arbeiter			Beschäftigungsdauer *)				Ø-Beschäftigungsdauer
	M	F	zus.	1 – 3	4 – 6	7 – 12	über 12 Monate		M	F	zus.	1 – 3	4 – 6	7 – 12	über 12 Monate	
	1	2	3	4	5	6	7	8	9	10	11	12	13	14	15	16

*) Abhängig vom Eintrittsdatum (Merkmal 4.1)

Verwendungszweck

Planungs- und Kontrollunterlage für den Einsatz von Aushilfen. Hingewiesen wird auch auf einen Vergleich mit der Tabelle 06. Hieraus kann man den Anteil der teilzeitbeschäftigten Aushilfen entnehmen.

Anhand der Tabelle 42 kann man feststellen, wieviel Aushilfen im Laufe des Jahres in ein festes Arbeitsverhältnis übernommen wurden.

Die in den Spalten 8 und 16 angegebene durchschnittliche Beschäftigungsdauer ist nur auf den monatlichen Abrechnungsstichtag bezogen; sie weicht daher geringfügig von der tatsächlichen durchschnittlichen Beschäftigungsdauer ab (es gibt auch Ein- und Austritte während des Monats).

Eine Betrachtung der Beschäftigung von Aushilfen sollte ergänzt werden um Daten über die Beschäftigung von Leiharbeitskräften (gegebenenfalls auch um Werkverträge beziehungsweise Beschäftigung von freien Mitarbeitern). Leiharbeitskräfte, Werkverträge und im Regelfall auch die Beschäftigung von freien Mitarbeitern können nicht aus dem Personalinformationssystem entnommen, sondern müssen aus anderen Quellen (zum Beispiel Bestellunterlagen des Einkaufs) ermittelt werden.

		Personenkreis					
		Normalversion				Zusatzversion	
		Spalte 11, 21, 31, 40*)				ohne 500, ohne 211, ohne 630	
		Zeile					
		*) nur für Spalten 2 - 5					

Tabellen-Nr.: 09
Titel: Schwerbehinderte und Pflichtplatzanrechnung
Organisationsbereich:
Erscheinungsfolge: monatlich
Stichtag: Abrechnungsstand Januar und folgende

Merkmal	Mitarbeiter	Schwerbehinderte	Gleichge-stellte	Inhaber eines Bergmannver-sorgungs-scheines	zusätzliche Mehrfachan-rechnung 1)	Besetzte Pflichtplätze (Se. Spalten 2 - 5)	Soll-Pflichtplätze 2) (z.Zt. 6 % von Spalte 1)	Fehlstellen (-) Mehrstellen (+) (Spalten 6 - 7)
		2.5.1	2.5.3	2.5.5	2.5.2			
	1	2	3	4	5	6	7	8
Organisationseinheit								

Unternehmensbereich A
Unternehmensbereich B
Unternehmensbereich X

1) In den Spalten 2 und 3 ist jeweils bereits ein Pflichtplatz enthalten
2) auf- bzw. abgerundet ohne Kommastelle

Verwendungszweck

Die Tabelle über **Schwerbehinderte und die Pflichtplatzanrechnung** dient gleichzeitig als Übersicht über die Anzahl der eingesetzten Schwerbehinderten, die Anzahl der Fehlstellen (beziehungsweise Mehrstellen) und als Grundlage für die Berechnung der Ausgleichszahlungen aufgrund des „Gesetzes zur Sicherung der Eingliederung Schwerbehinderter in Arbeit, Beruf und Gesellschaft (Schwerbehindertengesetz, SchwBG)".

Zum Nachweis der Pflichtplatzbelegung muß diese Tabelle monatlich erstellt werden. Außerdem ist eine Zusammenstellung für das Kalenderjahr erforderlich. Daneben ist für das Arbeitsamt noch eine namentliche Auflistung der Schwerbehinderten (hier nicht mit aufgeführt) erforderlich.

Zur Berechnung der Ausgleichsabgabe ist darauf hinzuweisen, daß von der zunächst berechneten Fehlplatzabgabe (zur Zeit Fehlplatz mal 150 DM/Monat) noch 30 Prozent der Rechnungsbeträge für vergebene Aufträge an „anerkannte Werkstätten für Behinderte, gleichbehandelte Einrichtungen, Blindenwerkstätten und Schwerbehindertenbetriebe" abgesetzt werden können.

Diese Tabelle gilt gleichzeitig auch als Unterlage zur Rückstellungsbildung für die Ausgleichsabgabe.

	Tabellen-Nr.:	10
	Titel:	Ruhende Dienstverhältnisse
	Organisationsbereich:	
	Erscheinungsfolge:	halbjährlich
	Stichtag:	Abrechnungsstand Juni (Dezember)

Personenkreis

	Normalversion	Zusatzversion
Spalte	11, 21, 31	100, 400, 410
Zeile		

Ruhende Dienstverhältnisse

	Angestellte			Arbeiter			Mitarbeiter		
	M	F	zus.	M	F	zus.	M	F	zus.
	1	2	3	4	5	6	7	8	9

Organisationseinheit

Unternehmensbereich A

Unternehmensbereich B

Unternehmensbereich X

Verwendungszweck

Übersicht der ruhenden Dienstverhältnisse für Planungszwecke, zum Beispiel wieviel Rückkehrer sind zu erwarten? Hierzu gehört dann noch — aus den Fluktuationsdaten (siehe Tabellen 39 und 40) eine Ergänzung über die Rückkehrquote (Erfahrungswert). Die ruhenden Dienstverhältnisse der Frauen zeigen den Anteil der Mutterschaftsurlauberinnen (gesonderte Rückkehrerquote).

233

Tabellen-Nr.:	11
Titel:	Mitarbeiter im Ruhestand
Organisationsbereich:	
Erscheinungsfolge:	Jährlich
Stichtag:	Abrechnungsstand Juni

Personenkreis		
	Normalversion	Zusatzversion
Spalte	60, 61	400, 410
Zeile		

Personenkreis	Vorruhestand			Ruhestand											
				AT			Tarifangestellte			Arbeiter			Gesamt		
	M	F	Zus. Merkmal	Pensionäre	Witwen	Waisen	Pensionäre	Witwen	Waisen	Pensionäre	Witwen	Waisen	Pensionäre	Witwen	Waisen
Lebensalter (Merkmal 2.2.2)				4.8.1.1	4.8.1.2	4.8.1.3	4.8.2.1	4.8.2.2	4.8.2.3	4.8.3.1	4.8.3.2	4.8.3.3			
	1	2	3	4	5	6	7	8	9	10	11	12	13	14	15
bis 50 Jahre															
51 Jahre															
52 Jahre															
53 Jahre															
54 Jahre															
55 Jahre															
56 Jahre															
57 Jahre															
58 Jahre															
59 Jahre															
60 Jahre															
61 Jahre															
62 Jahre															
63 Jahre															
64 Jahre															
65 Jahre															
über 65 Jahre															
Ø-Lebensalter															

Verwendungszweck

Überblick über die Anzahl und das durchschnittliche Lebensalter der Vorruheständler und der Pensionäre/Hinterbliebenen. In der Langfristentwicklung sind zu beobachten

— die Entwicklung des durchschnittlichen Lebensalters (das kann auf die Höhe der Pensionsrückstellung einen Einfluß haben)
— die Entwicklung der Anzahl der Pensionäre gegenüber den aktiven Mitarbeitern
— Umfang und Entwicklung des Vorruhestandes. Hierzu muß auch der dazugehörige Aufwand festgestellt werden, um zu ermitteln, was der Vorruhestand je Kopf kostet.

234

Tabellen-Nr.: 12

Titel: Gliederung der Mitarbeiter nach Betriebsstätten

Organisationsbereich:

Erscheinungsfolge: jährlich

Stichtag: Abrechnungsstand Dezember

Personenkreis

Normalversion	Zusatzversion
Spalte 10, 21, 31, 40	400, 410, 770, 780
Zeile	

Personenkreis	Arbeiter					Angestellte			Auszubildende			Mitarbeiter		
	An- und Ungelernte	Facharbeiter	gesamt			M	F	zus.	M	F	zus.	M	F	zus.
			M	F	zus.									
	1	2	3	4	5	6	7	8	9	10	11	12	13	14
Ständige Betriebsstätte (Merkmal 3.4 *))														

z.B. Hamburg
München
Berlin
usw.

Hinweis:

Die Spalten "Mitarbeiter" sind k e i n e Addition der vorhergehenden Spalten. In den Mitarbeiterzahlen sind auch Werkstudenten enthalten, die in den vorangegangenen Spalten fehlen.

*) Anstelle dieses Merkmals könnte auch eine Einteilung nach Bundesländern, Tarifgebiet (Merkmal 3.5) oder Gemeinde treten. Dazu kann das Merkmal (2.1.6) Postleitzahl und - davon abgeleitet - eine Kriterienbank (Bundesländer) benutzt werden.

Verwendungszweck

Für Informationszwecke; Einteilung nach Tarifgebieten ist als Basis-
datum für die Tarifauseinandersetzungen wichtig.

	Tabellen-Nr.:	13.
	Titel:	Ausländer nach Staatsangehörigkeit
	Organisationsbereich:	
	Erscheinungsfolge:	jährlich
	Stichtag:	Abrechnungsstand Dezember

Personenkreis

Normalversion	Zusatzversion
Spalte 10, 21, 31, 40	300, 400, 410, 770, 780
Zeile	

Personenkreis	Arbeiter					Angestellte			Auszubildende			Mitarbeiter*)		
	An- und Unge-lernte	Facharbeiter	gesamt			M	F	zus.	M	F	zus.	M	F	zus.
			M	F	zus.									
	1	2	3	4	5	6	7	8	9	10	11	12	13	14
Staatsangehörigkeit (Merkmal 2.4)														
mit Zwischensummen je Kontinent bei Europa „davon EG"														

*) Die Summe "Mitarbeiter" ist bei dieser Methode (Angabe des Personenkreises 10) unter Umständen größer als die Addition der Teilsummen, weil Werkstudenten nicht als gesonderter Personenkreis in diese Tabelle aufgenommen wurden. Wenn man statt dessen die Spalten "Mitarbeiter" als Addition der Teilsummen bildet, ist die Tabelle zwar leichter lesbar (der Betrachter findet die Verbindung zwischen Teil- und Endsummen), aber fachlich nicht ganz vollständig.

— Fluktuation der ausländischen Arbeiter gegenüber deutschen Arbeitern (siehe Tabelle 39)

— Krankenstand nach Deutschen und Ausländern (zum Beispiel Tabelle 35, weiter unterteilt nach Mitarbeitergruppen). Sofern der Krankenstand der ausländischen Mitarbeiter erheblich über dem der Deutschen liegt, ist die Tabelle 35 weiter nach Nationalitäten zu unterteilen

— Besondere Kosten der Ausländerbeschäftigung (zum Beispiel verlängerte Anlernzeit, Unterbringung).

Ziel dieser Untersuchungen sollte sein, zu ermitteln, ob die Beschäftigung von Ausländern mit besonderen Kosten verbunden ist. Dabei sind gegebenenfalls unterschiedliche Ergebnisse bei den Nationalitäten zu beachten.

Verwendungszweck

Die Tabelle **Ausländische Mitarbeiter nach Staatsangehörigkeit** gibt einen Überblick über die Zusammensetzung dieser Personengruppe. Wesentlich ist dabei die Unterteilung nach „Facharbeitern" einerseits und „EG-Angehörigen" andererseits.
Als Variante kann diese Tabelle auch als Prozentanteil an der deutschen Belegschaft ausgedruckt werden. In diesem Fall empfiehlt es sich, anstelle der Zeileneinteilung „Staatsangehörigkeit" die Organisationseinheit zu wählen. Diese Tabelle sollte mit anderen Untersuchungsergebnissen zusammen betrachtet werden, zum Beispiel

Tabellen-Nr.:	14
Titel:	Mitarbeiter nach der Vorbildung
Organisationsbereich:	
Erscheinungsfolge:	jährlich
Stichtag:	Abrechnungsstand Dezember

Personenkreis		
	Normalversion	Zusatzversion
	Spalte 21, 31	700, 710, 720, 730, 740, 750, 760, 770, 780
	Zeile	

	21 ohne 700 - 760	700	710	720	730	740	750	760	770	780
	Angestellte ohne Berufsabschluß	Techn. Berufsabschluß (Ang.)	gewerbl. Berufsabschluß (Ang.)	kaufm. Berufsabschluß (Ang.)	Hoch- u. Fachhochschulabsolventen (gesamt)	Hoch- u. Fachhochschulabsolventen mit techn.- naturwissenschaftlicher Fachrichtung	Hoch- u. Fachhochschulabsolventen mit techn. Fachrichtung	Hoch- u. Fachhochschulabsolventen mit sonst. Fachrichtung	Facharbeiter	An- u. ungelernte Arbeiter
Organisationseinheit	1	2	3	4	5	6	7	8	9	10

Unternehmensbereich A

Unternehmensbereich B

Unternehmensbereich X

Verwendungszweck

Diese Tabelle zeigt die Vorbildungsstruktur im Unternehmensvergleich. Im Zeitvergleich mit entsprechenden Tabellen der Vorjahre wird erkennbar, in welchem Ausmaß sich die Vorbildungsqualifikation geändert hat. Die Tabelle ist eine wichtige Ausgangsbasis für die Personalplanung und für Überlegungen zur Personalentwicklung (wenn sich zum Beispiel die Vorbildungsstruktur erheblich verbessert, muß das auch Folgen für die zukünftige Gehaltsstruktur haben).

237

Tabellen-Nr.: 15

Titel: Mitarbeiter nach der Vorbildung und Fachrichtung

Organisationsbereich:

Erscheinungsfolge: bei Bedarf

Stichtag:

	Personenkreis						
	Normalversion					Zusatzversion	
Spalte	21, 31					700, 710, 720, 730, 740, 750, 760, 770	
Zeile							

Personenkreis ＼ Fachrichtung (Merkmal 5.2)	700 Techn. Berufs-abschluß (Ang.)	710 gewerbl. Berufs-abschluß (Ang.)	720 kaufm. Berufs-abschluß (Ang.)	730 Hoch- u. Fach-hochschulabsol-venten (gesamt)	740 Hoch- u. Fach-hochschulabsol-venten mit techn. naturwissenschaftlicher Fachrichtung	750 Hoch- u. Fach-hochschulabsol-venten mit kaufm. Fachrichtung	760 Hoch- u. Fach-hochschulabsol-venten mit sonst. Fachrichtung	770 Facharbeiter
	1	2	3	4	5	6	7	8
Elektrotechnik								
Maschinenbau								
.								
.								
Mathematik								
Informatik								
.								
.								
Schlosser								
Dreher								
Fräser								
.								
.								
usw.								

Verwendungszweck

Diese Tabelle ist eine Vertiefung der Aussage der Tabelle 14. Hieraus ist zu entnehmen, welche Vorbildungsfachrichtungen im Unternehmen eingesetzt sind. Zu beachten ist, daß die Vorbildungsfachrichtung von der ausgeübten Tätigkeit (siehe Tabelle 21) erheblich abweichen kann. Wenn man — zum Beispiel für die Personalplanung — eine derartige Aussage gewinnen will, so kann man die Tabelle 21 so abwandeln, daß man anstelle des Vorbildungs- fachrichtung ausdrucken läßt. Hieraus ließe sich zum Beispiel er- kennen, wieviel Ingenieure inzwischen eine kaufmännische Tätigkeit ausüben.

Tabellen-Nr.:	16
Titel:	Vorbildung und Rangstruktur
Organisationsbereich:	
Erscheinungsfolge:	jährlich
Stichtag:	Abrechnungsstand Dezember

Personenkreis

Normalversion	Zusatzversion
Spalte 21, 31	700, 710, 720, 730, 740, 750, 760, 770, 780
Zeile	

Personenkreis / Lohn-/Tarifgruppe/ Rangstufe (Merkmal 4.15.1)	21 ohne 700–760 Angestellte ohne Berufsabschluß	700 Techn. Berufsabschluß (Ang.)	710 gewerbl. Berufsabschluß (Ang.)	720 kaufm. Berufsabschluß (Ang.)	730 Hoch- u. Fachhochschulabsolventen (gesamt)	740 Hoch- u. Fachhochschulabsolventen mit techn.-naturwissenschaftlicher Fachrichtung	750 Hoch- u. Fachhochschulabsolventen mit kaufm. Fachrichtung	760 Hoch- u. Fachhochschulabsolventen mit sonst. Fachrichtung	770 Facharbeiter	780 An- u. ungelernte Arbeiter
	1	2	3	4	5	6	7	8	9	10
Arbeiter										
Lohngruppe 1										
2										
3										
4										
5										
6										
7										
8										
9										
10										
11										
12										
Tarifangestellte										
Tarifgruppe 1										
2										
3										
4										
5										
6										
7										
AT-Angestellte										

Verwendungszweck

Strukturuntersuchung. Vergleich der Gehaltsstruktur der Vorbildungsgruppen (zum Beispiel technische und kaufmännische) untereinander. Die Liste ist gegebenenfalls auch je Unternehmensbereich auszudrucken.

Tabellen-Nr.:	17
Titel:	Lebensalter nach Mitarbeitergruppen und Vorbildung
Organisationsbereich:	
Erscheinungsfolge:	jährlich
Stichtag:	Abrechnungsstand Juni *)

Personenkreis

	Normalversion	Zusatzversion
	Spalte 22, 24, 25, 31	400, 410, 730, 740, 750, 760, 770, 780
Zeile		

Personenkreis	Facharbeiter	An- u. ungelernte Arbeiter			Tarifangestellte			AT-Angestellte leitend	AT-Angestellte nicht leitend	730 Hoch- u. Fachhochschulabsolventen (gesamt)	710 Hoch- u. Fachhochschulabsolventen mit techn.-naturwissenschaftlicher Fachrichtung	720 Hoch- u. Fachhochschulabsolventen mit kaufm. Fachrichtung	760 Hoch- u. Fachhochschulabsolventen mit sonst. Fachrichtung
		M	F	zus.	M	F	zus.						
Lebensalter (Merkmal 2.2.2.)	1	2	3	4	5	6	7	8	9	10	11	12	13
Lebensalter													
Lebensaltersgruppen													
Ø-Lebensalter													

*) Um den Monat Dezember nicht mit Tabellenauswertungen zu überlasten, kann auch ein anderer Monat gewählt werden. Bei dieser Tabelle gibt es keinen unmittelbaren terminlich notwendigen Bezug zu anderen Tabellen.

Auch diese Tabelle enthält sich überschneidende Mitarbeitergruppen (neben einer groben Eingruppierungsstruktur auch eine Vorbildungsstruktur)

Verwendungszweck

Diese Tabelle zeigt den Lebensaltersaufbau der wesentlichen Mitarbeitergruppen und für einige ausgewählte Vorbildungsgruppen (nebengeordnet). Auf eine Spalte „Mitarbeiter" wurde verzichtet. Das wäre eine typische „Aha-Zahl" ohne direkten Aussagewert. Die Lebensaltersstruktur wird benötigt

— für die Personalplanung (Ersatz, bevorstehende Pensionierungen)

— für die Personalentwicklung (zum Beispiel Entwicklung im AT-Bereich).

Wesentlich ist, daß man diese Tabellen auch für Langfristvergleiche heranzieht. Dazu gehört zum Beispiel die Beurteilung, ob die Veränderung im Lebensaltersaufbau wichtiger Mitarbeitergruppen den Vorstellungen (Unternehmensplanung, Personalentwicklung) entspricht.

Tabellen-Nr.:	18
Titel:	Facharbeiter nach Lebensalter und Berufen
Organisationsbereich:	
Erscheinungsfolge:	, jährlich
Stichtag:	Abrechnungsstand Juni

Personenkreis		
	Normalversion	Zusatzversion
	Spalte 31	770
	Zeile	

Beruf	Beruf (Merkmal 5.2.1)							
	Schlosser	Dreher	Fräser	usw.				
Lebensalter (Merkmal 2.2)	1	2	3	4	5	6	7	8
Lebensalter								
Lebensaltersgruppe								
g-Lebensalter								

Hinweis:
Zweckmäßigerweise werden nur die wichtigen Berufe herausgegriffen. Keineswegs muß hieraus eine vollständige Aufzählung aller im Unternehmen vorkommenden Berufe hervorgehen.

Verwendungszweck

Diese Tabelle ist für Personalplanungszwecke wichtig (siehe Tabelle 04). Zu beachten ist, daß sich der Ersatzbedarf nicht nur aus der Fluktuation (siehe Tabelle 39) und der Pensionierung ergibt, sondern daß auch Umgruppierungen in das Angestelltenverhältnis berücksichtigt werden müssen (siehe Tabelle 42).

Anstelle des Auswahlkriteriums „erlernter Beruf" kann man auch die Tätigkeit (Merkmal 4.9) wählen. Das kommt dem tatsächlichen Geschehen im Betrieb etwas näher. Unter Umständen kann auch eine Kombination der Merkmale „erlernter Beruf" (Merkmal 5.2.1) und ausgeübte Tätigkeit (Merkmal 4.9) interessante Aussagen — insbesondere im Hinblick auf die Einstellung (Fachrichtung) von gewerblich Auszubildenden — ergeben.

Tabellen-Nr.:	19
Titel:	Dienstalter nach Mitarbeitergruppen und Vorbildung
Organisationsbereich:	
Erscheinungsfolge:	bei Bedarf
Stichtag:	

Personenkreis

	Normalversion	Zusatzversion
Spalte	22, 24, 25, 31	400, 410, 730, 740, 750, 760, 770, 780
Zeile		

Personenkreis	Facharbeiter	An- u. unge-lernte Arbeiter			Tarifangestellte			AT-Angestellte leitend	AT-Angestellte nicht leitend	730 Hoch- u. Fachhochschulabsolventen (gesamt)	740 Hoch- u. Fachhochschulabsolventen mit techn.-natur-wissenschaftl. Fachrichtung	750 Hoch- u. Fachhochschulabsolventen mit kaufm. Fachrichtung	760 Hoch- u. Fachhochschulabsolventen mit sonst. Fachrichtung
		M	F	zus.	M	F	zus.						
	1	2	3	4	5	6	7	8	9	10	11	12	13
Dienstalter (Merkmal 4.2.2)													
bis 1 Jahr													
über 1 - 2 Jahre													
über 2 - 3 Jahre													
. . .													
usw.													
Ø-Dienstalter													

Verwendungszweck

Aus dieser Tabelle kann man überschlägig die in den nächsten Jahren zu erwartenden Jubiläen erkennen (genauere Angaben — soweit erforderlich — kann eine kombinierte Dienst-/Lebensalterstabelle, gegliedert nach Personenkreisen, machen). Diese Aussage ist wichtig, wenn Regelungen (zum Beispiel Jubiläumsgeldgeschenke, Jubilarurlaub) geändert werden sollen.

Zur Untersuchung über die Chancengleichheit von Frauen ist unter anderem auch das Dienstalter innerhalb der wichtigen Vorbildungsgruppen von Bedeutung. In diesem Fall müssen dann diese Personenkreise noch mit der Zusatzversion M (400) und F (410) ausgewertet werden.

Gegebenenfalls können Dienstaltersstrukturen auch für die Veränderung von Altersversorgungsregelungen (im allgemeinen ist die Altersversorgung auch vom Dienstalter abhängig) wichtig sein (zum Beispiel Berechnung des Aufwandes).

Tabellen-Nr.: 20

Titel: Tätigkeitsgebiete

Organisationsbereich:

Erscheinungsfolge: jährlich

Stichtag: Abrechnungsstand Dezember

Personenkreis							
Normalversion					Zusatzversion		
Spalte 22, 24, 25, 31					620, 770, 780		
Zeile							
Angestellte					Arbeiter		
Tarifangestellte	AT-Angestellte leitend	AT-Angestellte nicht leitend	Sekr./Schreib-kräfte	Angestellte gesamt Se. Sp. 1 – 3	Facharbeiter	An-u. unge-lernte Arbeiter	Arbeiter gesamt Se. Sp. 6 + 7
1	2	3	4	5	6	7	8

Tätigkeitsgebiete (Merkmal 4.11)

110 Forschung

132 Konstruktion von Betriebsmitteln

100 Zwischensumme Forschung und Entwicklung

210 Fertigungsplanung

usw.

Verwendungszweck

Die Tabelle **Mitarbeiter nach Tätigkeitsgebieten** zeigt, wieviel Mitarbeiter das Unternehmen für die verschiedenen Funktionen eingesetzt hat. Hieraus können erste Ansätze für eine Personalsteuerung oder für Organisationsuntersuchungen und Rationalisierungsaufgaben gefunden werden. Dafür ist es erforderlich, alle Mitarbeiter, die für die gleiche Aufgabe eingesetzt sind, nach funktionalen Gesichtspunkten zu gliedern. Wesentlich ist dabei, daß diese Ordnung **unab**hängig von der organisatorischen Gliederung vorgenommen wird. Die organisatorische Gliederung ist nur zum Teil deckungsgleich mit der funktionalen Gliederung.

Diese Tabelle kann zum Beispiel auch für einen Vergleich der Unternehmensbereiche und Betriebe untereinander verwendet werden. Man kann aus diesen Daten Kennzahlen entwickeln über den Umfang des Mitarbeitereinsatzes (zum Beispiel Anzahl der Mitarbeiter in der Funktion „Personalverwaltung" im Verhältnis zur Anzahl der abgerechneten Mitarbeiter) und dann die Betriebe untereinander vergleichen.

Ein weiteres Untersuchungsfeld ist der Einsatz der Sekretärinnen und Schreibkräfte innerhalb der einzelnen Tätigkeitsbereiche und in bezug auf die insgesamt eingesetzten Angestellten (auch in dieser Tabelle ist die Personengruppe „Sekretärinnen/Schreibkräfte" als sich überschneidende und nebengeordnete Personengruppe ausgewiesen!).

Voraussetzung für eine aussagefähige Erstellung dieser Tabelle ist, daß für jeden einzelnen Mitarbeiter das Tätigkeitsgebiet — unabhängig von der organisatorischen Zugehörigkeit (!) — geschlüsselt und daß diese Angaben bei Versetzungen oder Änderungen der Arbeitsgliederung überprüft werden.

Tabellen-Nr.:	21
Titel:	Mitarbeiter nach Tätigkeitsgebiet (Funktion) und Tätigkeit
Organisationsbereich:	
Erscheinungsfolge:	jährlich
Stichtag:	Abrechnungsstand Dezember

Personenkreis *)

Normalversion
Zusatzversion

Spalte
Zeile
*) muß im Einzelfall gewählt werden

Tätigkeitsgebiete (Merkmal 4.11)	Forschung u. Entwicklung	Forschung	Entwicklung	Produktentwicklung	Fertigungstechnische Entwicklung	Entwicklung von Betriebssystemen	Entwicklung von Anwendersoftware	Konstruktion von Produkten	Konstruktion von Betriebsmitteln
Tätigkeit (Merkmal 4.9)	1	2	3	4	5	6	7	8	9
Zeichnen									
Berechnen									
.									
.									
Entwickeln									
Konstruieren									
usw.									

*) In diesem Beispiel handelt es sich um eine Tabelle, die zwei Merkmale kombiniert und in Matrixform darstellt. Das hat zur Folge, daß der Personenkreis - dem Anwendungszweck entsprechend - jeweils neu bestimmt werden muß.

Diese Tabelle gibt einen tiefen Einblick in die Struktur der Mitarbeiterbeschäftigung und kann als Ausgangspunkt für organisatorische Untersuchungen und Rationalisierungsüberlegungen dienen. Insbesondere ergibt sich hieraus ein Überblick über die Verteilung und Häufigkeit gleichartiger oder verwandter Tätigkeiten in den verschiedenen Dienststellen im Unternehmen. Das muß dazu führen, daß man im Rahmen der Rationalisierungsbestrebungen nicht mehr nur abteilungsweise Untersuchungen anstellt, sondern unternehmenseinheitliche Lösungen anstrebt, zum Beispiel

— Ablösen des Zeichnens durch CAD (Computer added design)
— Einsatz von Personal Computern (PC) mit gleichartiger Anwendersoftware.

Diese Tabelle zeigt, wo man die Untersuchungen ansetzen muß. Da die Schlüsselangaben zur ausgeübten Tätigkeit für die einzelnen Mitarbeiter ohnehin erforderlich sind, ist eine Nutzung im vorstehend genannten Sinne naheliegend.

*) siehe Schlüsselverzeichnis der Bundesanstalt für Arbeit

Verwendungszweck

Die Tabelle **Mitarbeiter nach Tätigkeitsgebiet (Funktion) und Tätigkeit** ist eine Erweiterung der Tabelle „Mitarbeiter nach Tätigkeitsgebieten". Sie zeigt

— die Anzahl der Mitarbeiter innerhalb der Tätigkeitsgebiete, gegliedert nach der ausgeübten Tätigkeit; zum Beispiel im Tätigkeitsgebiet „Konstruktion" (130) sind ... Mitarbeiter als technische Zeichner (635) *) beschäftigt
— die Verteilung der Tätigkeiten auf die einzelnen Tätigkeitsgebiete.

Tabellen-Nr. :	22
Titel:	Angestellte nach Tätigkeitsgruppen
Organisationsbereich:	
Erscheinungsfolge:	jährlich
Stichtag:	Abrechnungsstand Dezember

Personenkreis	
Normalversion	Zusatzversion
	400, 410, 600, 611, 620

Spalte 21

Zeile

	Techn. Tätige			Kaufm. Tätige			Sekr./Schreibkräfte
	M	F	zus.	M	F	zus.	
	1	2	3	4	5	6	7
Organisationseinheit							
Unternehmensbereich A							
Unternehmensbereich B							
Unternehmensbereich X							

Verwendungszweck

Um einen ersten zusammenfassenden Überblick über die zahlreichen verschiedenen Tätigkeiten zu gewinnen, kann es zweckmäßig sein, die Angestellten-Tätigkeiten in einigen großen Gruppen (siehe oben) zusammenzufassen. Aus dieser Tabelle läßt sich folgendes entnehmen:

— die Relation der kaufmännischen und technischen Tätigkeiten (Organisationsvergleich)
— der Anteil der Sekretärinnen und Schreibkräfte im Vergleich der Organisationseinheiten
— im Zeitvergleich zeigen sich Strukturveränderungen (zum Beispiel durch den Einsatz moderner Kommunikationsmittel müßte der Anteil der Sekretärinnen und Schreibkräfte abnehmen).

Eine weiterführende Strukturuntersuchung zeigt die Tabelle 23.

Tabellen-Nr.:	23
Titel:	Tätigkeitsgruppen und Rangstruktur
Organisationsbereich:	
Erscheinungsfolge:	jährlich
Stichtag:	Abrechnungsstand Dezember

Personenkreis

Normalversion	Zusatzversion
Spalte 21	400, 410, 600, 611, 620
Zeile	

Personenkreis	Technisch Tätige						Kaufmännisch Tätige						Sekretärinnen/ Schreibkräfte	
	M		F		zus.		M		F		zus.			
	Zahl	in $\%^{3)}$	Zahl	in $\%^{3)}$	Zahl	in $\%^{3)}$	Zahl	in $\%^{3)}$	Zahl	in $\%^{3)}$	Zahl	in $\%^{3)}$	Zahl	in $\%^{3)}$
	1	2	3	4	5	6	7	8	9	10	11	12	13	14
Rangstruktur (Merkmal 4.15.1)														
Tarifangestellte $^{1)}$														
Tarifgruppe 1														
Tarifgruppe 2														
Tarifgruppe 3														
Tarifgruppe 4														
Tarifgruppe 5														
Tarifgruppe 6														
Tarifgruppe 7														
zusammen														
AT-Angestellte $^{2)}$														
Summe aller Angestellten														

1) Merkmal 4.15.1.30 - 36
2) ggf. nach Einkommensgruppen unterteilt
3) % mit 1 Dezimale; Basis = Se. aller Angestellten

Verwendungszweck

Strukturuntersuchung. Vergleich der Tätigkeitsgruppen untereinander. Die Liste ist gegebenenfalls auch je Unternehmensbereich auszudrucken und zeigt — ansatzweise — Auswirkungen der (tatsächlich ausgeübten) Einkommenspolitik.

Tabellen-Nr.:	24
Titel:	Zusammensetzung des Monatseinkommens der Arbeiter
Organisationsbereich:	
Erscheinungsfolge:	jährlich
Stichtag:	Abrechnungsstand Dezember

Personenkreis

	Normalversion	Zusatzversion
Spalte	31	400, 410, 770, 780, 790, 791, 792
Zeile		alle Mitarbeitergruppen ohne 210 3)

Personenkreis	Facharbeiter	An- u. unge-lernte Arbeiter			Zeitlöhner			Akkord-löhner			Prämien-löhner			alle Arbeiter		
		M	F	zus.	M	F	zus.	M	F	zus.	M	F	zus.	M	F	zus.
	1	2	3	4	5	6	7	8	9	10	11	12	13	14	15	16

Monatseinkommen 1) (verschiedene Merkmale)	
Lohngruppe 1	
Anzahl der Mitarbeiter	Merkmal 4.15.1.10
Grundvergütung 2)	Merkmal 6.1.3
tarifliche Leistungszulage 2)	Merkmal 6.2.3
tarifliche Leistungszulage in %	Merkmal 6.2.4
Anzahl Empfänger tariflicher Leistungszulagen in % der Anzahl der Mitarbeiter (Spalte 1 - 16)	
betriebliche Sonderzulage 2)	Merkmal 6.3.3
betriebliche Sonderzulage in %	Merkmal 6.3.4
Empfänger betrieblicher Sonderzulagen in % von Anzahl Mitarbeiter (Spalte 1 - 16)	
sonstige tarifliche Zulagen (Summe der Auflaufwerte)	Merkmal 6.4
sonstige betriebliche Zulagen (Summe der Auflaufwerte)	Merkmal 6.5
Prämienlohn	Merkmal 6.1.4
Prämienlohn in %	Merkmal 6.1.5
Verdienst über Akkordgrundlohn	Merkmal 6.1.6
Verdienst über Akkordgrundlohn in %	Merkmal 6.1.7
Summe Monatseinkommen	
Lohngruppen 2 - 12	Merkmal 4.15.1.11 - 21
je Lohngruppe Aufteilung wie oben	
Durchschnitt aller Lohngruppen	
Aufteilung wie oben	

Hinweise:

In dieser Tabelle wurde der Auflaufwert als Basis gewählt. Bei der Programmierung ist zu entscheiden, ob der Jahreswert oder der durchschnittliche Monatswert ausgewiesen werden soll.

1) Alle Einkommensbestandteile werden im Durchschnitt je Personenkreis ausgewiesen
2) Zu beachten: die Zulagen werden - wegen Erhaltung der Additionsfähigkeit - als Durchschnitt je Personenkreis (nicht je Empfänger) ausgewiesen.
3) Es ist zweckmäßig, bei dieser Übersicht die Teilzeitbeschäftigten auszuklammern.

Die Tabelle zeigt das Gefüge des Monatseinkommens der Arbeiter (ohne die wechselnden Zuschläge und sonstigen Einkommensbestandteile), insbesondere kann hieraus entnommen werden

— die Entwicklung des Akkordüberverdienstes
— die Übersicht, ob die tariflichen und betrieblichen Zulagen in das Lohngruppengefüge passen beziehungsweise dieses überholen.

Ferner gibt die Tabelle einen Überblick über die Lohngruppenstruktur und ist eine wichtige Unterlage für die Gestaltung der Einkommenspolitik des Unternehmens. Besonders im Zeitvergleich zeigt sich der Strukturwandel. Häufig wird man einen Trend zu den oberen Lohngruppen feststellen können. Daraufhin wäre dann zu untersuchen, worauf diese Strukturveränderung zurückzuführen ist. Gründe hierfür können sein:

— Änderung des Produktionsprogramms
— Rationalisierung. Davon sind die unteren Lohngruppen häufig stärker betroffen. Da die Rationalisierung oft mit einer Verbesserung der Planung, Arbeitsvorbereitung oder DV-Durchdringung verbunden ist, steigt die Anzahl der Mitarbeiter, die in oberen Lohngruppen beschäftigt werden, unmittelbar

— Mitarbeiterauf- oder -abbau. In Zeiten des Konjunkturaufschwungs nehmen die unteren Lohngruppen etwas stärker zu; in Rezessionsphasen trennt man sich eher von weniger qualifizierten Mitarbeitern
— Einkommenspolitik, sei es aufgrund der Arbeitsmarktlage, sei es aus unternehmensspezifischen Gründen. Dieser Punkt ist besonders sorgfältig zu beachten, weil hieraus ungewollte Einkommensstrukturveränderungen entstehen können.

Auch ein Vergleich der Organisationseinheiten untereinander kann zur Feststellung von Strukturunterschieden beziehungsweise der Einkommenspolitik zweckmäßig sein. Diese Tabelle gibt hierfür jedoch nur erste Anhaltspunkte; Gegebenenfalls können vertiefende Untersuchungen der einzelnen Personenkreise mit der Kombination anderer Merkmale (zum Beispiel Tätigkeit, Merkmal 4.9) weitere Einblicke vermitteln.

Zur weiteren Durchdringung dieser wichtigen Struktur und zur Unterstützung der Aufwandsanalyse können die Lohngruppen — sofern der Tarifvertrag dies vorsieht — noch nach Gruppenjahren unterteilt werden. Außerdem kann es bei Bedarf zweckmäßig sein, weitere Personengruppen, wie zum Beispiel Deutsche/Ausländer, in die Gliederung der Mitarbeitergruppen mit einzubeziehen. Das kann auch als Informationsinstrumentarium aufschlußreich sein.

Tabellen-Nr.:	25
Titel:	Struktur des Bruttojahreseinkommens der Arbeiter
Organisationsbereich:	
Erscheinungsfolge:	jährlich
Stichtag:	Abrechnungsstand Dezember

Personenkreis

Normalversion	Zusatzversion
Spalte 31	400, 410, 770, 780, 790, 791, 792
Zeile	alle Mitarbeitergruppen ohne 210[3]

Personenkreis	An- und ungelernte Arbeiter				Facharbeiter		Zeitlöhner		Prämienlöhner		Akkordlöhner	
	M		F									
	Zahl	%[1]	Zahl	%	Zahl	%	Zahl	%	Zahl	%	Zahl	%
Bruttojahreseinkommen[2] (Merkmal 6.19)	1	2	3	4	5	6	7	8	9	10	11	12
bis DM 20.000												
DM 20.001 - DM 21.000												
DM 21.001 - DM 22.000												
DM 22.001 - DM 23.000												
DM 23.001 - DM 24.000												
DM 24.001 - DM 25.000												
DM 25.001 - DM 26.000												
......												
......												
(in DM-1.000-Sprüngen)												
zusammen		100		100		100		100		100		100
Durchschnitt												

1) % mit 1 Dezimale; Basis = Anzahl in Zeile "zusammen"
2) Anstelle des Jahreseinkommens kann man auch die Summe aus den Merkmalen 6.1.3, 6.1.4, 6.1.6, 6.2.3 und 6.3.3 nehmen. Durch das Ausblenden von Zuschlägen, Zulagen und sonstigen Leistungen erhält man einen für langfristige Betrachtungen besser geeigneten Betrag.
3) Es ist zweckmäßig, bei dieser Übersicht die Teilzeitbeschäftigten auszuklammern.

Verwendungszweck

Aus dieser Tabelle kann sowohl das Durchschnittseinkommen der verschiedenen Mitarbeitergruppen bei Arbeitern als auch die Einkommensverteilung entnommen werden. Dies zeigt die Auswirkungen der tariflichen und betrieblichen Einkommenspolitik auf die gewerblichen Mitarbeitergruppen.

Derartige Übersichten sind sowohl für die Beurteilung der eigenen Einkommenspolitik nützlich als auch für die tarif- und gesellschaftspolitische Argumentation.

Weiterhin kann diese Tabelle gut verwendet werden, um Auswirkungen der Anhebung von Bemessungsgrenzen (Sozialversicherung, Berufsgenossenschaft) zu berechnen.

Tabellen-Nr.:	26
Titel:	Zusammensetzung des Monatseinkommens der Tarifangestellten
Organisationsbereich:	
Erscheinungsfolge:	jährlich
Stichtag:	Abrechnungsstand Dezember

Personenkreis

Normalversion	Zusatzversion
Spalte 22	400, 410, 600, 611, 620
Zeile	alle Mitarbeitergruppen ohne 210[3]

Techn. Tätige			Kaufm. Tätige			Sekr./Schreibkräfte	Tarifang. gesamt		
M	F	zus.	M	F	zus.		M	F	zus.
1	2	3	4	5	6	7	8	9	10

Hinweis:

Im Gegensatz zur Tabelle 24 wurde in diesem Fall das Monatseinkommen (Dezember) als Basis gewählt (um die Variationsmöglichkeiten zu zeigen). Genauso gut ließe sich die Tabelle aber auch aus den Auflaufwerten des Kalenderjahres erstellen (entweder als Jahreswert oder als durchschnittlicher Monatswert). In diesem Fall müßte z.B. statt des Merkmals der Grundvergütung (6.1.1) der Auflaufwert (6.1.3) gewählt werden (die anderen Merkmale wären analog umzustellen).

Personenkreis

Gehaltsstruktur [*] (verschiedene Merkmale)	
Tarifgruppe 1	Merkmal 4.15.1.30
Anzahl der Mitarbeiter	Merkmal 6.1.1
Grundvergütung [2]	Merkmal 6.2.1
tarifliche Leistungszulage [2]	Merkmal 6.2.4
tarifliche Leistungszulage in %	
Empfänger von tariflichen Leistungszulagen in % von Anzahl Mitarbeiter (Spalte 1 – 10)	
betriebliche Sonderzulage [2]	Merkmal 6.3.1
betriebliche Sonderzulage in %	Merkmal 6.3.4
Empfänger von betrieblichen Sonderzulagen in % von Anzahl Mitarbeiter (Spalte 1 – 10)	
Sonstige tarifliche Zulagen (Summe)	Merkmal 6.4
Sonstige betriebliche Zulagen (Summe)	Merkmal 6.5
Summe Monatsgehalt	
Tarifgruppen 2 – 7	Merkmal 4.15.1.31 – 36
je Tarifgruppe Aufteilung wie oben	
Durchschnitt aller Tarifgruppen	
Aufteilung wie oben	

[1] Alle Einkommensbestandteile werden im Durchschnitt je Personenkreis ausgewiesen.
[2] Zu beachten: diese Zulagen werden – wegen der Erhaltung der Additionsfähigkeit – als Durchschnitt je Personenkreis (nicht je Empfänger) ausgewiesen.
[3] Es ist zweckmäßig, bei dieser Übersicht die Teilzeitbeschäftigten auszuklammern.

Verwendungszweck

Die Tabelle gibt einen Überblick über das Gehaltsgefüge des festen Monatseinkommens der Tarifangestellten. Im Gegensatz zur Struktur des Personalaufwandes handelt es sich hierbei nicht um Auflaufwerte, sondern nur um ausgewählte Einkommensarten, die für Vergleichszwecke geeignet sind.

Man kann aus dieser Übersicht erkennen:

— erste Ansätze, ob die Mitarbeitergruppen technisch und kaufmännisch tätig gleichartig behandelt werden

— Ansätze, ob bei gleichen Voraussetzungen Männer und Frauen gleichbehandelt werden. Zur Vertiefung einer derartigen Aussage müßte jedoch noch eine weitere Unterteilung nach Vorbildung, Tätigkeit und Dienstalter (besonders wichtig, da die gute

Vorbildung der Frauen eine neuere Erscheinung ist) vorgenommen werden.

Weiter ergeben sich Ansatzpunkte, ob die Einkommenspolitik ausgewogen ist.

Interessant kann auch die Gegenüberstellung der Sekretärinnen und Schreibkräfte mit den kaufmännisch tätigen Frauen sein. Dabei ist zu überlegen, ob die festgestellten Unterschiede gerechtfertigt sind. Ein anderer Vergleich wäre zum Beispiel die Gegenüberstellung des Einkommens von Sekretärinnen und Schreibkräften mit dem der Facharbeiter (siehe Tabelle 24). Dieser Vergleich kann zum Beispiel für die gesellschaftspolitische Argumentation nützlich sein. Fast immer wird sich dabei erweisen, daß die häufig beklagte Schlechterstellung der Frau im Beruf nicht ganz zutrifft.

Tabellen-Nr.:	27
Titel:	Einkommensstruktur der AT-Angestellten
Organisationsbereich:	
Erscheinungsfolge:	jährlich
Stichtag:	Abrechnungsstand Dezember

Personenkreis	Normalversion	Zusatzversion
	Spalte 24, 25	
	Zeile	

Personenkreis / Merkmal	AT-Angestellte nicht leitend				AT-Angestellte leitend			
	Grundvergütung	Tantieme	Jahreseinkommen	Tantieme in % Spalte 2 von Spalte 4	Grundvergütung	Tantieme	Jahreseinkommen	Tantieme in % Spalte 6 von Spalte 8
	6.1.3	6.11.1	6.1.3 + 6.11.1		6.1.3	6.11.1	6.1.3 + 6.11.1	
	1	2	3	4	5	6	7	8
Dienststellung (Merkmal 4.13)								
Sachbearbeiter[1] Anzahl Ø-Verdienst								
Gruppenführer Merkmal 4.13.14 Anzahl Ø-Verdienst								
Abteilungsleiter Merkmal 4.13.13 Anzahl Ø-Verdienst								
Hauptabteilungsleiter Merkmal 4.13.12 Anzahl Ø-Verdienst								
Betriebs...ter Merkmal 4.13.11 Anzahl Ø-Verdienst								
Vorstand/Geschäftsführer[2] Merkmal 4.13.10 Anzahl Ø-Verdienst								

Hinweis:
Es wurde bei dieser Tabelle unterstellt, daß AT-Angestellte keine weiteren Bezüge erhalten (andernfalls müssen die Merkmale entsprechend erweitert werden).

Verwendungszweck

Die Tabelle bietet eine Übersicht über die Zusammensetzung des AT-Einkommens. Sie dient

— zum Vergleich der Organisationseinheiten untereinander
— zur Beurteilung, ob das Monatseinkommen und die Tantieme beziehungsweise Jahresvergütung in angemessenem Verhältnis zueinander stehen
— zum Vergleich der Einkommensentwicklung mit dem Tarifkreis.

1) Sachbearbeiter = AT ohne Merkmal 4.13
2) Sofern im Personalinformationssystem gespeichert

Tabellen-Nr.:	28
Titel:	Struktur des Bruttojahreseinkommens der Angestellten
Organisationsbereich:	
Erscheinungsfolge:	jährlich
Stichtag:	Abrechnungsstand Dezember

Personenkreis

Normalversion
Spalte 21, 22, 24, 25
Zeile

Zusatzversion
400, 410, 700, 720, 740, 750, 760
alle Mitarbeitergruppen ohne 210[3]

Personenkreis Bruttojahreseinkommen[2] (Merkmal 6.19)	Tarifangestellte Männer		Tarifangestellte Frauen[1]		AT-Angestellte nicht leitend		AT-Angestellte leitend		Berufsabschluß (Lehre) technisch		Berufsabschluß (Lehre) kaufmännisch		Hoch- und Fachhochschulabsolventen technisch		kaufmännisch		sonstige	
	Zahl	%	Zahl	%	Zahl	%	Zahl	%	Zahl	%	Zahl	%	Zahl	%	Zahl	%	Zahl	%
	1	2	3	4	5	6	7	8	9	10	11	12	13	14	15	16	17	18
bis DM 25.000																		
DM 25.001 - DM 26.000																		
DM 26.001 - DM 27.000																		
DM 27.001 - DM 28.000																		
DM 28.001 - DM 29.000																		
DM 29.001 - DM 30.000																		
DM 30.001 - DM 31.000																		
...																		
...																		
...																		
(in DM-1.000-Sprüngen)																		
zusammen		100		100		100		100		100		100		100		100		100
Durchschnitt																		

Hinweis: Bei der Aufteilung nach Berufs- bzw. Hoch-/Fachhochschulabschluß ist zu berücksichtigen, daß hierbei sich nicht die Summe aller Angestellten ergeben kann, weil diejenigen fehlen, die keinen oder einen gewerblichen Berufsabschluß haben.

1) % mit 1 Dezimale; Basis = Anzahl in Zeile "zusammen"
2) Anstelle des Jahreseinkommens kann man auch die Summe aus den Merkmalen 6.1.3, 6.2.3 und 6.3.3 nehmen. Durch das Ausblenden von Zuschlägen und sonstigen Leistungen erhält man einen für langfristige

Verwendungszweck

Zunächst gilt hierfür das gleiche wie für die entsprechende Tabelle für Arbeiter (Tabelle 25). Darüber hinaus kann man aus dieser Übersicht entnehmen,

— ob der Einkommensabstand zwischen den Tarif- und den AT-Angestellten (leitend und nicht leitend) angemessen ist und den selbst gesetzten Zielen der Einkommenspolitik entspricht
— ob der Einkommensabstand — gegliedert nach der Vorbildung — angemessen ist. Hierbei muß man jedoch berücksichtigen, daß bei höherem Dienstalter die Vorbildung zugunsten der tatsächlich erbrachten Leistung in den Hintergrund tritt.

Diese Tabelle kann man darüber hinaus wie folgt abwandeln: Anstelle der Spalteneinteilung „Personenkreis" tritt das Lebensalter in 5-Jahres-Sprüngen, zum Beispiel bis 29 Jahre, 30 - 34 Jahre usw. Der ausgewählte Personenkreis wird über den Blattwechsel gesteuert. Zunächst wird diese Tabelle nur für das Unternehmen gesamt erstellt. Erst bei Bedarf können zusätzlich — ebenfalls über den Blattwechsel — die ausgewählten Organisationseinheiten erfaßt werden. Dann erhält man unter Umständen eine sehr umfangreiche Tabelle. Dafür muß man überlegen, ob die ermittelten Daten noch die gewünschte Aussagekraft haben (nicht zu wenig Personen umfassen).

Eine derartige Übersicht kann für die Gestaltung der Einkommenspolitik nützlich sein, zum Beispiel zur Beurteilung, ob die Einkommenssteigerungen mit zunehmendem Lebensalter tatsächlich auf höherer Leistung (zum Beispiel Erfahrung) beruhen oder ob der „Altersbaum" dominiert. Diese Tabelle ist jedoch nur zweckmäßig mit dem eingeschränkten Jahreseinkommen (siehe Tabelle 28, Fußnote 2).

Tabellen-Nr.:	29
Titel:	Auswirkung der betrieblichen Einkommenspolitik
Organisationsbereich:	
Erscheinungsfolge:	jährlich
Stichtag:	Abrechnungsstand Dezember

Personenkreis

Normalversion	Zusatzversion
Spalte 22, 24, 25, 31	400, 410, 740, 750, 760, 770, 780
Zeile	

Personenkreis	Arbeiter			Tarif-angestellte		AT-Angestellte nicht leitend	AT-Angestellte leitend	Gesamt	740 Hoch- u. Fach-hochschulabsol-venten mit techn.-naturwissen-schaftlicher Fachrichtung	750 Hoch- u. Fach-hochschulabsol-venten mit kaufm. Fachrichtung	760 Hoch- und Fach-hochschulabsol-venten mit sonst. Fachrichtung
Einkommensänderung (Merkmal 4.15.3.)	An- u. ungelernt		Facharbeiter								
	M	F		M	F						
	1	2	3	4	5	6	7	8	9	10	11
Lohn-/Tarifgruppenwechsel Merkmal 4.15.3.1 Rangstufenänderung Anzahl in % der jeweiligen Personengruppe											
Veränderung der Leistungszulage (nicht tariflich) Merkmal 4.15.3.2 Anzahl in % der jeweiligen Personengruppe											
Veränderung der Sonderzulage Merkmal 4.15.3.3 Anzahl in % der jeweiligen Personengruppe											
Veränderung der Tantieme/Jahreszahlung Merkmal 4.15.3.4 Anzahl (positiv) in % der jeweiligen Personengruppe Anzahl (negativ) in % der jeweiligen Personengruppe											

Diese Tabelle zeigt Anzahl und Umfang der — nicht tariflich bedingten — individuellen Einkommensänderungen und gibt damit einen Überblick über die betriebliche Einkommenspolitik. Diese Angaben können nützlich sein für

— die Beobachtung der Personalentwicklung
— innerbetriebliche Vergleiche bei der Einkommensgestaltung
— Berechnung der Kosten von individuellen Einkommensanhebungen.

Zum letztgenannten Punkt ist auf folgendes hinzuweisen: Den Kosten der individuellen Einkommensanhebung stehen auch Personal-

abgänge (zum Beispiel Pensionierungen) gegenüber. Dabei handelt es sich häufig um Mitarbeiter mit höherem Einkommen als der Durchschnitt. Individuelle Einkommensanhebungen müssen daher allein deswegen stattfinden, um die Einkommensstruktur (und damit letztlich den hierarchischen Aufbau der Führungskräfte) zu erhalten. In diesem Sinne sind daher individuelle Einkommensanhebungen im Regelfall keine zusätzlichen Kosten. Wenn man jedoch feststellt, daß — langfristig betrachtet und unabhängig von Tarifbewegungen — das Einkommensniveau steigt, dann muß dahinter eine Qualitätsverbesserung der erbrachten Leistung stehen (zum Beispiel höherwertige Produkte).

Ergänzend zu der Aussage dieser Tabelle sei auch auf den in Tabelle 42 ausgewiesenen Wechsel der Personengruppe hingewiesen.

Tabellen-Nr.:	30		
Titel:	Überverdienste (prozentual)		
Organisationsbereich:			
Erscheinungsfolge:	jährlich		
Stichtag:	Abrechnungsstand Dezember		

		Personenkreis	
	Normalversion		Zusatzversion
	Spalte 22, 31		790, 791, 792
	Zeile		

	Arbeiter								Tarifangestellte			
	Zeitlöhner				Prämienlöhner 2)		Akkordlöhner 2)					
Merkmal 3)	LZ	in % 1)	SZ	in %	Prämien	in %	Akkordüber-verdienst	in %	LZ	in %	SZ	in %
	6.2.3	6.2.4	6.3.3	6.3.4	6.1.4	6.1.5	6.1.6	6.1.7	6.2.3	6.2.4	6.3.3	6.3.4
	1	2	3	4	5	6	7	8	9	10	11	12

Organisationseinheit

Unternehmensbereich A
Unternehmensbereich B
Unternehmensbereich X

LZ = Leistungszulage; SZ = Sonderzulage
1) bezogen auf die Grundvergütung
2) es wurde unterstellt, daß es für diese beiden Lohnarten nur eine Grundvergütung gibt (also ohne Leistungs- und Sonderzulage); andern- falls müssen die Merkmale 6.2.3 und 6.3.3 auch für diese Personenkreise mit eingefügt werden
3) im Durchschnitt je Personenkreis

Verwendungszweck

Diese Tabelle ist eine Abwandlung der Tabellen 24 und 26; sie zeigt den Anteil der Überverdienstbestandteile — bezogen auf die Grundvergütung — in der Gegenüberstellung nach Organisationseinheiten. Aus dieser Zusammenfassung kann im einzelnen entnommen werden

— ein Vergleich der Organisationseinheiten miteinander (Ziel: einheitliche Einkommenspolitik im Unternehmen)
— ob die Leistungs- und Sonderzulagen im Rahmen liegen und nicht das Lohn- beziehungsweise Gehaltsgruppengefüge sprengen (zu hohe Leistungs- beziehungsweise Sonderzulagen könnten gegebenenfalls die jeweils nächsthöhere Lohn- beziehungsweise Gehaltsgruppe zu weit überholen).

Bei Vergleichen mit dem Vorjahr kann man die Lohndrift erkennen. Dafür muß man bei Veränderungen der Leistungszulagen (meist tariflich abgesichert) jedoch die eventuell eingetretenen Tarifänderungen in bezug auf die Leistungszulagenhöhe vorher eliminieren. Ferner ist zu berücksichtigen, daß Tariferhöhungen der Grundvergütung die Bezugsbasis vergrößern und damit die Sonderzulagen (in ihrem prozentualen Ausweis) sinken. Gleichbleibende Prozentsätze der Sonderzulagen enthalten also bereits eine (geringfügige) Lohndrift.

Veränderungen der Akkordüberverdienste und der Prämienhöhe können beruhen auf

— strukturellen Änderungen des Leistungslohnes
— besserer Routine der Arbeiter
— nicht berichtigten Akkordvorgaben (zum Beispiel bei technischen Veränderungen).

Tabellen-Nr.:	31
Titel:	Nettoeinkommen und Abzüge
Organisationsbereich:	
Erscheinungsfolge:	jährlich
Stichtag:	Abrechnungsstand Dezember

	Personenkreis	
	Normalversion	Zusatzversion
	Spalte 11, 22, 24, 25, 31 Zeile	alle Mitarbeitergruppen ohne 210 2)

	Nettoeinkommen 1) (Merkmal 6.20)					Lohn- und Kirchensteuer 1) (Merkmal 6.18.1)					Sozialversicherungsbeiträge 1) (Merkmal 6.18.2)				
	Arbeiter	Tarifan-gestellte	AT-Ang. leitend	AT-Ang. nicht leitend	Mitar-beiter	Arbeiter	Tarifan-gestellte	AT-Ang. leitend	AT-Ang. nicht leitend	Mitar-beiter	Arbeiter	Tarifan-gestellte	AT-Ang. leitend	AT-Ang. nicht leitend	Mitar-beiter
	1	2	3	4	5	6	7	8	9	10	11	12	13	14	15
Organisationseinheit															
Unternehmensbereich A															
Unternehmensbereich B															
Unternehmensbereich X															

1) Es handelt sich um Durchschnittswerte je Personenkreis, gebildet aus den Auflaufwerten. Wichtig ist, daß im Programm die Auflaufwerte den Mitarbeitergruppen richtig zugeordnet werden, z.B. wird ein Arbeiter am 1.4. versetzt und zugleich Tarifangestellter; dann müssen seine Be- und Abzüge für das 1. Quartal unter "Arbeiter" und für die weiteren Quartale unter "Tarifangestellte" ausgewiesen werden.

2) Es ist zweckmäßig, bei dieser Übersicht die Teilzeitbeschäftigten auszuklammern.

Verwendungszweck

Es handelt sich um reines Informationsmaterial, zum Beispiel für eine Wertschöpfungsrechnung oder für gesellschaftspolitische Argumentation. Interessant ist auch der Vergleich der einzelnen Mitarbeitergruppen untereinander; die Relation Bruttoeinkommen (siehe Tabelle 32) : Nettoeinkommen. Bei Langfristvergleichen sollte man feststellen, in welcher Weise Lohn- und Kirchensteuer einerseits und das Sozialversicherungsbeiträge andererseits sich entwickelt und das Nettoeinkommen beeinflußt haben. Die Wirkung ist bei den verschiedenen Mitarbeitergruppen sehr unterschiedlich (zum Beispiel die relativ viel stärkere Auswirkung der Anhebung der Sozialversicherungsbeiträge gegenüber der steuerlichen Wirkung).

Tabellen-Nr.:	32
Titel:	Struktur des Personalaufwandes (Löhne/Gehälter GuV 16)
Organisationsbereich:	
Erscheinungsfolge:	jährlich
Stichtag:	Abrechnungsstand Dezember

Personenkreis — Normalversion / Zusatzversion

Spalte 10, 22, 24, 25, 31, 40, 50
Zeile

Personalaufwand Löhne	Merkmal	Arbeiter		Tarifangestellte		AT leitend		AT nicht leitend		Auszubildende		Werkstudenten		Mitarbeiter gesamt	
		aufge-laufen	in %*)	aufge-laufen	in %*)	aufge-laufen	in %*)	aufge-laufen	in %*)	aufge-laufen	in %*)	aufge-laufen	in %*)	aufge-laufen	in %*)
Grundvergütung	6.1.3														
Prämienlohn	6.1.4														
Akkordüberverdienst	6.1.6														
Leistungszulagen	6.2.3														
betriebliche Sonderzulagen	6.3.3														
Ausgleich-/Besitzstandzulage	6.4.2														
Zulage bei Abgruppierung	6.4.4														
Sozialzulage (tariflich)	6.4.6														
Schwerbehindertenzulage (tariflich)	6.4.8														
Montagezulage	6.4.10														
Erschwerniszulage	6.4.12														
Summe sonstiger tariflicher Zulagen	6.4.2 - 6.4.12														
Ausgleichs-/Besitzstandszulage (betrieblich)	6.5.2														
Sozialzulage (betrieblich)	6.5.4														
Schwerbehindertenzulage (betrieblich)	6.5.6														
Funktionszulage	6.5.8														
Anlern-, Umlern-, Einarbeitungszulage	6.5.10														
Bereitschafts-/Erreichbarkeitszulage	6.5.12														
Mehrarbeitspauschale	6.5.14														
Summe betrieblicher Zulagen	6.5.2 - 6.5.14														
Entgelt für Mehrarbeit	6.6														
Entgelt für Reisezeit	6.7														
Zuschläge für Schichtarbeit (tariflich)	6.8.1														
Zuschläge für Schichtarbeit (betrieblich)	6.8.2														
Zuschläge für Nachtarbeit (tariflich)	6.9.1														
Zuschläge für Nachtarbeit (betrieblich)	6.9.2														
Anteiliges 13. Monatseinkommen	6.10.1														
Vermögenswirksame Leistung	6.10.3														
Zusätzliche Urlaubsvergütung	6.10.4														
Kontoführungsgebühren	6.10.5														
Tarifliche Nachzahlungen	6.10.6														
Tariflicher Pauschalbetrag	6.10.7														
Summe Entgelt für tarifliche Sonderzahlungen	6.10.1 - 6.10.7														

*) in % vom Bruttoeinkommen (Merkmal 6.19)

Erläuterungen

Diese Tabelle ist zu erstellen in

- Variante 1: Es werden die aufgelaufenen Summen ausgewiesen. Die Variante dient der Abstimmung mit der GuV-Pos. 16 bzw. den dazugehörenden Konten der Buchhaltung. Bei der Abstimmung müssen die Rückstellungen außer Ansatz bleiben. Bei der Ermittlung dieser Beträge ist jedoch folgendes zu beachten: Für Angestellte und Monatslöhner kann ein Teil der Daten nur aus den Stammdaten gewonnen werden. Stammdaten sind Daten, die der Personalabrechnung zwar zugrunde liegen, aber nicht mehr direkt aus ihr hervorgehen, z.B. die Grundvergütung, die Leistungszulagen und die Sonderzulagen sind Bestandteile des Gehaltes. Der Mitarbeiter kennt diese Bestandteile nur aus seiner Mitteilung über die Einkommensfestlegung. Aus seiner Gehaltsabrechnung entnimmt er nur die Summe dieser Beträge (sein "Gehalt").
  Ein anderer Teil der Daten kann nur aus der Abrechnung entnommen werden, z.B. Mehrarbeitsentgelt. Es empfiehlt sich daher folgendes Vorgehen: Diejenigen Stammdaten, die in der Abrechnung nur als Summe erscheinen (s. vorstehendes Beispiel), werden zunächst als Gesamtsumme aus der Abrechnung entnommen, dann jedoch - retrograd - im Verhältnis der dieser Gesamtsumme zugrunde liegenden Stammdaten (im Regelfall handelt es sich um die Merkmale 6.1, 6.2 u. 6.3) aufgeteilt (Durchschnittswerte je Personengruppe bilden!)

- Variante 2: Durchschnitt der Einkommensbestandteile je Empfänger.

Anhand des Tarifvertrages und der betriebsinternen Regelungen ist zu prüfen, welche Merkmale benötigt werden. Es ist zweckmäßig, betriebliche und tarifliche Einkommensarten zu trennen (z.B. um den Personalzusatzaufwand richtig auszuweisen zu können). Dies muß ggf. bereits bei der Gestaltung der Personalabrechnung einsetzen.

Tabellen-Nr.:	32
Titel:	Struktur des Personalaufwandes (Löhne/Gehälter GuV 16)
Organisationsbereich:	
Erscheinungsfolge:	Jährlich
Stichtag:	Abrechnungsstand Dezember

Normalversion / Zusatzversion

Personenkreis

Spalte 10, 22, 24, 25, 31, 40, 50

Zelle

Personenkreis / Personalaufwand	Merkmal	Arbeiter		Tarifangestellte		AT leitend		AT nicht leitend		Auszubildende		Werkstudenten		Mitarbeiter gesamt	
		aufgelaufen	in %1)	aufgelaufen	in %1)	aufgelaufen	in %1)	aufgelaufen	in %1)	aufgelaufen	in %1)	aufgelaufen	in %1)	aufgelaufen	in %1)
Tantieme/Jahreszahlung	6.11.1														
Zuschuß zum Krankengeld	6.12.1														
Zuschuß zum Mutterschaftsgeld	6.12.2														
Zuschuß zum Kurzarbeitergeld	6.12.3														
Fahrgeldzuschuß	6.12.4														
Mietzuschuß	6.12.5														
Summe Zuschüsse	6.12.1 - 6.12.5														
Einmalige Sonderzuwendungen	6.13.1														
Prämien für Verbesserungsvorschläge	6.13.2														
Erfindervergütungen	6.13.3														
Honorare an Mitarbeiter	6.13.4														
Urlaubsabgeltung	6.13.5														
Abfindungen bei Beendigung des Beschäftigungsverhältnisses	6.13.6														
Jubiläumsgeld	6.13.7														
Von Arbeitgeber übernommene gesetzliche Abzüge	6.13.8														
Provisionen/Beteiligungen	6.13.9														
Summe sonstiger Bezüge	6.13.1 - 6.13.9														
Entgeltminderung wegen Streik	6.17.1														
Entgeltminderung wegen Aussperrung	6.17.2														
Entgeltminderung wegen Kurzarbeit	6.17.3														
Entgeltminderung wegen Krankheit	6.17.4														
Entgeltminderung wegen Mutterschutz	6.17.5														
Entgeltminderung wegen Sonderurlaub	6.17.6														
Entgeltminderung wegen unentschuldigtem Fehlen	6.17.7														
Entgeltminderung wegen sonst. gesetzl. Ausfallzeiten	6.17.8														
Entgeltminderung wegen sonst. tarifl. Ausfallzeiten	6.17.9														
Entgeltminderung wegen sonst. betriebl. Ausfallzeiten	6.17.10														
Summe Entgeltminderung wegen unbezahlter Ausfallzeiten	6.17.1 - 6.17.10														
Summe Bruttoeinkommen 2)	6.19														

1) in % vom Bruttoeinkommen (Merkmal 6.19)

2) Es ist zu prüfen,
- ob die Summe der vorstehend aufgeführten Merkmale des Bruttoeinkommen entspricht,
- ob die Summe "Bruttoeinkommen" der Summe Löhne (GuV 6a) - jedoch ohne Rückstellungen - entspricht.
Sollte es zwischen diesen beiden Begriffen Abweichungen geben, ist entweder der Begriffsinhalt (einschl. der davon abhängigen Kontierung, z.B. der Begriff "Bruttoeinkommen") zu ändern oder es sind neue Merkmale einzufügen. Voraussetzung für einen derartigen Abstimmprozeß ist ferner, daß alle in der GuV-Pos. 6a. Löhne und Gehälter - ausgewiesenen Beträge über die Personalabrechnung gelaufen sind. Manuelle Buchungen - auch Umbuchungen - mit Ausnahme der Rückstellungen darf es nicht geben.

Zu beachten ist bei dieser Prüfung, daß auch die Vorstands-/Geschäftsführereinkommen in der GuV-Pos. 6a enthalten sind. Sollten diese Einkommen nicht im Personalinformationssystem enthalten sein, so müssen sie - als Gesamtsumme - in den Abstimmprozeß mit einbezogen werden.

261

Tabellen-Nr.:	32
Titel:	Struktur des Personalaufwandes (Anteile GuV-Pos. 17 u. 18)
Organisationsbereich:	
Erscheinungsfolge:	jährlich
Stichtag:	Abrechnungsstand Dezember

	Personenkreis					
	Normalversion				Zusatzversion	
	Spalte 10, 22, 24, 25, 31, 40, 50					
	Zeile					

	Arbeiter	Tarifangestellte	AT leitend	AT nicht leitend	Auszubildende	Werkstudenten	Mitarbeiter gesamt
	aufgelaufen	aufgelaufen	aufgelaufen	aufgelaufen	aufgelaufen	aufgelaufen	aufgelaufen

Personalaufwand	Merkmal
Arbeitgeberzuschuß zur freiwilligen Krankenversicherung	6.14.1
Arbeitgeberzuschuß zur befreienden Lebensversicherung	6.14.2
Summe Zuschüsse soweit GuV 17	6.14
Unterstützung im Krankheitsfall	6.15.1
Unterstützung in Todesfall	6.15.2
Unterstützung in Notfällen	6.15.3
Summe Unterstützungen	6.15.1 - 6.15.3
Abfindungen nach dem Ausscheiden *)	6.15.4
Summe sonstiger Bezüge soweit GuV-Pos. 18	6.15

*) Sofern als Personalaufwand unter der GuV-Pos. 18 erfaßt.

Verwendungszweck

Es handelt sich hierbei um eine der wichtigsten Tabellen. Zunächst ist einmal die Zusammensetzung der Jahreseinkommen innerhalb und zwischen den einzelnen Personengruppen zu betrachten. Dabei ist zu beurteilen, ob dies die angestrebte und gewollte Einkommenspolitik war.

Anhand dieser Tabelle kann der Personalaufwand (im wesentlichen Löhne und Gehälter) genau analysiert werden. Aus dieser Tabelle gehen sämtliche Komponenten der Löhne und Gehälter hervor. Man kann daher die Zusammensetzung der Löhne und Gehälter und die Wertigkeit der einzelnen Bestandteile genau erkennen. Hieraus können erste Anhaltspunkte für eine Kostenreduzierung gewonnen werden.

Bei einem Vergleich dieser Tabelle mit der entsprechenden Tabelle des Vorjahres kann man erkennen, wo und in welcher Höhe Veränderungen eingetreten sind (zum Beispiel sind trotz gestiegener Löhne und Gehälter die Fahrgeld- und Mietzuschüsse in diesem Umfang noch erforderlich?). Ein nächster Schritt wäre dann, die Veränderungsursachen zu ermitteln und diese dann nach Volumen- und Struktureinflüssen sowie nach Verteuerungen zu unterteilen. Hilfreich dazu sind dann andere Tabellen, zum Beispiel über die Veränderung der Anzahl der Mitarbeiter (Zeitvergleich der Tabellen 01, 02, 03, 05, 08) oder die Lohn- und Gehaltsgruppenbesetzung (Tabellen 24 und 26).

Unabhängig von diesen mehr auf die Ursachenforschung (vergangenheitsbezogen) ausgerichteten Analysen ist diese Tabelle besonders gut geeignet, die Auswirkungen von beabsichtigten Gesetzes- und Tarifänderungen sowie die Kosten von neuen oder geänderten Firmenregelungen zu berechnen.

Tabellen-Nr.:	33
Titel:	Arbeits- und Ausfallzeiten
Organisationsbereich:	
Erscheinungsfolge:	jährlich
Stichtag:	Abrechnungsstand Dezember

Personenkreis		
	Normalversion	Zusatzversion
Spalte	11, 21, 22, 23, 31	200, 210, 300, 310, 400, 410, 500, 770, 780
Zeile		

Arbeits- und Ausfallzeiten 2)	Arbeits- und Ausfallzeiten							bezahlte Ausfallzeiten			unbezahlte Ausfallzeiten			geleistete Zeiten	
	vertragl. Arbeitszeit	Mehr-arbeits-zeiten	in % v. Sp. 1	Reise-zeiten	in % v. Sp. 1	Nacht-arbeits-zeiten	Schicht-tage	in Std.	in % v. Sp. 1	in % v. Sp. 14	in Std.	in % v. Sp. 1	in % v. Sp. 14	in Std.	in % v. Sp. 1
	7.1	7.2	7.3			7.4	7.5		7.6			7.7			
Merkmal	1	2	3	4	5	6	7	8	9	10	11	12	13	14	15
Personenkreis 1)															
Arbeiter															
Vollzeitbeschäftigte M															
Vollzeitbeschäftigte F															
Teilzeitbeschäftigte M															
Teilzeitbeschäftigte F															
Deutsche M															
Deutsche F															
Ausländer M															
Ausländerinnen F															
Aushilfen M															
Aushilfen F															
An- und Ungelernte M															
An- und Ungelernte F															
Facharbeiter M															
Facharbeiterinnen F															
Arbeiter gesamt M															
Arbeiterinnen gesamt F															
Arbeiter zusammen															
Angestellte															
Tarifangestellte															
Vollzeitbeschäftigte M															
Vollzeitbeschäftigte F															
Teilzeitbeschäftigte M															
Teilzeitbeschäftigte F															
Deutsche M															
Deutsche F															

1) Alle Zeiten werden im Durchschnitt je Mitarbeiter ausgewiesen
2) Alle Zeiten (mit Ausnahme der Schichttage) werden im Durchschnitt je Woche ausgewiesen (in Stunden)

Erläuterungen

- Die vertragliche Arbeitszeit ist für jeden Mitarbeiter gespeichert, sie läßt sich aber auch wie folgt berechnen:

```
    Geleistete Arbeitszeit
./. Mehrarbeitszeit
./. Reisezeit
 +  bezahlte Ausfallzeit
 +  unbezahlte Ausfallzeit

 =  vertragliche Arbeitszeit
 ========================
```

Diese Formel setzt voraus, daß bei Teilzeitbeschäftigten alle Zeiten, die über die vertragliche Arbeitszeit hinausgehen, als Mehrarbeitszeiten ausgewiesen werden.

- Bei den Reisezeiten handelt es sich nur um bezahlte Zeiten außerhalb der normalen Arbeitszeit (kommt im Regelfall nur im Tarifkreis vor).

- Spalte 14 muß Spalte 5 der Tabelle 34 entsprechen. Die Berechnung der geleisteten Zeiten ergibt sich aus der Umkehrung der Formel für die Berechnung der vertraglichen Arbeitszeit.

Fortsetzung s. Blatt 2

263

Tabellen-Nr.:	33
Titel:	Arbeits- und Ausfallzeiten
Organisationsbereich:	
Erscheinungsfolge:	jährlich
Stichtag:	Abrechnungsstand Dezember

Personenkreis

	Normalversion	Zusatzversion
Spalte	11, 21, 22, 23, 31	
Zeile	200, 210, 300, 310, 400, 500, 770, 780	

Arbeits- und Ausfallzeiten 2)	Arbeits- und Ausfallzeiten							bezahlte Ausfallzeiten			unbezahlte Ausfallzeiten			geleistete Zeiten	
Merkmal	vertragl. Arbeits-zeit	Mehr-arbeits-zeiten	in % v. Sp. 1	Reise-zeiten	in % v. Sp. 1	Nacht-arbeits-zeiten	Schicht-tage	in Std.	in % v. Sp. 1	in % v. Sp. 14	in Std.	in % v. Sp. 1	in % v. Sp. 14	in Std.	in % v. Sp. 1
	7.1	7.2		7.3		7.4	7.5		7.6			7.7			
Personenkreis 1)	1	2	3	4	5	6	7	8	9	10	11	12	13	14	15
Fortsetzung Angestellte															
Ausländer M															
Ausländerinnen F															
Aushilfen M															
Aushilfen F															
Tarifangestellte gesamt M															
Tarifangestellte gesamt F															
Tarifangestellte zusammen															
AT-Angestellte M															
AT-Angestellte F															
AT-Angestellte zusammen															
Angestellte gesamt M															
Angestellte gesamt F															
Angestellte zusammen															
Mitarbeiter 3) M															
Mitarbeiterinnen F															
Mitarbeiter zusammen															

1) Alle Zeiten werden im Durchschnitt je Mitarbeiter ausgewiesen
2) Alle Zeiten (mit Ausnahme der Schichttage) werden im Durchschnitt je Woche ausgewiesen (in Stunden)
3) ohne Werkstudenten und in Ausbildung

Verwendungszweck

Die Tabelle bietet einen guten Überblick über die Zusammensetzung der Arbeits- und Ausfallzeit je Personenkreis. Während in der Tabelle 34 die Relationen zwischen geleisteter Arbeitszeit und Ausfallzeit herausgehoben werden, zeigt diese Tabelle die Relationen zwischen vertraglicher Arbeitszeit und Ausfallzeit. Den Ausfallzeiten stehen die geleisteten Zeiten gegenüber. Gleichzeitig werden die geleisteten Zeiten häufig als Maßstab für die Höhe der Ausfallzeiten herangezogen. Es ist daher wesentlich, daß diese beiden Zeitbestandteile klar voneinander unterschieden werden.

264

— Unter den **geleisteten Zeiten** sind diejenigen Zeiten zu verstehen, in denen eine Leistung für das Unternehmen erbracht wird. Hierzu gehören auch Zeiten für angebotene, aber nicht in Anspruch genommene Arbeitsleistung, wie zum Beispiel
  • Freistellungen von der Arbeit während der Kündigungszeiten
  • betriebliche Wartezeiten
  • Bereitschaftszeiten

Die Ursache für die Entstehung dieser letztgenannten Zeitbestandteile liegt häufig beim Unternehmen. Da die Ausfallzeiten jedoch häufig in einen gesellschaftspolitischen, sozialpolitischen oder tarifpolitischen Bezug gestellt werden, ist es besser, hierunter nur die vom Arbeitnehmer verursachten Ausfallzeiten auszuweisen.

— Unter **Ausfallzeiten** sind alle Zeiten ohne Leistungsbezug zu verstehen, soweit sie vom Arbeitnehmer verursacht wurden beziehungsweise ihm zugute kommen.

Es ist zu empfehlen, für **Auszubildende** weder geleistete Zeiten noch Ausfallzeiten auszuweisen. Die am Arbeitsplatz verbrachte Zeit der Auszubildenden ist zum überwiegenden Teil Ausbildungszeit und damit weder geleistete Zeit noch Ausfallzeit. Soweit für Auszubildende Zeiten für produktive Leistungen anfallen, ist zu bedenken, daß diese Zeiten wegen des geringen Leistungsgrades der Auszubildenden nicht oder nur mit einem entsprechenden Abschlag als geleistete Zeiten angesehen werden könnten. Mit der Ausklammerung der Zeiten für Auszubildende wird verhindert, daß falsche Bezugsgrößen entstehen können.

— Der Mutterschaftsurlaub ist eine unbezahlte Ausfallzeit unter der Voraussetzung, daß man die Mitarbeiterinnen, die den Mutterschaftsurlaub in Anspruch nehmen, noch zum aktiven Mitarbeiterbestand zählt.

— Es ist darauf zu achten, daß bei der Ermittlung der Ausfallzeiten für Krankheit und für Feiertage keine Doppelzählungen auftreten. Bei Überschneidungen (Krankheit an Feiertagen) ist die entsprechende Ausfallzeit den Krankheitszeiten zuzurechnen.

Interessant ist bei dieser Tabelle auch die Langfristbetrachtung, insbesondere die Entwicklung der geleisteten Arbeitszeit gegenüber der Ausfallzeit. Dabei kann man das Ausmaß des Rückgangs der gelei-

steten Zeit feststellen und die unterschiedliche Auswirkung auf die verschiedenen Mitarbeitergruppen (!).

Auch der Anteil der unbezahlten Ausfallzeit im Verhältnis zur geleisteten Zeit sollte beachtet werden. Zur weiteren Vertiefung dient die Tabelle 37. Man wird bei dieser Gegenüberstellung feststellen, daß der Anteil der unbezahlten Ausfallzeit bei den einzelnen Mitarbeitergruppen sehr unterschiedlich ist und kann daraus Ansatzpunkte zur Einflußnahme finden.

Gleichzeitig wird in dieser Tabelle auch die Mehrarbeitszeit dargestellt. Für die gesellschaftspolitische Diskussion um die „Überstunden" und die Bestrebungen, die Unternehmen auch auf diesem Sektor immer weiter in ihrem notwendigen Handlungsspielraum zu begrenzen, ist es wichtig, den tatsächlichen Umfang der Mehrarbeit zu kennen. Sofern es aus innerbetrieblichen (zum Beispiel Kontrollfunktionen) oder politischen Gründen notwendig ist, dieses Thema zu vertiefen, empfiehlt es sich, den Umfang der Mehrarbeit gründlich zu untersuchen. Dies kann durch Kombination folgender Merkmale geschehen:

— Innerhalb der vorgegebenen Personenkreise wird die Mehrarbeit nach Lohn- und Gehaltsgruppen unterteilt. Im Regelfall ergibt sich daraus; je qualifizierter die Mitarbeiter sind, je höher ist der Anteil an Mehrarbeit. Konsequenz: Qualifizierte Mitarbeiter können
  • nur schwer am Arbeitsmarkt beschafft werden
  • sind mit qualitativ hochwertigen Aufgaben betraut, die Erfahrung und längere Einarbeitung benötigen (demzufolge keine Ersatzmöglichkeit durch vorübergehend eingestellte Aushilfskräfte)

— Kombination mit der Tätigkeit (Merkmal 4.9) oder mit dem Tätigkeitsgebiet (Merkmal 4.11)
Hieraus kann man entnehmen, bei welchen Tätigkeiten und welchen Funktionen Mehrarbeit vermehrt anfällt. Daraus ergeben sich Ansätze für die Personalplanung beziehungsweise für das Personalcontrolling.

Die Informationen über Schichttage und Nachtarbeitszeiten sind nur in speziellen Fällen (zum Beispiel bei einigen DV-Tätigkeiten) von größerem Interesse. Dies kann auch auf Investitionsentscheidungen eine Auswirkung haben.

Tabellen-Nr.:	34
Titel:	Löhne und Gehälter für Arbeits- und Ausfallzeiten
Organisationsbereich:	
Erscheinungsfolge:	jährlich
Stichtag:	Abrechnungsstand Dezember

Personenkreis

	Normalversion	Zusatzversion
Spalte		
Zeile	11, 21, 22, 23, 31	200, 210, 300, 310, 400, 410, 500, 770, 780

Löhne für Arbeits- und Ausfallzeiten

Merkmal

Personenkreis 1)		
Arbeiter		
Vollzeitbeschäftigte	M	
Vollzeitbeschäftigte	F	
Teilzeitbeschäftigte	M	
Teilzeitbeschäftigte	F	
Deutsche	M	
Deutsche	F	
Ausländer	M	
Ausländerinnen	F	
Aushilfen	M	
Aushilfen	F	
An- und Ungelernte	M	
An- und Ungelernte	F	
Facharbeiter	M	
Facharbeiterinnen	F	
Arbeiter gesamt	M	
Arbeiterinnen gesamt	F	
Arbeiter zusammen	M	
Angestellte		
Tarifangestellte	F	
Vollzeitbeschäftigte	M	
Vollzeitbeschäftigte	F	
Teilzeitbeschäftigte	M	
Teilzeitbeschäftigte	F	

Fortsetzung s. Blatt 2

Löhne für Arbeits- und Ausfallzeiten 2)

	Brutto-einkommen	Entgelt für be-zahlte Ausfall-zeit	Löhne/Gehälter ohne Stunden-leistung s. Erläuterung	Löhne/Gehälter für geleistete Arbeitszeit s. Erläuterung	Geleistete Arbeitszeit/ Tage oder Stunden s. Erläuterung	Geleistete Arbeitszeit/ Woche	Löhne/Gehälter für geleistete Arbeitszeit je Stunde
Merkmal	6.19		6.16				
	1	2	3	4	5	6	7

1) Alle Daten werden im Durchschnitt je Mitarbeiter ausgewiesen
2) Die Spalten 1 – 4 werden entweder als Jahreswerte oder Monatsdurchschnitt ausgewiesen

Erläuterungen

Der Aufbau dieser Tabelle erfordert ein komplexes Programm, da nicht nur die Personenkreise geführt wurden, sondern auch differenzierte Rechenoperationen für die Ausfüllung der einzelnen Spalten erforderlich werden. Zur fachlichen Unterstützung dienen die folgenden Erläuterungen:

– Löhne und Gehälter für geleistete Arbeitszeit s. Erläuterung

Die Löhne und Gehälter ohne Stundenleistung bzw. Leistungsbezug ergeben sich aus der Summierung derjenigen Merkmale des Entgelts, die weder einen unmittelbaren Leistungsbezug aufweisen noch zu den Ausfallzeiten zu zählen sind. Die Definition entspricht dem von der Deutschen Gesellschaft für Personalführung e.V. aufgestellten System zur Inhaltsbestimmung und Gliederung des Personalaufwandes. 3)

Folgende Merkmale gehören hierzu:

	Merkmale
- tarifliche und betriebliche Ausgleichs- und Besitzstandszulage	6.4.2 u. 6.5.2
- tarifliche und betriebliche Sozialzulage	6.4.5 u. 6.5.4
- tarifliche und betriebliche Schwerbehindertenzulage	6.4.6 .. 6.5.6
- tarifliche Zulage bei Abgruppierung	6.4.4
. anteiliges 13. Monatseinkommen	6.10.1
- vermögenswirksame Leistung	6.10.3
- zusätzliche Urlaubsvergütung	6.10.4
- Kontoführungsgebühren	6.10.5
- Tantieme/Jahresvergütung 4)	6.11.1
- Zuschüsse	6.12
- Urlaubsabgeltung	6.13.5
- Abfindung bei Beendigung des Beschäftigungsverhältnisses	6.13.6
- Jubiläumsgeld	6.13.7
- vom Arbeitgeber übernommene gesetzliche Abzüge	6.13.8

3) Rudolf Haufe Verlag, Freiburg i.Br., 1980
4) Dieser Posten ist nur insoweit zu berücksichtigen, wie er nicht leistungsabhängig bezahlt wird.

Fortsetzung s. Blatt 2

Tabellen-Nr.:	34
Titel:	Löhne und Gehälter für Arbeits- und Ausfallzeiten
Organisationsbereich:	
Erscheinungsfolge:	jährlich
Stichtag:	Abrechnungsstand Dezember

	Personenkreis	
	Normalversion	Zusatzversion
Spalte		
Zeile	11, 21, 21, 22, 23, 31	200, 210, 300, 310, 400, 410, 500, 770, 780

Löhne für Arbeits- und Ausfallzeiten

Fortsetzung Angestellte

Löhne für Arbeits- und Ausfallzeiten 2)

Brutto-einkommen / Merkmal	Entgelt für bezahlte Ausfallzeit	Löhne/Gehälter ohne Stundenleistung + Erläuterung	Löhne/Gehälter für geleistete Arbeitszeit s. Erläuterung	Geleistete Arbeitszeit Tage oder Stunden s. Erläuterung	Geleistete Arbeitszeit/Woche	Löhne/Gehälter für geleistete Arbeitszeit je Stunde
6.19	6.16					
1	2	3	4	5	6	7

Personenkreis 1)

Deutsche	M
Deutsche	F
Ausländer	M
Ausländerinnen	F
Aushilfen	M
Aushilfen	F
Tarifangestellte gesamt	M
Tarifangestellte gesamt	F
Tarifangestellte zusammen	
AT-Angestellte	M
AT-Angestellte	F
AT-Angestellte zusammen	
Angestellte gesamt	M
Angestellte gesamt	F
Angestellte zusammen	
Mitarbeiter *)	M
Mitarbeiterinnen	F
Mitarbeiter zusammen	

*) ohne in Ausbildung

1) Alle Daten werden im Durchschnitt je Mitarbeiter ausgewiesen
2) Die Spalten 1 - 4 werden entweder als Jahreswerte oder als Monatsdurchschnitt ausgewiesen

Fortsetzung Erläuterungen

- Löhne und Gehälter für geleistete Arbeitszeit (Spalte 4)

Die Löhne und Gehälter für geleistete Arbeitszeit errechnen sich nach folgender Formel:
Löhne und Gehälter lt. GuV-Pos. 16 (im Regelfall Merkmal 6.19)
./. Löhne und Gehälter für bezahlte Ausfallzeit
./. Löhne und Gehälter ohne Stundenleistung bzw. Leistungsbezug
+ doppelt erfaßte Beträge
= Löhne und Gehälter für geleistete Arbeitszeit
==

Diese Formel setzt voraus, daß die Löhne und Gehälter für jeden Personenkreis gesondert vorliegen. Für die im Unternehmen insgesamt angefallenen Löhne und Gehälter für geleistete Arbeitszeit ist zu beachten, daß die Ausbildungsvergütungen für produktive Leistung noch hinzuzurechnen sind.

Da bei der Bewertung der Ausfallzeiten auch Zulagen mit eingehen, sind bei den Löhnen und Gehältern für die Anteile derjenigen Zulagen, die gleichzeitig auch als "Löhne/Gehälter ohne Stundenleistung" ausgewiesen werden, als "doppelt erfaßte Beträge" wieder hinzuzufügen, um eine doppelte Absetzung zu vermeiden. In dem vorliegenden Beispiel betrifft dies die Merkmale 6.4.2, 6.4.4, 6.4.6, 6.4.8, 6.5.2, 6.5.4 und 6.5.6. Die Höhe dieses Betrages kann wie folgt ermittelt werden: Man berechnet zunächst den Anteil dieser Zulagen an den gesamten Löhnen/Gehältern ohne Stundenleistung. Der so gefundene Betrag wird dann weiter auf den Anteil der Ausfallzeiten - gemessen an den geleisteten Zeiten - zurückgerechnet. In der Praxis wird es sich dabei um sehr geringfügige Beträge handeln. Wenn man sich diese Rechenoperationen ersparen will, kann man im Regelfall den dadurch entstehenden geringfügigen Fehler in Kauf nehmen.

- geleistete Arbeitszeit (Spalten 5 und 6). Die geleistete Arbeitszeit ergibt sich aus folgender Berechnung:

Vertragliche Arbeitszeit	Merkmal 7.1
+ Mehrarbeit	Merkmal 7.2
+ Reisezeit	Merkmal 7.3
./. bezahlte Ausfallzeit	Merkmal 7.6
./. unbezahlte Ausfallzeit	Merkmal 7.7
= geleistete Arbeitszeit	

==

Fortsetzung s. Blatt 3

Tabellen-Nr.:	34		
Titel:	Löhne und Gehälter für Arbeits- und Ausfallzeiten		
Organisationsbereich:			
Erscheinungsfolge:	jährlich		
Stichtag:	Abrechnungsstand Dezember		

		Personenkreis	
		Normalversion	Zusatzversion
	Spalte		
		Zeile 11, 21, 22, 23, 31	200, 210, 300, 310, 400, 410, 500, 770, 780

Fortsetzung Erläuterungen

In Spalte 5 ist die geleistete Arbeitszeit in aufgelaufenen Tagen auszuweisen (man kann auch statt dessen Stunden nehmen). Soweit eine stundenweise Erfassung gegeben ist, kann eine Umrechnung per Programm in Tagen vorgenommen werden. Maßstab ist dabei die vertragliche Arbeitszeit. Spalte 5 muß Spalte 14 der Tabelle 33 entsprechen.

In Spalte 6 wird das Ergebnis (Tage oder Stunden) in eine durchschnittlich geleistete Arbeitszeit je Woche umgerechnet (bei Jahreswerten: Spalte 5 : 52 Wochen). Das erleichtert die Betrachtung.

- Löhne und Gehälter für geleistete Arbeitszeit in Stunden

Bei der Betrachtung dieses Ergebnisses ist zu beachten, daß die anteiligen Ausfallzeiten und Löhne und Gehälter ohne Stundenleistung hierin nicht enthalten sind. Um für Kalkulationszwecke die Lohnkosten je Stunde zu errechnen, kann man aus den vorliegenden Daten dieser Tabelle (Spalten 2 u. 3) jedoch ohne Mühe den erforderlichen Stundenzuschlag errechnen. Ferner ist zu beachten, daß in den so errechneten Löhnen und Gehältern für geleistete Arbeitszeit alle anteiligen Leistungsbestandteile, wie z.B. Erschwerniszulagen, Zuschläge für Mehrarbeit, einmalige Sonderzuwendungen mit enthalten sind. Sofern man die Löhne und Gehälter ohne alle Nebenvergütungen benötigt, empfiehlt es sich, eine weitere Spalte einzufügen, die das Bruttoeinkommen auf seine Grundbestandteile zurückführt (Merkmale 6.1, 6.2 u. 6.3); dann erhält man Löhne und Gehälter für vertragliche Arbeitszeit. Diese Summe kann man sowohl mit der vertraglichen Arbeitszeit als auch mit der geleisteten Arbeitszeit korrelieren. Im letzteren Fall ergibt sich daraus die je geleistete Stunde zu bezahlende Lohn- und Gehaltsbasis.

- Werkstudenten

Innerhalb der einzelnen Mitarbeitergruppen (z.B. Vollzeitbeschäftigte, Deutsche, Aushilfen) sollten Werkstudenten nicht mit enthalten sein. Es ist jedoch zweckmäßig, in die Spalte Arbeiter, Tarifangestellte gesamt und Mitarbeiter gesamt die Werkstudenten mit einzubeziehen, damit insbesondere die geleisteten Zeiten richtig ausgewiesen werden. Ob man - um die Übersicht zu vervollständigen - eine gesonderte Zeile für Werkstudenten noch hinzufügt, bleibt dem Einzelfall überlassen.

- Mitarbeiter

Es ist zu beobachten, daß die aufgelaufenen produktiven Zeiten der Auszubildenden hier nicht enthalten sind. Ggf. müssen diese Anteile bei der Ermittlung des Personalaufwandes statistisch hinzugefügt werden.

Die Tabelle „Löhne und Gehälter für Arbeits- und Ausfallzeiten" gibt mit ihrer tiefen Gliederung nach Personenkreisen eine Gegenüberstellung der wesentlichen Einkommensbestandteile und der dazugehörigen Zeiten. Die Tabellen 24, 26 und 32 — 38 bilden einen zusammenhängenden Themenkreis und sind eine Analysegrundlage, die einen umfassenden Einblick in das Arbeitszeitgeschehen und die unmittelbaren Auswirkungen auf die Löhne und Gehälter erlaubt. Für diese analytische Betrachtung sind grundsätzlich zu vergleichen

— die Personenkreise untereinander
— innerhalb **gleicher** Personenkreise die verschiedenen Organisationseinheiten.

Bei Organisationsvergleichen ergeben sich häufig Schwierigkeiten der Analyse durch die vorhandenen Strukturunterschiede. Die tiefe Aufgliederung der hier ausgewählten Personenkreise beseitigt jedoch zum großen Teil diese strukturellen Unterschiede, so daß unmittelbar aussagefähige Vergleiche entstehen.
Bei einem Vergleich der Personenkreise untereinander ist besonders interessant

— der Anteil des Entgelts für Ausfallzeiten im Verhältnis zum Entgelt für geleistete Arbeitszeit. Für eine Vertiefung dieser Analyse ist Tabelle 35 heranzuziehen, die die Zusammensetzung der Ausfallzeit nach den einzelnen Arten zeigt. Sofern in einzelnen Personenkreisen die Mehrarbeit oder die Reisezeit eine größere Rolle spielt (siehe Tabelle 33), kann man als Variante auch anstelle der Bezugsgröße „geleistete Arbeitszeit" die Bezugsgröße „vertragliche Arbeitszeit" wählen. Die Ergebnisse können einen erheblichen Einfluß auf die Personalpolitik haben (zum Beispiel bei der Personalplanung oder im Einstellverhalten)

— der Anteil der Löhne und Gehälter ohne Stundenleistung — gemessen an den Löhnen und Gehältern für geleistete Arbeitszeit. Hieraus können Schlußfolgerungen für die Gestaltung der Einkommenspolitik gefunden werden. Die detaillierte Zusammensetzung dieser Position geht aus Tabelle 32 hervor.

— Die geleistete Arbeitszeit je Woche ist eine wichtige Unterlage für die Personalplanung. Interessant ist in diesem Zusammenhang auch der Vergleich von Voll- und Teilzeitbeschäftigten. Dazu muß man jedoch noch die Relationen zur vertraglichen Arbeitszeit bilden (siehe Tabelle 33).

Tabellen-Nr.:	35
Titel:	Bezahlte Ausfallzeiten
Organisationsbereich:	
Erscheinungsfolge:	vierteljährlich (aufgelaufen)
Stichtag:	Abrechnungsstand März (Juni, September, Dezember)

	Personenkreis	
	Normalversion	Zusatzversion
Spalte		
Zeile	11, 21, 22, 23, 31	200, 210, 300, 310, 400, 410, 500, 770, 780

Bezahlte Ausfallzeiten (Merkmal 7.6)

Ausfallzeiten / Personenkreis[1]	Krankheit[2] Merkmal 7.6.1	Mutterschutz[2] Merkmal 7.6.2	Urlaub[2] Merkmal 7.6.3	Feiertage[3] Merkmal 7.6.4	Weiterbildung[2] Merkmal 7.6.5	Sonst. gesetzl. Ausfallzeiten[2] Merkmal 7.6.6	Sonst. tarifl. Ausfallzeiten[2] Merkmal 7.6.7	Sonst. betriebl. Ausfallzeiten[2] Merkmal 7.6.8	Gesamt 7.6.1 - 7.6.8
	1	2	3	4	5	6	7	8	9
Arbeiter									
Vollzeitbeschäftigte M									
Vollzeitbeschäftigte F									
Teilzeitbeschäftigte M									
Teilzeitbeschäftigte F									
Deutsche M									
Deutsche F									
Ausländer M									
Ausländerinnen F									
Aushilfen M									
Aushilfen F									
An- und Ungelernte M									
An- und Ungelernte F									
Facharbeiter M									
Facharbeiterinnen F									
Arbeiter gesamt M									
Arbeiterinnen gesamt F									
Arbeiter zusammen									
Angestellte									
Tarifangestellte									
Vollzeitbeschäftigte M									
Vollzeitbeschäftigte F									
Teilzeitbeschäftigte M									
Teilzeitbeschäftigte F									
Deutsche M									
Deutsche F									
Ausländer M									
Ausländerinnen F									

1) Alle Ausfallzeiten werden im Durchschnitt je Mitarbeiter ausgewiesen
2) Die Daten werden anhand des An-/Abwesenheitsnachweises erfaßt
3) Die Daten sind per Programm zu errechnen

Fortsetzung s. Blatt 2

Tabellen-Nr.:	35
Titel:	Bezahlte Ausfallzeiten
Organisationsbereich:	
Erscheinungsfolge:	vierteljährlich (aufgelaufen)
Stichtag:	Abrechnungsstand März (Juni, September, Dezember)

	Personenkreis		Spalte
	Normalversion	Zusatzversion	
	Zeile 11, 21, 22, 23, 31	200, 210, 300, 310, 400, 410, 500, 770, 780	

Bezahlte Ausfallzeiten (Merkmal 7.6)

Ausfallzeiten / Personenkreis [1]	Krankheit[2] Merkmal 7.6.1	Mutterschutz[2] Merkmal 7.6.2	Urlaub[2] Merkmal 7.6.3	Feiertage[3] Merkmal 7.6.4	Weiterbildung[2] Merkmal 7.6.5	Sonst. gesetzl. Ausfallzeiten[2] Merkmal 7.6.6	Sonst. tarifl. Ausfallzeiten[2] Merkmal 7.6.7	Sonst. betriebl. Ausfallzeiten[2] Merkmal 7.6.8	Gesamt 7.6.1 - 7.6.8
	1	2	3	4	5	6	7	8	9
Fortsetzung Angestellte									
Aushilfen M									
Aushilfen F									
Tarifangestellte gesamt M									
Tarifangestellte gesamt F									
Tarifangestellte zusammen									
AT-Angestellte M									
AT-Angestellte F									
AT-Angestellte zusammen									
Angestellte gesamt M									
Angestellte gesamt F									
Angestellte zusammen									
Mitarbeiter*) M									
Mitarbeiterinnen F									
Mitarbeiter zusammen									

*) ohne in Ausbildung

1) Alle Ausfallzeiten werden im Durchschnitt je Mitarbeiter ausgewiesen
2) Die Daten werden anhand des An-/Abwesenheitsnachweises erfaßt
3) Die Daten sind per Programm zu errechnen

Verwendungszweck

Diese Tabelle dient der Analyse der Ausfallzeiten. Da die Ausfallzeiten — gemessen an der geleisteten Arbeitszeit — einen ständigen Trend zur weiteren Ausdehnung aufweisen, ist eine genaue Beobachtung sowohl der Zusammensetzung der Ausfallzeiten als auch ihrer langfristigen Entwicklung besonders wichtig. Aus diesem Grund wird auf die Erfassung beziehungsweise Berechnung, den Inhalt und die Auswertung dieser wichtigen Bestandteile des Personalzusatzaufwandes ausführlich eingegangen.

271

1. Krankheit (bezahlt)

Unter bezahlter Krankheit sind Ausfallzeiten wegen Arbeitsunfähigkeit bei gewerblichen Arbeitnehmern gemäß § 1 Lohnfortzahlungsgesetz und bei Angestellten gemäß § 616 Abs. 2 BGB zu erfassen. Hierzu gehören auch die Ausfallzeiten bei Weiterzahlung der Löhne und Gehälter bei Krankheit über 6 Wochen. Hierbei kann es sich sowohl um tarifliche als auch um freiwillige Regelungen handeln. Sofern beides nebeneinander vorkommt, sollten diese Ausfallzeiten entsprechend aufgeteilt werden, damit man sie dem tariflichen und freiwilligen Personalzusatzaufwand richtig zuordnen kann.
Zur Abgrenzung der Ausfallzeiten für Krankheit gegenüber anderen Ausfallzeiten sei darauf hingewiesen, daß Ausfallzeiten für Freistellung von der Arbeitsleistung bei Erkrankung eines Kindes

— aufgrund des Gesetzes zur Verbesserung von Leistungen in der gesetzlichen Krankenversicherung **nicht** als Ausfallzeiten wegen Krankheit, sondern als sonstige Ausfallzeit (Merkmal 7.6.6) nachzuweisen ist
— aufgrund von tarifvertraglichen Regelungen ebenfalls **nicht** als Ausfallzeit wegen Krankheit, sondern als bezahlte Ausfallzeit gemäß Tarifvertrag (Merkmal 7.6.7) auszuweisen ist. Entsprechende tarifliche Regelungen gibt es auch bei Erkrankungen des Ehegatten.

Zur weiteren Abgrenzung der Ausfallzeiten für Krankheit gegenüber den Ausfallzeiten bei Feiertagen sei darauf hingewiesen, daß Krankheit an Feiertagen grundsätzlich als Ausfallzeit für Krankheit und nicht als Ausfallzeit für Feiertage auszuweisen ist (siehe Deutsche Gesellschaft für Personalführung; Personalzusatzaufwand).
Zur Beurteilung des Krankenstandes ist es erforderlich, die verschiedenen generellen Faktoren, die die Höhe des Krankenstandes beeinflussen können, zu kennen. Hierzu gehören

— konjunkturelle Einflüsse. Erfahrungsgemäß ist der Krankenstand in guten Konjunkturzeiten höher als in Rezessionsphasen
— jahreszeitliche Einflüsse. Witterungsbedingt liegt der Krankenstand im Winter meist höher als im Sommer. Bei bestimmten

Mitarbeitergruppen können hier aber auch merkliche Abweichungen auftreten, zum Beispiel Rückgang des Krankenstandes bei Ausländern vor Weihnachten oder Ostern (Heimreise)
— Einflüsse von Epidemien (zum Beispiel Grippewellen)
— Einflüsse auf den Krankenstand bei Mitarbeitern im Kündigungsverhältnis
— betriebliche Einflüsse (Erschwernisse, Überstunden, Betriebsklima, Motivation).

Sofern man den Krankenstand noch tiefer als in der umstehenden Tabelle beschrieben analysieren möchte, empfiehlt es sich, innerhalb gleicher Mitarbeitergruppen (!) den Krankenstand weiter nach dem Lebensalter zu unterteilen. Dabei wird man feststellen, daß der Krankenstand mit zunehmendem Lebensalter ansteigt. Diese Aussage bezieht sich jedoch auf den gesamten Krankenstand. Für Kurzerkrankungen gilt diese Aussage nicht. Gegebenenfalls kann man also weiter untersuchen, wie sich die Kurzerkrankungen auf die verschiedenen Mitarbeitergruppen verteilen. Als Sonderuntersuchung zum Krankenstand kann es auch zweckmäßig sein, bei Frauen eine Unterteilung innerhalb des Lebensalters nach unverheiratet, verheiratet, mit und ohne Kinder zu machen.

Wenn man den Krankenstand von Betrieben untereinander oder mit fremden Unternehmen vergleichen will, so ist dafür nicht nur eine genaue Definition, was man unter „Krankenstand" versteht und wie er zu berechnen ist, notwendig, sondern vor allem auch eine tiefgegliederte Strukturierung nach Mitarbeitergruppen. Den Krankenstand als Gesamtzahl zu vergleichen bringt im Regelfall keine Erkenntnisse oder führt zu falschen Schlüssen. Vergleichbar ist nur eine Gegenüberstellung gleicher Mitarbeitergruppen.
Der Krankenstand ergibt sich zwangsläufig aus der Arbeits- und Ausfallstundenerfassung und folgt so der für eine betriebswirtschaftliche Betrachtungsweise notwendigen Erfassungsmethode im Unternehmen.
Demgegenüber beruht der von den gesetzlichen Krankenkassen erfaßte und veröffentlichte Krankenstand auf einer ganz anderen Berechnungsmethode. Das hat zur Folge, daß auch der von den Be-

triebskrankenkassen gemeldete Krankenstand von dem Krankenstand der Ausfallstundenstatistik erheblich abweicht. Wegen der Bedeutung dieser unterschiedlichen Krankenstandsstatistiken seien die wesentlichen Abweichungen im folgenden aufgeführt:

- Der von den Krankenkassen ausgewiesene Krankenstand bezieht sich auf die Pflichtmitglieder. Bei einer Betriebskrankenkasse kann die Struktur der Pflichtmitglieder anders sein als die der entsprechenden Mitarbeiter des Unternehmens.

- Die Krankenkassen erfassen den Krankenstand laut Gesetz auf der Basis der Kalendertage als Stichtagsbetrachtung (manche Betriebskrankenkassen ermitteln ihn darüber hinaus auch als Durchschnitt, das heißt das Verhältnis der Krankheitstage zu den Mitgliedertagen je Berichtsperiode). Demgegenüber beruht die Ausfallstundenstatistik auf Arbeitstagen (einschließlich Wochenfeiertagen und Kurzarbeitstagen). Das bedeutet, daß auch stundenweise Erkrankungen (zum Beispiel Arztbesuche) hierin erfaßt werden.

- Im Krankenstand der Krankenkassen sind **nicht** enthalten

  • Erkrankungen, insbesondere Kurzerkrankungen, von denen die Krankenkasse keine Kenntnis erhält. Das trifft im Regelfall für alle Angestellten bei Krankheiten bis zu 3 Tagen zu, aber auch zum Teil bei Arbeitern, bei denen es ähnliche tarifvertragliche oder betriebliche Regelungen über die Beibringung von Arbeitsunfähigkeitsbescheinigungen des behandelnden Arztes gibt

  • Heilverfahrensfälle der Versorgungsämter, wenn keine Arbeitsunfähigkeit vorliegt

  • Heilverfahrensfälle (Verschickungen) der Rentenversicherungsträger (§§ 1.236 ff. RVO beziehungsweise §§ 13 ff. AVG)

  • Arbeitsunfälle (einschließlich Arbeitswegeunfälle und Berufskrankheiten, sofern die Berufsgenossenschaft die Krankenbehandlung — stationär oder ambulant — durchführt (sogenannte „Berufsgenossenschaftliche Heilverfahren", § 565 Absatz 2 RVO).

Aus dieser Gegenüberstellung wird deutlich, daß die Ausfallstundenstatistik der Unternehmen den Krankenstand besser und genauer wiedergibt als die Krankenstandsstatistik der Krankenkassen. Im Regelfall wird die Ausfallstundenstatistik einen höheren Krankenstand nachweisen. Wegen der vollständigen Erfassung (vor allem der Kurzerkrankungen) ergibt sich dann auch ein zutreffender Vergleich der Krankenstände von Arbeitern und Angestellten.

2. Mutterschutz

Unter dieser Position sind Ausfallzeiten für die Mutterschutzfrist (nicht dagegen für den Mutterschaftsurlaub) auszuweisen.

3. Urlaub

Für Arbeiter ist die Ausfallzeit für Urlaub direkt aus den Lohnbelegen zu entnehmen, für Angestellte aus dem Anwesenheitsnachweis. Bei einer Analyse dieser Ausfallzeiten ist folgendes zu beachten: Auch bei gleichem Urlaubsanspruch gegenüber dem Vorjahr können sich bei den Ausfallzeiten für Urlaub Schwankungen dadurch ergeben, daß entweder aus dem Vorjahr noch vorhandener Urlaub aufgeholt wird oder daß sich der rückständige Urlaub noch erweitert. Diese Schwankungen sind insbesondere bei einem Vergleich mehrerer Geschäftsjahre miteinander zu beachten.

4. Feiertage

Unter dieser Position sollten nur Aufwendungen für gesetzliche Feiertage ausgewiesen werden. Aufwendungen für firmenübliche Feiertage (zum Beispiel Rosenmontag) werden unter der Position „Sonstige betriebliche Ausfallzeiten" (Merkmal 7.6.8) ausgewiesen. Im einzelnen errechnet sich die Anzahl der Feiertage wie folgt:

Feiertage, die auf einen Arbeitstag fallen, mal durchschnittliche Kopfzahl

/ Feiertage, für die Gehaltsfortzahlung im Krankheitsfall erfolgte (als Hilfsgröße zur Ermittlung dieser Feiertage kann von der durchschnittlichen Krankheitsquote ausgegangen werden)

/ Feiertage, für die keine Entgeltfortzahlung erfolgte zum Beispiel wegen unbezahlter Freistellung von der Arbeit
Streik/Aussperrung
unentschuldigtem Fernbleiben von der Arbeit (§ 1 Absatz 3 Gesetz zur Regelung der Lohnfortzahlung an Feiertagen)

/ Feiertage, an denen bedingt durch Schichtbetrieb, Mehrarbeit usw. einzelne Mitarbeiter oder Mitarbeitergruppen arbeiteten

= Feiertage mit Entgeltfortzahlung

Bei Arbeitern ergeben sich die Zeiten für Feiertage im Regelfall aus den Lohnbelegen. Für die Gehaltsabrechnung der Angestellten ist demgegenüber jedoch eine Direktberechnung der Ausfallzeiten für Feiertage nicht erforderlich. Das bedeutet, daß in diesem Fall sowohl die Ausfallzeiten für Feiertage als auch das entsprechende Entgelt per Programm errechnet werden müssen. Ist ein Unternehmen in mehreren Bundesländern vertreten, so ist die unterschiedliche Feiertagsregelung zu beachten.

Bei einem Langfristvergleich der Ausfallzeiten für Feiertage ist zu beachten, daß innerhalb der einzelnen Geschäftsjahre die Anzahl der auf Wochentage fallenden Feiertage erheblichen Schwankungen unterliegt. Dieser Umstand ist weniger von Bedeutung bei der Ermittlung der Ausfallzeiten für Feiertage als bei einer Gegenüberstellung der Gesamtsumme von bezahlten Ausfallzeiten. Wegen des unterschiedlichen Krankenstandes der einzelnen Mitarbeitergruppen und der Überschneidung mit Feiertagen kann auch der Anteil der Ausfallzeit für Feiertage bei den einzelnen Mitarbeitergruppen voneinander abweichen.

5. Weiterbildung

Zur Abgrenzung gegenüber anderen Ausfallzeiten sei zunächst darauf hingewiesen, daß Ausfallzeiten für den gesetzlichen/tariflichen Bildungsurlaub unter den „Sonstigen gesetzlichen Ausfallzeiten" beziehungsweise „Sonstigen tariflichen Ausfallzeiten" auszuweisen sind. Unter den Ausfallzeiten für Weiterbildung werden alle Zeiten für Förderungsmaßnahmen erfaßt, die der Vermittlung neuer Fachkenntnisse, der Entwicklung der Persönlichkeit, der Schulung von Führungskräften und des Führungsnachwuchses dienen. Es handelt sich hierbei also um Maßnahmen, die systematisch mit einer bestimmten Zielsetzung durchgeführt werden und dem Mitarbeiter Kenntnisse und Fähigkeiten vermitteln sollen, die er nicht oder nur erschwert unmittelbar an seinem Arbeitsplatz erhalten kann.
Zu den Weiterbildungsveranstaltungen gehören insbesondere

— interne und externe Kurse, Lehrgänge, Schulungen, Seminare, Vorträge, Exkursionen, Fachtagungen (im Sinne von Lehrveranstaltungen); Selbststudium nur bei Freistellung.

Im einzelnen gehören zur Weiterbildung

— Lehrgänge über Produkte und Verfahren
— Bildungsmaßnahmen zur naturwissenschaftlichen und technischen Weiterbildung (Grundlagen, Produktionsverfahren) Hierzu gehören auch Bildungsmaßnahmen über Arbeitswissenschaft (zum Beispiel Refa)
— Bildungsmaßnahmen zur kaufmännischen Weiterbildung (einschließlich organisatorischer, personalpolitischer, juristischer, werbefachlicher und ähnlicher Themen)
— Lehrgänge über DV-Software (zum Beispiel Grundlagen, Programmiersprachen, Betriebssysteme, Dateiorganisation, Planung und Einführung von Software), Bildungsmaßnahmen über Grundlagen der DV-Hardware für Entwickler und Anwender von DV-Software, Operatorkurse

— Einarbeiten am eigenen Arbeitsplatz
— Ausfallzeiten für Umschüler, weil diese entweder nicht zu den eigenen Mitarbeitern gehören oder es sich um Ausbildungsaufwand handelt.

Für Arbeiter kann der Zeitaufwand für das Anlernen normalerweise den Lohnbelegen entnommen werden.

Für Angestellte sind Zeitaufzeichnungen für das organisierte Einarbeiten zu führen. Da im Regelfall das organisierte Einarbeiten unmittelbar nach der Einstellung oder Versetzung stattfindet, können diese meist geschlossen anfallenden Zeiten häufig aus den Zeiterfassungsunterlagen (zum Beispiel Anwesenheitslisten, Stechkarten) direkt entnommen werden. Zu den Ausfallzeiten für die Weiterbildung zählen insbesondere auch die Ausfallzeiten von Teilnehmern an Bildungsveranstaltungen während der regulären Arbeitszeit. Die Erfassung dieser Ausfallzeiten ist häufig ungewohnt und bereitet Schwierigkeiten; sie ist jedoch unbedingt erforderlich, um einen vollständigen Überblick über die Gesamtaufwendungen für den Weiterbildungsaufwand zu erhalten.

Es sei besonders darauf hingewiesen, daß es sich um eine irrige Auffassung handelt, zu glauben, daß diese Ausfallzeiten durch unbezahlte Überstunden oder erhöhte Arbeitsgeschwindigkeit wieder aufgeholt werden können. Das kann aus mehreren Gründen nicht zutreffen:

Die Ausfallzeiten für Feiertage, Urlaub, Krankheit und sonstige Anlässe sind bereits so hoch, daß niemand auf den Gedanken käme, daß diese Zeiten wieder eingeholt werden könnten. Um so weniger besteht Anlaß, anzunehmen, daß die noch hinzukommenden Ausfallzeiten für die Weiterbildung keine Kosten verursachen. Eine derartige Auffassung könnte auch dazu führen, daß die Bestrebungen, den Bildungsurlaub weiter auszudehnen, weil er „nichts kostet", forciert würden. Abgesehen davon kann man auch voraussetzen, daß die Arbeitszeit, die anstelle von Weiterbildungsveranstaltungen zur Verfügung gestanden hätte, auch genutzt worden wäre. Entweder wäre in dieser Zeit eine quantitativ zu messende Arbeitsleistung erbracht worden, oder es hätte sich Spielraum für kreative Leistungen ergeben. Aus diesen Gründen sind daher die Ausfallzeiten der Teilnehmer zu erfassen und mit den Personalkosten zu bewerten. Für

— Schulung und Seminare für Führungsaufgaben (Führungs- und Nachwuchskräfteschulung, Einrichter- und Vorarbeiterlehrgänge, Meisterwochen)
— sonstige Maßnahmen für Lehrkräfte, Referenten und Ausbilder, Kurse für Steno und Schreibmaschine, Sekretärinnenschulung, wirtschafts- und gesellschaftspolitische Bildungsmaßnahmen, sozialpädagogische Kurse (ohne Anteil Auszubildende, Betriebsräteschulung, Fremdsprachenschulung einschließlich Deutsch für ausländische Mitarbeiter).

Nicht zur Weiterbildung gehören

— Einarbeiten in ein neues Arbeitsgebiet, Information der Mitarbeiter am Arbeitsplatz, Studium von Fachzeitschriften, Arbeitsbesprechungen/Arbeitskreise/Veranstaltungen zur Lösung von Tagesaufgaben und Problemen, Ausstellungen
— Umschulungen mit dem Ziel einer Abschlußprüfung in anerkannten Ausbildungsberufen (Bestandteil des Ausbildungsaufwandes).

Als Unterposten zur Ausfallzeit für die Weiterbildung gehört die Ausfallzeit für Anlernen und organisiertes Einarbeiten. Hierunter sind nur Aufwendungen für Ausfallzeiten für Mitarbeiter zu erfassen, die noch nicht produktiv oder am eigenen Arbeitsplatz eingesetzt sind, zum Beispiel

— Ausfallzeit für Übungsarbeiten, die noch nicht für die Produktion verwendbar sind
— Ausfallzeit für Trainee-Programme (Anteil derjenigen Zeiten, in denen die Trainees keine verwertbare Leistung bringen)
— Ausfallzeit für das Kennenlernen angrenzender Arbeitsplätze
— Ausfallzeit für Einführungslehrgänge.

Nicht hierzu gehören

— Zuschläge zu den Löhnen bereits produktiv eingesetzter Mitarbeiter (als Erschwerniszuschläge sind das Bestandteile des Personalbasisaufwandes)

— Ausfallzeiten bei Betriebs- und Jugendversammlungen

Zu den Betriebsversammlungen zählen im Sinne dieser Erfassungsmethode auch Abteilungsversammlungen. Diese Aufwendungen sind ein beträchtlicher Anteil an den Gesamtaufwendungen laut Betriebsverfassungsgesetz.

Bei Arbeitern gehen die Aufwendungen im Regelfall aus den dafür ausgestellten Lohnbelegen hervor. Für Angestellte kann die Berechnung nach folgender Formel vorgenommen werden:

Anzahl der Betriebs- und Abteilungsversammlungen mal durchschnittlich ausgefallene Arbeitszeit (Dauer der Versammlung einschließlich Wegezeit) mal geschätzte Zeit der durchschnittlich teilnehmenden Angestellten = Ausfallzeit in Stunden. Ausfallzeit in Stunden mal durchschnittlicher Stundensatz = Aufwand

— Ausfallzeiten bei Wahlen zur Betriebsvertretung

Die Ausfallzeiten für Arbeiter ergeben sich aus den Lohnbelegen. Die Ausfallzeiten für Angestellte können mit folgender Hilfsrechnung ermittelt werden:

Wahlbeteiligung der Angestellten mal durchschnittlich ausgefallener Arbeitszeit (Wegezeit und Wahlvorgang) = Ausfallzeit der Wahlberechtigten + Ausfallzeit der Wahlvorstände = Ausfallzeit gesamt. Ausfallzeit in Stunden mal durchschnittlicher Stundensatz = Aufwand

— Ausfallzeiten bei Wahlen für die Mitbestimmung

Diese Ausfallzeiten sind analog den Ausfallzeiten für Wahlen zur Betriebsvertretung zu erfassen

— Zusatzurlaub für Schwerbehinderte laut Gesetz

Die Ausfallzeiten können entweder über Lohnbelege (Arbeiter) oder über die Anwesenheitslisten der Angestellten erfaßt werden; im letzteren Fall muß jedoch darauf geachtet werden, daß der Zusatzurlaub für Schwerbehinderte in diesen Listen besonders kenntlich gemacht wird

— Ausfallzeiten bei Versammlungen und Wahlen der Schwerbehinderten. Die Bedeutung dieser Ausfallzeiten ist im Regelfall gering. Über eine gesonderte Erfassung muß also im Einzelfall entschieden werden

— Berufsschulzeit für produktiv eingesetzte Jugendliche

Bei jugendlichen Lohnempfängern bereitet die Erfassung des

Arbeiter können diese Ausfallzeiten über Lohnbelege erfaßt werden. Die Erfassung dieser Ausfallzeiten für Angestellte ist schwieriger und sollte von derjenigen Stelle im Unternehmen vorgenommen werden, die den besten Überblick über die durchgeführten Weiterbildungsmaßnahmen hat. Dies können entweder die Personalabteilungen sein oder aber die Sekretärinnen derjenigen Abteilungen, die Mitarbeiter für derartige Bildungsveranstaltungen zur Verfügung stellen. Hierzu sind von diesen Stellen — in einem Arbeitsgang mit dem Beschluß zur Entsendung zur Weiterbildung — die entsprechenden statistischen Aufschreibungen über die Ausfallzeiten und Sachkosten (zum Beispiel Reisekosten) zu führen. Die Erfassung dieser Ausfallzeiten sollte formalisiert (Vordruck) werden.

Arbeitsbogen zur Erfassung der Ausfallzeiten für Bildungsmaßnahmen des laufenden Geschäftsjahres . . . . .

Bildungsmaßnahme	Ausgefallene Stunden Referenten		Ausgefallene Stunden Teilnehmer	
	Personal-Nr.	Stunden	Personal-Nr.	Stunden

Die so erfaßten Zeiten für die Angestellten müssen — außerhalb der Personalabrechnung — mit besonderem Beleg in das Personalinformationssystem eingegeben werden.

6. Sonstige gesetzliche Ausfallzeiten

Hierzu gehört eine Reihe von Ausfallzeiten, auf die im folgenden kurz eingegangen wird.

Die hierfür entstehenden Ausfallzeiten werden häufig unterschätzt. Das liegt zum Teil daran, daß — insbesondere im Angestelltenbereich — die Erfassung auf Schwierigkeiten stößt.
— Löhne für tariflich zustehende Pausen
Bezahlte Pausen sind nur dort zu erfassen, wo sie zeitlich erkennbar sind, zum Beispiel
● im Schichtbetrieb
● bei Akkordarbeit (unter besonderen Voraussetzungen), hierzu gehören nicht Verteilzeiten, die in den Akkordvorgaben enthalten sind
● aufgrund von Regelungen zugunsten der Mitarbeiter, zum Beispiel in Warmbetrieben, Datenverarbeitung, bei fließ- und taktgebundenen Arbeiten.

Hier sei noch auf folgendes hingewiesen: Es ist fraglich, ob man die bezahlten Pausen ohne weiteres als Ausfallzeit ansehen kann oder ob diese bezahlten Pausen ähnlich zu sehen sind wie zum Beispiel Erholungszeiten für Akkordarbeiter. In diesem Sinne würde es sich dann um eine arbeitsbedingte Erholungszeit — und damit um „geleistete Arbeitszeit" — handeln und nicht um Ausfallzeit. Hier liegt also ein Grenzfall in der Betrachtungsweise vor.

— Bildungsurlaub laut Tarif
Ebenso wie bei dem gesetzlichen Bildungsurlaub sind auch die hierfür entstehenden Ausfallzeiten zur Zeit noch gering. Ihre Entwicklung muß aber beobachtet werden
— Lohn- und Gehaltszuschuß für Mitarbeiter bei Kurzarbeit. Im Regelfall handelt es sich hierbei um tarifliche Vereinbarungen von Lohn- und Gehaltszuschüssen an gekündigte Mitarbeiter bei Kurzarbeit.

8. Sonstige betriebliche Ausfallzeiten

Hierzu gehören

— Bezahlung von Ausfallzeiten über den Tarif hinaus zum Beispiel Freistellungen für Jubilarfeiern, interne Werksfei-

Aufwandes — über die Lohnbelege — normalerweise keine Schwierigkeiten. Bei jugendlichen Angestellten kann folgende Hilfsrechnung angestellt werden:
durchschnittliche Anzahl der jugendlichen Angestellten mal durch Berufsschule ausgefallene Arbeitsstunden = Ausfallzeit.
Ausfallzeit in Stunden mal durchschnittlicher Stundensatz der jugendlichen Angestellten = Aufwand
— Bildungsurlaub laut Gesetz
Die Ausfallzeiten hierfür fallen nur in einigen Bundesländern an und sind im Regelfall noch gering. Es muß jedoch beachtet werden, wie sie sich im Langzeitvergleich entwickeln.

Für Angestellte müssen die vorstehend genannten Ausfallzeiten im Regelfall gesondert in das Personalinformationssystem eingegeben werden.

7. Sonstige tarifliche Ausfallzeiten

Ähnlich wie bei den sonstigen gesetzlichen Ausfallzeiten gibt es auch bei einer größeren Anzahl tariflich geregelter Ausfallzeiten, und zwar

— bezahlte Ausfallzeiten gemäß Tarifvertrag. Hierzu gehören zum Beispiel
● Eheschließung (eigene oder der Eltern, Kinder beziehungsweise Geschwister)
● Entbindung der Ehefrau
● Todesfälle von Familienangehörigen
● Schwere Erkrankung des Ehegatten oder der Kinder
● Freistellung zum Zwecke der gesetzlich vorgeschriebenen Hauptuntersuchung (TÜV) des Kraftfahrzeuges, das auf den Namen des Arbeitnehmers zugelassen ist
● Ausfallzeiten für Arbeitssuche bei ordentlichen Kündigungen
● Wohnungswechsel
● Erfüllung gesetzlicher Pflichten (zum Beispiel aus Ehrenämtern)

ern, orts- und betriebsübliche Feiertage (zum Beispiel Rosenmontag)
— Zusatzurlaub für Jubilare
— sonstiger Zusatzurlaub, zum Beispiel für Kuren/Gesundheits-
  vorsorge, bezahlter Sonderurlaub für einzelne Arbeitnehmer,
  Urlaub für Firmenjubiläum
— Ausfallzeiten bei Krankheit über 6 Wochen, für die aufgrund betrieblicher Regelungen eine Weiterbezahlung erfolgt

— Arbeitszeitverkürzungen für Schwerbehinderte
  Um besondere Belastungen der Schwerbehinderten in Verkehrs-
  stoßzeiten zu vermeiden, werden in manchen Fällen Arbeitszeitverkürzungen gewährt.

278

Tabellen-Nr.:	36
Titel:	Entgelt für bezahlte Ausfallzeiten
Organisationsbereich:	
Erscheinungsfolge:	vierteljährlich (aufgelaufen)
Stichtag:	Abrechnungsstand März (Juni, September, Dezember)

	Normalversion	Zusatzversion
		Personenkreis
Spalte		
Zeile	11, 21, 22, 23, 31	200, 210, 300, 310, 400, 410, 500, 770, 780

Entgelt für bezahlte Ausfallzeiten (Merkmal 6.16) 2)

Ausfallzeiten (Entgelt) / Personenkreis 1)	Krankheit	Mutterschutz	Urlaub 3)	Feiertage	Weiterbildung	Sonst. gesetzl. Ausfallzeiten	Sonst. tarifl. Ausfallzeiten	Sonst. betriebl. Ausfallzeiten	Gesamt
	Merkmal 6.16.1	Merkmal 6.16.2	Merkmal 6.16.3	Merkmal 6.16.4	Merkmal 6.16.5	Merkmal 6.16.6	Merkmal 6.16.7	Merkmal 6.16.8	6.16.1 - 6.16.8
	1	2	3	4	5	6	7	8	9
Arbeiter									
Vollzeitbeschäftigte M									
Vollzeitbeschäftigte F									
Teilzeitbeschäftigte M									
Teilzeitbeschäftigte F									
Deutsche M									
Deutsche F									
Ausländer M									
Ausländerinnen F									
Aushilfen M									
Aushilfen F									
An- und Ungelernte M									
An- und Ungelernte F									
Facharbeiter M									
Facharbeiterinnen F									
Arbeiter gesamt M									
Arbeiterinnen gesamt zusammen F									
Angestellte									
Tarifangestellte									
Vollzeitbeschäftigte M									
Vollzeitbeschäftigte F									
Teilzeitbeschäftigte M									
Teilzeitbeschäftigte F									
Deutsche M									
Deutsche F									
Ausländer M									
Ausländerinnen F									

1) Alle Entgeltbestandteile werden im Durchschnitt je Mitarbeiter ausgewiesen
2) Für Angestellte sind die Entgeltanteile anhand der Urlaubs- bzw. Fehlzeiterfassung per Programm zu errechnen
3) Ohne zusätzliche Urlaubsvergütung

Fortsetzung s. Blatt 2

Tabellen-Nr.:	36
Titel:	Entgelt für bezahlte Ausfallzeiten
Organisationsbereich:	
Erscheinungsfolge:	vierteljährlich (aufgelaufen)
Stichtag:	Abrechnungsstand März (Juni, September, Dezember)

Personenkreis	Normalversion	Zusatzversion
Spalte		
Zeile	11, 21, 22, 23, 31	200, 210, 300, 310, 400, 410, 500, 770, 780

Ausfallzeiten (Entgelt) / Personenkreis¹⁾	Entgelt für bezahlte Ausfallzeiten (Merkmal 6.16)²⁾								
	Krankheit	Mutterschutz	Urlaub³⁾	Feiertage	Weiterbildung	Sonst. gesetzl. Ausfallzeiten	Sonst. tarifl. Ausfallzeiten	Sonst. betriebl. Ausfallzeiten	Gesamt
	Merkmal 6.16.1	Merkmal 6.16.2	Merkmal 6.16.3	Merkmal 6.16.4	Merkmal 6.16.5	Merkmal 6.16.6	Merkmal 6.16.7	Merkmal 6.16.8	6.16.1 - 6.16.8
	1	2	3	4	5	6	7	8	9

Fortsetzung Angestellte

Aushilfen	M
Aushilfen	F
Tarifangestellte gesamt	M
Tarifangestellte gesamt	F
Tarifangestellte zusammen	
AT-Angestellte	M
AT-Angestellte	F
AT-Angestellte zusammen	
Angestellte gesamt	M
Angestellte gesamt	F
Angestellte zusammen	
Mitarbeiter*)	M
Mitarbeiterinnen	F
Mitarbeiter zusammen	

*) ohne Werkstudenten und in Ausbildung

1) Alle Entgeltbestandteile werden im Durchschnitt je Mitarbeiter ausgewiesen
2) Für Angestellte sind die Entgeltanteile anhand der Urlaubs- bzw. Fehlzeiterfassung per Programm zu errechnen
3) Ohne zusätzliche Urlaubsvergütung

Für eine Analyse, insbesondere der Ausfallzeiten für Krankheit, Weiterbildung und Sonstiges, ist Tabelle 35 im Regelfall besser geeignet, da hierin keine Einflüsse aus der unterschiedlichen Bezahlung der verschiedenen Mitarbeitergruppen wirken. In dieser Tabelle sind demgegenüber die Ausfallzeiten bewertet und zeigen den entsprechenden Einfluß — je Personenkreis — auf den Personalzusatzaufwand.

Für zahlreiche Ausfallzeiten der Angestellten (zum Beispiel für die Weiterbildung und für die sonstigen Ausfallzeiten) gibt es keine oder nur in Ausnahmefällen eine Möglichkeit, die Ausfallzeiten und die hierfür anzusetzenden Gehaltskosten unmittelbar zu erfassen. Um jedoch das Entgelt für bezahlte Ausfallzeiten für Angestellte berechnen zu können, ist es erforderlich, die Bewertung über die Personal-Nummer vorzunehmen. Um den Wertansatz zu vereinfachen, sollte von den monatlichen Bruttoeinkommen (Merkmal 6.19) ausgegangen werden.

Verwendungszweck

Diese Tabelle gibt einen umfassenden Überblick über die Höhe und Struktur des Entgelts für bezahlte Ausfallzeiten. Sie steht in unmittelbarem Zusammenhang zu Tabelle 35.

Tabellen-Nr.:	37
Titel:	Unbezahlte Ausfallzeiten (in Tagen oder Stunden)

Organisationsbereich:

Erscheinungsfolge:	vierteljährlich (aufgelaufen)
Stichtag:	Abrechnungsstand März (Juni, September, Dezember)

	Normalversion	Zusatzversion
		Personenkreis
Spalte		
Zeile	11, 21, 22, 23, 31	200, 210, 300, 310, 400, 410, 590, 770, 780

Unbezahlte Ausfallzeiten (in Tagen oder Stunden)

Ausfallzeiten / Personenkreis*)	Streik Merkmal 7.7.1	Aussperrung Merkmal 7.7.2	Kurzarbeit Merkmal 7.7.3	Krankheit Merkmal 7.7.4	Mutterschutz Merkmal 7.7.5	Sonderurlaub Merkmal 7.7.6	unentschuldigtes Fehlen Merkmal 7.7.7	Sonst.gesetzl. Ausfallzeiten Merkmal 7.7.8	Sonst.tarifl. Ausfallzeiten Merkmal 7.7.9	Sonst.betriebl Ausfallzeiten Merkmal 7.7.10	Gesamt 7.7.1 - 7.7.10
	1	2	3	4	5	6	7	8	9	10	11
Arbeiter											
Vollzeitbeschäftigte M											
Vollzeitbeschäftigte F											
Teilzeitbeschäftigte M											
Teilzeitbeschäftigte F											
Deutsche M											
Deutsche F											
Ausländer M											
Ausländerinnen F											
Aushilfen M											
Aushilfen F											
An- und Ungelernte M											
An- und Ungelernte F											
Facharbeiter M											
Facharbeiterinnen F											
Arbeiter gesamt M											
Arbeiterinnen gesamt F											
Arbeiter zusammen											
Angestellte											
Tarifangestellte											
Vollzeitbeschäftigte M											
Vollzeitbeschäftigte F											
Teilzeitbeschäftigte M											
Teilzeitbeschäftigte F											
Deutsche M											
Deutsche F											
Ausländer M											
Ausländerinnen F											

*) Alle Ausfallzeiten werden im Durchschnitt je Mitarbeiter ausgewiesen

Fortsetzung s. Blatt 2

Tabellen-Nr.:	37
Titel:	Unbezahlte Ausfallzeiten (in Tagen oder Stunden)
Organisationsbereich:	
Erscheinungsfolge:	vierteljährlich (aufgelaufen)
Stichtag:	Abrechnungsstand März (Juni, September, Dezember)

Personenkreis

Zusatzversion

Zusatzversion

Spalte

Zeile 11, 21, 22, 23, 31

Personenkreis 200, 210, 300, 310, 400, 410, 500, 770, 780

Ausfallzeiten

Unbezahlte Ausfallzeiten (in Tagen oder Stunden)

Personenkreis 1)		Streik	Aussperrung	Kurzarbeit	Krankheit	Mutterschutz	Sonderurlaub	unentschul- digtes Fehlen	Sonst.gesetzl Ausfallzeiten	Sonst.tarifl. Ausfallzeiten	Sonst.betriebl Ausfallzeiten	Gesamt
		Merkmal 7.7.1	Merkmal 7.7.2	Merkmal 7.7.3	Merkmal 7.7.4	Merkmal 7.7.5	Merkmal 7.7.6	Merkmal 7.7.7	Merkmal 7.7.8	Merkmal 7.7.9	Merkmal 7.7.10	7.7.1 - 7.7.10
		1	2	3	4	5	6	7	8	9	10	11
Fortsetzung Angestellte												
Aushilfen	M											
Aushilfen	F											
Tarifangestellte gesamt	M											
Tarifangestellte gesamt	F											
Tarifangestellte zusammen												
AT-Angestellte	M											
AT-Angestellte	F											
AT-Angestellte zusammen												
Angestellte gesamt	M											
Angestellte gesamt	F											
Angestellte zusammen												
Mitarbeiter 2)	M											
Mitarbeiterinnen	F											
Mitarbeiter zusammen												

1) Alle Ausfallzeiten werden im Durchschnitt je Mitarbeiter ausgewiesen
2) ohne Werkstudenten und in Ausbildung

Verwendungszweck

Streik, Aussperrung und Kurzarbeit sind unbezahlte Ausfallzeiten, die nur sporadisch anfallen. Trotzdem ist es wichtig, diese Ausfallzeiten genau zu registrieren, weil sie die Vergleichbarkeit von Berichtsperioden stören. Das betrifft insbesondere das Merkmal „geleistete Arbeitszeit". Da diese genannten Ausfallzeiten die geleistete Zeit verkürzen, kann die Höhe dieses Einflusses sowohl im Langzeit- als auch bei Organisationsvergleichen dieser Tabelle entnommen werden. Die weiteren in dieser Tabelle aufgeführten unbezahlten Ausfallzeiten fallen bei den einzelnen Mitarbeitergruppen in sehr unterschiedlichem Ausmaß an. Hieraus können interessante Rückschlüsse gezogen beziehungsweise erste Ansatzpunkte zur Eindämmung gefunden werden. Hierzu einige Hinweise:

— Unbezahlte Krankheit kommt bei älteren Mitarbeitern häufiger vor. Bei einem Vergleich der hier genannten Mitarbeitergruppen ist jedoch zu beachten, daß die Bezahlung von Krankheitstagen, zum Beispiel bei AT-Angestellten, anders geregelt sein kann (Bezahlung länger als 6 Wochen) als im Tarifkreis. Gegebenenfalls muß die Vergleichbarkeit statistisch hergestellt werden (das gilt auch umgekehrt für das Merkmal „bezahlte Krankheit")

— Mutterschutz ist häufiger bei ausländischen Mitarbeitern anzutreffen

— Unentschuldigtes Fehlen kommt bei Arbeitern häufiger vor als bei Tarifangestellten. Bei den ausländischen Arbeitern häufig in Zusammenhang mit Urlaub („Urlaubsverlängerung").

Tabellen-Nr.:	38
Titel:	Entgeltminderung wegen unbezahlter Ausfallzeiten
Organisationsbereich:	
Erscheinungsfolge:	vierteljährlich (aufgelaufen)
Stichtag:	Abrechnungsstand März (Juni, September, Dezember)

	Personenkreis	
	Normalversion	Zusatzversion
Spalte		
Zeile	11, 21, 22, 23, 31	200, 210, 300, 310, 400, 410, 500, 770, 780

Entgeltminderung wegen unbezahlter Ausfallzeiten (Merkmal 6.17)

Entgeltminderung / Personenkreis *)	Streik	Aussperrung	Kurzarbeit	Krankheit	Mutterschutz	Sonderurlaub	unentschul- digtes Fehlen	Sonst.gesetzl. Ausfallzeiten	Sonst.tarifl. Ausfallzeiten	Sonst.betriebl. Ausfallzeiten	Gesamt
	Merkmal 6.17.1	Merkmal 6.17.2	Merkmal 6.17.3	Merkmal 6.17.4	Merkmal 6.17.5	Merkmal 6.17.6	Merkmal 6.17.7	Merkmal 6.17.8	Merkmal 6.17.9	Merkmal 6.17.10	6.17.1 – 6.17.10
	1	2	3	4	5	6	7	8	9	10	11

*) Alle Entgeltminderungen werden im Durchschnitt je Mitarbeiter ausgewiesen

Personenkreis *)

Arbeiter
Vollzeitbeschäftigte M
Vollzeitbeschäftigte F
Teilzeitbeschäftigte M
Teilzeitbeschäftigte F
Deutsche M
Deutsche F
Ausländer M
Ausländerinnen F
Aushilfen M
Aushilfen F
An- und Ungelernte M
An- und Ungelernte F
Facharbeiter M
Facharbeiterinnen F
Arbeiter gesamt M
Arbeiterinnen gesamt F
Arbeiter zusammen

Angestellte
Tarifangestellte
Vollzeitbeschäftigte M
Vollzeitbeschäftigte F
Teilzeitbeschäftigte M
Teilzeitbeschäftigte F
Deutsche M
Deutsche F
Ausländer M
Ausländerinnen F

Fortsetzung s. Blatt 2

283

Tabellen-Nr.:	38
Titel:	Entgeltminderung wegen unbezahlter Ausfallzeiten

Organisationsbereich:

Erscheinungsfolge: vierteljährlich (aufgelaufen)

Stichtag: Abrechnungsstand März (Juni, September, Dezember)

	Personenkreis	
	Normalversion	Zusatzversion
Spalte		
Zeile	11, 21, 22, 23, 31	200, 210, 300, 310, 400, 500, 770, 780

Entgeltminderung

Entgeltminderung wegen unbezahlter Ausfallzeiten (Merkmal 6.17)

Personenkreis 1)	Streik	Aussperrung	Kurzarbeit	Krankheit	Mutterschutz	Sonderurlaub	unentschuldigtes Fehlen	Sonst.gesetzl. Ausfallzeiten	Sonst.tarifl. Ausfallzeiten	Sonst.betriebl. Ausfallzeiten	Gesamt
	Merkmal 6.17.1	Merkm.16.17.2	Merkmal 6.17.3	Merkmal 6.17.4	Merkmal 6.17.5	Merkmal 6.17.6	Merkmal 6.17.7	Merkmal 6.17.8	Merkmal 6.17.9	Merkmal 6.17.10	6.17.1 – 6.17.10
	1	2	3	4	5	6	7	8	9	10	11
Fortsetzung Angestellte											
Aushilfen M											
Aushilfen F											
Tarifangestellte gesamt M											
Tarifangestellte gesamt F											
Tarifangestellte zusammen											
AT-Angestellte M											
AT-Angestellte F											
AT-Angestellte zusammen											
Angestellte gesamt M											
Angestellte gesamt F											
Angestellte zusammen											
Mitarbeiter 2) M											
Mitarbeiterinnen F											
Mitarbeiter zusammen											

1) Alle Entgeltminderungen werden im Durchschnitt je Mitarbeiter ausgewiesen
2) ohne Werkstudenten und in Ausbildung

Verwendungszweck

Diese Tabelle ist eine Ergänzung zu den Tabellen 32, 34 und 36 und dient folgenden Zwecken:

— Ermittlung des Betrages (und der Ursachen), die die Löhne und Gehälter gemindert haben. Dieser Betrag ist auch für die Analyse der Veränderung des Personalaufwandes wichtig

— Sofern man die Löhne und Gehälter für geleistete Arbeitszeit in Kennzahlen darstellen möchte u n d einen Langfristvergleich anstrebt, muß man mehr oder weniger einmalige oder zufällige Aufwandsbestandteile (in diesem Fall Abzugsposten) für den Vergleich ausschalten. Würde man dies zum Beispiel bei einem längeren Streik oder einer Aussperrung nicht machen, könnte es sein, daß man zum Beispiel bei Kennzahlen über Einkommensbestandteile — trotz der regelmäßigen Tariferhöhungen — in einem Jahr einen Einkommensrückgang (oder eine geringere Steigerung als der Tarifvertrag vorsah) feststellt.

Tabellen-Nr.:	39
Titel:	Fluktuation der Arbeiter
Organisationsbereich:	
Erscheinungsfolge:	Jährlich
Stichtag:	Abrechnungsstand Dezember

Personenkreis

	Normalversion	Zusatzversion
	Spalte 31	200, 210, 300, 310, 400, 410, 500, 770, 780, 800
	Zeile	

Personenkreis / Aushilfen	Aushilfen	An- u. ungelernte Arbeiter		Facharbeiter	Vollzeit		Teilzeit		Deutsche		Ausländer		Schwerbehinderte
		M	F		M	F	M	F	M	F	M	F	
Fluktuation (Merkmal 8)	1	2	3	4	5	6	7	8	9	10	11	12	13

Zugänge Merkmal 8.1

10 Einstellung
11 Rückkehr von Wehr-/Ersatzdienst
12 Rückkehr aus dem Mutterschaftsurlaub
13 Versetzungen (Zugang)
14 Eingliederungen (Zugang)
15 Organisatorische Umgliederung (Zugang)
   Wechsel der Personengruppe *), (Zugang) Merkmal 8.6.1
   Summe Zugänge gesamt

Abgänge Merkmal 8.3

10 Kündigung durch die Firma (fristgemäß)
11 Kündigung durch die Firma (fristlos)
12 Lösung des Beschäftigungsverhältnisses im gegenseitigen Einvernehmen
13 Kündigung durch den Arbeitnehmer
141 Beendigung des befristeten Arbeitsverhältnisses mit Aushilfen
15 Versetzungen (Abgang)
16 Ausgliederungen
17 Organisatorische Umgliederung (Abgang)
18 Einberufung zum Wehr-/Ersatzdienst
20 Abgang in den Mutterschaftsurlaub
21 Abgang in den Ruhestand wegen Erreichen der Altersgrenze
22 Abgang in den vorzeitigen Ruhestand
23 Abgang in den Vorruhestand (nicht 22)
25 Tod
   Wechsel der Personengruppe *), (Abgang) Merkmal 8.6.1
   Summe Abgänge gesamt

*) Die Ausprägung dieser Zugangsart hängt davon ab, welche Personenkreise in der Tabelle angesprochen werden.

Erläuterung:

Eine Fluktuationstabelle in einem Personalinformationssystem zu erstellen, kann sehr schwierig sein. Das liegt daran, daß die Ausprägung und Erfassung bzw. Erstellung (s. "Wechsel der Personengruppe") der Fluktuationsarten eine schwierige Programmierung und dv-technische Verarbeitung bedingt. Dazu muß man wissen, daß Fluktuationsdaten nur dann aussagekräftig sind, wenn sie nach Mitarbeitergruppen unterteilt werden. Diese Anforderung bedingt jedoch, daß mehrere Fluktuationsvorgänge gleichzeitig ablaufen können (z.B. ein Auszubildender kommt vom Wehrdienst zurück, wird zugleich Angestellter und in einen anderen Organisationsbereich versetzt; d.h., es sind gleichzeitig drei Fluktuationsprozesse zu verarbeiten).

Um die Schwierigkeiten nicht zu vergrößern, wurde in dieser Tabelle auch darauf verzichtet, eine Durchrechnung vom Anfangs- auf den Endbestand vorzunehmen. Das hätte u.a. z.B. bedingt, daß sämtliche organisatorischen Umgliederungen, die während eines Jahres stattfinden, mit den anteilmäßigen Fluktuationsdaten hätten mit verarbeitet werden müssen. Dies ist zwar machbar, bedingt aber ebenfalls eine weitere Schwierigkeit bei der Programmgestaltung.

Wenn man eine Fluktuationsdarstellung nach Organisationseinheiten unterteilt (in diesem Fall durch den Blattwechsel), dann ist folgendes zu beachten: Die meisten Unternehmen besitzen eine Organisationsform mit mehreren Hierarchie-Ebenen. Sowohl zwischen Organisationseinheiten der gleichen Ebene (z.B. Abteilung) als auch zwischen Hierarchie-Stufen (z.B. Abteilung - Werk) finden Versetzungen statt. Um bei Fluktuationsdarstellungen diese Versetzungsvorgänge nicht zu kumulieren (wichtig z.B. für Vergleiche), müssen bei der Darstellung der Versetzungszu- und -abgänge jeweils nur diejenigen Versetzungsvorgänge der gleichen mit der nächstniederen Stufe ausgewiesen werden, z.B.
- Fluktuationsdarstellung des Gesamtunternehmens: nur die Versetzungen zwischen den Werken
- Fluktuationsdarstellung des Werkes: Versetzungen zwischen den Abteilungen des Werkes und Versetzungen in andere Werke.

Diese Anforderung bedingt also, daß im Programm die untergeordneten Versetzungen abgeschnitten werden.

Bei Darstellung der Fluktuation empfiehlt es sich, Aushilfen gesondert darzustellen und bei allen Untergliederungen nach Mitarbeitergruppen die Aushilfen auszuklammern. Dies ist erforderlich, damit die zwangsläufig hohen Fluktuationsdaten der Aushilfen die Fluktuationsdaten der anderen Mitarbeitergruppen nicht beeinträchtigen oder verfälschen.

Verwendungszweck

Die Fluktuationsdaten liefern für das Personal-Controlling des Unternehmens besonders wichtige Aussagen. Bevor hierauf näher eingegangen wird, sei jedoch vorab auf folgendes hingewiesen: Fluktuation ist ein notwendiger Vorgang; ohne ein gewisses Ausmaß an Fluktuation würde ein Unternehmen starr und unbeweglich werden. Das Gewinnen von Mitarbeitern mit neuen Ideen, Kenntnissen und Impulsen und der Abgang von Mitarbeitern, die für den Betrieb nicht so gut geeignet sind, ist für die Erhaltung der Flexibilität des Unternehmens unerläßlich. Auch für die Anpassung an die Marktlage kann eine Fluktuation nützlich sein. Erst dann, wenn die Fluktuation über ein vertretbares Maß hinausgeht, kann sie zu einem beachtenswerten Kostenfaktor werden.

Wie sehr die Fluktuation durch die Konjunktur beeinflußt wird, haben die vergangenen Jahre gezeigt. Bei anziehender Konjunktur wird im Regelfall auch die Fluktuation wieder zunehmen, und zwar über das „normale" Maß. Zur Eindämmung der Fluktuation und der damit ausgelösten unmittelbaren und mittelbaren Kosten sind eingehende Informationen über das Ausmaß, die Struktur und die Gründe der Fluktuation erforderlich.

Zur Ermittlung des Ausmaßes der Fluktuation sollten zunächst alle Mitarbeitergruppen herangezogen werden, unabhängig davon, ob sie mehr oder weniger gut beeinflußt werden können. Zu den Mitarbeiterbewegungen gehören alle Eintritte, Abgänge, Versetzungen und gegebenenfalls auch Wechsel der Mitarbeitergruppe.

Fluktuationsbetrachtungen sind jedoch im Regelfall nur nützlich, wenn man eine genügend weite Aufgliederung nach Mitarbeitergruppen vornimmt, da das Fluktuationsverhalten der verschiedenen Mitarbeitergruppen sehr unterschiedlich ist. Um möglichst viele Aussagen und Auswertungsmöglichkeiten zu gewinnen, empfiehlt es sich, die Mitarbeitergruppen überschneidend zu gliedern. Damit wird auf die rein additive Gliederung zugunsten eines verbesserten Aussagewertes bewußt verzichtet. Da die Fluktuationsursachen von sehr vielen verschiedenen Faktoren abhängen, ist es zweckmäßig, diesen Ursachen mit folgender Fragestellung nachzugehen:

Wer
das heißt, welche Mitarbeitergruppen sind von der Fluktuation betroffen?
Wie hoch
ist die Fluktuation innerhalb der Zu- und Abgangsarten?

Wo
findet die Fluktuation statt, das heißt, welche Organisationseinheiten und welche Tätigkeiten sind berührt?
Wann
findet die Fluktuation statt, das heißt nach wieviel Dienstjahren?
Warum
findet die Fluktuation statt, das heißt, welche Gründe sind maßgebend?

Die in diesen Beispielen vorgestellten Fluktuationstabellen berücksichtigen diese Fragestellungen durch die differenzierte Darstellung der Personengruppe, kombiniert mit anderen Merkmalen, wie Fluktuationsgründe, Dienstalter und Tätigkeit (siehe Tabellen 44 bis 47). Erfaßt man die Fluktuation nach den vorstehend genannten Personengruppen, so wird man feststellen, daß sich die Fluktuation der einzelnen Gruppen sehr unterschiedlich entwickelt. Das Schema macht auch sofort deutlich, daß eine Gesamtfluktuation — also zum Beispiel aller Mitarbeiter — nicht viel aussagt. So muß die Fluktuation zum Beispiel bei einem hohen Anteil von Aushilfen zwangsläufig hoch sein.

Aus den so gegliederten Fluktuationsdaten lassen sich dann bereits erste Ansätze für die Personalplanung gewinnen. Erfahrungsgemäß ist zum Beispiel die Fluktuation bei Ausländern höher als bei Deutschen, bei Frauen höher als bei Männern, bei Teilzeitbeschäftigten höher als bei Vollzeitbeschäftigten. Letzteres ist also bei Überlegungen hinsichtlich eines verstärkten Einsatzes von Teilzeitbeschäftigten (2 Teilzeitbeschäftigte für einen Vollzeitplatz) ein wesentlicher Faktor. Auch bei Schwerbehinderten kann beispielsweise die Fluktuationshöhe eine wesentliche Information sein. Da Schwerbehinderte vom Unternehmen kaum kündbar sind, aber durchaus selbst kündigen, zeigt die Fluktuationsquote die noch vorhandene Flexibilität dieser Arbeitsplätze.

Bei der Fluktuationsanalyse ist insbesondere folgendes zu beachten:

— Fluktuation ist abhängig von der Konjunktur, der Marktlage und der Beschäftigungssituation im Unternehmen. Bei Langzeitvergleichen kann man die Auswirkungen dieser Beschäftigungsphasen meist deutlich erkennen. Dieser Faktor muß bei der Personalplanung berücksichtigt werden

— Um die Fluktuation näher zu analysieren, müssen insbesondere die Abgangsarten (Merkmal 8.3.10 — 8.3.13) näher durchleuchtet werden. Hierzu werden — in weiteren Tabellen — diese Fluktuationsarten mit folgenden Merkmalen kombiniert:

● mit den Fluktuationsgründen (siehe Tabellen 44 und 45)
● mit dem Dienstalter und der Vorbildung (siehe Tabelle 46)

Tabellen-Nr.:	40
Titel:	Fluktuation der Angestellten
Organisationsbereich:	
Erscheinungsfolge:	jährlich
Stichtag:	Abrechnungsstand Dezember

Personenkreis

Normalversion	Zusatzversion
Spalte 22, 23	200, 210, 400, 410, 500, 620, 700, 710, 720,
Zeile	730, 740, 750, 760, 800

Aushilfen / Personenkreis — Fluktuation (Merkmal 8)	Aushilfen	Tarifangestellte M	Tarifangestellte F	AT-Angestellte	Sekr./Schreibkräfte	ohne Aushilfen — Schwerbehinderte	Vollzeit M	Vollzeit F	Teilzeit M	Teilzeit F	700 1)	710 1)	720 1)	730 1)	740 1)	750 1)	760 1)
	1	2	3	4	5	6	7	8	9	10	11	12	13	14	15	16	17

Zugänge Merkmal 8.1

10 Einstellung
11 Rückkehr vom Wehr-/Ersatzdienst
12 Rückkehr aus dem Mutterschaftsurlaub
13 Versetzungen (Zugang)
14 Eingliederungen
15 Organisatorische Umgliederung (Zugang)
   Wechsel der Personengruppe 2)
   (Zugang) Merkmal 8.6.1

Summe Zugänge gesamt

Abgänge Merkmal 8.3

10 Kündigung durch die Firma (fristgemäß)
11 Kündigung durch die Firma (fristlos)
12 Lösung des Beschäftigungsverhältnisses
   im gegenseitigen Einvernehmen
13 Kündigung durch den Arbeitnehmer
14.1 Beendigung des befristeten Arbeitsverhältnisses mit Aushilfen
15 Versetzungen (Abgang)
16 Ausgliederungen
17 Organisatorische Umgliederung (Abgang)
18 Einberufung zum Wehr-/Ersatzdienst
20 Abgang in den Mutterschaftsurlaub
21 Abgang in den Ruhestand wegen Erreichens
   der Altersgrenze
22 Abgang in den vorzeitigen Ruhestand
23 Abgang in den Vorruhestand (nicht 22)
25 Tod
   Wechsel der Personengruppe 2)
   (Abgang) Merkmal 8.6.1

Summe Abgänge gesamt

1) 700 = Techn. Berufsabschluß (Ann.)
   710 = Gewerbl. Berufsabschluß (Ang.)
   720 = kaufm. Berufsabschluß (Ang.)
   730 = Hoch- u. Fachhochschulabsolventen (gesamt)
   740 = Hoch- u. Fachhochschulabsolventen mit techn.-/naturwissenschaftlicher Fachrichtung
   750 = Hoch- u. Fachhochschulabsolventen mit kaufm. Fachrichtung
   760 = Hoch- u. Fachhochschulabsolventen mit sonst. Fachrichtung
2) Die Ausprägung dieser Zugangsart hängt davon ab, welche Personenkreise in der Tabelle angesprochen werden.

Erläuterung: s. Tabelle 39

Verwendungszweck

siehe Tabelle 39

287

Tabellen-Nr.:	41
Titel:	Fluktuation der Auszubildenden
Organisationsbereich:	
Erscheinungsfolge:	jährlich
Stichtag:	Abrechnungsstand-Dezember

Personenkreis

Normalversion — Zusatzversion

Spalte 40, 41, 42, 43

Zeile

Auszubildende			
technisch	kaufmännisch	gewerblich	gesamt
1	2	3	4

Auszubildende

Fluktuation (Merkmal 8)

Zugänge Merkmal 8.1
10 Einstellung
12 Rückkehr aus dem Mutterschaftsurlaub
14 Eingliederungen
15 Organisatorische Umgliederungen (Zugang)
Wechsel der Personengruppe (Zugang) Merkmal 8.6.1.2

Summe Zugänge gesamt

Abgänge Merkmal 8.3
10 Kündigung durch die Firma (fristgemäß)
11 Kündigung durch die Firma (fristlos)
12 Lösung des Beschäftigungsverhältnisses
     im gegenseitigen Einvernehmen
13 Kündigung durch den Arbeitnehmer
14,3 Austritt nach bestandener Lehrabschlußprüfung ohne Übernahme
14,4 Austritt nach nicht bestandener Lehrabschlußprüfung ohne Übernahme
16 Ausgliederungen
17 Organisatorische Umgliederungen (Abgang)
Wechsel der Personengruppe (Abgang) Merkmal 8.6.1.1
20 Abgang in den Mutterschaftsurlaub
25 Tod

Verwendungszweck

Aus dieser Tabelle können entnommen werden

— die Einstellzahlen der Auszubildenden. Das ist zum Beispiel für gesellschaftspolitische Aussagen im Langfristvergleich wesentlich, um die Bewältigung des Schülerbergs durch die Anstrengungen der Unternehmen deutlich machen zu können

— der Nachweis

• wieviel Auszubildende — mit und ohne Lehrabschlußprüfung — übernommen wurden

• wieviel Auszubildende — mit und ohne Lehrabschlußprüfung — nicht übernommen wurden.

Tabellen-Nr.:	42
Titel:	Interne Fluktuationsvorgänge - Wechsel der Personengruppe
Organisationsbereich:	
Erscheinungsfolge:	jährlich
Stichtag:	Abrechnungsstand Dezember

Personenkreis	
Normalversion	Zusatzversion
Spalte 22, 25, 31	200, 210, 400, 410, 500, 770, 780
Zeile	

Wechsel der Personengruppe

Organisationseinheit	Facharbeiter -- Tarifang. Merkmal 8.6.1.3		An-u.ungelernte Arbeiter -- Tarifang. Merkmal 8.6.1.3		Tarifang. -- AT-Ang. Merkmal 8.6.1.9		Aushilfen -- festes Arbeitsverhältnis Merkmal 8.6.1.5		Teilzeit -- Vollzeit Merkmal 8.6.1.7		Vollzeit -- Teilzeit Merkmal 8.6.1.8	
	M	F	M	F	M	F	Arbeiter	Tarifang.	Arbeiter	Tarifang.	Arbeiter	Tarifang.
	1	2	3	4	5	6	7	8	9	10	11	12

Erläuterung:

In diese Tabelle wurden nicht alle, sondern nur die wichtigen Wechsel des Personenkreises übernommen.

Unternehmensbereich A

Unternehmensbereich B

Unternehmensbereich X

Verwendungszweck

Die Informationen aus dem Wechsel der Personengruppe sind ein wichtiger interner Fluktuationsvorgang, der für Planungszwecke unerläßlich ist. Hierfür seien einige Beispiele genannt:

— Der Wechsel vom Facharbeiter zum Tarifangestellten
● ist für die Planung des Facharbeiternachwuchses wichtig
● ist eine Motivation für die Auszubildenden, wenn dargelegt werden kann, in welchem Umfang ein Wechsel in höher bezahlte (obere) Angestelltengruppen erfolgt*)
● muß kritisch betrachtet werden, wenn ein Facharbeiter in den unteren Tarifgruppen verbleibt*) In diesem Fall ergibt sich die Frage, ob der Mitarbeiter dem Unternehmen als qualifizierter Facharbeiter nicht nützlicher gewesen wäre.

— Der Wechsel vom Tarif- zum AT-Angestellten zeigt die innerbetrieblichen Entwicklungsmöglichkeiten
— Der Wechsel von einer Aushilfstätigkeit in ein festes Arbeitsverhältnis zeigt die Einstellpraxis. Unter Umständen können hieraus aber auch Aussagen getroffen werden, ob eine vorangegangene Aushilfstätigkeit die Gewinnung von qualifizierten Mitarbeitern fördert (man kennt den Mitarbeiter länger als sonst bei den kurzen Probezeiten).

*) Diese Informationen müssen nicht nur aus dem jährlichen Abrechnungsstand betrachtet werden, sondern sind auch in entsprechender Form aus der Historie in eine Langzeitbetrachtung zu übernehmen. Dann kann man hieraus wichtige Daten für die Personalentwicklung gewinnen.

Tabellen-Nr.:	43
Titel:	Pensionierungsalter
Organisationsbereich:	
Erscheinungsfolge:	jährlich
Stichtag:	Abrechnungsstand Dezember

Personenkreis

	Normalversion	Zusatzversion
	22, 23, 31	400, 410, 770, 780
	Spalte	
	Zeile	

Personenkreis	Arbeiter				Tarif-angestellte		AT-Ange-stellte		Gesamt	
	An-u. ungelernt		Facharbeiter							
	M	F			M	F	M	F	M	F
	1	2	3		4	5	6	7	8	9
Pensionierungsalter (Merkmal 2.2.2)										
bis 55 Jahre										
mit Sonderregelung Merkmal 8.3.22.2										
ohne Sonderregelung Merkmal 8.3.22.1										
bis 56 Jahre										
mit Sonderregelung Merkmal 8.3.22.2										
ohne Sonderregelung Merkmal 8.3.22.1										
......										
......										
bis 65 Jahre										
über 65 Jahre										

Hinweis:

Ggf. kann man diese Tabelle weiter unterteilen in die Gruppen
"mit betrieblicher Altersversorgung (Merkmal 4.3)"
"ohne betriebliche Altersversorgung"

Verwendungszweck

Mit Hilfe dieser Tabelle kann ermittelt werden,

— in welchem Lebensalter die verschiedenen Mitarbeitergruppen in den Ruhestand gehen
— wie sich dieses Verhalten im Laufe der Zeit verändert hat (Zeitvergleich).

Eine derartige Aussage ist für Personalplanungszwecke erforderlich.

Tabellen-Nr.:	44
Titel:	Abgangsgründe der Arbeiter
Organisationsbereich:	
Erscheinungsfolge:	jährlich
Stichtag:	Abrechnungsstand Dezember

Personenkreis	
Normalversion	Zusatzversion
Spalte 31	200, 210, 300, 310, 400, 410, 770, 780, 800, ohne 500
Zeile	

Abgangsarten *) Merkmal 8.3.10 – 13

alle Personenkreise ohne Aushilfen / Abgangsgründe (Merkmal 8.5)	An-u. unge-lernte Arbeiter		Facharbeiter	Vollzeit		Teilzeit		Deutsche		Ausländer		Schwerbehinderte
	M	F		M	F	M	F	M	F	M	F	
	1	2	3	4	5	6	7	8	9	10	11	12
10 Verdienst												
11 Art der Tätigkeit, Arbeitsbedingungen												
12 Verbesserung im derzeitigen Beruf, Aufstiegsmöglichkeit												
13 Wissenschaftliche Tätigkeit, Lehrtätigkeit												
14 Bundeswehr, Ersatzdienst (nicht Einberufung)												
15 Empfehlung zu befreundeten Unternehmen												
16 Aufgabe der Erwerbstätigkeit												
17 Familiäre Gründe												
18 Regionale Gründe, Rückkehr in die ausländische Heimat												
19 Arbeitsmangel												
20 Betriebliche Umstellung, Betriebsverlagerung												
21 Eignung/Leistung												
22 Disziplinäre Gründe												
23 Studium, sonstige Aus- und Weiterbildung												
24 unbekannt												

*) Diese Tabelle ist nur für bestimmte Abgangsarten aussagekräftig. Wenn erforderlich, kann auch eine weitere Unterteilung nach den vier Abgangsarten vorgenommen werden.

Verwendungszweck

Die Fluktuationsgründe sind naturgemäß besonders interessant bei Kündigungen durch Mitarbeiter, zum Teil aber auch bei Firmenkündigungen. Kombiniert mit der Mitarbeitergruppe zeigt dieser Baustein deutlich die Ursachen der Fluktuation. In den meisten Fällen lassen sich die Fluktuationsgründe auch recht genau feststellen, insbesondere, wenn sie von unmittelbaren Vorgesetzten und der Personalabteilung unabhängig voneinander erfragt werden.

Die Analyse der Fluktuationsgründe kann wichtige Informationen für die Einkommenspolitik und die Maßnahmen zur Personalentwicklung liefern.

Tabellen-Nr.:	45
Titel:	Abgangsgründe der Angestellten
Organisationsbereich:	
Erscheinungsfolge:	jährlich
Stichtag:	Abrechnungsstand Dezember

Personenkreis

	Normalversion	Zusatzversion
Spalte 22, 23		200, 210, 400, 410, 620, 700, 710, 720, 730, 740,
Zeile		750, 760, 800, ohne 500

Abgangsarten [1] Merkmal 8.3.10 - 13

alle Personenkreise ohne Aushilfen	Tarifange-stellte		AT-Ange-stellte	Sekr./Schreib-kräfte	Schwerbe-hinderte	Vollzeit		Teilzeit		700 [2]	710 [2]	720 [2]	730 [2]	740 [2]	750 [2]	760 [2]
	M	f				M	f	M	f							
Abgangsgründe (Merkmal 8.5)	1	2	3	4	5	6	7	8	9	10	11	12	13	14	15	16
10 Verdienst																
11 Art der Tätigkeit, Arbeitsbedingungen																
12 Verbesserung im derzeitigen Beruf, Aufstiegs-möglichkeit																
13 Wissenschaftliche Tätigkeit, Lehrtätigkeit																
14 Bundeswehr, Ersatzdienst (n i c h t Einberufung)																
15 Empfehlung zu befreundeten Unternehmen																
16 Aufgabe der Erwerbstätigkeit																
17 Familiäre Gründe																
18 Regionale Gründe, Rückkehr in die ausländische Heimat																
19 Arbeitsmangel																
20 Betriebliche Umstellung, Betriebsverlagerung																
21 Eignung/Leistung																
22 Disziplinäre Gründe																
23 Studium, sonstige Aus- und Weiterbildung																
24 unbekannt																

1) Diese Tabelle ist nur für bestimmte Abgangsarten aussagekräftig. Wenn erforderlich, kann auch eine weitere Unterteilung nach den vier Abgangsarten vorgenommen werden.

2) 700 = Techn. Berufsabschluß (Ang.)
710 = Gewerbl. Berufsabschluß (Ang.)
720 = Kaufm. Berufsabschluß (Ang.)
730 = Hoch- u. Fachhochschulabsolventen (gesamt)
740 = Hoch- u. Fachhochschulabsolventen mit techn.-/naturwissenschaftlicher Fachrichtung
750 = Hoch- u. Fachhochschulabsolventen mit kaufm. Fachrichtung
760 = Hoch- u. Fachhochschulabsolventen mit sonst. Fachrichtung

Verwendungszweck

Tabellen-Nr.:	46
Titel:	Dienstalter bei eigener Kündigung
Organisationsbereich:	
Erscheinungsfolge:	jährlich
Stichtag:	Abrechnungsstand Dezember

Personenkreis

Normalversion	Zusatzversion
Spalte 22, 23, 31	700, 710, 720, 730, 740, 750, 760, 770, 780 ohne 500
Zeile	Diese Zusatzversion ist mit dem Merkmal "eigene Kündigung" (8.3.13) zu kombinieren

Personenkreis u. Merkmal 8.3.13	Arbeiter 1)		Tarifang. 1)	AT Ang.	700 2)	710 2)	720 2)	730 2)	740 2)	750 2)	760 2)
Dienstalter (Merkmal 4.2.2)	Facharbeiter	An- u. ungelernt									
	1	2	3	4	5	6	7	8	9	10	11
bis 3 Monate											
3 – 6 Monate											
7 – 12 Monate											
bis 2 Jahre											
bis 3 Jahre											
bis 4 Jahre											
bis 5 Jahre											
bis 6 Jahre											
bis 7 Jahre											
bis 8 Jahre											
bis 9 Jahre											
über 9 Jahre											

1) ohne Aushilfen

2) 700 = Techn. Berufsabschluß (Ang.)
710 = Gewerbl. Berufsabschluß (Ang.)
720 = kaufm. Berufsabschluß (Ang.)
730 = Hoch- u. Fachhochschulabsolventen (gesamt)
740 = Hoch- u. Fachhochschulabsolventen mit techn./naturwissenschaftlicher Fachrichtung
750 = Hoch- u. Fachhochschulabsolventen mit kaufm. Fachrichtung
760 = Hoch- u. Fachhochschulabsolventen mit sonst. Fachrichtung

Verwendungszweck

Bei ausgewählten Fluktuationsarten — zum Beispiel Kündigung durch den Mitarbeiter oder Kündigung durch das Unternehmen — empfiehlt es sich, die Fluktuation nach dem Baustein „Dienstalter" aufzugliedern. Kombiniert mit der Mitarbeitergruppe kann man hieraus zum Beispiel entnehmen:

— Einfluß der Einstellungen auf die Höhe der Kündigungen (viele Einstellungen führen häufig zu erhöhten Kündigungsquoten). Damit sind gleichzeitig die betrieblichen Einstellverfahren beleuchtet. Kombiniert man diese Auswertung noch mit der Tätigkeit, so kann man unter Umständen recht genau feststellen, wo die Einstellpraxis (Auswahlverfahren) Mängel aufweist (siehe Tabelle 47)

— Wann die Gefahr der Kündigung von besonders gut ausgebildeten Mitarbeitergruppen (zum Beispiel Hochschulabsolventen) besteht.

Diese Tabelle ist daher eine interessante Unterlage, um das Fluktuationsverhalten (insbesondere eigene Kündigungen) bei wichtigen Mitarbeitergruppen feststellen zu können. Hieraus können erste Anhaltspunkte gewonnen werden, ob und wo man mit geeigneten personalpolitischen Maßnahmen auf die Mitarbeiterkündigungen einwirken kann. Um nähere Einzelheiten festzustellen, kann man diese Tabelle mit anderen Tabellen, zum Beispiel über Fluktuationsgründe (Tabelle 44 und 45) kombinieren. Für eine derartig neue Kombination

— wählt man die interessierende Mitarbeitergruppe aus (zum Beispiel technische Hoch- und Fachhochschulabsolventen),

— unterteilt diese Gruppe nach den aus der umseitigen Tabelle als interessant ermittelten Dienstaltersgruppen (Spalteneinteilung)

— und kombiniert mit den Abgangsgründen (Merkmal 8.5) in der Zeileneinteilung.

	Personenkreis	
	Normalversion	**Zusatzversion**
Spalte	22, 23, 31	700, 710, 720, 730, 740, 750, 760, 770, 780 ohne 500 [1]
Zeile		[1]

Tabellen-Nr.: 47
Titel: Tätigkeit bei eigener Kündigung
Organisationsbereich:
Erscheinungsfolge: jährlich
Stichtag: Abrechnungsstand Dezember

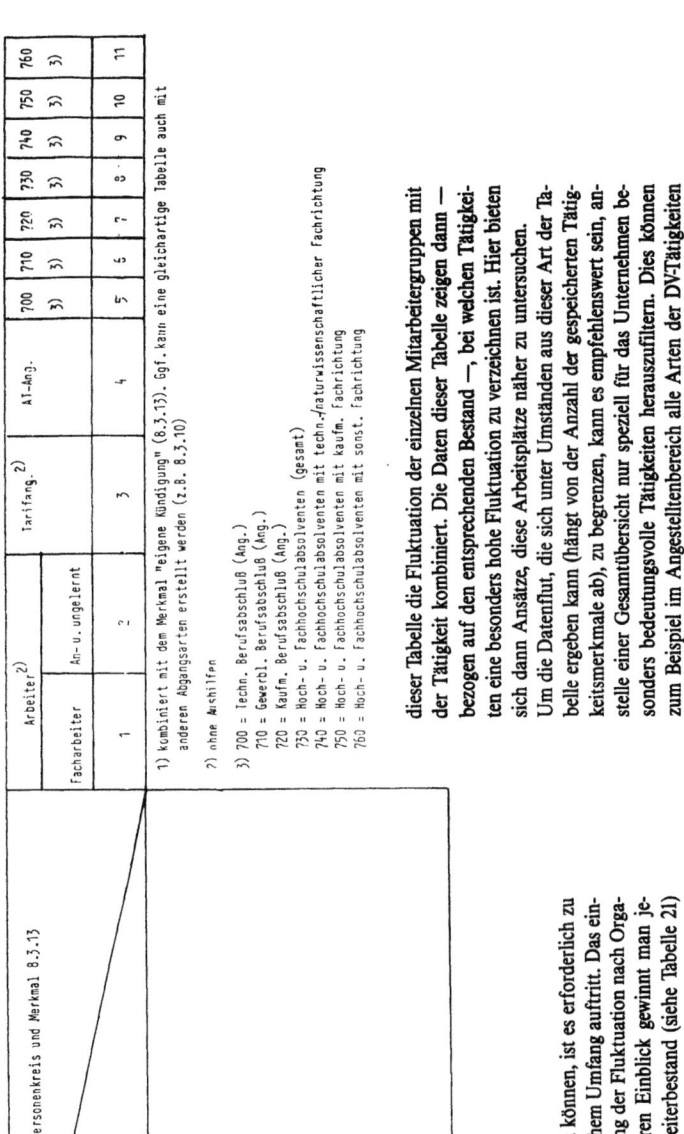

Personenkreis und Merkmal 8.3.13

	Arbeiter[2]		Tarifang.[2]	Al-Ang.	700	710	720	730	740	750	760
	Facharbeiter	An- u. ungelernt			3)	3)	3)	3)	3)	3)	3)
	1	2	3	4	5	6	7	8	9	10	11

Tätigkeit (Merkmal 4.9.)

Drehen
Fräsen
.
.
.
Kalkulieren
Auftragsbearbeitung
.
.
.
usw.

1) Kombiniert mit dem Merkmal "eigene Kündigung" (8.3.13). Ggf. kann eine gleichartige Tabelle auch mit anderen Abgangsarten erstellt werden (z.B. 8.3.10).

2) ohne Aushilfen

3) 700 = Techn. Berufsabschluß (Ang.)
710 = Gewerbl. Berufsabschluß (Ang.)
720 = Kaufm. Berufsabschluß (Ang.)
730 = Hoch- u. Fachhochschulabsolventen (gesamt)
740 = Hoch- u. Fachhochschulabsolventen mit techn.-/naturwissenschaftlicher Fachrichtung
750 = Hoch- u. Fachhochschulabsolventen mit kaufm. Fachrichtung
760 = Hoch- u. Fachhochschulabsolventen mit sonst. Fachrichtung

Verwendungszweck

Um auf die Fluktuation einwirken zu können, ist es erforderlich zu wissen, an welchen Stellen sie in welchem Umfang auftritt. Das einfachste Mittel hierzu ist die Darstellung der Fluktuation nach Organisationseinheiten. Einen noch tieferen Einblick gewinnt man jedoch, wenn man sowohl den Mitarbeiterbestand (siehe Tabelle 21) als auch die Fluktuation nach der Tätigkeit darstellt. Daher wird in dieser Tabelle die Fluktuation der einzelnen Mitarbeitergruppen mit der Tätigkeit kombiniert. Die Daten dieser Tabelle zeigen dann — bezogen auf den entsprechenden Bestand —, bei welchen Tätigkeiten eine besonders hohe Fluktuation zu verzeichnen ist. Hier bieten sich dann Ansätze, diese Arbeitsplätze näher zu untersuchen.

Um die Datenflut, die sich unter Umständen aus dieser Art der Tabelle ergeben kann (hängt von der Anzahl der gespeicherten Tätigkeitsmerkmale ab), zu begrenzen, kann es empfehlenswert sein, anstelle einer Gesamtübersicht nur speziell für das Unternehmen besonders bedeutungsvolle Tätigkeiten herauszufiltern. Dies können zum Beispiel im Angestelltenbereich alle Arten der DV-Tätigkeiten sein.

Stichwortverzeichnis

MIX
Papier aus verantwortungsvollen Quellen
Paper from responsible sources
FSC® C105338

If you have any concerns about our products,
you can contact us on
ProductSafety@springernature.com

In case Publisher is established outside the EU,
the EU authorized representative is:
Springer Nature Customer Service Center GmbH
Europaplatz 3, 69115 Heidelberg, Germany

Printed by Libri Plureos GmbH
in Hamburg, Germany